清华简与文武周公史事研究

吕庙军 著

国家社科基金项目

上海古籍出版社

2020年河北省哲学社会科学学术著作出版资助

序

去年教师节之际，庙军教授以《清华简与文武周公史事研究》书稿见示，并嘱托作序为盼，是书系其国家社科基金项目结项成果。我欣然慨允。由于年来事多，迟迟未能动笔，延误至今。

记得2008年溽暑，我去李老师家里，正赶上李老师到清华大学图书馆楼办公，师母告诉我下学期李老师有大事要做，后来得知大事原来就是刚刚入藏清华大学的战国竹简。那些日子李老师特别忙，整个暑期都没有得到很好的休息，后来清华大学出土文献研究与保护中心宣告成立，随即投入到紧张有序的研究与保护工作，包括召开专家论证会。由此，清华大学入藏战国竹简得以对外正式公布，引起海内外广泛的关注和高度的重视。

同年12月，在《光明日报》国学版上，李老师最初发表了《初识清华简》一文，扼要地介绍战国竹简入藏清华情况，并引用王国维先生受聘清华国学研究院时，暑期以《最近二三十年中中国新发见之学问》为题，发表了非常著名的公开讲演，文稿登载于《清华周刊》上，强调古来新学问起，大都由于新发见，自汉代以来中国学问上之最大发见，“一为孔子壁中书，二为汲冢书”。由于两书早已散佚，今人无缘见到原貌，清华简的重大发现，不仅使我们又看到了真正原本的古文《尚书》和近似《纪年》的史籍，而且给我们研究古代历史和文化带来了新的希望，在学术界造成了深远长久的影响，今后的整理考释工作，可谓任重而道远。

自是以后，2010年12月伊始，李老师主编《清华大学藏战国竹简》第一辑由中西书局正式出版，按照每年一辑高质量、高水平的速度，至今已经出版十几辑，十年探索、十年艰辛；十年拼搏、十年辉煌，已由“清华简”学铸造“清华学”派，开创中国古代文明研究新局面，开启中国古代文明研究新征程。

这样一个大发现的时代，也必然带来一个大丰收的季节。庙军教授的大作《清华简与文武周公史事研究》一书，正是其中的典型代表。

庙军教授从新发现的清华简第一、二、三、五辑入手，结合传世相关的文献，包括出土的甲骨、金文材料，在前人研究基础之上，进一步考索探究文、武、周公史事，深化对中国古代文明研究的理解和认识，突出表现以下四个方面：

其一，可谓一个“紧跟”，即作者紧跟学科、学术前沿，把握学科发展大势，以清华简的重大发现为契机，聚焦学术界的讨论热点问题，关照中国古代文明研究，置身于其中内在关联，反复钻研，厚积薄发，后来居上；

其二，可谓两个“要点”，即作者抓住西周史的重点，也是抓住西周史的难点，三代社会的历史变迁，莫过于商周之际激荡起伏，相关史事辨证讨论，聚讼纷纭，经久不衰，不仅是西周史研究的重点、难点，也是中国古代文明研究的重点、难点，更是清华简聚焦问题的根本所在；

其三，可谓三个“人物”，即作者以文王、武王、周公三个关键人物为统领，在周初纷乱复杂的历史表象背后，紧紧抓住历史发展的主脉，透析解剖历史发展的主线。文王、武王、周公无疑是中华文化道统的传承的核心标识，也是铸造中国古代文明辉煌的见证；

其四，可谓四个“深化”，即作者全面系统地深化文王史事研究、深化武王史事研究、深化周公史事研究，以及深化《金縢》文本比较研究。从文王受命称王到武王受命称王，从武王受命称王再到周公受命摄政，围绕这样的历史发展进程，以清华简检验补正相关史事，重新审视论证周初史事，包括《金縢》文本的比较研究，可谓有所发现、有所突破、有所创新、有所收获。

庙军教授之所以能够对以上古史问题研究取得骄人成绩，想必不是偶然的。探知个中原因，有赖于作者在其两部专著《周公研究》《先秦历史思想文化新探》前期深厚积累成果的基础上,孜孜以求,探赜索隐,故能面对清华简新材料,得心应手,水到渠成,屡有创获。

庙军教授在本书能取得较大成绩的另一个原因,在于他在研究过程中非常重视王国维二重证据法的运用,即将出土文献与传世文献对读互证。正确的适宜的研究方法保证了其论证观点的可信性和说服力。当年,王国维先生提倡“二重证据法”,强调“吾辈生于今日,幸于纸上之材料外,更得地下之新材料。由此种材料,我辈固得据以补正纸上之材料,亦得证明古书之某部分全为实录,即百家不雅之言亦不无表示一面之事实。此二重证据法惟在今日始得为之”。(王国维:《古史新证》,清华大学1994年版,第2页)庙军教授在书中对二重证据法的广泛的娴熟运用以及对文献材料与考古材料的互证,相信读者览后会留下深刻的印象。

如今,我们已经走过近百年的风雨历程,吾辈生于今日,幸于纸上之材料外,更得地下之新材料——清华简、郭店简、上博简等出土文献,特别是清华简属于“经史”类书,是百年不遇,更是千年难求,我们应当抓住这样机遇,不负时代重托,担负历史重任。

十余年来,庙军教授潜心清华简研究,紧密结合其专业研究领域和方向积极开拓、探索,乐此不疲,每有成果问世。这足以说明他的学术眼光的敏锐性,见解的独到性,而无愧于清华简发现的大时代。

百年前王国维先生走进清华园,百年后李学勤先生回归清华园,这是历史的机缘,还是时代的巧合,也许冥冥之中,自有天德。

在写这篇小序的思考过程中,我们也渐渐地悟到本文开篇所言,已由“清华简”学铸造“清华学”派,这个学派的学风,当是李学勤先生一再强调平实、尊重古书、注意前人研究成果。

最后,我期待庙军教授今后在清华简研究领域取得更多的、更好的研究成果。同时,我也非常乐意在此向学界推荐该书。是为序。

附记于此,我们共同嘉勉,是谓新得,更为心得。

宫长为

2021年元月8日凌晨

于京东大运河合生滨江帝景寓所

目 录

序(宫长为) 001

绪论 001

一、研究缘起 001

二、研究的价值和意义 005

三、研究思路和研究方法 005

四、主要内容和观点 006

五、研究的主要创新之处 023

第一章 清华简与周文王史事研究 024

第一节 周文王受命 024

一、文王受命之真实性 025

二、文王受命之渊源 028

三、文王受命之标志 036

四、文王受命之总年 045

五、文王受命之内涵 050

六、文王受命之表述 054

七、文王受命称王和即位称王 061

八、文王受命之实质与意义 064

第二节 周文王称王 070

一、周原甲骨文与文王称王 071

二、文王玉环与文王称王 076

079 三、清华简与文王称王
081 四、文王的生称与谥称
085 五、王国维"称王"学说之检讨
087 六、文王受命与称王之关系
089 第三节 周文王与《易》关系新论
090 一、"文王演《周易》"溯源
093 二、文王之"演"与《左传》"易象"解
095 三、《易象》探源
100 四、文王中道思想文献互证

104 第二章 清华简与周武王史事研究
104 第一节 武王受命与称王
105 一、武王受命之历史考察
112 二、"文武受命"之历史内涵
116 三、武王即位称王
120 四、武王之纪元问题
126 第二节 武王戡黎
127 一、清华简《耆夜》时代、作者及学术价值
131 二、今本《竹书纪年》与武王戡黎说辨正
135 三、武王称号"西伯"考
139 四、清华简《耆夜》印证武王戡黎说
141 五、上博简《容成氏》证明西伯文王戡黎说
144 六、文王、武王各戡耆、黎说辨

第三节　周武王的诰誓和诗作　148
一、《西伯戡黎》《牧誓》之作者　148
二、《康诰》《酒诰》《梓材》之作者非周武王　150
三、清华简《耆夜》与武王两首诗　152
四、武王与《大武》诗辨正　157

第三章　清华简与周公史事研究　160
第一节　周公受命与摄政　160
一、周公受命新考　161
二、周公奉命摄政、辅佐成王　165
三、周公受命摄政合法性与正当性　169
第二节　周公摄政与“称王”　172
一、西周金文与周公摄政　172
二、战国楚简与周公摄政　180
三、传世典籍不见周公“称王”　181
四、从“共和行政”看周公摄政问题　184
五、周公摄政与辅政　185
六、“王”与“周公”并称辨正　190
七、“王若曰”“王曰”辨正　191
第三节　清华简与周公的政治身份　199
一、传世文献对周公政治身份记载之检讨　200
二、清华简与周公政治身份　209
第四节　清华简《耆夜》与周公诗作　215
一、清华简《耆夜》“古诗共时系统”说　215

217 二、清华简《蟋蟀》作者周公说
221 三、“赋诗”与“作歌”考
226 第五节 清华简《金縢》与周公《鸱鸮》诗
227 一、传世《金縢》之《鸱鸮》与简本《雕鸮》
228 二、简本与传世本《金縢》制作时代及学术价值
233 三、周公与《鸱鸮》诗之关系
239 第六节 清华简《周公之琴舞》与周公诗
242 一、清华简《周公之琴舞》成篇时代及作者
245 二、清华简《周公之琴舞》周公诗研究
248 第七节 清华简《金縢》与周公东征
249 一、《尚书·金縢》作者、真伪、成篇时代再考察
256 二、周公东征史实、阶段和时间考
260 三、成王与周公东征辨
264 四、周公东征、奔楚以及南征史事辨

271 附录 清华简《金縢》与传世本比读研究
272 一、简本与传世本《金縢》字词比较分析
282 二、《金縢》简本与传世本句类、句型异同分析
288 三、《金縢》简本与传世本语用比较分析

296 结语

303 参考文献

327 后记

绪　论

在先秦儒家思想文化以及西周早期历史研究中，周文王、周武王、周公是绕不过去的重要人物。现代学者对“文、武、周公”的研究多采用传世文献与青铜器铭文相结合的方法，但由于传世文献、青铜器铭文有关文王、武王、周公的历史记载仍存在文献不足征的缺陷，故导致西周初期很多历史问题迄今没有定论，从而形成长期历史悬案。

一、研究缘起

2008 年 7 月，清华大学收藏了一批战国竹简，约 2 500 多枚，通称清华简，其时代下限属于战国中期偏晚，内容多为经史类古籍文献，具有非常重要的历史价值和学术价值。尤为引人瞩目的是在已经出版的《清华大学藏战国竹简》(壹～伍)中收入了多篇诗、书类文献，其中既有与传世文献相近的诗书记载，又有未见于传世文献的珍贵的逸书、逸诗。这些逸籍文献多涉及与文王、武王、周公、成王有关的重要史事。由于清华简新材料的不断面世，使得重新探讨西周历史文化以及文、武、周公重要历史事迹适逢难得契机。基于此，我们的研究课题“清华简与文武周公史事研究”也就应运而生。

关于周文王、周武王、周公的研究，长期以来尚无全面系统的研究成果问世。历史上对文、武、周公的研究虽然不乏单篇论作，但要么是对文王的研究，要么是对武王的研究，要么是对周公的研究，真正将文、武、周公串联起来，进行贯通式的研究，学术界尚未得见。实际上，“文、武、周公”并称属于儒家道统中一个重要环节，这不仅涉及中国古代传统文化的源流问题，而且与西周初期历史紧密相关。简言之，“文、武、周公”研究既是历史问题，也是经学问题。

“文、武、周公”并称首见于唐代文学大家韩愈的“道统说”：“尧以是传之舜，舜以是传之禹，禹以是传之汤，汤以是传之文、武、周公，文、武、周公传之孔子，孔子传之孟轲。轲之死，不得其传焉。”（《原道》，《韩昌黎全集》卷十一）韩愈所倡儒家道统本为与佛、老相区别，以强调儒家仁义道德的思想核心。如此，文、武、周公就成为儒家先王之道之传的一个重要链条。其实，“文、武、周公”并称的形成有一个历史发展过程。孔子首开其端，阐发“尧舜禹”，并常先以“尧舜”“舜禹”连称。《论语・尧问》记载：“尧曰：‘咨，尔舜，天之历数在尔躬，允执其中。四海困穷，天禄永终。’舜亦以命禹……”这或许是“尧、舜、禹”并称的端绪吧。

在不少传世文献和青铜器铭文中常有“文武”并称之例，后来亦将周公列入其中。如在《尚书・周书》中周公诰誓多言“文武”，以“前人受命”代指“文武受命”；《洛诰》引成王言“扬文武烈”“文武勤教”“文武受民”，史官亦记载“惟周公诞保文武受命”；《尚书・顾命》“文武大训”；《尚书・文侯之命》亦曰：“丕显文武，克慎明德。”

《诗经・周颂・昊天有成命》也记载了文武受命：“昊天有成命，二后受之。”二后即文武。《诗经・大雅・江汉》也有文王、武王受命之记载，“文武受命，召公惟翰”，《诗经・鲁颂・閟宫》则载“至于文武，缵大王之绪”。

《论语・子张》篇子贡两言“文武之道”，《子罕》记载孔子困于匡而感叹：“文王既没，文不在兹乎。天之将丧斯文也，后死者不得与于斯文也；天之未丧斯文也，匡人其如予何。”《礼记》记载孔子说：“张而不弛，文武弗能也；弛而不张，文武弗为也。一张一弛，文武之道也。”《礼记・孔子闲居》孔子亦言：“文武之德。”《礼记・中庸》曰：“武王末受命，周公成文武之德。”由此，“文、武、周公”并称初见端倪。

《孟子・告子上》载公都子说：“是故文武兴，则民好善；幽厉兴，则民好暴。”《孟子・公孙丑上》载公孙丑说：“且以文王之德，百年而后崩，犹未洽于天下；武王、周公继之，然后大行。"孟子连言禹、汤、文、武、周公："禹恶旨酒而好善言。汤执中，立贤无方。文王视民如伤，望道而未之见。武王不泄迩，不忘远。周公思兼三王，以施四事；其有不合者，仰而思之，夜以继日；幸而得之，坐以待旦。"

《荀子·儒效》曰："教诲开导成王，使谕于道，而能揜迹于文武。"又，"因天下之和，遂文武之业，明主枝之义，抑亦变化矣，天下厌然犹一也。"《荀子·仲尼》："文王诛四，武王诛二，周公卒业，至于成王，则安以无诛矣。"《荀子·大略》也有类似记载，文、武、周公连称。《荀子·成相》亦提及文武之道："文武之道同伏戏，由之者治，不由者乱，何疑为？"

除了儒家经典记载外，"文武周公"也见于道家文献。《庄子·天下》："黄帝有《咸池》，尧有《大章》，舜有《大韶》，禹有《大夏》，汤有《大濩》，文王有《辟雍》之乐，武王、周公作《武》。"不仅有文王、武王、周公对言，而且出现"黄帝""文武"。《庄子·天运》："一盛一衰，文武伦经。"《庄子·则阳》："五官殊职，君不私，故国治；文武殊材，大人不赐，故德备；万物殊理，道不私，故无名。"《庄子·盗跖》"尔作言造语，妄称文武"，"今子修文武之道，掌天下之辩，以教后世……盗莫大于子"。

墨子则多言禹汤文武之道，《墨子·法仪》："昔之圣王禹汤文武，兼爱天下之百姓。"《尚贤中》："故唯昔三代圣王尧舜禹汤文武之所以王天下。"

可见，先秦诸子几乎都有"文武"之征用，这里文武指的就是周文王、周武王。以上引用的主要是传世文献，下面再考察出土文献中"文武"的使用，最典型的莫过于西周青铜器铭文了。

西周青铜器铭文记载"文武受命"更是不胜枚举，如：乖伯簋（《集成》4331）铭云："王若曰：乖伯，朕丕显祖文武膺受大命。"询簋（《集成》4321）铭曰："王若曰：询，丕显文武受令（命），则乃祖奠周邦。"师询簋（《集成》4342）铭云："丕显文武，爰受天令（命）。"毛公鼎铭云："丕显文武，皇天引厌厥德，配我有周，膺受大命。"逨鼎、逨盘（《文物》2003 年第 6 期）均载录："丕显文武，膺受大令。"

在战国简帛文献中，也有"文武受命"的记载，如：清华简《祭公之顾命》："公曰：'天子，三公，我亦上下卑（譬）于文武之受命，皇戡方邦。'"另外简文中还有“惟文武中大命”,传世本《逸周书·祭公》则作“维武王申大命”。

综合各种文献记载,我们可以清楚看出在先秦时期“文武”并称已成为一种习语,而这种习语并称形成的原因,实与周公等政治家对周人天命思想观念的继承与发展是分不开的。早在《尚书·大诰》中周公曾提出“前人受命,兹不忘大功”,“前人”即文王、武王(文武)。此时可能尚未产生谥号,周公以“前宁(文)人”专指文王,而“前人”则概括文王、武王。而待后来谥号产生,武王发谥号为“武”,故在其后方产生“文武”之明确称呼。

文、武、周公连用是由唐代韩愈定型的,他在《原道》中正式提出所谓“尧、舜、禹、汤、文、武、周公、孔、孟”这一儒家之道传授系统的论说,称自己继承了真正的孔孟之道,是儒学的正宗。此时“文武周公”并称正式形成。之后,宋代诗人陈普创作的诗歌作品,其题名为《孟子·禹汤文武周公》,诗文曰:“千圣相承惟道一,忧勤惕厉意尤深。至诚之理元无息,有息良非天地心。”这是“文武周公”并称使用于诗歌题名。陈普《历代传授歌》:“文王大勋武王集,伐纣牧野作牧誓。成王嗣位在幼冲,周公辅政天下治。”对文武周公的功勋进行了歌颂,传播甚广。

宋代理学家朱熹、吕祖谦编《近思录》曰:“自唐虞尧舜禹汤文武周公,道统相传,至于孔子。孔子传之颜曾,曾子传之子思,子思传之孟子,遂无传焉。……迨于宋朝,人文再辟,则周子唱之,二程子、张子推广之,而圣学复明,道统复续。”朱熹曾宣称,尧舜禹三代以“允执其中”发端并传承,从而形成道统,又由汤、文王、武王、周公、召公,后传于孔子。道统谱系最终形成。在此道统中,从孔子直到朱熹,均将文武周公视作道统谱系的重要环节。由此,文武周公也成为儒家道统中一主要谱系。

自20世纪末以来,学者运用多种文献考察周文王、武王以及周公的历史遗留问题,尤其是清华简,既取得了很多积极而有价值的成果,也留下了不少众说纷纭而有待解决的问题。这些问题的出现,一方面受时代或研究条件的限制,另一方面是由于学者间对各种文献的内涵的理解有别。因此,文武周公史事研究要走向深化并达到应有的科学水平,必须在方法论研究与文献内涵理解上有所突破和创新。文武周公研究涉及的历史问题相当广泛，但由于精力和时间有限，本书并未对文武周公所有历史问题做全方位的研究，而是择取其中关键的有争议的热点问题作为突破口，力求获得关于文武周公史事研究的新知。

二、研究的价值和意义

本书旨在通过清华简有关历史内容及其思想内涵的研究，推动学界对文王、武王尤其周公研究中所涉学术问题的逐步解决。其价值和意义主要在于：

第一，结合清华简与传世文献、铜器铭文的对比研究，有助于弄清文王、武王、周公相关历史问题的真相。

第二，通过清华简与其他文献的对比研究，有助于发现新史料，补充或印证对文王、武王、周公相关历史问题的看法，或纠正一些错误说法，丰富对西周早期历史的认识。

第三，通过清华简与文、武及周公史事的研究，有助于深入理解中国早期国家发展的进程和民族文化形成的机理。

三、研究思路和研究方法

本书主要以已经出版的四辑清华简整理报告中有关文王、武王、周公的史事载录为依据，结合传世文献、西周甲骨文、青铜器铭文等出土文献及古文字资料详加对比，系统地考辨文王、武王、周公主要史事，试图解决前人遗留的一些学术难题，或提供若干具有新意和参考价值的见解，以期推动西周有关历史问题研究的深入。

本书主要采用的研究方法：一是利用多重证据研究法，全面整理、审定文王、武王、周公有关历史记载的传世文献和出土文献及其他古文字资料。二是运用以逻辑学上归纳、演绎、比较为基础的历史考证方法对文王、武王、周公主要历史疑团进行细致考察。三是以思想史研究的方法对有关历史问题进行诠释。

四、主要内容和观点

本书是对“文武周公”即周文王、周武王、周公重要历史难题开展的综合研究。该书主要以《清华大学藏战国竹简》(壹、贰、叁、伍)四册中记录的文王、武王、周公历史的材料为主要研究线索,着重探讨文王、武王、周公的重要史事及其相关问题。具体言之,本书主要集中探讨周文王、武王、周公的受命与称王问题,以及周文王与《易经》的关系;周武王、周公的诗作著述问题,武王的克商伐纣、伐黎史事以及周公东征、周公奔楚、南征等问题;最后是通过清华简《金縢》与《尚书·金縢》的对读,试图揭示西周初年的历史信息。为了便于读者迅速了解本书主要内容和观点,特将本书各部分内容概括如下:

(一)清华简与文王史事研究

文王受命的事实,与文武纪年关系密切。清华简《保训》记文王纪年“惟王五十年”,证实了《史记·周本纪》“西伯盖即位五十年”的说法,且与《尚书·无逸》载“文王受命惟中身,厥享国五十年”相互印证。又,清华简《程寤》记载文王纪年:“惟王元祀正月既生魄。”传世文献中对文王受命的最早记载见于《尚书·酒诰》:“惟天降命,肇我民,惟元祀。”两者记载一致。《程寤》简文最后明载文王与太子发从上帝那里接受了代商之命亦即天命,正好与诸多西周铜器铭文“文武受命”相互吻合。关于文王受命的起源和由来问题,历史上存在着断虞芮之讼(人心所向说)、太姒之梦(扬梦以说众说)等诸说。文王受天命的由来,传统的说法多与文王断虞芮之质紧密联系。在文王之前有文献记载的还有禹受命、成汤受命、后稷受命等。那么,关于周王受命的起源可上溯至周族始祖后稷。清华简《祭公之顾命》记载“丕惟后稷之受命,是永厚”,由此可知周族始祖后稷是本族第一个受命者,文王受命只不过是继承先祖。周人历史上的后稷受命、文王受命、武王受命、周公受命等是一个完整的天命信仰体系。传统上认为受命说是受命者解释政治更替和政权合法性的一种理论,而在我们看来,受命说一方面来自统治者的极力宣扬,另一方面与久受天命信仰的民众对明君明主、王德和王治的极大渴盼和期待有关。文王受天命较大可能是接受上帝的命令，取代商朝政权。因此，不可将“文王受命”简单理解成受殷王之命。文王受天命的内涵在新近公布清华简《程寤》中得到了证实。文王和太子发一同敬拜吉梦，受商命于皇上帝。这个“受命”显然不是殷王之命，更非殷天子之命，而是以周革殷的命令。“文王受命”这一说法在西周早期流行，而“文武受命”在西周中晚期更加盛行。

相对“文王受命”来说，“文武受命”逐渐成为一个泛化的概念术语。周人从文王受命到文武受命并称的转变，是周人积极面对政治形势变化和社会信仰观念发展作出的务实举措和理论贡献。文武受命的使用反映了周人对文王和武王在周王朝的建立过程中的历史作用和地位同时受到肯定和高度评价。文王作为周代开国之君，武王继承文王遗志克商伐纣，建立了周朝。文武受命纠正了前人重视文王功德，忽视武王在周朝建立和建设中的不可替代的作用和贡献的观点。完整地揭示周人受命的完整过程，也是符合历史事实的一种陈述。文王受命和武王受命的关系密切，他们都是完成克商伐纣使命的重要环节。没有文王受命，就没有武王的大功告成；没有武王受命，文王受命就会功败垂成。文王受命是基础，是核心，武王受命是关键，是具体实施。

文王是“受命称王”还是“即位称王”，不仅在传世文献中各持其说，而且在清华简中亦异说并存。传世文献中的“文王受命称王”说，主要见诸《诗经》《礼记》《尚书大传》《史记》等文献，文王“即位称王”说主要见于清华简《程寤》与《逸周书・程寤》逸文。《保训》中记载了文王以前已有“受大命”的历史先例，这些与“受大命”相关的记载，对于理解文王前后受命信仰观念的源流具有重要的价值。

清华简《耆夜》载武王八年戡黎时，在文王太庙举行饮至庆功典礼，说明文王已经离世。这正好可弥补武王在文王崩后到孟津观兵之间行事，从而形成史事链环。

《程寤》篇最大的历史发现莫过于文王武王父子共同受命于皇上帝。鉴于先前的文王受命以断虞芮之讼为标志，此时已经失去了号召力，《程寤》篇的作者就利用当时占梦的信仰提出了一种全新的文王受命说。

在汉代之前，人们大都相信周文王生前称王这一历史事实。迄至唐代，有些学者开始怀疑周文王称王的事实。这些学者的一个重要观点是认为文王不可能称王，“文王”是追称，不是时称。周文王、武王生前分别自称“文王”“武王”的可能性不大，但文王生前称“王”的材料甚多。在周原甲骨中还有几例文王当时已称王的直接证据。

对于文王玉环能否说明文王是否称王的问题，笔者以为该玉环出土于晋侯墓地，相距文王时代不远，该玉环可能为唐叔虞分封时为周成王所赐，晋人一直保存起来，最后成为晋侯之随葬品。文王玉环很可能是文王时期的物品，这件器物可作为文王生前称王一重要辅证。

清华简有关文王纪年的两篇文献记载都从一定程度上支持了“文王称王”说。清华简《保训》“惟王五十年”、《程寤》“惟王元祀”之文王元年与传世《尚书·无逸》“文王受命惟中身，厥享国五十年”可以相互比证，对文王称王的历史真相给予一定程度的揭示。

周人特别强调周人受命是从文王开始的。文王受命就是受天命，其重要内容之一就是取代商朝统治。文王“称王”问题不可与“受命”简单等而视之。

王国维曾说诸侯境内称王与称公无异，但就周人政治势力的发展大小来说，一国或一族内称“王”与称“公”还是有所不同的。如两者果真相同，武王就不会追尊其先祖为“王”，这说明王的地位还是要远高于公的。另据周族古公、公季直到西伯，又曰“西伯曰文王”，司马迁似乎以为文王开始称王，后人称其为“文”王，正是文王崩后周人给他加的谥号。

目前在研究文王受命与称王关系问题中，很少学者关注到受命和称王之间的关系这个细微而重要的问题。许多学者对文王“受命”与“称王”之间关系模糊不清，从而笼统地将文王受命和文王称王混为一谈，将受命说成是称王。长期以来，由于传统的看法认为文王受命与称王是等同的，属于一个共时性的历史事件：受命即称王，称王即受命。这种看法影响了对文王、武王、周公等相关史事的进一步认识。

文王受命和称王既存在相同点，也具有异同点。两者之间既有一定的联系，又有一定的区别。称王是受命得以产生的基础和前提，也是受命产生的原因和根源。受命是称王的发展和深化,并且使得称王(王权)更加具有正当性、合法性、神秘性,从而使受命和称王两者的存在亦趋合理化。但是,称王不如受命有号召力,两者相互联系,相得益彰。正确理解文王受命和称王的关系,必须将其上升到周代王权和天命政治理论的高度,或许能对这个古老的历史课题有所体悟。

关于周文王与《易经》的关系,本节依次从文王演《易》的渊源、文王演《易》之"演"的含义、《易象》所指、文王中道思想在传世文献与出土文献中互证,进而说明周文王与《易》存在着一定的关系,诸多史籍记载是较为可靠的。韩宣子所见《易象》属于今本《易传》类一些文献书籍,其中思想观念反映了文王、周公之典章礼义制度,并且为后来孔子作《易传》奠定了基础。文王的中道思想在历史上是有文献记载依据的。传世文献与出土文献相互对照,使我们对文王与《易经》关系有了更深的理解,从而也使得我们对周文王与《易》之间的关系的讨论画上了句号。

(二)清华简与武王史事研究

武王克商是中国历史上一件极其重要的事件。然而,长期以来,人们对这一历史事件的认识,大都来自传世文献的记录,很少有直接的实物的见证。虽然在保留下来的传世典籍上能够目睹不少有关武王伐纣史事的记载,但诸书所记有的一致,有的互相抵牾,在没有实物证据出来之前,自然真伪难辨,难于采信。

武王伐商的时间记录由于均为传世文献所载,属于单方面"一重"证据,再加上某些文献记载也有差异,从而也给武王史事研究带来困难。利簋是历史上记载武王伐纣历史事件最早的珍贵资料。利簋的发现,使学术界首次看到武王伐商的实物证据。利簋铭文"武王征商,唯甲子朝",人物、事件、时间记载清楚、具体,可见武王伐商发生在甲子日清晨,与诸多传世文献所记完全吻合,从而"武王伐商"的相关历史获得了出土文献的"二重证明",武王伐商时间坚不可移。天亡簋与利簋为迄今所见的西周最早的录有铭文的青铜器。天亡簋铭文记录了武王伐纣及其在嵩山举行祭天和祭祖之礼的重要历史。天亡簋与利簋均为武王时器,史料价值极大。

近年出土的清华简等简帛文献也能够证明武王伐纣历史事件。

清华简《系年》“周武王监观商王之不恭上帝”“周武王既克殷,乃设三监于殷”正可以与《尚书・牧誓》武王列举纣王罪行相互证明,因此周武王要“恭行天罚”,这可以说是武王伐纣的主要原因,也是武王伐纣事件正义性的重要体现。武王在打败商纣王后,在殷统治中心还设立三监,开始了制度化的建设历程。

关于武王受命问题,学术界罕见关注和论及。而武王称王问题,长期以来也未受到学者应有的重视,在学术界似乎一直以来是一个毋需加以探讨的问题。然而,武王受命称王问题是我们系统考察周初诸王受命称王历史问题中一个重要的内容。

有关文王受命的传世文献与出土文献记载可谓不胜枚举。如果我们单独讲“武王受命”,可能会使一些学者感到有些生疏,甚或产生怀疑。如有学者就提出“在周代历史上从无‘武王受命’之说”的观点。现在看来,恐怕这种看法是值得重新检讨的。的确,在诸多史籍文献记载中单独言“武王受命”不是很多,并且武王受命常常与“文王受命”合并为“文武受命”。文武受命相较“武王受命”在文献中出现的频率要高得多。关于武王受命的历史记载在文献中不及文王受命那么典型和丰富,最初言及武王受命,往往与文王受命联系起来一并讲,武王受天命是作为文王受命的继承者来表述的。

“殷之末孙季纣”中“末”的用法可与“武王末受命”相互参照,显然这里“末”不是“无”“未”之义,而应作“最后”“终”解。“武王末受命”意为武王最后受命。因此,从文献角度来否定武王曾经受命的历史事实是不可能的。

文献不仅有记载武王受命的史实,而且还有武王直接和间接受命之分。有时有些文献隐含着武王受命之意。讲武王受命一个较大的误解是周人历史上只有文王受命,不会再有第二者。清华简《保训》云“不及尔身受大命”不可理解为文王没有受天命,而是文王在告诉武王自己虽然接受灭商天命,但由于病情不能好转,天命只得由武王来完成了,简文中“命未有所延”句非常重要，意味着文王去世后天命的延续要靠武王来完成，简文中透露出文王对武王完成天命的殷切期待。在周人津津乐道文王受命或文武受命外，还有一种学者较少关注的受天命主体的记载。清华简《祭公之顾命》不仅追述了文王受命、文武受命，而且还出现了祭公言及的“后稷受命”。这可以说是我们所发现的周人祖先最早受命的传说。从《尚书》等文献叙述来看，商人先哲王曾受天命，后改作文王受命，天命可以转移的观点在周人中是一种共识。由此，文王能够受命，其子武王当然亦可以受命，学者将文王受命固化是不符合周人的思想观念的。

武王受天命的一个重要例证是天亡簋，其铭文记载了周武王伐纣灭商之后，在返归西土时在嵩山之巅进行祭祀的活动。铭文对武王伐商之功勋进行颂扬，曰：“丕显王乍省，丕肆王乍庚，丕克德衣(殷)王祀。”铭文之意反映出武王继承文王完成了灭商大业，并且得到了殷王祭祀天的权力。武王得到了祭天权，意味着他得到了天命。祭天礼是天子的特权和象征。清华简《祭公之顾命》中还有“惟文武中大命”，传世本作“维武王申大命”，简本保留了古书原貌，未经后人修改，因此更加可信。因此，我们据这些文献，可知武王受命更多地被“湮没”于“文武受命”之中。

关于文武受命的历史内涵，无论是传世文献，还是出土文献，其中所见到的“文武受命”都不是简单地将两者牵合在一起，文武连用都有着深刻的历史意义和思想内涵。我们推测“文武受命”连用出现在大量文献中，当是武王克商以后的事。正是因为武王克商杀纣的历史功勋，使得周人将武王与文王相提并论，因此，武王的历史地位和政治影响迅速提高。甚至在西周以后还出现了对“武王受命”的单独记载。与文王相比，武王尚不能超越其父在历史上的美好德行和历史影响。何况武王是以武功称雄有周一代，与文王的文治深入人心尚有不少差距。但即使如此，对于治理国家、经邦社稷而言，固然离不开文治，更离不开武功，只有两者兼具，方可相得益彰，国泰民安。周人由最初的“文王受命”，再到“武王受命”以致发展到“文武受命”并称的思想变化过程，说明了周人对政治天命观的认识的创新、发展和深化。众所周知，一般说周之受命开始于文王，完成于武王。很多文献都记载武王伐商乃是对文王受命的继续和完成。

关于武王即位称王和纪元问题，多数学者认为自文王去世后，武王继位称王，并且认为武王即位时未曾改元，一直沿用了文王受命纪年。武王在文王去世后即称王，清华简《厚父》"王若曰"可证文王之后、周公摄政之前武王已经称王。周文王、武王在历史上的称王问题除了传世文献和出土文献的互证以外，还可以从与他们关系密切的"玟""珷"两字的使用情况进行证明。何尊中所见"玟""珷"字与利簋铭文有所不同，"珷"属于合文代表武王，因此其后无"王"字。而在何尊中，出现"珷王""玟王"用例。此亦可从某一方面证明当时不仅文王已经称王，而且武王在文王死后亦称王之史实。像这种"玟""珷"专用字还见于不少青铜器。

武王要延续文王受命，因此他不曾改元，继续采用文王受命纪年。武王没有改元，可以从以下文献记载得到间接证明。文王受命七年而崩说来自《尚书大传》。清华简《耆夜》记载武王八年伐耆，而传世文献记载文王受命五年伐耆。并且武王伐耆时，文王已经去世，因为武王征伐耆胜利后在文太室即文王庙举行的饮至典礼，可证文王已故。两个事件正好时间上相互衔接，可见武王并未改元，沿用了文王的受命纪年。

关于武王戡黎问题，传统看法均认为"西伯戡黎"之"西伯"是指周文王。如果武王在历史上也有"西伯"称号并且可以证实的话，那么这个西伯戡黎就为武王戡黎说提供了重要佐证。然而，历史上，西伯更多的是指周文王，是商王赐封的爵号。司马迁《史记》中西伯专指文王，有时称作西伯昌。可从未发现称武王为西伯。另外，文王西伯封号的由来较为清楚，系纣王赐封，得专征伐。西伯几乎是文王的专称。西伯是文王专称，还得到周原甲骨文的证明。在周原甲骨文中有"周方伯"之称。

从汉代到清代的学者对西伯戡黎系武王说的论述来看，他们论证的主要理由一是西伯并非文王的专称，文献上也有记载武王甚至王季为西伯的；二是西伯所戡之"黎"与"耆"应是不同的两个地方；三是从当时的殷周政治形势分析，文王盛德不可能咎周，更不可能伐商，商周之间的关系在武王时期才出现剑拔弩张的局势。这大致是古代学者主张武王戡黎说的主要理由。如果我们从《尚书・西伯戡黎》的编排属于《商书》而不是《周书》来看，可以看到文王戡黎是一个相当早的说法，而这与以上学者所论或许形成反证。

在清华简发现之前，学术界对西伯戡黎指文王说是深信不疑的，而对于宋代乃至清代学者主张西伯戡黎指武王说者没有给予足够重视，甚至是不屑一顾的。清华简《耆夜》面世后，其简文记载了武王八年征伐耆国的史事，“武王八年，征伐耆，大戡之。还，乃饮至于文太室”。《耆夜》的著作年代及其作者、是否史官实录、史料价值如何等问题都成为当今学者讨论的主要内容。清华简整理者与其他研究者对《耆夜》的文献价值的认同和批判是否存在主体立场、思想倾向的不同，这些也是考察的问题。清华简《耆夜》对于长期居于主导地位的西伯戡黎文王说这一传统说法的推翻，使当代部分学者难以接受，这导致他们开始对《耆夜》简文记载内容真实性的怀疑，有的学者对其评价甚低，这是我们今后在研究相似问题时需要深入思考的。

在出土文献中也有关于文王或武王伐耆的记载。上博简、清华简均属于典型的材料。上博简中有一篇专门叙述上古帝王传说的《容成氏》，我们从简文内容可以发现，文王对因纣王之暴虐而反叛的九邦完全着眼于安抚，以怀柔的手段使其心服，使其归降，这与《尚书》所记之“戡”有所不同。因此，是不是可以这样理解：上博简《容成氏》记载平定“耆”主要依靠文王的道德感化即文治方面，从而使耆国归附；武王戡黎主要通过战争、武力平定了耆国，突出了武王武功的方面。文王、武王都曾经戡黎或耆，这就从逻辑上讲通了。

李学勤先生认为武王伐耆与孟津观兵时间上前后相连，笔者甚为赞同；但其主张武王不沿用文王纪年而有自己的纪年，恐有可商。依照《周本纪》对文王七年崩后，武王一连串事迹发生时间的记载，均当是沿用文王纪年，文中表述甚为清楚，不应如梁玉绳所说，一会儿是文王的纪年，一会儿是武王的纪年，史迁行文表述中也不应如此。可能在《逸周书》中有武王单独纪年的记载，但该书为战国秦汉时人重新改编，是不足为据的。

我们亦赞同历史上文王、武王都曾经为西伯，在不同的时间都各伐过黎或耆，清华简和上博简两种材料所记不是对立的关系而是相互补充证明的关系。

关于周武王的诰誓和诗作，宋人提出的武王分封康叔而作《康诰》等三篇的说法是站不住脚的，从而武王也不可能是《康诰》《酒诰》《梓材》的作者。清华简《耆夜》简文载有武王诗作两首，分别是武王酬毕公的诗一首，名为《乐乐旨酒》；武王酬周公的诗一首，名叫《輶乘》。武王的这两首诗在其他文献中不见，笔者以为非常重要，有可能是武王的佚诗。但学术界对武王的诗作很少给予关注和系统研究，更多地是聚焦于周公所作的几首诗。一些学者所谓的清华简《耆夜》的几首诗属于"托古拟作""后人拟撰附会"等论点，反映了这些学者对待清华简材料之审慎态度，也反映了他们囿于传世典籍的认知的文化保守心理。在我们看来，对于清华简中出现的武王和周公的几首诗，如果均不见于传世文献中，尚可以对其真实性加以怀疑，但清华简中部分诗篇的文句、内容、思想主旨多与传世《诗经》基本相同，且能进行对读研究。因此，从清华简诗篇的系统角度来说，其中有一二篇在传世本中能找到相似本，便不宜否定其他未见的诗作。因此，清华简这些未见于传世文献中的诗篇一个最大的可能就是在长期的历史流传中佚失或被编辑整理文献的史官有意删除了，从而使得我们在现在的传世文献中如今本《诗经》中看不到这些诗篇。因此，这些未在传世本中记录的诗作将其视作佚诗也是合情合理的。

因为《耆夜》中共出现五首诗作，分属于不同的作者。但其中有一首诗《蟋蟀》，简文明言是作者周公即情而作的。简本《蟋蟀》可以在传世本《诗经》中得到证明。至于其作者则与简本不同。基于这样的分析，我们以为《耆夜》的其他四首诗也必有所本，并非后人(战国楚人)的附会之作，因为这四首佚诗也当是同《蟋蟀》创作情况相类，而并非简单的完全的抄袭关系。既然《毛诗序》在解《诗经》诸篇时不一定全都正确，我们凭什么来否定比他生活时代还早的战国时期以前的诗歌作品就一定不是武王、周公所作呢？

笔者倾向认为该诗为周公所作说。虽然《左传》和《国语》两种文献记载彼此不同，但笔者更同意《国语・周语下》的记载。这是因为，我们讨论诗篇的作者时，不但要看文献上的记载，也要关照诗篇的内容及其主旨。分析《时迈》诗的内容主要是歌颂武王的武功和文德，不似武王本人所作，而应为他人所作。在此基础上,我们再看文献的记载,《国语·周语下》明确记载是周公所作,刘勰、孔颖达、王先谦等学者亦持周公作《时迈》并言之成理。因此,我们认为周公是《时迈》的作者,似乎更近乎史实。虽然《左传》文献价值颇高,但其叙事也要看在何种语境下及叙事者的身份如何。就《左传·宣公十二年》记载楚子"武王作《颂》"说来看,一方面可能是楚子并不清楚《时迈》为谁做,将本来是周公所作说成了武王,发生了张冠李戴之误;另一方面也许楚子明了周公作《时迈》,却有意将其说成是武王,因为武王、周公二人关系非同一般。类似这种情况,文献中还有不少实例,可参考周公史事研究部分。如果这种分析有些道理,那么楚子说《周颂·时迈》是武王作,也不能算错。

《大武》诗、乐、舞组诗的作者可能主要是由周公亲自负责完成的,但也得到了武王的允许,故此诗从一定意义上也可以说成是"武王作",实际是"武王命令周公作"。周公才是《大武》乐诗的作者,武王只是冠名作者而已。

(三)清华简与周公史事研究

周公受命与周公摄政问题紧密相关。周公摄政乃是周初武王不得已采取的一种古代政体形式,源于商代伊尹摄政。摄政的出现一般在嗣王幼小、不堪胜任君主或继承者王位空缺、面临严峻政治危机下的一种临时举措,一般没有常例常规可循。周公受命与文王、武王受命有所不同,周公受命是指受到在天三王之灵的命令,而文王受命或武王受命是指受到皇天、上帝的命令。周公受命的神性色彩相较文王受命内容大大降低,而武王的受命与周公的受命存在着紧密的联系。学者多以为文王受命、武王受命与称王基本同时,属于同一个概念,受命即意味着称王。然而周公受命却是一种特例,其受命的来源不是上帝或上天之命,而是太王、王季、文王三王的命令,其受命的权威性则略显不足。如果说文王、武王受命属于直接受命于上帝的话,那么周公受命属于间接受命于周之三王(先王)。在周人看来,周之祖先在天上事奉上帝左右,能够转达上帝的旨意和命令,并在上天保佑周人子孙后代的生命和安全。认识到周公间接受命,对于周公摄政的身份、是否称王等问题的理解多有裨益。

为了既能保证稳固周人对殷人的统治,又能保证成王诵按照周人继承制度继承王位,周公就采用了一种变通的方法,即以践祚摄政的方式担任起保周重任。周公代成王治理国家,就遭到了管、蔡兄弟的“公将不利于孺子”的流言。其实,这个流言意味着武王崩后,应该由其子成王诵继承王位。而周公虽说摄政是辅佐成王,但其权力有时未免“践祚”(以公爵身份行王事),似乎有取代成王之势。如果周公按照武王意愿继承王位,会遭到统治者内部更多的政治势力的反对,并引起争夺王权的斗争。这说明父子相传的王位继承制在周初已经深入人心,成为一种基本的惯例。否则,管、蔡不会如此放言诋毁周公。从一定意义上来说,周公不按武王意愿继承王位,是为了减少周人统治内部的王权纷争,他担心如照武王以殷礼继承王位,可能会招致更大的周初政治混乱。

周公摄政是奉先王、武王的命令。这是周公摄政合法性和正当性所在。周人之受命分为直接受命与间接受命,周公摄政属于间接受命,通过占卜接受的是三王之命,是一种“新命”。在武王晚年、成王即位初年,周公受命,但未称王。周公辅佐武王、成王采用了变通的行政方式,这就是以公爵身份摄政。周公摄政是想以不继承王位的形式来达到稳固周初统治的目的。周公对武王的意愿进行了变通,这种变通一方面保持姬姓的统治,一方面也不可避免招致周统治内部势力的猜忌和怀疑。清华简简文可证传世《金縢》“乃命于帝庭”系指武王受命,而非三王受命。

清华简《系年》第三章仅记载成王伐商邑,杀录子耿,不见周公字样,可知周公至多是辅佐成王伐商邑、商奄,也可证其不可能称王,更不可能成为周人之天子,与周初青铜器铭文单独记载成王伐奄史事多相契合。清华简《系年》周成王、周公并称在同一支简上出现,至少说明在清华简的抄写者或当时史官看来,周公并未有称王之事。再者,清华简(叁)《良臣》:“武王有君奭,有君陈,有君牙,有周公旦,有召公,遂佐成王。”亦赫然可见周公、召公在简文被视作良臣的身份相继辅佐武王、成王的,而绝无周公称王之历史迹象。

青铜器铭文关于周公摄政未称王的记载可以从史墙盘、逨盘等青铜器实物得到有力证明。战国竹简与青铜器对周公摄政未称王的记载相互印证,强化了学术界关于周公摄政但未称王的观点的可靠性和真实性。现藏于美国旧金山亚洲美术博物馆的周公东征方鼎(《集成》02739)铭文记载周公东征东夷诸国史事,正是成王在位时期,因此周公的身份依然是"公",因此此铭文可证周公在周初没有称王。现藏于中国国家博物馆的禽簋(04041)其铭文曰:"王伐奄侯,周公谋,禽祝,禽有脤祝,王赐金百寽,禽用作宝彝。"禽簋所记系周初成王间事,可见,王自然是成王,周公是周公,铭文记载十分明确,这也说明周公在成王在位期间没有称王,他仅是以公爵身份辅佐成王。

何簋乃是张光裕先生于2009年公布的一件私家收藏的西周早期青铜器。本铭"公陕殷年"之公,可推断非周公莫属。"三监之乱"乃周公摄政时发生之大事,"公陕殷年"之纪年方式,足证时人仍尊称周公为公,周公不曾称王。柞伯鼎铭文云"在乃圣祖周公繇又共于周邦",柞伯为周公后人,亦只言"圣祖周公",不以王号追称。柞伯鼎以及何簋的发现当可进一步支持周公未曾称王之说。

西周时期诸多青铜器铭文均反映不出周公称王、作为天子的事实。而传世文献中如《国语》《左传》等文献亦不见周公直接称王的记载。这些传世文献与青铜器铭文等出土文献相互印证、相互发明。尤其是这些传世文献所记周公摄政,行政当国之年均包括在成王纪年中。传世文献所见周初之王系全以"文、武、成、康"排列,不见周公之名。自唐代以来,"文、武、周公"并称为韩愈所创道统说之重要环节。虽然周公与周初文王、武王并称,但周公毕竟依然是"公"之身份,其去世后谥号也是"周文公"。

清华简材料对"共和行政"与"共伯和执政"两者究竟是多人"集体执政"还是一人"单独执政"提供了新的佐证。清华简《系年》记载共伯和当政,直到宣王即位,他归还政权于宣王,与周公当政、还政之行事相类,然共伯和在历史上从无称王之争论。

周公称王为天子说,首先发端于战国儒学大师荀子。荀子在《儒效》

中之所以大肆宣扬周公的大儒形象，是为给他心目中的大儒形象极力张本，未免夸大历史事实，甚至不惜曲解周初周公与成王之间的关系，试图将周公塑造成他心目中所企及的理想的“圣王”形象。荀子的这种说法对后世影响颇深，却是一个不争的事实。

荀子在战国末期，将周公塑造成“圣王”的大儒形象，正是他所设计的政治蓝图。荀子借周公“圣王”形象试图推行其政治制度的实施。不料，一些学者对荀子宣扬的周公称王甚至做天子的不尽合乎历史实际的夸饰话说法信以为真，不明荀子真实意图，而对其猛烈抨击，宋代的理学家、清代的一些学者均未能免。这是应该引起我们现代历史学者认真加以辨别和反思的。说周公相成王与周公摄政并不矛盾，二者不必以水火相视。周公相成王是从周初周公与成王的政治地位及其间政治身份地位关系来看待的，而周公摄政是从周公行使政治权力的运作模式加以总结概括的。

鲁国事以天子礼乐不能证明周公曾经摄政称王，周公生前既已受到成王厚爱，实际是因为周公对周家事业的贡献。故至周公死后，成王也以王礼的规制葬周公，这是不足为奇的。

司马迁所记周公与成王政治身份的文字中，其中有“代成王治”“代行政”“代成王”以及“当国”显著字眼。想必是史迁担心后人误解周公践祚篡位才如此反复强调论述。但无论如何，史迁将周公的政治地位“当国”表述的一清二楚，不容别人怀疑。“当国”就是处理国事，主持国政。践祚是周公以公爵摄政大臣身份行使王权，并非继承成王之位。需要说明的是，践祚在此并无贬义，而是中性词，属于史迁的一种事实叙述。司马迁对周公摄政史实的叙述，有意采用了多种字词互相阐发，力图说明周公摄政而未称王之史实。《史记·周本纪》所述王系中也无周公之王世，此并非司马迁为遵循周室嫡长子继承的礼制而讳饰周公称王。

简本与传世本《皇门》共同印证了周公在摄政时期未曾称王的史实。因此，从简本《皇门》《逸周书·皇门》中根据其对周公的称呼语可以反映周公的政治身份为“公”具有较大的可靠性。

清华简中，除《皇门》可证周公摄政未称王外，《系年》中的几处文字也对成王与周公的政治身份有所揭示，与西周青铜器铭文以及传世文献可以相互印证。清华简《系年》第三章记载成王伐商邑并且杀死武庚，以及成王伐商奄等史事均发生在成王在位、周公摄政时期，周公是东征、平定三监之乱的主帅。这里，简文未提及周公，直接将周公史事置于成王名下，不仅在传世文献中有此记载，而且同样见之于西周初年青铜器铭文。简文中本该属于周公的事迹，但仅见“成王”而不见“周公”，原来是简文前已有“周武王”，下文便叙及成王，由于周公摄政辅佐成王，属于成王的臣子，故将周公的事迹也冠在成王名下。看似是书手混淆了周公和成王的事迹，实际情况是“成王”不过是一个王号而已，周公才是进行东征，平定三监叛乱的主要人物。同样，清华简《系年》第四章记载周成王与周公迁殷民到新都洛邑，也属于周公摄政时期。周成王、周公并称在同一支简上出现，可证历史上周公并未有称王之事。简文是以成王统摄周公，以君统臣，臣、公王统，这是西周文献叙事的基本风格。

清华简《周公之琴舞》组诗中有一篇成王所作之诗《敬之》可与今本《周颂·敬之》进行比读研究。按注家所说“嗣王”是成王而非周公意见比较一致，此亦可说明武王去世后，成王继承武王之位，由周公摄政辅佐之，大体符合周初基本历史事实。

对于清华简《耆夜》中再现的武王和周公的五首诗，学术界对武王的诗的作者问题几乎未提出异议，似乎默认这些诗即是武王所作；但对周公所作之诗尤其《蟋蟀》提出了不少质疑。我们提出对这些诗歌作者的确定应该就《耆夜》的所有诗进行分别讨论，以“古诗共时系统”的眼光来看待这些诗歌的作者问题。简本《蟋蟀》与今本《唐风·蟋蟀》在诗作产生的时代背景、文本语言、思想主旨上都存在着较多的相同之处。与周公当时所处时代境况、思想特征、语言特点多有相对应之点，简本《蟋蟀》更好地揭示了该诗产生的时间及时代背景，弥补了今本《蟋蟀》的思想主旨和时代背景上的局限。另外简文记有周公两首诗，如没有充分过硬的证据，不好贸然否定周公是这些诗歌作品的作者的。简本《蟋蟀》见之于今本，不仅证明周公作《蟋蟀》的可靠性，而且进一步证明周公作其他诗作的可能性。尽管周公其他两首诗歌属于逸诗，未得见于传世文献，我们如果简单否定之，也可能是相当危险的。

截至目前，清华简整理报告（即从第一辑到第五辑）中公布、发表的保存有周公所作五首诗歌，清华简《耆夜》中的《英英》《明明上帝》《蟋蟀》，《周武王有疾周公所自以代王之志》（清华简《金縢》）的《雕鸮》（该诗仅存诗题，无简文内容），清华简《周公之琴舞》中的《多士儆毖》（此首诗可确定周公所作）。以上周公所作五首诗，部分在清华简或传世典籍可以见到，还有些诗作在传世文献和出土文献中也有幸保存。

正确地认识和理解"赋诗"和"作歌"等术语的含义，方能够准确地解读类似简文《蟋蟀》等诗的作者相关问题。"赋诗"和"作诗""作歌"含义不同；赋诗包括引诗和作诗两种含义。在讨论周公诗作时，对"赋诗""作诗""作歌"等含义，学者意见不尽相同。传世的周公作品主要是《尚书》周初诸诰，其中《大诰》《康诰》《无逸》《酒诰》《梓材》等可确定为周公所作。其中周公对饮酒的看法可以作为辨别这些作品是否周公所作的一个重要的衡量标准。

《常棣》之诗虽然思想主旨相同，但文献对其作者记载不同，《国语》记为周公作，《左传》记为召穆公作。这又是关于诗作作者不同记载在《国语》和《左传》两文献上的表现之例。由于古人版权意识不浓，《常棣》诗作自然可以归为召公或周公所作。周公与召公均为周初重臣，辅佐周王，建立丰功伟勋，两人又是兄弟，故文献记载诗的作者就会加在其身上。有些学者往往将对《蟋蟀》诗作者及其时代的讨论与春秋时期"赋诗断章"相比较，从而对此问题的认识出现偏差。我们需要明确的是，清华简《蟋蟀》《周公之琴舞》诗基本都是全文引用，与春秋时期"赋诗断章"只摘引部分诗句是不同的。因此这种以后人眼光进行勉强比附是不太可取的，至少不是早下定论的主要依据。

在研究周公与《鸱鸮》诗关系之前，必须弄清楚周公作《金縢》与周公作《鸱鸮》不同，周公作祝册祷告书与周公作《金縢》不同。周公通过《鸱鸮》一诗，就是借以说明武庚勾结管、蔡叛乱，企图颠覆周王朝新政权，表达东征叛乱势力的严峻和紧迫性，从而争取成王及二公的信任和理解的一种政治艺术。《鸱鸮》之诗是否原本就是周公所作，尚可讨论，但《鸱鸮》

诗思想主旨与周公心境如此契合,则是无可否认的事实,或许周公利用此诗深刻蕴义,将古人所作援为己诗。

《周公之琴舞》应该是《诗经》的早期形态,其中保留有序文即诗序,这说明《诗经》原本在战国中期就产生诗序了。《周公之琴舞》创作于西周初年并且在宫廷中进行演奏。笔者赞同学者提出的《周公之琴舞》组诗成王、周公合作说。传世《诗经·周颂》的《大武》组诗,文献上记载系周武王、周公合作说,还有武王所作、周公所作说等诸说,细绎其意,这些说法并不矛盾,它从一定程度上揭示了武王与周公之间的关系及地位的特殊性。基于此,《周公之琴舞》也当如是理解。

关于周公居东、东征、奔楚及南征,本书认为周公居东即是周公东征,传世典籍与清华简对武王克殷在位年数和周公居东年数差异的记载,主要是来自不同地域的史官的记载以及纪年方式的习惯,严格地说,两者所记表面上有异而实际上都不算错,因为武王克殷在位年数是两年多,并不是恰好两年或三年;周公居东(东征)也不是正好两年或三年,所以文献记载出现周公居东二年或三年之别。本书认为周公奔楚于史有征,近年逐渐成为学界主流看法。周公奔楚是成王亲政后伐楚、征楚,不是古代学者所说的避嫌或避居;周公奔楚实际是周公南征,这个历史事实先有《荀子·王制》篇揭示,再由近年的柞伯鼎铭文记载的周公"广伐南国"得到有力证明。对周公东征和成王东征,本书认为周公东征是周公东征,成王东征是成王东征,两者不可相互混淆;在周公摄政时期,出现记载王与周公东征史事的铭文可以理解为在成王在位时期,由周公领导的东征,由于成王一直在位,故周公东征常冠名于成王;待成王亲政后,才是严格意义上的成王东征。

附录　清华简《金縢》与《尚书·金縢》的对读研究

我们通过简本与传世本《金縢》文本与语法比较研究主要形成以下几点认识:

简本使用古字较多,而传世本使用今字则较为常见,少用古字,说明了简本较多保留了古书的文本面貌,传世本在历史传流过程中不可避免地受到了人为改写。

简本语言的表达，在句子成分上较为重复，甚至有冗赘之感。简本话语包括字词重复现象也较为严重，而传本的语言表达则较为简洁凝练。简本在实词和虚词用法上诸多差异，说明简本《金縢》是流传于南方楚国地域的版本之一。

简本《金縢》中出现3次语气助词“也”，而这种情况在传世本《金縢》中不曾看到。根据清华简的年代下限战国中期偏晚的科学测定，结合《诗经》出现‘也’字用例情况，初步可以判断简本《金縢》抄写年代介于两者之间即春秋末期。传世本中明显有避讳的用法，可能反映了这种文本的制作时代。在简本中周公并不避讳直称武王的名字。楚国人抄写简文未顾忌避讳用法，反映当时尚无此种用法习惯。简本的制作年代当在春秋末期之前。

简本和传世本属于两种不同的文字写作风格，反映了不同地域的语言文化特点。

简本中有一些传世本不见的内容，也有传世本中有的内容，而简本中则没有。如果排除漏抄的可能，这一点反映了简本抄写者的思想观念取向与传世本的意旨有所不同。

简本与传世本在语用上相似处甚多，但其中又有个别细微差别，这也许暗示我们这两种文本是有一定联系的，但又不全像是对传世本的抄写，而更像是改编。总之，简本的制作时代要晚于传世本。两者存在版本上的源流关系。只是语言风格和思想倾向有所变化。简本与传世本有并存于世的可能，如春秋至战国晚期这段时间，也有在不同地域分别流传的可能。这两种版本可能在不同的地域如鲁国、楚国分别流传。传世本的流传时间较长，期间经过不断变化。而简本随墓主人埋入地下，则从此仅传世本流行于世。

两种文本存在诸多差异的原因，一是两者制作时代的不同；二是两者的抄写者来自不同的文化地域；三是虽然简本在战国中期之前抄写的，但其中沿袭了不少这个时代之前的用词习惯，传世本的母本虽然也很早，但一直经过了秦汉时期乃至后人的不断解读或改动；四是传世本在长时间流传中，其中也有未经解读和改动的内容。

五、研究的主要创新之处

（一）清华简《保训》《程寤》载有不同的文王纪年，在论定文王生前称王问题上增添新证。但在文王是即位称王还是受命称王问题上尚不能确定。文王受命与称王，当具有不同的含义，需在不同文本语境中具体分辨。《程寤》《保训》周文王的训诫及占梦、解梦，揭示了上古帝王的核心价值与中华民族文化机理。

（二）清华简《金滕》《皇门》《程寤》等发现，说明今本《金滕》不是伪作，《逸周书》若干篇价值应更高。简本《金滕》明载成王即位时年岁尚幼，系周公辅佐成王。今本《皇门》可补简本“公”为周公。结合简本、今本与其他文献互校，既修正了传统的视域与成见，也可从新的视野来解决历史上的诸多学术难题。

（三）研究清华简《耆夜》《周公之琴舞》武王、周公以至成王的诗作说明，古人赋诗虽有托古拟作、史事比附的情况，但不排除清华简书手或史官实录的可能。清华简上的诗作可视为战国楚地史官或儒士记录保存下来的关于武王、周公、成王的珍贵逸诗。由于时地变迁、人为修改，有的流传下来，如《唐风·蟋蟀》；有些没有流传下来，如武王、成王的诗。研究清华简中武王、周公的诗作时，我们不能忽视这方面的思考。

以上文字较为详细地概述了本书的研究缘起、研究价值和意义、研究主要内容和基本观点以及创新之处等，希望能对读者提供一个比较清晰的总体印象。当然，本书其中有些观点是对前人研究的进一步发展，有些是笔者深思熟虑研究的结果，还有些属于笔者的大胆猜测，未免有率尔操觚之嫌。由于笔者学力、视野等局限，书中肯定有不当甚或谬误之处，敬请读者不吝指正！我本人有这样一种期待：拙著若能在学界起到抛砖引玉之功，并对未来周初诸王历史的研究能有所推进，余心方有所安焉。

第一章
清华简与周文王史事研究

2008 年 7 月，一批战国竹简入藏清华大学，随着清华简的陆续公布，商周关系及其相关历史问题重新引起了学术界的关注。因此，在周史研究中位居重要地位的周文王(以下简称文王)“受命称王”这一学术公案得以进一步探讨。文王受命的真相究竟如何，古今学者进行了不少有益的探索，但长期以来难以达成一致的看法。此外，文王是否称王亦属一大历史难题，学术界争论纷纭，迄今尚无定论。今不揣谫陋，在前哲时贤对文王受命称王问题研究基础上，全面系统地进行探讨，望有助于推动这些历史难题的解决。

众所周知，文王受命称王是个复杂的问题，为了讨论的方便，我们姑且将其分解为文王受命和文王称王两方面内容，分别加以专门探讨。最后再对文王受命与称王两者之间究竟存在何种关系作一基本总结。我们之所以这样进行分解，并非否认两者之间存在联系性。下面我们先从文王受命及其相关历史问题着手，系统考察有关文王受命的历史难题。

第一节　周文王受命

文王在历史上有无受命是研究文王受命与称王问题的首要问题。对于文王在历史上受命或者受天命的事件，大多数学者基本相信这一史实的存在①。而个别学者认为文王受命是后人不断推衍的传说，不是真实的历史②。在诸多传世文献和出土文献记载的相互印证下，我们似乎没有理由怀疑文王受命史实的存在。为申明此说，我们首先从文王受命问题研究开始，对文王受命的历史真实性、渊源、标志、内涵、意义等若干问题展开细致的讨论。

一、文王受命之真实性

关于周文王受命之说，常见于不同的文献典籍，在出土文献中也有所反映。对文王受命的真实性问题，有学者认为："传世文献和青铜器铭文证明'文王受命'是西周时期的普遍看法，我们有理由相信这是先周历史上的真实。"③也有学者指出："西周初年，随着政治导向的变化，武王、周公都曾为文王受命注入新的内容，因此，文王受命并不是严格意义上的历史真实，更多的是一种不断衍生的政治传说。"④

文王受命的真实含义是什么？这是我们首先必须搞清楚的问题。多种文献记载"文王受命""文王受天命"，学术界多集中于探讨文王受命的内容，而对文王如何受天命，如何获得殷周民众的信任，却关注较少。也就是说，大多数学者受到了诸多文献对"文王受命"记载的影响，提前预设

---

① 请参看王晖：《周文王受命称王考》，《陕西师范大学学报（哲学社会科学版）》2002年第4期；晁福林：《从上博简〈诗论〉看文王"受命"及孔子的天道观》，《北京师范大学学报（社会科学版）》2006年第2期，以及《从清华简〈程寤〉篇看"文王受命"问题》，《北京师范大学学报（社会科学版）》2016年第5期；黄怀信：《武王在位年数考——兼说文王受命及武王是否改元》，《人文杂志》1998年第3期；陈颖飞：《清华简〈程寤〉与文王受命》，《清华大学大学学报（哲学社会科学版）》2013年第2期；李桂民：《周原庙祭甲骨与"文王受命"公案》，《历史研究》2013年第2期；李忠林：《皇天与上帝之间：从殷周之际的天命观说文王受命》，《史学月刊》2018年第2期。

② 请参看祝中熹：《文王受命说新探》，《人文杂志》1988年第3期；王和：《文王"受命"传说与周初的年代》，《史林》1990年第2期；刘光胜：《真实的历史还是不断衍生的传说——对清华简文王受命的再考察》，《社会科学辑刊》2012年第5期，又见其著《清华大学藏战国竹简（壹）整理研究》，上海：上海古籍出版社，2016年，第243—258页。

③ 李桂民：《周原庙祭甲骨与"文王受命"公案》，《历史研究》2013年第2期。

④ 刘光胜：《真实的历史，还是不断衍生的传说——对清华简文王受命的再考察》，《社会科学辑刊》2012年第5期。

了文王受命的历史真实，而并未对文王受天命的渊源、表现、标志、时间等具体问题进行深入地思考和追问。这就难免人云亦云，正如顾颉刚先生提出的"古史层累地造就说"。文王受命的历史是否也由古史层累地造成的呢？对此，已有学者提及这个问题。

关于文王受命，不少文献有明确记载，如《诗·文王有声》以为文王受命，其诗文曰："文王受命，有此武功，既伐于崇，作邑于丰，文王烝哉。"①对《诗经·文王》作者，学者多主周公所作。据诗意可知周公陈述文王生前已经受命，取得赫赫武功。周公对文王受命是进行了神化还是真得相信如此呢？

《尚书·大诰》载周公曰："文王惟卜用，克绥受兹命。"②即周公以为文王确实有受命。从先秦《诗》《书》等文献均载有"文王受命"的史实，可证文王受命是周人较为普遍的思想观念。

综合考量殷周之际的思想信仰的一般状况，天命神学信仰占据着主导地位。虽然当时已有理性之光的萌芽，但他们仍没有从天命神学的迷雾中完全走出来。

关于文王受命的方式，诸多文献记载形式不一。据文献记载，一种是文王受"河图洛书"说，另一种是"赤雀衔丹书入丰，止于昌户"说③。以河图洛书或赤雀衔丹书作为文王受命之征兆，明显荒诞不经，缺乏事实根据，学界一般不予采信。但近年清华简《程寤》的发现，对文王受命的方式即以"太姒吉梦"的形式，有了一种较为可信的说法。以"吉梦"作为文王受命的标志，似乎较他说更为可信④，且能在传世文献和出土文献中得到相互发明。清华简《程寤》记载：

惟王元祀正月既生魄，太姒梦见商廷惟棘，乃小子发取周廷梓树于厥间，化为松柏棫柞。寤惊，告王。王弗敢占，诏太子发。俾灵名

① （清）阮元校刻：《十三经注疏·毛诗正义》，北京：中华书局，1980年，第526页。
② （清）阮元校刻：《十三经注疏·尚书正义》，北京：中华书局，1980年，第199页。
③ （清）阮元校刻：《十三经注疏·毛诗正义》，第502页。
④ 晁福林：《从上博简〈诗论〉看文王"受命"及孔子的天道观》，《北京师范大学学报（社会科学版）》2006年第2期。

凶，祓。祝忻祓王，巫率祓太姒，宗丁祓太子发。币告宗祊社稷，祈于六末山川，攻于商神，望，烝，占于明堂。王及太子发并拜吉梦，受商命于皇上帝①。

清华简《程寤》完整记载了文王占梦的内容、仪式以及共受天命的事实。此前关于文王占梦接受天命之说主要保留在传世文献的很多类书中如《艺文类聚》《太平御览》之中。虽有《逸周书·程寤》逸文，但已残缺不全。尤其在《太平御览》中对文王受命载录散见多处，与简本内容记载基本一致。如《太平御览》录引《逸周书》曰：

文王去商在程。正月既生魄，太姒梦见商之庭产棘，小子发取周庭之梓，树于阙间，化为松柏棫柞，寤，惊以告文王。文王乃召太子发占之于明堂，王及太子发并拜吉梦，受商之大命于皇天上帝！

清华简与传世文献中关于文王占梦受命的记载内容基本相同，但存在详略之异。现代学者晁福林指出："占梦之事表明，文王生前也可能是梦中神游至天而得见上帝的。"②晁先生通过梦中神游现象，对清人阮元关于文王受命的质疑进行了较好解释。

《诗经·周颂·维清》记载文王受命仪式："维清辑熙，文王之典，肇禋。"此"肇禋"就是禋祀，祭天，也就是尞祭。该诗载录了文王受命举行祭典仪式。《孟子·万章上》在说到受"天命"时，旨在"使之主祭而百神享之，是天受之"③。此亦可揭示古代王者接受天命时的仪式及其真实性。

关于文王受命的具体内容，《诗经·大雅·皇矣》曰："帝谓文王：无然畔援，无然歆羡，诞先登于岸。……以笃于周祜，以对于天下。""帝谓文王：予怀明德，不大声以色，不长夏以革。""帝谓文王：询尔仇方，同尔兄弟，以尔钩援，与尔临冲，以伐崇墉。"④帝命文王伐崇伐密是文王受命的

---

① 清华大学出土文献研究与保护中心编，李学勤主编：《清华大学藏战国竹简(壹)》，上海：中西书局，2010年，第136页。

② 晁福林：《从上博简〈诗论〉看文王"受命"及孔子的天道观》，《北京师范大学学报(社会科学版)》2006年第2期。

③ 杨伯峻：《孟子译注》，北京：中华书局，1960年，第219页。

④ (清)阮元校刻：《十三经注疏·毛诗正义》，第521—522页。

具体内容,“但最终目的则如《皇矣》篇所说‘万邦之方,下民之王’,成为天下万邦的榜样和普天之下所有民众的王”①。

据上述文献记载,可见文王确实曾受天命。不仅如此,出土文献还记载了文王祭天的仪式,对文王受命有所昭示。上博简《孔子诗论》中第21、22两支简均提及孔子对《诗经·大雅·文王》的评论。其中,第21号简“《文王》吾美之”,22号简“《文王》曰:‘文王在上,於昭于天。’吾美之”②。两简文不仅说明了文王主持祭天,而且反映了孔子对文王德行以及受天命的由衷赞美之情。

二、文王受命之渊源

关于文王受命的起源和由来问题,历史上存在着断虞芮之讼(人心所向说)、太姒之梦(扬梦以说众说)等诸说。文王受天命的由来,传统的说法多与文王断虞芮之质紧密联系。

汉代经师毛亨首先对《诗经·大雅·绵》篇“虞芮质厥成,文王蹶厥生”注疏云:“虞芮之君,相与争田,久而不平。乃相谓曰:‘西伯,仁人也,盍往质焉?’乃相与朝周。入其境,则耕者让畔,行者让路;入其邑,男女异路,斑白不提携;入其朝,士让为大夫,大夫让为卿。二国之君感而相谓曰:‘我等小人,不可以履君子之庭。’乃相让以其所争田为闲田而退。天下闻之而归者,四十余国。”③其次,伏生《尚书大传》也谓“文王受命,一年断虞、芮之质,二年伐邘,三年伐密须,四年伐畎夷,纣乃囚之”,断虞芮之质历史事件可谓文王受命的首个事件,其标志性意义显而易见。

司马迁《史记·周本纪》中亦记载:“西伯阴行善,诸侯皆来决平。于是虞、芮之人有狱不能决,乃如周。入界,耕者皆让畔,民俗皆让长。虞、芮之人未见西伯,皆惭,相谓曰:‘吾所争,周人所耻,何往为,只取辱耳。’

---

① 晁福林:《从上博简〈诗论〉看文王“受命”及孔子的天道观》,《北京师范大学学报(社会科学版)》2006年第2期。

② 马承源主编:《上海博物馆藏战国楚竹书(一)》,上海:上海古籍出版社,2001年,第150—151页。

③ (清)阮元校刻:《十三经注疏·毛诗正义》,第512页。

遂还,具让而去。诸侯闻之,曰'西伯盖受命之君'。"又说:"西伯盖即位五十年……诗人道西伯,盖受命之年称王而断虞芮之讼。"①经过司马迁的再度叙述、演绎,从而断虞芮之质明确成为文王受命称王的标志性历史事件。需要指出的是,文王受命的这种说法主旨在渲染文王的德行赢得了民心,也就是说文王受命系受到众多诸侯拥护的结果。

传世文献中,最早记载文王受命的是《尚书·酒诰》,其文曰:"惟天降命,肇我民,惟元祀。"曾运乾解释:"惟天降命,犹《康诰》言'天乃大命文王'也。肇我民者,犹《康诰》言'用肇造我区夏'也。元祀者,《史记》云:'诗人道西伯,盖受命之年称王也。'俞曲园云:'肇我民惟元祀,言与民更始,惟此元祀也。元祀者,文王之元年。盖文王元年,即有此命,故云然耳。'"②《史记·周本纪》记文王受命曰:

> 西伯阴行善,诸侯皆来决平。于是虞、芮之人有狱不能决,乃如周。入界,耕者皆让畔,民俗皆让长。虞、芮之人未见西伯,皆惭,相谓曰:"吾所争,周人所耻,何往为,只取辱耳。"遂还,俱让而去。诸侯闻之,曰:"西伯盖受命之君。"……诗人道西伯,盖受命之年称王而断虞芮之讼③。

上引司马迁《史记·周本纪》中大家耳熟能详的一段文字。迄至汉代,"文王受命"说仍一直为史家所记载和推崇。具体而言,史迁对文王受命的叙述是通过文王的圣瑞、文王之德、断虞芮之讼以及文王征伐之功来体现的。司马迁将"虞、芮之质"定为文王受命元年具有标志性历史意义。虞、芮之质是文王之德的体现,通过文王的政治教化和国家的民俗感化了这两个周边国家,从而比较完美地消除了虞、芮两国的土田争端。其在历史上的真实性似乎可以信据。正是因为虞芮之讼的圆满解决,文王的德行和政德得到了广泛传布,对周边多个诸侯国家产生了深刻影响,因此,他们纷纷来归附文王的领导和统治。需要指出的是,有人认为文王断虞、芮

---

① (汉)司马迁撰:《史记》,北京:中华书局,1982年,第117页。
② 曾运乾:《尚书正读》,上海:华东师范大学出版社,2011年,第183页。
③ (汉)司马迁撰:《史记》,第117—119页。

之讼，这个说法是不太正确的。读《史记》这段话，我们完全看不出文王裁断这两个小国的影子。更准确地说，是文王之德在岐周实施效果感化了虞、芮两国，从而自行消解诉讼争端。这其中透露的“以德风化”“以德教化”的德化思想正是儒家思想主张的根本及核心内容。《论语·颜渊》记载鲁国季康子在向孔子问政时，孔子回答说：“子为政，焉用杀？子欲善而民善矣。君子之德风，小人之德草，草上风必偃。”①其中儒家的德治思想是十分明显的。以儒家思想看来，文王正是因为治理自己的国家有了好效果，才对别的国家产生了影响和吸引力。因此，司马迁在此不吝笔墨、饱含热情地叙述，不仅是对儒家德治思想的由衷赞美，也是他本人治国理念和价值观的反映。

司马迁所记载的文王受命历史可能看到了《尚书大传》的内容，但司马迁的记述多与其不同。《尚书大传》谓：“文王受命，一年断虞、芮之质，二年伐邘，三年伐密须，四年伐畎夷，纣乃囚之……五年之初，散宜生等献宝而释文王。文王出则克耆，六年伐崇，则称王。”根据《尚书大传》的说法，文王先是受命，再断虞、芮之讼；六年伐崇后称王。这已经与司马迁的说法相去甚远。另，文王征伐五国的先后次序多与《史记》记载相异。尤其是说在文王受命四年被纣王所囚，在五年之初就被释放，这与诸多文献记载的“文王被囚羑里七年”不能相合。因此，司马迁并未采用《尚书大传》的说法，也许因为他看到了更多的资料，从而对文王史事进行分析取舍。不管如何，汉人在记载文王受命的历史时，承袭了周人的天命之说，都着重于对文王之德和征伐之功的记述，这是他们的相同之处。

按《正义》对“诗人道西伯，盖受命之年称王而断虞芮之讼”这句话解释说：“二国相让后，诸侯归西伯者四十余国，咸尊西伯为王。盖此年受命之年称王也。《帝王世纪》云：‘文王即位四十二年，岁在鹑火，文王更为受命之元年，始称王矣。’又《毛诗(疏)》云：‘文王九十七而终，终时受命九年，则文王受命之元年年八十九也。’”并指出“后十年而崩”之“十”当为“九”②。具体原因，《正义》在后文分别征引文献加以说明详下：

---

① 杨伯峻：《论语译注》，北京：中华书局，1980 年，第 129 页。
② （汉）司马迁撰：《史记》，第 119 页。

《尚书·武成篇》云:“我文考文王,诞膺天命,以抚方夏,惟九年,大统未集。”

《太誓篇·序》云:“惟十有一年,武王伐殷。”

《太誓篇》云:“惟十有三年春,大会于孟津。”

《大戴礼》云:“文王十五而生武王。”则武王少文王十四岁矣。

《礼记·文王世子》云:“文王九十七而终,武王九十三而终。”按:文王崩时武王已八十三矣,八十四岁即位,至九十三崩,武王即位适满十年。言十三年伐纣者,续文王受命年,欲明其卒父业故也。

《金縢篇》云:“惟克商二年,王有疾,不豫。”按:文王受命九年而崩,十一年武王服阕,观兵孟津,十三年克纣,十五年有疾,周公请命,王有瘳,后四年而崩,则武王年九十三矣。而太史公云九年王观兵,十一年伐纣,则以为武王即位年数,与《尚书》违,甚疏矣①。

对“追尊古公为太王,公季为王季”,《正义》云:“《易纬》云:‘文王受命,改正朔,布王号于天下。’郑玄信而用之,言文王称王,已改正朔布王号矣。按:天无二日,土无二王,岂殷周尚存而周称王哉?若文王自称王改正朔,则是功业成矣,武王何复得云大勋未集,欲卒父业也?《礼记·大传》云:‘牧之野武王成大事而退,追王太王亶父、王季历、文王昌。’据此文乃是追王为王,何得文王自称王改正朔也?”②这是主张文王没有称王,只是追称说的由来。

至于司马迁本人是否相信文王受天命,他在叙述文王事迹时,连用6个“明年”,4个“盖”字,有学者认为司马迁不支持文王受命称王的观点。张守节《史记正义》云:“然自‘西伯崩后重述其事,为经传不同,不可全弃,乃略而书之,引次其下,事必可疑,故数言“盖”也’。”孙庆伟先生认为:“‘西伯盖受命之君’,这些诸侯的话翻译为现代语言,大体就是‘这西伯有受命之君的样子’,那话外之意就是西伯当时并没有受命称王,由此可见司马迁自己也并不支持文王受命称王的观点。”又云:“细读《周本纪》,可

① (汉)司马迁撰:《史记》,第120—121页。
② (汉)司马迁撰:《史记》,第119页。

以发现在叙述文王事迹时，司马迁始终称他为‘西伯’，而不是‘文王’，即使写到文王去世，也书为‘西伯崩’，而不作‘文王崩’。特别是《太史公自序》概括《周本纪》的要旨时，写作‘维弃作稷，德盛西伯；武王牧野，安抚天下’，既然将‘西伯’和‘武王’对举，那么司马迁的意思是很清楚的，那就是文王生前并没有称王。”①

对于文王称王与文王受命的时间先后关系问题，李桂民认为，早期文献中记载的并不是“文王称王”，而是“文王受命”。传世文献和青铜器铭文证明“文王受命”是西周时期的普遍看法，我们有理由相信这是先周历史上的真实。文王受命和文王称王并不同步，称王应在受命之前②。

可见以上学者所论，有的据之以为文王受命称王，有的以为文王并没有称王。其间，学者多将受命与称王并论，但也有学者敏锐地看到受命与称王不可简单等同。

无疑，关于“文王受命”问题，文王在世时当时文献是否有记载或当时人是否有文王受命的话语表述，也成为证明文王受命历史真相的一个重要的证据。其实，关于文王受命，较早的文献如《尚书》《诗经》等还是不乏记载的，惜未被学术界加以细致梳理。

《尚书·武成》记载文王受命：“我文考文王，诞膺天命，以抚方夏，惟九年，大统未集。”③这是武王宣称文王受天命的重要记录。《尚书·武成》在光武建武之际亡其残文，其逸文可见于《汉书·律历志》，另见张守节《史记正义》征引上文。此亦可视作文王受命由来的一重要辅证。

《诗经·大雅·文王有声》记载文王受命：“文王有声，遹骏有声，遹求厥宁，遹观厥成，文王烝哉！文王受命，有此武功，既伐于崇，作邑于丰，文王烝哉！”④该诗成于文王之后，诗句说明文王受命在伐于、崇之前。这里对文王受命究竟在文王生前还是死后不好判断，但至少说明该诗成篇时

---

① 孙庆伟：《论周公庙和周原甲骨的年代与族属》，北京大学中国考古学研究中心、北京大学震旦古代文明研究中心编：《古代文明》第5卷，北京：文物出版社，2006年，第233页。

② 李桂民：《周原庙祭甲骨与“文王受命”公案》，《历史研究》2013年第2期。

③ （清）阮元校刻：《十三经注疏·尚书正义》，第184页。

④ （清）阮元校刻：《十三经注疏·毛诗正义》，第526页。

已有文王受命之说了。

《吕氏春秋·古乐》篇保留了文王在世时周公歌颂文王的诗句：周公旦乃作诗曰“文王在上，於昭于天，周虽旧邦，其命维新”，以绳文王之德①。根据《古乐》篇具体语境，此诗当作于文王生时。由此，前人谓该诗为周公所作当有根据。毛传说“文王受命作周”，宋人吕祖谦谓：“熟味此诗，信非周公莫能作也。”②《诗经》研究专家陈子展先生亦认为《文王》篇系周公所作③。

先秦史研究知名专家晁福林先生认为此诗始作于周公，后又有增补。《古乐》篇所称引之句为诗的首章，是文王在世时周公已经在说文王上可至天在帝左右，下可返地而保佑周邦④。其说可信。

根据《尚书大传》及司马迁《史记》记载，文王受命的时间应在断虞芮之讼之后。上博简《诗论》第2号简：“寺(诗)也，文王受命矣。讼坪(平)德也，多言后。”⑤简文提及文王受命与平虞芮之讼之间的关系。孔子认为《大雅·文王》诗主旨在颂扬文王受命。以往以为《大雅·文王》诗篇主要是赞美文王之德，如郑笺注曰：“文王初为西伯，有功于民，其德著见于天，故天命之以为王。”后来的学者也都以该诗赞美文王之德以为说。上博简《诗论》的发现改变了我们对《大雅·文王》主旨的旧说，实际上该诗主要在于颂扬天命，而不仅局限于文王之德。从简文可以看出孔子也是从赞美文王受命角度评论该诗的。上博简《诗论》第7号简是孔子赞美文王受命不由己，“‘怀尔明德’害(曷)，城(诚)胃(谓)之也。‘又(有)命自天，命此文王’，城(诚)命之也，信矣。孔子曰：‘此命也夫？文王隹(虽)谷(欲)已，得乎？此命也。’”⑥孔子评论该诗主旨说明文王有德，故得到天命的眷顾，而不是依照文王的意愿为转移的。

---

① 陈奇猷：《吕氏春秋新校释》，上海：上海古籍出版社，2002年，第289页。

② (宋)吕祖谦：《吕氏家塾读诗记》，北京：中华书局，1985年，第521页。

③ 陈子展：《诗三百篇解题》，上海：复旦大学出版社，2001年，第909页。

④ 晁福林：《从上博简〈诗论〉看文王“受命”及孔子的天道观》，《北京师范大学学报(社会科学版)》2006年第2期。

⑤ 马承源主编：《上海博物馆藏战国楚竹书(一)》，第127页。

⑥ 马承源主编：《上海博物馆藏战国楚竹书(一)》，第134页。

关于周人受命的起源可上溯至周族始祖后稷。清华简《祭公之顾命》记载："丕惟后稷之受命，是永厚。"①由此可知周族始祖后稷是本族第一个受命者，文王受命只不过是继承先祖。《国语·周语下》载曰："自后稷之始基靖民，十五王而文始平之。"②后稷在周族中享有开创者的崇高地位，而文王治理人民时达到了盛平之治，两人都是周民族的敬仰者，后稷受命，文王受命均反映了他们在周族历史发展过程中的重要地位，获得了人民的拥护和认可。不仅如此，在周先王中，文献中每每提及的所谓"先王""三王"多指太王、王季、文王三人，除了习称文王受命外，太王、王季也曾受命。如在《诗经·大雅·皇矣》中云："帝迁明德，串夷载路，天立厥配，受命既固。"③此处受命当指太王、王季。"维此王季……奄有四方"，正是对王季受命的真实写照。古公亶父时代，殷、周之间关系，由于史籍缺载，不得而知。但根据《竹书纪年》的记载，武乙三十四年周王季来朝，大丁(按，文丁)四年周王季命(受命)为牧师。王季历亲身朝见殷王并受命为殷牧师。所谓牧师即为殷牧养牛羊的职业。对此，《楚辞·天问》也说："伯昌号衰，秉鞭作牧。"④由此可知，文王姬昌在名号衰微之时，他继承其父季历殷牧师"秉鞭作牧"的职业。季历称王不仅见于《竹书纪年》，《吕氏春秋·首时》也说："王季历困而死。"徐中舒先生曾经指出："周原甲骨凡称王的卜辞皆指文王言。文王称王也是沿袭其父之旧称……"⑤

在徐先生看来，不仅文王称王，其父季历也早已称王了。天命不仅可以在不同族群中更换，作为改朝换代的根据，也可以在同一族群中进行历时性转移或继承。天命可以变化、转移的观念，是周人对天命观念的一个重要发展。理解了这一点，就会对周人历史上的后稷受命、文王受命、武

① 清华大学出土文献研究与保护中心编，李学勤主编：《清华大学藏战国竹简(壹)》，第174页。

② (清)徐元诰撰：《国语集解》，北京：中华书局，2002年，第100页。

③ (清)阮元校刻：《十三经注疏·毛诗正义》，第519页。

④ 董楚平：《楚辞译注》，上海：上海古籍出版社，1986年，第116页。

⑤ 徐中舒著，徐亮工编：《川大史学·徐中舒卷》，成都：四川大学出版社，2006年，第222页。

王受命、周公受命等有一个系统的完整的认识。

当然，除了以上讲的周民族首领受命外，在文王、武王之后的西周诸王中也不乏受命的记录。《尚书·召诰》："皇天上帝改厥元子兹大国殷之命，惟王受命。"①《召诰》是一篇属于召公对成王的告诫，故而此处当指成王受命。

受命意味着王者之德休美和社会治理井井有条。周邦治理既要文治，也要武功。而文王既有文治，也不乏武功。武王也不例外。然从历史文献记载来看，文王之教、文王之典、文王之训要多一些，武王在文治方面的记载不是很多。这在周初历史上是一个非常有趣的现象。

晁福林先生曾经在《天命与彝伦：先秦社会思想探研》②一书采用平虞芮之讼作为文王受命说的来源，后来他进行了修正，认为"不妥之论"③。文王得到天命据周公说是通过占卜来得知天命，《尚书·大诰》文王"宁王遗我大宝龟，绍天明(命)，天休于宁王，兴我小邦周，宁王惟卜用，克绥受兹命"。晁先生对周人天命观念历时性的考察，将文王受命内涵的历史发展阶段性及不同内容逐一细致梳理，对于我们研究文王受命极具启发性。因此，作为思想观念的天命并非绝对固化的物质，而是一种可以因时势而变化的流动的"涓流"。

以今人看来，"天命"之说本属子虚乌有，但商周时人却笃信有加。清华简《程寤》"受商命于皇上帝"与大盂鼎铭"文王受天有大命"、《康诰》"天乃大命文王"表达有别。文王时期，文王受商命指接受商命即商王所赐"得征伐"；太姒之梦后，武王时期文王受商命指周代商命、周革殷命；周公时期以后文王受命多出现文王或文武受"大命"，指接受统治天下之命，故为"大命"。

请看传世文献记载，《尚书·大诰》周公言其受命"无疆大历服"，《召诰》又说"惟王受命，无疆惟休"。这个"命"的具体内涵越来越大，所以说：

---

① 曾运乾：《尚书正读》，第203页。

② 晁福林：《天命与彝伦：先秦社会思想探研》，北京：北京师范大学出版社，2012年。

③ 晁福林：《从清华简〈程寤〉篇看"文王受命"问题》，《北京师范大学学报(社会科学版)》2016年第5期。

“周公一方面强调天所授予周文王的基业巨大，又强调此乃天之‘大命’，而非一般的‘命’。”①此论诚为卓见。《尚书·康诰》“天乃大命文王殪戎殷，诞受厥命”，此处应该注意“天乃大命文王”之“大命”，为何是“大命”，不是“命”，可见其中含义是不同的。

再看青铜器铭文对文王受命的记载：成王时器何尊（《集成》6014）“文王受兹大令（命）”；康王时器大盂鼎（《集成》2837）“丕显文王受天有大令（命）”；共王时器史墙盘（《集成》10175）“曰古文王，初戾龢（和）于政，上帝降懿德大屏，匍有上下，迨（合）有万邦”；宣王时器毛公鼎（《集成》2841）“丕显文武，皇天引厌厥德，配我有周，膺受大命”；厉王时器㝬簋（《集成》4317）：“前文人其濒才（在）帝廷陟降，申恪皇上帝大鲁令（命）”；西周晚期师克盨盖（《集成》4468）“丕显文武膺受大命，匍有四方”。这些铭文资料可以说是证明周人宣扬文王受命或文武受命的第一手资料，对西周时期人们的天命思想观念进行了揭示。

除了传世文献记载外，出土文献中也有不少文王受命的记录。周初文王受命或文武受“大命”“绍皇上帝大鲁命”等语言表述均形成于成王以后，我们是不是可以据此推测在成王时期周公摄政以前对文王受命之命的理解是狭义上的天命，而这以后是广义的天命？如果此猜测不误，那么周人的天命观念的历史发展过程就会因此变得更加清晰了。

三、文王受命之标志

讨论文王受命之标志的问题，同时也是研究文王受命何以开始的问题。不过，文王受天命在历史上应该是有一个标志性历史事件的。

众所周知，文王受命是研究周文王诸史事中的历史一大难题，一桩重要的学术公案。至今学者争论不休，认识不一。故本书有必要将文王受命的来龙去脉揭示清楚。首先一个基本的问题是，文王是否受过命？这是一个历史事实问题还是思想观念层面的问题？文王受命的渊源最早可

① 晁福林：《从清华简〈程寤〉篇看“文王受命”问题》，《北京师范大学学报（社会科学版）》2016 年第 5 期。

追溯至后稷受命，清华简《祭公之顾命》载“后稷受命”，而《逸周书·程寤》逸文未见此说。受天命属于殷周当时社会的一种普遍思想观念。但至今未发现文王时期青铜器铭文。因此，关于文王史事的铭文资料缺乏。周代统治者宣传“文王受命”见于诸多文献中。同时，关于文王通过何种形式受命也成为周人必须回答的问题，这也可以视作文王受命的标志或方式是什么的问题。文王受命标志无疑代表着获得人们的信任。结合各种文献记载，文王受命的标志有太姒吉梦、赤乌传说、平虞芮之讼、嗣位、得专征伐、受河图洛书等多种说法。通过整合以上诸说，文王受命的标志也可概括为文王仁德感化说（平虞芮之讼）、天降祥瑞说（赤乌传说、受河图洛书）、他人梦象说（太姒吉梦）等三种方式，简而言之，文王受命有虚、实两种方式。起初，文王受天命的标志，主要通过文王有圣瑞、有仁德等美好德行进行宣传，后来又对这种形式进行了改造，产生了祥瑞说，使文王受命神秘化，以产生更大的号召力。同时，在文王受命标志的过程中还对文王受命的主体进行了泛化，也就是通过梦的形式渲染“文武受命”，这应该属于西周晚期的说法了。梦象这种形式为当时普遍的信仰，梦占具有极大的神秘性，相对于祥瑞说来说，它不像祥瑞之象为每个人所能看到，因而其可信性对民众有所不足。因而梦象说成为周代统治者宣扬文王受命的又一种重要形式。总之，文王受命的种种标志或方式是周人在不断探索如何在思想信仰领域中获得政治信任的重要工具。

文王受命之标志，《史记·周本纪》记载，一种说法是断虞芮之讼，一种说法是“改法度，制正朔”①。而在清华简《程寤》中，太姒吉梦却显然作为文王受命的标志。可见文王受命的象征意义不单纯是一种形式，它可能是借助于多种具有象征意义的事件和仪式制度加以呈现的。传统上认为受命说是受命者解释政治更替和政权合法性的一种理论。而在我们看来，受命说一方面是统治者的极力宣扬，一方面不排除久受天命信仰的民众对明君明主、王德和王治的一种极大渴盼和期待。职是之故，统治者在

---

① 王坤鹏：《两周受命说的初型与衍变》，《苏州大学学报（哲学社科版）》2014年第1期。

两者之间寻得了"权利的谎言"。统治者极力宣扬天命目的主要在于解释其政权统治的合理性和正当性,具有号召众人和凝聚人心的功用。实际上,学术界大多数人对前者论述较多,而对后者认识不足。受命说同时也反映了人民的一种政治理想和诉求。统治者也正是利用了这种社会信仰心理,而不断地在宣传君权神授、王者受命的神话。"文王受命不是一种历史事件的真实,更多的是一种人们思想观念层面的真实"①。《吕氏春秋·应同》:"曰:'凡帝王者之将兴也,天必先见祥乎下民。黄帝之时,天先见大螾大蝼。……及禹之时,天先见草木秋冬不杀。……及汤之时,天先见金刃生于水。……及文王之时,天先见火,赤乌衔丹书集于周社。'"②此种史料记载,无疑在架构一种王者与天、自然现象三者之间的一种逻辑联系,这正是后来天人感应观念的滥觞。

为探讨文王受命标志究竟为何,我们先对文献记载文王受命诸说梳理如下:

(一) 文王受命"嗣位"说

《尚书·无逸》曰:"文王受命惟中身,厥享国五十年。"郑玄以为"中身"即中年,"受命"为"受殷王嗣位之命"。此说可称为文王受命"嗣位说"。此说影响不大,孔疏引王肃语"文王受命,嗣位为君"而"不言受王命",认为是"受先君之命"③。

(二) 文王受商王命"征伐"说

此说在《周本纪》云:"(纣)乃赦西伯,赐之弓矢斧钺,使西伯得征伐。"④此事发生在西伯从羑里释放之后。又见于今本《竹书纪年》曰:"(帝辛)四十一年春三月,西伯昌薨。""约案"说:"文王受命九年,大统未

① 刘光胜:《真实的历史还是不断衍生的传说——对清华简文王受命的再考察》,《社会科学辑刊》2012 年第 5 期。

② 陈奇猷:《吕氏春秋新校释》,第 682 页。

③ (清) 阮元校刻:《十三经注疏·尚书正义》,第 222 页。

④ (汉) 司马迁撰:《史记》,第 116 页。

集,盖得专征伐,受命自此年始。”①由此,今本《竹书纪年》采用的是文王受命九年之说。古文《尚书·武成》有“惟九年,大统未集”之说,大概今本《竹书纪年》有所采用。文王受命九年说之所以广泛流行,与《汉书·律历志》所引刘歆《世经》认为“文王受命九年而崩”有关。刘歆可能接受了《尚书·武成》的记载。另外,《逸周书·文传》亦云:“文王受命之九年,时维暮春,在鄗,召太子发曰:‘呜呼,我身老矣!吾语汝,我所保与我所守,传之子孙。’”②这是说文王在临终时即文王受命九年对太子发的告诫。历史上坚持文王受商王命“征伐”说,主要出于否定文王称王的动机,有些儒家学者站在儒家立场上不敢相信或不愿相信文王受天命灭商说。

(三)文王受命凤鸣岐山说

这是春秋战国时期流行的一种说法。《国语·周语上》记载春秋时期周大夫内史过曰:“周之兴也,鸑鷟鸣于岐山。”韦昭注:“三君云:‘凤之别名也。《诗》云:凤皇鸣矣,于彼高岗’其在岐山之脊乎?”③后世以为鸑鷟是一种瑞鸟凤凰。

周文王之小心翼翼、谨慎恭事于纣王,他所谓的受命不可能是一蹴而就,直接宣称自己统治天下之命的,这期间必有一个商周双方之间力量博弈较量的过程。正如明代儒者陈第所说:“殷商赫然在上,文王以服事殷,乃擅自改元以识受命之始,可乎?此虽其庸人,知其不然也。”④

(四)文王受命平虞芮之讼说

该说主要出自《诗经》《尚书大传》《史记》等文献记载。

《诗经·大雅·绵》:“虞芮质厥成,文王蹶厥生。”⑤

《礼记·文王世子》:文王曰:“女以为何也?”武王曰:“西方有

---

① 方诗铭、王修龄:《古本竹书纪年辑证》,上海:上海古籍出版社,1981年,第232页。
② 黄怀信等:《逸周书汇校集注》,上海:上海古籍出版社,2007年,第236—237页。
③ (清)徐元诰撰:《国语集解》,第29页。
④ (明)陈第:《尚书疏衍》卷四,《四库全书》本。
⑤ (清)阮元校刻:《十三经注疏·毛诗正义》,第512页。

九国焉，君王其终抚诸?”又，《文王世子·正义》引《殷传》:“五年之初，得散宜生等献宝而释文王，文王出则克黎，六年伐崇，则称王。”①

《尚书大传》对文王史事的记载主要是文王一年质虞、芮，二年伐于，三年伐密须，四年伐畎夷，同年被纣囚禁，五年被释，克耆(黎)，六年伐崇，同年称王。《大传》认为文王六年称王，《史记》认为平虞芮之质受命称王，且所有征伐事发生在囚释放后。

再者，《尚书大传》云:“文王受命一年，断虞芮之质，二年伐邘，三年伐密须，四年伐畎夷，五年伐耆，六年伐崇，七年而崩。”②与前引可以合观。

《史记·周本纪》记载:“西伯阴行善，诸侯皆来决平。于是虞芮之人有狱不能决，乃入周……诗人道西伯，盖受命之年称王而断虞、芮之讼。后十(七)年而崩，谥为文王。改法度，制正朔矣。追尊古公为太王，公季为王季：盖王瑞自太王兴。”③

《史记》中文王称王说两说并存：第一种说法谓文王生前即已受命称王，前人多疑之。如应劭《风俗通义·皇霸》、梁玉绳《史记志疑》、崔述《丰镐考信录》，近人或据楚、吴、越等国称王之例，据出土文献，西周时丰、镐等国亦称王，重新肯定此说。第二种说法谓文王和太王、王季都是武王克商后追称。

《史记·齐太公世家》曰:“周西伯政平，及断虞、芮之讼，而诗人称西伯受命曰文王。”④

《史记·刘敬叔孙通列传》曰:“及文王为西伯，断虞芮之讼，始受命。”⑤司马迁两引诗人“道西伯，盖受命之年称王而断虞芮之讼”，“称西伯受命曰文王”分别见于《周本纪》《齐太公世家》。司马迁均认为断虞芮

---

①　(清)阮元校刻:《十三经注疏·礼记正义》，第1404页。

②　(宋)刘恕:《资治通鉴外纪》卷二引《尚书大传》，四部丛刊初编本，上海：商务印书馆，1987年。

③　(汉)司马迁撰:《史记·周本纪》，第117—119页。

④　(汉)司马迁撰:《史记·齐太公世家》，第1479页。

⑤　(汉)司马迁撰:《史记·刘敬叔孙通列传》，第2715页。

之讼与西伯(文王)受命称王紧密相关。司马迁如此记载的依据当与《诗经·大雅·绵》"虞芮质厥成,文王蹶厥生"以及《大雅·文王有声》"文王受命,有此武功。既伐于崇,作邑于丰"相同。需要注意的是,《史记》所记文王征伐事功与《诗经》可相互印证,尤其在《周本纪》记载文王五年伐邗、六年伐崇,与《诗经·大雅·文王有声》"既伐于、崇,作邑于丰"可相互发明,亦可证《尚书大传》等说不确。

由此,平虞芮之讼是周文王受命称王后对周人来说一件具有重大意义的政治事件。这个标志性事件的优点是真实性较高,而其理论缺陷在于其神秘性不足。平虞芮之讼主要是通过文王之德化,且使四十个诸侯国纷纷归附,其效果可谓不小。"受命"本是一个在殷周之际思想信仰领域的政治范畴,如果仅以文王之德或武功去宣传、颂美,可能并不好解释文王受命事件在那时为何产生如此大的政治影响。

(五)"赤乌衔丹书"说

"赤乌衔丹书"说首先见于《墨子·非攻》:"赤鸟衔珪,降周之岐社,曰:'天命周文王伐殷有国。'"①《吕氏春秋·应同》云:"及文王之时,天先见火,赤乌衔丹书集于周社。"②上面文献所记均与鸟类或说乌(乌鸦)有关。鸟为商人的图腾,作为天地使者、中介,而其给周人带来祥瑞之物,此种象征意味深长。《尚书·泰誓》辑本曰:"既渡,至于五日,有火自上复于下,至于王屋,流为乌,其色赤,其声魄,五至以谷具来。武王喜,诸大夫皆喜。"③文中"赤乌"亦非鸟类,而是一种流星类物质,自天而来,饶有趣味,文王受命传说充满神话色彩,可见时人对这一事件记忆深刻。这些说法具有明显的神秘色彩,为以后的纬书所津津乐道。如《易·是类谋》云:"文王比隆兴始霸,伐崇,作灵台,受赤雀丹书,称王制命,示天意。"④《尚书中侯》云:"周文王为西伯,季秋之月甲子,赤雀衔丹书入丰鄗,止于昌

① (清)孙诒让撰:《墨子间诂》,北京:中华书局,2001年,第151—152页。
② 陈奇猷:《吕氏春秋新校释》,第677页。
③ (清)孙星衍撰:《尚书今古文注疏》,北京:中华书局,1986年,第272—274页。
④ (清)阮元校刻:《十三经注疏·毛诗正义》,第503页。

户。乃拜，稽首受取。曰：‘姬昌，苍帝子；亡殷者，纣也。’”①《史记·周本纪》在武王东渡孟津时也有类似记载，“既渡，至于五日，有火自上复于下，至于王屋，流为乌，其色赤，其声魄。”②又，《史记正义》引《尚书帝命验》：“季秋之月甲子，赤爵衔丹书入于丰，止于昌户。其书云：‘敬胜怠者吉，怠胜敬者灭，义胜欲者从，欲胜义者凶。凡事不强则枉，不敬则不正。枉者废灭，敬者万世。以仁得之，以仁守之，其量百世。以不仁得之，以仁守之，其量十世。以不仁得之，以不仁守之，不及其世。’”③《诗·大雅·文王》孔疏引纬书《中侯·我应》云：“赤雀衔丹书入丰，止于昌户。再拜稽首，受。”④前见“丹书”是古代传说的赤鸟或赤雀衔的瑞书。诸如此类记载纬书，而当时学者多不相信。《春秋元命苞》曰：“火离为凤皇，衔书，游文王之都，故武王受凤书之纪。”⑤文王受命“赤乌衔丹书”说最早来源于春秋时期的《墨子》，且书中多迷信鬼神之说，故屡屡被之后的纬书转引，显然不足取信。然而，这种“赤乌之瑞”“赤鸟衔丹书”等一类的说法揭示了文王受命的神秘和祥瑞。对此，杨宽先生指出：“至于西汉《泰誓》和《史记》所说：武王渡河中流有白鱼跃入王舟中，被武王取来作为祭品，又有火从上天飞到武王住屋，化为赤乌等。分明是战国以后五行相克学说流行以后的作品。商为金德，其色尚白，而周为火德，其色尚赤，因而把捉到飞来的白鱼和飞来的天火，化为赤乌作为周克殷的祥瑞。”⑥显然，赤乌之瑞等这种天降祥瑞的说法在春秋时期即已产生了，其产生时间并非战国以后。

该说也见于皇甫谧《帝王世纪》，其文曰：“文王自程徙都丰。季秋之月甲子，赤雀衔丹书入丰，止于文王之户，言天命归周之意。先是文王梦

---

① （宋）李昉编纂，夏剑钦等校点：《太平御览》卷24引《尚书中侯》，石家庄：河北教育出版社，1999年，第208页。

② （汉）司马迁撰：《史记》，第120页。

③ （汉）司马迁撰：《史记》，第115页。

④ （清）阮元校刻：《十三经注疏·毛诗正义》，第502页。

⑤ （唐）欧阳询撰：《艺文类聚》卷九十九，上海：上海古籍出版社，1982年，第1707页。

⑥ 杨宽：《西周史》，上海：上海人民出版社，1999年，第87页。

日月之光著身。文王即位四十二年,岁在鹑火,文王更为受命之元年,始称王矣。"①

（六）文王受命河图洛书说

该说主要出自纬书。如张守节《史记正义》引《易纬·乾凿度》云:"文王受命,改正朔,布王号于天下。"②

《春秋说题辞》云:"河以通乾出天苞,雒以流坤吐地符。"又《易坤灵图》云:"法地之瑞,黄龙中流见于雒。"注云:"法地之瑞者,《洛书》也。"然则《河图》由天,《洛书》自地。谶纬注说皆言文王受《洛书》,而言天命者,以河、洛所出,当天地之位,故讬之天地,以示法耳。其实皆是天命,故《六艺论》云:"《河图》《洛书》皆天神言语,所以教告王者也。"是《图》《书》皆天所命,故文王虽受《洛书》,亦天命也。帝王革易,天使之然,故后世创基之王,虽无河、洛符瑞,皆亦谓之受命。以其得有天下,是命与之,故此亦云受天命而王天下也③。

以上纬书史料价值虽不如前引文献,其说不可尽信,但其所载在一定程度上也能反映文王受命称王的历史缩影。

（七）文王受命"太姒之梦"说

"太姒之梦"近年在清华简《程寤》上发现,因其在《逸周书·程寤》逸文上也有类似内容的记载,故《逸周书》的史料价值得到重新认识和重视。而《程寤》逸文由《太平御览》《艺文类聚》等类书有幸辑录保存至今,故这些类书的可信性也得到证明。《太平御览》卷 397 载录:"《周书》曰:文王去商在程,正月既生魄,太姒梦见商之庭产棘,小子发取周庭之梓树厥间,梓化为松柏棫柞。寤惊,以告文王。王及太子发并拜吉梦,受商之大命于皇天上帝。"④另外,《太平御览》卷 84 引《帝王世纪》:"十年正月,文王自

① 刘晓东等:《二十五别史·帝王世纪》,济南:齐鲁书社,2000 年,第 40 页。
② (汉) 司马迁撰:《史记》,第 119 页。
③ (清) 阮元校刻:《十三经注疏·毛诗正义》,第 502 页。
④ (宋) 李昉编纂,夏剑钦等校点:《太平御览》第 4 册,第 322 页。

商至程。太姒梦见商庭生棘,太子发取周庭之梓树之于厥间,梓化作为松柏棫柞。觉而惊,以告文王。文王不敢占,召太子发,命祝以币,告于宗庙群神,然后占之于明堂,及太子发并拜吉梦,遂作《程寤》。”①清华简《程寤》的发现,使得上述诸书所载内容得到重视。文王宣称以吉梦受命,与《吕氏春秋》记载伯夷、叔齐批评武王“扬梦以说众”不谋而合,如出一辙。从历史上来看,周人对民众进行统治的一个重要手段就是利用梦象来宣传政治主张和神话自己,以便引起有利的舆论导向,从而使其政治举措和行动获得最大程度的认可。

关于武王以梦行事,《国语·周语下》载:“朕梦协朕卜,袭于休祥,戎商必克。”②《墨子·非攻下》说:“武王践功,梦见三神,曰:‘予既沈渍殷纣于酒德矣,往攻之,予必使汝大戡之。’”③

《逸周书》中借梦说事篇章委实不少,《文儆》篇云:“维文王告梦,惧后祀之无保,庚辰,召太子发曰:‘汝敬之哉!民物多变,民何向非利?’”④这里的“告梦”,陈逢衡已指出是告太姒之梦,“作此篇以儆太子发”,“此因拜受吉梦于明堂之后,恐后嗣以吉祥废人事也。”⑤说明文王对太姒之梦十分重视,告诫太子发不要懈怠、勤勉从事。《武儆解》说:“惟十有二祀四月,王告梦……命诏周公旦立后嗣,属小子诵文及宝典。”⑥《寤儆解》:“维四月朔,王告儆。召周公旦曰:‘呜呼,谋泄哉!今朕寤,有商惊予。’”⑦

春秋时人曾经指出周人好借梦行事的偏好。《左传·昭公七年》史朝说:“筮袭于梦,武王所用也。弗从何为?”⑧周人对梦的重视,从而在文献中出现文王受命“太姒之梦”说,也就不足为奇了。

---

① (宋)李昉编纂,夏剑钦校点:《太平御览》第1册,第728页。
② (清)徐元诰撰:《国语集解》,第91页。
③ (清)孙诒让撰:《墨子间诂》,第152页。
④ 黄怀信等:《逸周书汇校集注》,第231—232页。
⑤ 黄怀信等:《逸周书汇校集注》,第231页。
⑥ 黄怀信等:《逸周书汇校集注》,第484—486页。
⑦ 黄怀信等:《逸周书汇校集注》,第303页。
⑧ 杨伯峻:《春秋左传注》,第1298页。

四、文王受命之总年

在探讨文王受命时长问题之前,笔者需要交代一下与该问题研究初衷的一个插曲。记得我2015年12月去烟台参加“清华简与儒家经典国际学术研讨会”期间,与台湾季旭升先生交谈中聊及他正在做清华简各辑的注译工作。当时,我们谈到了文王受命几年而崩的问题,提出了七年、九年、十年三种看法。季旭升先王问我倾向哪种看法,我当时一下子没回答出来,自觉很是惭愧。因为当时我虽在研究清华简文王问题,但是由于众说纷纭,加上我尚未深入对文王受命问题开展全面研究,故当时在他面前不敢随便回答文王受命究竟几年而崩的问题。今天,我通过自己的研究终于形成了自己的看法,终于可以回答季旭升先生的问题了。文王受命到底几年? 我将以回答:“文王受命七年而崩,我是倾向这个看法的。”这一部分内容的探讨也算是我给季先生的问题一个迟到的答复吧。

关于文王受命的时间问题,可以理解为包含两方面的内容,一是文王受命的起始时间,也就是从哪年算起;二是文王共受命了多长时间(受命时长或文王受命终年),后者往往与文王的去世时间有关。史书上有关文王受命时长的记载主要有三种说法。下面就结合多种文献记载,对文王受命的总年几种说法分析如下:

第一种观点是文王受命七年说。

关于文王受命七年的说法,《尚书大传》载:“文王受命,一年断虞芮之讼,二年伐邘,三年伐密须,四年伐畎夷(犬戎),五年伐耆,六年伐崇,七年而崩。”①由此可知,《大传》认为文王受命七年后辞世,这是文王受命七年说法的主要依据。司马迁《史记》基本上沿用了《尚书大传》的说法。如在《周本纪》记载西伯行事自断虞芮之质开始,其云:“西伯阴行善,诸侯皆来决平。于是虞、芮之人,有狱不能决,乃如周。入界,耕者皆让畔,民俗皆让长。虞、芮之人未见西伯,皆惭,相谓曰:‘吾所争,周人所耻,何往为,只

---

① (清)阮元校刻:《十三经注疏·尚书正义》,第176页。

取辱耳。'遂还，具让而去。诸侯闻之，曰：'西伯盖受命之君。'"此处言文王断虞、芮之讼后①，诸侯影从，文王成为受命之君。这即是《尚书大传》所说"文王受命一年断虞、芮之讼"。接着《周本纪》后文连用六个"明年"，分叙文王征伐之事："明年，伐犬戎；明年，伐密须；明年，败耆国；……明年，伐邘；明年，伐崇侯虎。……明年，西伯崩。"②除了与《大传》伐国时间存在一些差异外，司马迁基本也主张文王受命七年而崩。然而，《周本纪》还说："西伯盖即位五十年。其囚羑里，盖益《易》之八卦为六十四卦。诗人道西伯，盖受命之年称王而断虞、芮之讼。后十年而崩，谥为文王。改法度，制正朔矣。追尊古公为太王，公季为王季：盖王瑞自太王兴。"③此处，司马迁又说文王"后十年而崩"，《正义》曰："'十'当作'九'。"这就是下面要所说的文王受命九年的说法了。

第二种观点是文王受命九年说。

《尚书·武成》："我文考文王，诞膺受命，以抚方夏，惟九年，大统未集。"孔安国注曰："言诸侯归之，九年而卒。"④刘恕《通鉴外纪》说："孔安国治古学，见《武成》篇，故《泰誓》传曰：'周自虞、芮质厥成，诸侯并附，以为文王受命之年，至九年，文王卒。'"⑤《史记正义》曰：《太誓篇》序云："惟十有一年，武王伐殷。"《太誓篇》云："惟十有三年春，大会于孟津。"言十三年伐纣者，续文王受命年，欲明其卒父业故也。《金縢篇》云："惟克商二年，王有疾，不豫。"按：文王受命九年而崩，十一年武王服阕，观兵孟津，十三年克纣，十五年有疾，周公请命，王有瘳，后四年而崩，则武王年九十三矣。而太史公云九年王观兵，十一年伐纣，则以为武王即位年数，与《尚书》违，甚疏矣⑥。

---

① 从《周本纪》记载看文王并未实际断虞、芮之讼，而是靠其政治美德风化使得两国自行消解讼端。可见文王在岐地推行道德教化之功，不断赢得诸国人心，政治力量发展逐渐壮大，其中不免有美化的成分，但其推行仁政史实亦不可断然否定。

② （汉）司马迁撰：《史记》，第118页。

③ （汉）司马迁撰：《史记》，第119页。

④ （清）阮元校刻：《十三经注疏·尚书正义》，第184页。

⑤ （宋）刘恕编集：《资治通鉴外纪》卷2，四部丛刊初编本，上海：商务印书馆，1987年，第33页。

⑥ （汉）司马迁撰：《史记·周本纪》，第120—121页。

文王受命九年之说见于较早的古文《尚书·武成》，孔安国应该看到过《武成》篇，因此他直接说文王是受命九年而终的。另外，《逸周书·文传》亦云："文王受命之九年，时维暮春，在镐，召太子发。"[①]据此，有学者以为这是文王在即将离世前召集太子发，面授遗训，文王完成口授遗训后大概在受命九年而终。并结合清华简《保训》所载"惟王五十年……不及尔身受大命"之记载，以为文王受命九年说与文王临终对武王的遗训可相互印证。大概"文王受命九年"正是文王在位五十年的时候。由此亦可知，文王受命与称王当不在同时。文王受命九年说法在历史上影响很大，如汉代刘歆、贾逵、马融，魏晋的王肃、韦昭、沈约等学者均主张此说。文王受命七年说因司马迁记文王"后十年而崩"，既可能是《正义》所说"十"当作"九"，亦可理解为"十"当作"七"，因古代"十""七"两字字形相似易误。故该说迄今争论纷纭，莫衷一是。

第三种观点是文王受命十年说。

文王受命十年的说法，在文王受命问题中不可忽视。据《墨子·非攻下》记载："赤鸟衔珪，降周之岐社，曰：'天命周文王伐殷有国。'"另据今本《竹书纪年》，赤鸟衔书集于周社在帝辛三十二年，则文王受命十年[②]。《史记·周本纪》明确地记载了文王受命十年的说法，"盖受命之年称王而断虞芮之讼，后十年而崩，谥为文王。"[③]但《正义》亦明指其非，"十"当作"九"误。《史记·齐太公世家》也说："周西伯政平，及断虞芮之讼，而诗人称西伯受命曰文王。"[④]司马迁以文王断虞芮之讼作为文王受命之标志[⑤]，指出文王受命后十年而崩。由于文王受命十年说主要依据是今本《竹书纪年》，这种说法文献证据并不充分，可暂弃不用。

在下面的讨论中，我们将重点分析文王受命究竟是七年还是九年。

---

① 黄怀信等：《逸周书汇校集注》，第236页。

② 方诗铭、王修龄：《古本竹书纪年辑证》，第237页。

③ （汉）司马迁撰：《史记》，第119页。

④ （汉）司马迁撰：《史记》，第1479页。

⑤ 实际上，文王并无实际参与评断虞芮之讼，只是文王治理清明和民俗德化了他们，从而使虞芮两国自动放弃争执，这一点人们往往忽略，而想当然认为文王真的裁断了虞芮之人的诉讼案件。

文王受命始年是在断虞、芮之讼前后。《诗经·大雅·绵》在追叙周民族发展史时尚念念不忘虞、芮之质的著名事件:“虞芮质厥成,文王蹶厥生。”①其中以《史记》记载较为详细。根据司马迁的记载,虞、芮之讼的不断而解,全是由于文王之德对虞、芮之人的教化。《史记·周本纪》记载甚详,可见前文征引。关于虞、芮两国土田之争的另一个版本还见于《诗经·大雅·绵》毛传,其曰:“虞、芮之君,相与争田,久而不平。乃相谓曰:‘西伯,仁人也,盍往质焉?’乃相与朝周。入其竟,则耕者让畔,行者让路;入其邑,男女异路,斑白不提挈,入其朝,士让为大夫,大夫让为卿。二国之君感而相谓曰:‘我等小人,不可以履君子之庭。乃相让以其所争田为间田而退。’”②这与《史记》所载基本雷同,另外《尚书大传》也记载了文王受命七年间事,受命一年亦是断虞、芮之讼。可见,将文王受命开始以断虞、芮之讼事件为标志是汉代经学家较为一致的看法③。

从虞芮之讼到文王去世正好七年。对于《史记》记载文王受命既有七年说,又有十年说的现象,学术界一般认为是“司马迁信以传信,疑以传疑,所以《史记》实际是七年说与十年说并存”④。其实,在《史记·周本纪》中,还有另一种说法。张守节《正义》引《毛诗(疏)》云:“文王九十七而终,终时受命九年,则文王受命之元年年八十九也。”并指出“后十年而崩”之“十”当为“九”⑤。

从《正义》所持文王受命九年说的理由来看,他引用了《尚书》中《武成》《金縢》《泰誓》及《泰誓序》,大、小戴《礼记》等文献试图证明其说。我们以为周武王十一年始伐商,而克商在十二年。古本《竹书纪年》引《新唐

① (清)阮元校刻:《十三经注疏·毛诗正义》,第512页。

② (清)阮元校刻:《十三经注疏·毛诗正义》,第512页。

③ 杨宽《西周史》(上海人民出版社,2003年,第73页)认为,虞芮两国所发生的争端,或者说“有狱不能决”(《周本纪》),或者说“争田”(《尚书大传》)及《诗经·大雅·绵》,都不可信。我们不同意杨先生之说。上引文献记载凿凿,不知杨先生何发此论。

④ 刘光胜:《真实的历史还是不断衍生的传说——对清华简文王受命的再考察》,《社会科学辑刊》2012年第5期。

⑤ 按《正义》说,误。“十”当为“七”误。“后十年”据上文的六个“明年”,“十”字应是“七”字之误。因古文字中“七”“十”二字形近易误。

书·历志三上·日度议》:"周武王十一年庚寅,周始伐商。"①文中"庚寅"乃是唐代僧一行推算加上去的,非《竹书纪年》原文。已有学者指出了这一点②,甚是。《竹书纪年》所记"武王十一年始伐商"与《泰誓篇·序》"惟十有一年,武王伐殷,一月戊午,师渡孟津,作《泰誓》三篇"所述不同。孙星衍云:"《汉书·律历志》云:'《书序》曰:惟十有一年,武王伐纣,《大誓》。'八百诸侯会,还归二年,乃遂伐纣,克殷,以箕子归。十三年也。"《志》又曰:"一月戊午,师渡孟津。"按《志》以伐殷观兵为十一年事,"一月戊午,师渡于孟津"为十三年事,似《书序》"一月"上当有"十三年"三字也。伏生《今文尚书》二十八篇原无《太誓》,故后得伪《太誓》三篇,诸儒多疑之。如马融《书序》云:"《泰誓》后得,按其文,似若浅露。"③故《太誓篇》所记不确。对于《武成篇》,郑玄曰:"《武成》,逸书,建武之际亡。"④今存残文82字,《汉书·艺文志》有引《武成篇》,主要记录往诛纣克定之事。学者多相信《武成》"本为西汉孔壁所得古文《尚书》一篇,因未能立于学官而亡佚,其中82字因被《汉书·律历志》所引,得以保存至今。该文与《逸周书·世俘》所记除个别文字歧异,几乎全同,学术界多认为《世俘》即《武成》。郭沫若在《中国古代社会研究》中指出,《世俘》'除文字体例当属于周初以外,其中所记社会情形与习尚多与卜辞及古金中所载相合','必非后人伪托','最为可信'。文中涉及伐商前后的月份、干支、月相,与《召诰》《洛诰》《顾命》《毕命》记载有周公营洛、反政以及成王临终等大事的月日干支及月相等前后呼应,是公认的检验克商年的主要依据。"⑤

虽然《武成篇》不是伪作,但其所记"文王……惟九年,大统未集"与《史记》不合,《正义》也云"文王受命九年而崩"当也是根据《武成篇》立说,并以之指责《史记·周本纪》记载武王"九年观兵孟津",实是错误之说。按《史记》"文王受命七年而崩",其中两年必以处理丧事为要,说"九年,武

---

① 方诗铭、王修龄:《古本竹书纪年辑证》,第40页。

② 张闻玉:《西周王年论稿》,贵阳:贵州人民出版社,1996年,第103页。

③ 曾运乾:《尚书正读》,第129页。

④ 曾运乾:《尚书正读》,第133页。

⑤ 夏商周断代工程专家组编著:《夏商周断代工程1996—2000年阶段成果报告:简本》,北京:世界图书出版公司北京公司,2000年,第45页。

王上祭于毕。东观兵，至于孟津”前后事甚为连贯自然。

清华简第一辑中的《保训》《程寤》《耆夜》《祭公》诸篇均与文王受命问题存在十分重要的联系。尤其清华简《耆夜》云：“武王八年，征伐耆，大戡之。还，乃饮至于文太室。”①武王八年戡黎时，在文王太庙举行饮至庆功典礼，说明文王已经离世。今日又幸得见简文《耆夜》云：“武王八年，征伐耆，大戡之。”正好可弥补武王在文王崩后到其东观孟津之间行事，从而形成史事链环，是可以据信的。“文王去世后，武王遵文王之业，自称太子发，并未改元，因此，《耆夜》说‘武王八年戡黎’，那就意味着文王受命七年而终。《耆夜》文王只能受命七年。……《耆夜》文王受命七年，得到《尚书大传》《史记·周本纪》支持，是不能轻易否定的。”②如果以“文王受命九年”立说，则简文曰“武王八年戡黎……饮至于文太庙”，说明文王已经离世，此与“文王受命九年而崩”说相互矛盾，故当以文王受命七年说为是。

《史记·周本纪》记载：“诗人道西伯，盖受命之年称王而断虞芮之讼。后十(七)年而崩，谥为文王。改法度，制正朔矣。”这里所说的“改法度，制正朔”就是周文王受命称王后重新制定历朔。王晖先生认为文王受命七年而崩，从文王断虞芮之讼年作为改元后的元年，直到武王时期再未改元③。我们同意他认为的武王一直未改元的观点，但其以为克商“十三年说”要远优于“十二年说”，似乎可商。

五、文王受命之内涵

文王所受是何命？具体内容究竟如何？这是我们研究文王受命时必须探讨的问题。我们与一些学者观点相同，认为文王受命具有不同的语境，在不同历史时期或阶段，天命之内容存在变化的现象和特点。

① 李学勤主编：《清华大学藏战国竹简(壹)》，第190页。

② 刘光胜：《真实的历史，还是不断衍生的传说——对清华简文王受命的再考察》，《社会科学辑刊》2012年第5期。

③ 王晖：《周文王受命称王考》，《陕西师范大学学报(哲学社会科学版)》2002年第4期。

如前文所论，文王受命证成以后，如果文王受命属于历史事实，那么文王所受之命是什么呢？对于文王受命，有学者认为指的是天命，有的学者认为是商命（专征伐之命），还有的学者认为是殷天子之命。清初史学家马骕认为："受命云者，一受殷命而征诸侯，一受天命而兴周室。"①《庄子·天运》载子贡与老子语云："文王顺纣而不敢逆，武王逆纣而不肯顺。"②当今学者祝中熹先生认为："文王确实受过'命'，但不是天命，而是王命，即殷纣王之命。《史记·殷本纪》所言'赐弓矢斧钺，使得征伐，为西伯'，就是真正意义上的'文王受命'。"③但王和先生却认为："'文王受命'的本义，是指文王接收天的命令，即依占卜的结果行事。""到了周公东征胜利之后……'天命'开始具有'付以天下'的意义。"④可见，古今学者对文王受命内涵理解不尽相同，确有讨论之空间。

在我们看来，文王受命应是受到了天的眷顾和保佑。天之所以眷顾和保佑文王，是由于文王的美好德行和才能感动了皇天。也就是说，天命不会无缘无故地授予某人，它具有道德性的观念。故在文献中记载天命降于某人，必然是惟德是依是辅的，以德配天，才能获得天命的眷顾。下面就文王受命的主要内涵进行梳理归纳：

第一，文王受上帝或皇天之命克商伐纣，革除殷命，取代其统治。

诸多传世典籍记载了文王受命克商伐纣的内容。《尚书·康诰》："天乃大命文王殪戎殷，诞受厥命。"⑤《召诰》："皇天上帝改厥元子，兹大国殷之命。惟王受命，无疆惟休。"⑥《君奭》周公说："乃惟时昭文王，迪见冒闻于上帝，惟时受有殷命哉。"⑦《康王之诰》太保云："皇天改大邦殷之命，惟周文、武，诞受羑若，克恤西土。"⑧上述西周早期文献都认为文王受命的内容是灭商、取代商代政权，统一天下。这些受天命者主要是指文王，也

---

① （清）马骕撰：《绎史》卷十九，北京：中华书局，2002年，第263页。
② 陈鼓应：《庄子今注今译》，北京：中华书局，1983年，第382页。
③ 祝中熹：《文王受命说新探》，《人文杂志》1988年第3期。
④ 王和：《文王"受命"传说与周初的年代》，《史林》1990年第2期。
⑤ （清）阮元校刻：《十三经注疏·尚书正义》，第203页。
⑥ （清）阮元校刻：《十三经注疏·尚书正义》，第212页。
⑦ （清）阮元校刻：《十三经注疏·尚书正义》，第224页。
⑧ （清）阮元校刻：《十三经注疏·尚书正义》，第244页。

有说文、武的。《周本纪》记载文王死后:“武王自称太子发,言奉文王以伐不敢自专。”①与《尚书》所说吻合。《孟子·滕文公下》引《书》曰:“丕显哉,文王谟!丕承哉,武王烈!”②清楚地说明文王制定了伐商的战略,武王继承文王完成伐商的功业。

周初文献《逸周书·商誓》亦载:“今在商纣,昏扰天下,弗显上帝,昏虐百姓,违天之命。上帝弗显,乃命朕文考曰:‘殪商之多罪纣!’肆予小子发不敢忘天命。朕考胥翕稷政,肆上帝曰必伐之。予惟甲子克致天之大罚,□帝之来,革纣之□。予亦无敢违天命。”③此处对文王受命内容叙述最为清楚,受天命就是杀死罪恶纣王,革掉纣命,灭商国。简言之,政权的更替,以周代商,革除殷命是文王受天命的重要内容之一。

第二,文王受民受疆土,成为天下共主。

《尚书·康诰》曰:“天乃大命文王,……诞受厥命,越厥邦厥民,惟时叙。”④《梓材》云:“皇天既付中国民,越厥疆土于先王。……用怿先王受命。”⑤以上是说文王受命包括受邦受民受疆土。《洛诰》载成王曰:“诞保文武受民,乱为四辅。”记周公对成王说:“王命予来,承保乃文祖受命民。”⑥“文祖”显指文王。可见,文王受命不仅受邦,而且受民。以上引述文献都属于传世典籍。文王受民受邦还可以在恭王时器史墙盘铭文中得到印证。史墙盘(《集成》10175)铭曰:“曰古文王,初戾龢于政,上帝降懿德大屏,匍有上下,合受万邦。”

但是,古代学者也有反对文王受命说的,他们对“文王受命”进行了曲解。以为“受命”一是受殷天子之命而得征伐,二是受天西眷之命而兴周室。从而达到否定文王称王说的目的⑦。由以上所引西周文献可以清楚看出,这种观点是与文献记载不相符合的。传世文献和出土文献所言的

---

① (汉)司马迁撰:《史记》,第120页。
② 杨伯峻:《孟子译注》,第155页。
③ 黄怀信等:《逸周书汇校集注》,第454页。
④ (清)阮元校刻:《十三经注疏·尚书正义》,第203页。
⑤ (清)阮元校刻:《十三经注疏·尚书正义》,第208页。
⑥ (清)阮元校刻:《十三经注疏·尚书正义》,第216页。
⑦ (清)梁玉绳撰:《史记志疑》卷三,北京:中华书局,第80页。

文王受命或受上帝命或受天命都指明是伐商灭纣，取代商朝统治地位。

文王生前一直图谋克商并制定克商战略，这在《尚书·大诰》周公追述中可以得见："绥予曰：无毖于恤，不可不成乃宁（文）考图功"，"天毖我成功所，予不敢不极卒宁（文）王图事"，"予曷其不于前宁（文）图功攸终，……予曷敢不于前宁（文）人攸受休毕"，"今蠢，今翼日，民献有十夫，予翼以于敉宁（文）武图功"①。文中"图功""图事"即文王所谋伐商之谋与克商之事。这足以说明文王在生前制定了克商的谋略。《孟子·滕文公下》引《泰誓》曰："我武维扬，侵于之疆，则取于残，杀伐用张，于汤有光。"赵岐注曰《泰誓》颂扬武王之武功，后儒均从其说②。陈梦家先生认为此《泰誓》是"战国本甲（文王伐邘本）"，"此武是武功之武，非武王，二'于'字是国名。《孟子》上文述伐有攸之事而曰'取其残'，是取有攸之残贼，此云侵于之疆，取于之残。《尚书正义》卷十一疏马融《书序》引《孟子》作'我武维扬，侵于之疆，取彼凶残，我伐用张，于汤有光'，'彼'即指'于'，可证于为国名。《诗·文王有声》曰'文王受命，有此武功，既伐于、崇，作邑于丰，文王烝哉'。旧释于为介词，但'伐于崇'是被伐于崇，于理不合。俞樾《古书疑义举例》即据《史记》读于为邘"。并指出"于"即《尚书大传》"二年伐于"之"于"，也是《周本纪》"明年伐邘"之"邘"③。如陈说可信，那么《孟子》所引《泰誓》就是文王伐邘，这正是文王称王后举行的征商誓师盟会。

据以上分析，文王受天命较大可能是接受上帝的命令，取代商朝政权。因此，将"文王受命"简单理解成受殷王之命是不可信的。文王受天命的内涵在新近公布清华简《程寤》中即得到了证实。兹将清华简《程寤》简文释读如下：

> 惟王元祀贞（正）月既生魄，大（太）姒梦见商廷惟棘，乃小子发取周廷梓树于阙间，化为松柏棫柞。寤惊，告王。王弗敢占，诏太子发，俾灵名凶，祓。祝忻祓王，巫率祓太姒，宗丁祓太子发。币告宗

① （清）阮元校刻：《十三经注疏·尚书正义》，第198—199页。

② （清）阮元校刻：《十三经注疏·孟子注疏》，第2712页。

③ 陈梦家：《尚书通论》，北京：中华书局，1985年，第57—58页。

> 方(祊)社稷,祈于六末山川,攻于商神,望、烝,占于明堂。王及太子发并拜吉梦,受商命于皇上帝①。

简文中,周人得到太姒吉梦,梦境具有周兴商亡、周必将代商的蕴含,故文王和太子发一同敬拜吉梦,受商命于皇上帝。这个"受命"显然不是殷王之命,更非殷天子之命,而是以周革殷的命令。祝中熹认为,文王确实受过"命",但并不是天命,而是王命,即殷纣王之命。《史记·殷本纪》所言"赐弓矢斧钺,使得征伐,为西伯",就是真正意义上的"文王受命"②。如此看来,祝中熹先生的看法是不全面的。还有清代学者马骕将天命和王命统一起来理解,"受命云者,一受殷命而征诸侯,一受天命而兴周室"。③马氏将王命和天命作为文王受命之解释,试图调和两说,并没有完全揭示文王受命的真正内涵。

六、文王受命之表述

学界对文王受命、文武受命历史问题多有探讨。然而对于他们受命的文献表述形式基本没有研究。实际上,对于文王或武王受命,其表述形式非常丰富,包括受命、天命某、受天之大命、集大命于厥躬、受命民、受民受土、受兹命、天大命、天降命、受商之大命以及青铜器铭文中多见的"膺受大命"等形式。

从诸多传世文献来分析,文王所受命有来自上天的,也有来自上帝的。如《诗经·大雅·文王有声》:"有命自天,命此文王。"④《尚书·君奭》:"在昔上帝割申劝宁(文)王之德,其集大命于厥躬。"⑤《尚书·文侯之命》:"惟时上帝,集厥命于文王。"⑥《尚书·召诰》:"呜呼!皇天上帝,

① 清华大学出土文献研究与保护中心编,李学勤主编:《清华大学藏战国竹简(壹)》,第136页。

② 祝中熹:《文王受命说新探》,《人文杂志》1988年第3期。

③ (清)马骕撰:《绎史》卷十九,北京:中华书局,2002年,第263页。

④ (清)阮元校刻:《十三经注疏·诗经正义》,第526页。

⑤ (清)阮元校刻:《十三经注疏·尚书正义》,第224页。

⑥ (清)阮元校刻:《十三经注疏·尚书正义》,第253页。

改厥元子，兹大国殷之命。惟王受命，无疆惟休，亦无疆惟恤。”①无论文王受自何命，“文王既受天命，也受‘上帝’之命，两者是统一的。”②又如以下文献载录文王受命的情况：

《诗·大雅·文王有声》：“文王受命，有此武功。既伐于、崇③，作邑于丰。”

《诗·文王》：“穆穆文王，于缉熙敬止。假哉天命，有商孙子。商之孙子，其丽不亿。上帝既命，侯于周服。”

《诗·大明》：“维此文王，小心翼翼，昭事上帝，聿怀多福……有命自天，**命此文王**。”

《尚书·大诰》：“予惟小子，不敢替上帝命。天休于宁（文）王，兴我小邦周。宁（文）王惟卜用，克绥**受兹命**……肆予曷敢不越卬，敉宁（文）王大命。”——周公

《尚书·康诰》：“我西土惟时怙冒，闻于上帝，帝休。**天乃大命文王**，殪戎殷，诞受厥命。”——周公

《尚书·无逸》：“文王受命惟中身，厥享国五十年。”——周公

《尚书·酒诰》：“王若曰……乃穆考文王，肇国在西土，厥诰毖庶邦庶士，越少正御事，朝夕曰：祀兹酒，**惟天降命**肇我民，惟元祀。”——周公

《尚书·洛诰》：“周公拜手稽首曰：王命予来，承保乃文祖受命民。”——周公

《尚书·君奭》：周公曰：“我道惟宁（文）王德延，天不庸释于文王受命”，“君奭，在昔上帝割（曷）申劝（文）王之德，其**集大命于厥躬**”，“乃惟时昭文王，迪见冒闻于上帝，惟时**受有殷命**哉。”——周公

---

① （清）阮元校刻：《十三经注疏·尚书正义》，第212页。

② 李忠林：《皇天与上帝之间：从殷周之际的天命观说文王受命》，《史学月刊》2018年第2期。

③ 杨宽先生认为：“《诗经·大雅·文王有声》：‘既伐于、崇，作邑于丰。’俞樾《群经平议》卷十一以为‘两句初非对文，于崇之于，当作邘，一国名也’。引《尚书大传》和《史记》为证，其说可信。”参见杨宽：《西周史》，上海：上海人民出版社，2003年，第76页。

《尚书·顾命》:“昔君文王、武王……用克达殷**集大命**。”①——康王“嗣守文武大训”

《尚书·文侯之命》:“惟时上帝,**集大命**于厥躬。”②——周平(襄)王

《诗·大雅·大明》:“有命自天,命此文王,于周于京。”

《逸周书·祭公》祭公云:“皇天**改大殷之命**,维文王受之,维武王大克之,咸茂厥功。维天贞文王之重用威,亦尚宽壮厥心,康受乂之式用休。”——祭公

《逸周书·程寤》:“王及太子发并拜吉梦,**受商之大命**于皇天上帝。”——史官

《墨子·非攻下》:“赤乌衔珪降周之岐社,曰:天命周文王伐殷有国。”——墨子

《史记·周本纪》:“诗人道西伯,盖受命之年称王而断虞芮之讼。”——司马迁

通读上述典籍文献来看,追述文王受命的历史,所见周公频率最高。其他还有周王、史官、诗人、墨子、司马迁等。

根据下面从西周青铜器铭文分析一下文王、武王受命的情况,文王受命见于成王五年时期何尊铭文:

惟王初迁宅于成周,复禀武王礼,祼自天。在四月丙戌,王诰宗小子于京室,曰:“昔在尔考公氏,克仇文王。肆文王受兹(大令)。惟武王既克大邑商,则廷告于天,曰:‘余其宅兹中国,自之乂民。’”(《集成》06014)③

何尊明载文王受命,只是文王灭商大任未竟而崩,最后由武王完成克商杀纣使命,取代商代政权对全国施行统治,这就是史书记载的武王“革殷受天明命”。又,文王受命、武王克商类似记载在西周早期大盂鼎(《集

① 曾运乾:《尚书正读》,第274页。
② 曾运乾:《尚书正读》,第307页。
③ 铭文有两字漫漶不清,学者根据文意补以“大令”,当是。

成》02837)："丕显玟王受天有大令，在珷王嗣文作邦，辟厥慝，匍有四方。"可知，文王受命在西周早期铜器铭文中两见。

2002年发现的现入藏北京保利艺术博物馆的豳公盨，内底有铭文10行，98字。经专家研究，豳公盨属于中国古代西周中期遂国某一代国君遂公所筑的青铜礼器。铭文开头即言："**天命禹**敷土，随山浚川，乃差地设征，降民监德。"①铭文中"天命禹"即禹接受天的命令。除此之外，西周晚期所见"文武受命"之载录，也变得十分普遍。

询簋(《集成》04321)：王若曰：询，丕显文武受令，则乃祖奠周邦。

师询簋(《集成》04342)：王若曰：师询，丕显文武，[膺]受天令。亦则繇汝乃圣祖考，克左右先王，作厥爪牙，用夹召厥辟，奠大令。

五祀㝬钟(《集成》00358.1)：明福文，乃**膺受大命**，匍右四方。余小子肇祀先王，配上下，作厥王大宝，用喜侃前文人，庸厚多福，用緟貊先王，受皇天大鲁令②。

毛公鼎(《集成》02841)：丕显文武，皇天引厌厥德，配我有周。膺受大命，率怀不廷方，亡不閈于文武之耿光。唯天将集厥命，亦唯先正襄乂厥辟，恪谨大命。肆皇天无斁，临保我有周。丕鞏先王配命。

师克盨(《集成》04468)：丕显文武，膺受大命，匍有四方，则唯乃先祖考有勋于周邦，捍害王身，作爪牙。

乖伯归夆簋(《集成》04331)：朕丕显祖文武，膺受大令。乃祖克弼先王。翼自它邦，有当于大命。

逨鼎(《文物》2003年第6期)：丕显文武，膺受大令。匍有四方，则繇惟乃先圣祖考，夹召先王，恪谨大令，奠周邦。

逨盘(《文物》2003年第6期)：丕显文武，膺受大命，匍有四方。

---

① 李学勤：《论豳公盨及其重要意义》，《中国历史文物》2002年第6期。

② 据罗新慧说：此铭开首突兀，缺少主语。专家认为应上接另一钟铭，前面的语句，当是赞美文王或文武受命。见穆海亭、朱捷元：《新发现的西周王室重器五祀㝬钟考》，《人文杂志》1983年第2期。

虽未明言文王受命，但实际有表达文王受命之义的西周中期青铜器有：

㾓钟(《集成》00251)：曰古文王，初盭龢于政，上帝降懿德大屏，匍有四方，匌受万邦。雩武王既𢦏殷。

史墙盘(《集成》10175)：曰古文王，初盭龢于政，上帝降懿德大屏，匍有四方，迨受万邦。㝬武王，遹征四方，挞殷，畯民永不巩惕。

通过对西周不同时期青铜器铭文的分期整理，可以看出，西周中期以前铜器多言文王受命，到西周晚期得见“文武膺受大命”，这种叙述天命的变化，不少学者已经有所发现。如罗新慧指出：“西周一代有关文王、武王受命的说法，不尽相同。西周中期以前，铭文但称文王受命，秉上帝之懿德，而不以文王受命称；文、武功烈不同，文王受天命，武王克殷。文王有德，汇合万邦，而武王完成翦商大业。至西周晚期，则铭文尽称‘文武膺受大命’。文、武王功业相同，不突出文王之德、武王之功，而以文武并受天德、并受天命称，不特别强调文王、武王各自对周人的独特贡献。”①陈颖飞通过对“文王受命”的西周铭文和《诗经》《尚书》等传世文献的梳理，认为：“‘文武受命’的说法西周早期已出现，一直延续到西周晚期。……‘文王受命’、‘文武受命’皆见于西周早期及晚期文献，西周早期‘文王受命’、‘文武受命’说已并存。出土文献的分别尤明显，‘文王受命’所见何尊、大盂鼎都是西周早期金文，‘文武受命’的金文材料则是西周中期或晚期的，疑‘文王受命’西周早期流行，‘文武受命’更盛行于西周中晚期。”②

按以上两位学者分析所见略同。其说可信。但他们对此现象未做进一步的详细探讨，似乎略显美中不足。为什么“文王受命”在西周早期流行，而文武受命却在西周中晚期更加盛行呢？我们认为，西周早期更多出现“文王受命”的说法，是与当时政治统治局势紧密相关的。西周初年，周人以蕞尔小国、“小邦周”的情势轻易伐纣战胜“大邑商”。可刚刚建立的周王朝，统治并不稳固，面临着殷遗的军事反扑和政治叛乱的严峻形势，

① 罗新慧：《清华简〈程寤〉篇与文王受命新探》，清华大学出土文献研究与保护中心编《清华简研究》第1辑，上海：中西书局，2012年，第66页。

② 陈颖飞：《清华简〈程寤〉与文王受命》，《清华大学学报(哲学社会科学版)》2013年第2期。

此时周人统治尚不稳固,内忧外患,身处艰难的政治困境下。故在西周早期铜器上以及传世典籍上多见周人习言“文王受命”,这意味着周人政权不稳固,尚需要从政治舆论宣传上继续对周取代殷商政权的合理性和正当性做出解释。周初统治者宣扬“文王受命”,一方面告诫周人和商人,周政权的取得是因为文王的德行得到了上帝的眷顾,灭商纯粹是天意使然;另一方面,从天命和天威上安抚、震慑殷商残余,并从一定程度上激励周人战胜困难险境。经过周代早期统治者艰苦卓绝地奋斗,终于出现“刑措四十年不用”的“成康之治”大好形势。这个时候,周人的统治得到了稳固并出现盛世局面。

西周中期以至晚期,诸多文献大量出现“文武受命”并称的主要原因是周人的政治形势发生了变化,一些有识的统治者已认识到单纯地宣传“文王受命”已经不能满足周代政治发展的新的形势了。另外,周统治者也认识到周政权的实际建立不仅有文王奠基之功,而且武王实际参与了伐纣灭商的关键性战斗,也具有继承文王完成灭商使命、参与周初政权建设的功勋,或许正是由于这些原因,“文武受命”并称逐渐成了诸多文献中的常见习语。相对于“文王受命”来说,“文武受命”逐渐成为一个泛化的概念术语。平实而论,周人从文王受命到文武受命并称的转变,是周人积极面对政治形势变化和社会信仰观念发展作出的务实举措和理论贡献。文武受命的使用反映了周人对文王和武王在周王朝的建立过程中的历史作用和地位同时肯定并高度认同。文王作为周代开国之君,武王继承文王遗志克商伐纣,建立了周朝。文武受命纠正了前人重视文王功德,忽视武王在周朝建立和建设中的不可替代的作用和贡献。这种称呼的变化一方面属于周代统治者对武王历史地位的充分肯定,另一方面也使武王受命说成为可能①。从而在思想领域中,我们会发现“受命”说的诸多矛盾现象,如文王是否受命、文王受了几次天命、武王是否受命等一系列问题。

---

①　有学者认为,周初封建已经有了文王、武王和周公三支胤嗣。随着时间的推移,武王和文王的后裔自然会形成不同的宗法性政治集团,由于利益上的分化,武王一支有意识地宣扬文武受命,也有抬高本支地位的意图。请参看李忠林:《皇天与上帝之间:从殷周之际的天命说文王受命》,《史学月刊》2018 年第 2 期。此说可以参考。

这些问题已经在传世文献中有所反映，但在清华简《保训》《程寤》《耆夜》等出土文献中更是矛盾重重①。

除了青铜器等出土文献中多见文王受命、文武受命记载外，传世文献中也多见文王、武王受命的记载，两者所见关于文王、武王受命的说法基本相符。文王受命见于西周早期文献，文武受命见于晚期文献。《尚书·康诰》属于西周早期文献，其中记载周公曰："惟乃丕显考文王，克明德慎罚，不敢侮鳏寡，庸庸，祗祗，威威，显民，用肇造我区夏，越我一二邦以修西土。惟时怙冒，闻于上帝，帝休，天乃大命文王，殪戎殷，诞受厥命越厥邦厥民，惟时叙，乃寡兄勖。"②此将文王何以受上帝(天)命及天命内容说得十分明白。周公认为，由于文王能够明德慎罚、善待人民，文王受命就是要灭商，接受商政权、国家及其人民。同样说法《君奭》篇："公曰：'君奭！在昔上帝割申劝宁(文)王之德，其集大命于厥躬？惟文王尚克修和我有夏，亦惟有若虢叔，有若闳夭，有若散宜生，有若泰颠，有若南宫括……亦惟纯佑秉德，迪知天威，乃惟时昭文王迪见冒，闻于上帝，惟时受有殷命哉。武王惟兹四人尚迪有禄。后暨武王诞将天威，咸刘厥敌。'"③此处也在说文王有美德，能够安定、治理国家，善于任用贤能人才，故文王受天命接替殷商政权。武王后接受天命，最终克商灭纣。《康诰》《君奭》均属于周初"八诰"文献，其中叙述文王受命、武王克商甚为清楚可信。

《尚书·文侯之命》也有文王受命的记载，且将文武并列，"丕显文武，克慎明德，昭升于上，敷闻在下；惟时上帝，集厥命于文王"④。《文侯之命》是周平王策命晋文侯之辞，成书较晚。篇中出现文武并称与文王受命。

《诗经》中也有一些文王受命、武王伐商的记载。《诗经·大雅·大明》："维此文王，小心翼翼。昭事上帝，聿怀多福。厥德不回，以受方国。

① 请参看刘光胜：《真实的历史，还是不断衍生的传说——对清华简文王受命的再考察》，《社会科学辑刊》2012年第5期；晁福林：《〈中庸〉"武王末受命"解》，《中国文化研究》2014年第2期；陈颖飞：《清华简〈程寤〉与文王受命》，《清华大学学报(哲学社会科学版)》2013年第2期。

② (清)阮元校刻：《十三经注疏·尚书正义》，第203页。

③ (清)阮元校刻：《十三经注疏·尚书正义》，第224页。

④ (清)阮元校刻：《十三经注疏·尚书正义》，第253页。

天监在下,有命既集……有命自天,命此文王……(武王)肆伐大商。”①《周颂·武》:“於皇武王!无竞维烈。允文文王,可开厥后。嗣武受之,胜殷遏刘,耆定尔功。”②两首诗都提到了文王受命,武王克商。《大雅·文王有声》:“文王受命,有此武功。既伐于崇,作邑于丰……考卜惟王,宅是镐京。惟龟正之,武王成之。”③此篇提到文王受命,武王成之。《周颂·昊天有成命》记载了文武受命:“昊天有成命,二后受之。”二后即是文武。《大雅·江汉》也有文王受命的记载,“文武受命,召公惟翰”,不过此已是西周晚期的文献了。

前引《诗经》“周颂”与“大雅”一般多属于西周早期诗歌,较为可信。由上述征引各种文献可以看出,周人受命的历史发展情况正如罗新慧研究指出:“西周中期以前,基本是文王受命,而武王完成克商大业;西周中期以后,则文武并受天命,文武业绩区别不大。”④因此,文武受命的说法是从文王受命中逐渐生发出来的,以弥补文王受命在历史和政治上宣传舆论力量的不足,同时也适应并丰富了周人的天命理论。

七、文王受命称王和即位称王

《程寤》与《保训》是清华简第一辑整理报告中两篇有关文王纪年的竹书。清华简《程寤》开首曰“惟王元祀”,而《保训》亦云“惟王五十年”。前者“惟王元祀”,学者一般认为系周文王纪年之元年,是文王受命的开始,也是历史上津津乐道的所谓“文王受命称王”⑤。而后者“惟王五十年”,属于文王临终对太子发的遗训时间,自然是文王纪年的末年。故有学者据此认为文王“即位之初即已经称王”⑥。文王究竟是“受命称王”,还是

① (清)阮元校刻:《十三经注疏·毛诗正义》,第507页。
② (清)阮元校刻:《十三经注疏·毛诗正义》,第597页。
③ (清)阮元校刻:《十三经注疏·毛诗正义》,第587页。
④ 罗新慧:《清华简〈程寤〉篇与文王受命新探》,清华大学出土文献研究与保护中心编:《清华简研究》第1辑,第67页。
⑤ 陈颖飞:《清华简〈程寤〉、〈保训〉文王纪年探研》,《中国文化研究》2012年春之卷。
⑥ 刘国忠:《周文王称王史事辨》,《中国史研究》2009年第3期。

“即位称王”，在学者间认识并不一致。

清华简《程寤》与《保训》关于文王纪年内容和方式的记载，揭示了文王受命纪年与即位纪年之间的矛盾，也体现了历史上对文王这一事件的认识较为模糊。多年来，学术界对文王受命称王与即位称王问题虽有一定关注，但迄今为止，尚未形成为大多数学者所能接受的看法。

其中，学者对于文王是否即位之初即已称王的争论成为焦点问题。如有学者据清华简《保训》作为周文王的遗嘱有“惟王五十年”的记载，从而认为文王自即位起即已称王①。而另一些学者认为：“《保训》‘惟王五十年’一语，可以证明周文王在生前已经称王，但是并不能证明他何时称王。在没有更多可靠的证据之前，仅仅根据‘惟王五十年’就断定文王即位之初已经称王，为时过早”②。类似地，还有学者认为，《保训》“惟王五十年”，此处的“王”显然是指文王。但《保训》出现了“王”字，并不意味着文王即位时一定称王③。在清华简《保训》未公布于世前，历史上一直流传着文王“受命称王”的说法，很少涉及文王即位称王的问题。即使是清华简《程寤》《逸周书·程寤》逸文，也多是有关文王受命称王的记录。

文王是“受命称王”抑或“即位称王”，不仅在传世文献中各有反映，而且在清华简中亦异说并存。传世文献中的“文王受命称王”说，主要见于《诗经》《礼记》《尚书大传》《史记》等文献，文王“即位称王”说主要见于清华简《程寤》与《逸周书·程寤》逸文。兹不妨将传世文献中所见两说摘录如下：

《诗经·大雅·文王有声》：“**文王受命**，有此武功。既伐于、崇，作邑于丰，文王烝哉！”

《诗经·大雅·大明》：“**有命自天，命此文王**……燮伐大商。”

《诗经·周颂·昊天有成命》：“**昊天有成命，二后受之**。”

---

① 刘国忠：《〈保训〉与周文王称王》，《光明日报》2009年4月27日(12)国学版。

② 于振波、车今花：《关于周文王的即位与称王——读清华简〈保训〉札记》，《湖南大学学报(社会科学版)》2011年第2期。

③ 刘光胜：《真实的历史还是不断衍生的传说——对清华简文王受命的再考察》，《社会科学辑刊》2012年第5期。

《逸周书·程寤》:“王及太子发并拜吉梦,**受商命**于皇天上帝。”太姒吉梦可视作“文武受命”的象征。《诗经》中言文王受命多是受天命,并且在周初已经出现了“文武受命”,如《诗经·周颂·昊天有成命》载录周公所说“昊天有成命,二后受之”,二后即是文王、武王。这与《逸周书·程寤》记载相似。另外还可以在《尚书》中发现西周初年“文武受命”的记载。如《尚书·洛诰》出现“文武之烈”“文武勤教”“文武受民”“在十有二月,惟周公诞保文武受命,惟七年”。此处所记“文武受命”显然系在周初。

如今,《保训》“惟王五十年”关于文王年号的记载与清华简《程寤》“惟王元祀”究竟存在何种联系就成为解决以上问题的关键环节。据研究,清华简《程寤》成篇年代应当早于《保训》,因此其可信度要高于《保训》。但《保训》中记载了文王以前已有“受大命”的历史先例,如“微志弗忘,传贻子孙,至于成汤,祗服不懈,用受大命”“朕闻兹不久,命未又所延”,以及“今汝祗服毋解,其有所由矣,不及尔身受大命”。这些与“受大命”相关的记载,对于理解文王前后受命信仰观念的源流具有重要的价值。

在文王受命称王抑或即位称王的问题上,我们以为两者并不宜简单以历史事实加以判断选择。文王受命称王固然有历史文献记载,但文王即位称王实属于后来学者提出,基本认定文王即位时就称王了。其实,后者主要解决的问题是文王称王的时间长短问题,就清华简《保训》来说,无疑支撑了传世文献所载的文王称王五十年的看法。而文王受命称王实际说的是文王受命和称王两者是先后还是同时的问题,并不是解决周文王的在位年数问题。我们认为文王受命称王不可理解为文王受命等同称王,或文王称王等同受命。或许文王受命称王真正的历史真相是文王先称王,后受命。称王是周人政治实力发展的必然结果,受命则是周人为称王进行舆论宣传的思想策略。关于文王受命与称王,两者在历史上的发展可能并不同步,我们在后文有论述。那么,我们该如何看待清华简的《保训》和《程寤》的记载呢?

清华简《保训》记载“惟王五十年”自然应是文王在位五十年的证据,亦可证实文王即位就称王了,但其简文中也有浓厚天命观念传递的记载,是《保训》并不否定文王受命称王的记载;清华简《程寤》记载“惟王元祀”

显然是文王即位的初年，尤其简文记载文王和太子发共同受命于皇天上帝，似乎告诉我们文王即位之初也受了天命，即传世文献中习见的文王受命称王。若据《程寤》文王受命称王，文王受命与称王则是同时的，与《保训》记载文王称王以及文王受命的时间和情况实并无二致。其实《保训》简文中在宣扬文王中道思想时，一直贯串着前人受命思想观念，文王自己怎么能不受命呢？

特别值得注意的是，在清华简《保训》中直接出现了成汤“用受大命”的记载，文王的思想里的这种观念，不排除是当时史官的观念，但若是战国时人的观念，又不太契合，因为此时天命观念已经非常淡薄。故《保训》简文中的天命观念当视作文王为是。可见天命观念在周人的历史上有较早的渊源。

文王在训教武王发时，说“不及尔身受大命”，其中历史信息丰富，意味深长。为此，有学者指出，周文王未曾受天命称王，在《保训》本身似乎存有内证，文王对武王发说“不终汝一生就会受天命，言外之意是说自己未受天命，希望寄托在儿子身上。”①其实，这种理解未免有所失，文王是在告诫武王自己看不到他取代商朝政权的那一天了。这并不能作为否定文王受天命的证据。

《保训》与《程寤》简文一记文王始年，一记文王终年，可谓囊括文王一生大事。其中记载文王受命的史事时间跨度达五十年，自然对有关天命的思想内容具有不同的认识变化是可以理解的。

结合以上对清华简《保训》《程寤》简文有关文王受命称王和即位称王的分析，我们以为两篇简文记载历史基本一致，不可将其视作记载文王受命称王与即位称王的对立，出现如上理解偏差当是对简文的释读理解的不同，或天命观念在周人不同历史时期宣传的口径有所变化使然。

八、文王受命之实质与意义

文王受命实质及意义何在？前人较少论及。长期以来，关于文王受

① 王辉：《清华楚简〈保训〉“惟王五十年”解》，《考古与文物》2009 年第 6 期。

命的实质究竟是什么,古今学者争论纷纭。汉儒郑玄在注解《尚书・无逸》"文王受命惟中身,厥享国五十年"之文王受何命时,曰:"受命,受殷王嗣位之命。"与《诗经・大雅・文王》郑氏解说文王受命为"受命,受天命而王天下,制立周邦"明显不同,可见同是文王受命,郑玄解释不一。唐代孔颖达试图圆融郑说,云:"彼为文王为诸侯受天子之命也,此述文王为天子,故为受天命也。"①孔氏将文王受命分作不同时期而论,一是文王为纣王诸侯时,二是文王成为天子时,故不同时期文王受命含义不同。清人陈奂在解释《诗经》"文王陟降,在帝左右"时,将此前孔疏说合而为一,算是对文王受命进行了"圆满"的解释。他以为"文王受命于殷之天子,是即天之命矣"②。如是,陈氏就把前面学者的文王"受殷命"与"受天命"连接起来。近来已有学者指出:"不应把文王受天命和受殷命割裂开来,也不易将受命理解成多次受命,而且受殷王命中的殷王,并不是指殷代末王帝辛,而是指殷先王。"③此说可作为我们分析文王受命实质的一种参考。

在周初,周人宣称天命主要从文王之德、文王武功,武王修文王绪业、实际灭商,受天命的标志如仁德、祥瑞、梦象等三个方面开展。文王之德是周人获得天命取代商人统治权的政治理论依据,而文王武功是实现天命目标的自然过程。文王事业未竟先崩,由武王接续天命,修文王绪业,实际完成文王大任。所以《礼记・中庸》说武王:"父作之,子述之。武王缵大王、王季、文王之绪。壹戎衣而有天下,身不失天下之显名。"④文王受命的各种标志或从虚实角度烘托渲染文王之德以接受天命的正当性、真实性和神秘性,从而产生极大的号召力和影响力。天命成了周代的社会和政治信仰。周统治者利用民众的天命观念,将天命进行了系统的理论加工,反过来又加深了社会民众对天命的信仰程度。

传世文献关于"文王受命"的记载多有矛盾,汉代以来关于文王受命

---

① (清)阮元校刻:《十三经注疏・毛诗正义》,第502页。
② (清)陈奂:《诗毛诗传疏》下册,上海:商务印书馆,1934年,第76页。
③ 李桂民:《周原庙祭甲骨与"文王受命"公案》,《历史研究》2013年第2期。
④ (清)阮元校刻:《十三经注疏・礼记正义》,第1629页。

的内容和来源争论纷纷。在周代统治者看来,文王能够受天命的主要原因在于文王有德,这在传世文献中以及出土文献中都有详细、清晰的记载,自是不争的事实。如上列文献《尚书·康诰》说文王“克明德慎罚”,《尚书·君奭》载文王“纯佑秉德”,《尚书·无逸》云文王“徽柔懿恭,怀保小民……不遑暇食,用咸和万民”的民本美德不胜枚举。这与青铜器等出土文献记载的文王“戾龢于政,上帝降懿德大屏”等政行美德若合符节。除了宣扬文王美德是获取天命重要原因外,《诗经》等篇章中还对文王的武功进行极力称颂。如《诗经·大雅·文王有声》云:“文王受命,有此武功。既伐于、崇,作邑于丰。”[①]又,《诗经·大雅·皇矣》说文王:“其德靡悔。……帝谓文王:询尔仇方,同而兄弟。以尔钩援,以伐崇墉。”[②]对文王受命及其武功进行陈述,正是由于在文王受命前提下,所以人们对文王的征伐五国的武力活动毫不避讳,极力颂扬、赞美就可以理解了。文王之所以有此武功,是因为他受了天命,得到了上帝的指示;文王之所以能受天命,是因为其德行。如此,文王行动的正当性得到了符合逻辑性的理论说明。“天命惟德是依”“天命祐德”成为周人天命政治理论的终极依据。这样,在周人信仰天命的思想观念前提条件下,文王受命和文王武功从理论和实践上也得到了周人的完美诠释。

同时,不可否认的是,清华简等出土文献中记载的“文王受命”“文武受命”也彼此充斥着不少矛盾。关于这一点,有不少学者已经有所察觉和论述。据清华简整理报告第一辑关于《程寤》篇的说明:“本篇竹简共九支,三道编,简长45厘米,保存完好。全篇原无篇题,亦无次序编号。按《艺文类聚》《太平御览》等传世文献曾有引用《逸周书·程寤》篇的若干文句,将其与本篇简文的内容相对照,可知本篇简文即已久失传的《程寤》篇。本篇简文叙及周文王之妻太姒梦见商庭生棘,太子发(即后来的周武王)取周庭之梓树于其间,以象征周即将代商。这一事件可能与周人所艳称的‘文王受命’有关。本篇简文的重新发现,使我们得以了解整个事件的发生时间及来龙去脉,而篇中周文王‘商慼在周,周慼在商’的有关言

① (清)阮元校刻:《十三经注疏·毛诗正义》,第526页。
② (清)阮元校刻:《十三经注疏·毛诗正义》,第522页。

论，更有助于我们了解商朝后期商、周之间错综复杂的关系。”①李学勤先生在《清华简九篇综述》亦对该篇简文说道：“《大开武》篇所云‘天降寤于程，程降因于商，商今生葛，葛祐有周’，即暗指《程寤》。”并结合《程寤》简文若干有特色的文句判断“《程寤》的成篇不会太晚”②。

清华简《程寤》篇记载“王及太子发并拜吉梦，受商命于皇上帝”，认为文王、武王同时接受天命，相较传世文献记载“文武受命”更要具体详细些。但考虑到清华简《程寤》可能是西周晚期的著作，故“文武受命”的说法应该较传世文献中“文王受命”晚一些③。从简本《程寤》可以看出，文王受命与太子发（周武王）受命属于同一个时间即“惟王元祀”，文王与太子发受命的标志性事件是文王之妻、武王之母太姒之吉梦。这种记载和传世文献与出土文献都有所不同。简本《程寤》与《逸周书·程寤》逸文关于文王、武王受命的时间及其一起受命等有关情况基本相同。《程寤》篇最大一个历史发现莫过于文王武王父子共同受命于皇上帝。因为它不像周人、汉代人因文王之德作为文王受命标志的较为一致的看法，而以梦象的形式，增加了一些神秘灵异之色彩。当然，在春秋战国时期有关文王受命还有所谓“受河图洛书”“赤雀衔丹书入丰”等十分荒诞不经的说法。但是，这些说法一直未能取得社会的认可，不过属于一些好事者的附会而已，并没有多少人相信。历史上的人们更愿意相信的还是文王断虞、芮之讼后受命，这可以说是一种相当主流具有权威的说法。而简本《程寤》的发现则颠覆了我们的认知，我们究竟该如何看待以梦象形式作为文王受命的标志呢？

让我们再回到简本《程寤》以梦象来预示文王、武王一起受命的历史情境中吧。社会上任何一种事物现象的产生，都必须回到那个时代的思想观念中去找原因。如是，简本《程寤》的作者就是我们需要考虑的一个因素了。《程寤》篇的作者及制作年代如何，直接关系着对这个问题的认

① 清华大学出土文献研究与保护中心编，李学勤主编：《清华大学藏战国竹简（壹）》，第135页。

② 李学勤：《清华简九篇综述》，《文物》2010年第5期。

③ 罗新慧先生根据《程寤》简文使用西周以后“皇上帝”习语，并结合青铜器《㝬钟》铭文与《诗经·小雅·正月》也有类似用法，从而判断《程寤》时代属于西周后期以降的文献。其说可从。

识。据学术界研究，大多数学者认为清华简《程寤》成书于西周晚期。晁福林先生根据对简本《程寤》的写法和一些用辞之例，认为它当成书于西周晚期或春秋时期的史官之手①。简文中出现以梦象的吉凶来附会、预示周人能否取代商代统治，而与西周早期宣扬的文王以德受命具有很大的不同，这可能是周人当时所采用的另一种宣传策略②。在当时西周思想信仰领域，天命在政治和社会生活中占据着绝对的地位。周统治者利用人们对天命的信仰，大力宣传周人代商，是天命使然，被统治者应该接受现实。但随着周人政权的逐渐稳固，文王受命的政治理论逐渐失去其往日的光环，对以文王之德及文王武功获取天命的传统说法有所松动，西周中后期的人们不免质疑，既然文王受命，又有如此美好德行，那为什么他未能亲身完成灭商大命呢？所以，西周统治者为了弥补天命政治理论的缺陷，他们也把武王和文王受命并称，以期通过文武共同受命的事实来圆满解决当时人们的诸多质疑。出于这样的政治目的，因此清华简《程寤》简文应当时历史形势和政治需要就产生了。《程寤》篇的作者应该就是主张文武受命说的统治者之一。鉴于先前的文王受命以断虞、芮之讼为标志，此时已经失去了号召力，《程寤》篇的作者就利用当时占梦的信仰提出了一种全新的文王受命说。但不管是文王受命，还是武王受命、文武受命，在历史事实层面都是一个伪命题，再好的文王受命说的编造、改编都不能成为无懈可击的事实。所以，学者试图对诸多文献中文王受命、武王受命、文武受命之间存在的矛盾现象的阐释和弥补都是徒劳的③。

但是，在历史上，统治者利用梦象来进行政治宣传，说服人心，以达到不可告人的政治目的，却不乏其例。尤其在商周时代，通过梦象解释要比

① 晁福林：《从清华简〈程寤〉篇看“文王受命”问题》，《北京师范大学学报》（社会科学版）2016年第5期。

② 罗新慧：《清华简〈程寤〉篇与文王受命新探》，清华大学出土文献研究与保护中心编：《清华简研究（第一辑）》，第69页。

③ 晁福林先生曾对文王受命在不同历史时段作了历时性的考察，认为“文王受命”的观念有一个发展变化的过程，在太姒之梦以前，文王受命是指接受商王之命，其后，则是取商王朝之命而代之，到了周公时期其内涵扩而大之，成为文王接受天赐予的统治天下的大命。晁说很富有启迪意义。请参见晁福林：《从清华简〈程寤〉篇看“文王受命”问题》，《北京师范大学学报（社会科学版）》2016年第5期。

此前文王受命的原因和形式更具有说服力和权威性。在《国语·周语下》记载武王伐商以梦象激励兵士:"朕梦协朕卜,袭于休祥,戎商必克。"[①]此外还有商武丁通过梦见"傅说",这个传说也见于清华简中[②]。至于清华简《程寤》中记载文王妻太姒之梦,认为此梦大吉,预示着是"皇上帝"授予"天命"的征兆。《逸周书·程寤》逸文也有类似记载:"文王去商在程。正月既生魄,太姒梦见商之庭产棘,小子发取周庭之梓,树于阙间,化为松柏棫柞,寤,惊以告文王。文王乃召太子发占之于明堂,王及太子发并拜吉梦,受商之大命于皇天上帝。"[③]《吕氏春秋·诚廉》中载"扬梦以说众,杀伐以要利,以此绍殷是以乱易暴也"[④]。其中"扬梦以说众"当是对文王、武王借太姒之梦宣扬接受皇天上帝之命的抨击和批评。这个记载可以从《程寤》文王即位初年与太子发对太姒之梦的占解得到合理解释。《程寤》篇通过占梦宣称接受天命的方式是对文王此前受命说的改造,这种通过占梦的形式解释政权的更替也许在当时更具有真实性和说服力。对此,晁福林先生以为,"文王受命说的起源,比较流行的司马迁的'虞芮质成'说实不如《程寤》的'太姒之梦'说更合乎历史的本真"[⑤]。这种观点颇有见地。但在我们看来,文王受命的标志或方式从最初的虞芮质成发展到太姒之梦,只能说周代统治者根据政治形势的需要,对其天命政治理论进行了改造,使其更好地为周人的统治政权服务。至于,虞芮之质还是太姒之梦哪个更真实是一个不可确知历史之谜。如果非要对这个问题进行回答的话,我们还是认为虞芮质成更符合文王受命历史的真相。因为,梦是一种不确定的自然生理现象,很难说太姒之梦不是《程寤》作者根据周统治者的需要而编造的一个美丽的政治谎言。

综上所述,我们以为文王受命无疑是周人天命理论中最核心的内容

---

① (清)徐元诰撰:《国语集解》,第91页。

② 清华大学出土文献研究与保护中心编,李学勤主编:《清华大学藏战国竹简(叁)》,上海,中西书局,2012年,第122页。

③ (清)朱右曾撰:《逸周书集训校释》,上海:上海书店,1988年,第175页。

④ 陈奇猷:《吕氏春秋新校释》,第641页。

⑤ 晁福林:《从清华简〈程寤〉篇看"文王受命"问题》,《北京师范大学学报(社会科学版)》2016年第5期。

和命题，在周人天命理论中具有重要的意义和作用。这主要表现在：

一是文王受命为解释周取代殷商统治政治合法性的主要舆论依据。由于任何一种思想理论的提出都有一个从不成熟到成熟、完善的过程，所以常见于典籍中的文王受命说法具有不一致甚至矛盾之处。这反映了周人天命理论的形成是一个历时的发展变化的长期过程。

二是文王受命观念的深入人心，与周统治者的极力宣传紧密联系。天命信仰逐渐成为周人政治统治的权威。这有其存在合理性的根据。天命观念依从伦理道德，从而使其信仰更具广泛性和人文性。

三是文王受命命题中包含着变化、发展的内涵。天命可以转移的观念可以说是周人对殷商迷信天命的一种改造。任何政权都不是永恒的，“永保天命”在于统治者的德行能够配天，方可受到天的眷顾。这种观念激发周人思想生发创新、忧患、进取和重视人事的特质。

第二节 周文王称王

关于周文王生前是否称王，学术界主要有两种观点：一是主张周文王生前即已称王，在这种说法中又分为周文王晚年称王和即位称王；二是认为周文王生前并未称王，唐代以后这种观点占据上风。刘国忠教授根据清华简《保训》关于文王纪年“惟王五十年”的记载，认为周文王从即位起就已经称王了①，并且认为“惟王五十年”，“这五个字可以对千百年来学者们聚讼不清的有关周文王事迹的争论起到拨云见日之功效，意义非常重大”②。说清华简《保训》发现“意义重大”，此言不虚；若单就其中“惟王五十年”记载，可以结束文王称王与否问题争论，下此结论似为时尚早。因为周文王受命称王的问题是历史上遗留的一大学术公案，其牵涉中国上古史多方面问题，其复杂性自不待言。所以我们有必要综合各种文献材料详细加以研究考察，以期得出令史学界信服的见解。

---

① 刘国忠：《〈保训〉与周文王称王》，《光明日报》（国学版）2009 年 4 月 27 日（12 版）；又见刘国忠：《周文王称王史事辨》，《中国史研究》2009 年第 3 期。

② 刘国忠：《〈保训〉与周文王称王》，《光明日报》（国学版）2009 年 4 月 27 日（12 版）。

一、周原甲骨文与文王称王

传世文献存有周文王在殷末称王的记载,但传世文献多属于后人追记的性质,可能难以完全证明文王称王的事实。那么,如何证明文王在当时已经称王,是一个非常关键的问题。在其他文献中有无文王直接称王的有力证据呢?

1977年周原甲骨文的发现为周文王是否称王问题提供了实物证据。经过学者对周原甲骨的多年研究,最初很多有争议的问题逐步达到较为一致的意见。如周原甲骨的族属问题,当属于周人无疑;甲骨卜辞中出现的"王"是商王还是周王的问题,现在学者多认为是周王;更进一步说,周原甲骨卜辞中的"王"不是武王而是文王等。这些研究成果为我们研究周文王称王问题提供了坚实的基础。

研究周原甲骨中"王"为何人,是商王还是周王,在学者细致比较下,也基本弄清了周人称王和商人称王的区别:周原甲骨中对商王的称述常常以"衣王"或"商王"的形式,而对周人本族首领的则仅称做"王",如:

H11.3:衣王田,至于帛,王隹(唯)田

H31.2:唯衣微子来降

H11.261:商王彤

上述卜辞学术界做过不少研究,对于"衣王"即"殷王",学者认识较为一致。因为"衣""殷"两字音同字通,周人称"殷"为"衣"。同样,在金文中也有不少此例。周初武王时器天亡簋载有"衣王",沈子它簋亦有"克衣"。这些辞例可证明甲骨卜辞所记"衣王"就是"殷王"之说无疑。然对于H11.3中"王惟田"之"王"系谁,学者之间意见存在分歧。综观学术界的论述,基本有两种观点。一种观点认为"王"仍指"衣(殷)王",如徐锡台先生、朱歧祥先生等均持此说。徐锡台先生认为"王隻田"的意思就是"殷王进行田猎且有所收获"①。朱歧祥先生也进一步指出,本图版读法应该由左向右,前言"衣王",后则省称为"王";前言"田至于某地",后接言"获

---

① 徐锡台:《周原甲骨文综述》,西安:三秦出版社,1987年,第14页。

田”，前后文才能呼应①。另一种观点认为“王”是指“周文王”，此种看法以严一萍先生为代表。他认为“衣王”当是“帝辛”，“王隻田”之“王”乃是周王，当即文王②。曹定云先生认为，该片卜辞中，“衣王”与“王”同版，很明显，这是两个“王”，而不是一个“王”。既然“衣王”是“殷王”，那后面的“王”必为“周王”，即周文王。周原所出甲骨，无论从制作形态到文字特征，均应是周人卜辞。在那个时代，“邦国”甚多。周人称“殷”为“大邦”，称自己是“小邦”③。

经学者研究，周原甲骨应属于周文王时期的卜辞，文王在周原地区建立殷先王宗庙并对商先王祭告，是在“商室少卑，周实继之”背景下，周人力图证明天命转移的一种形式。为寻找“代商”的天命依据，周人不仅“扬梦以说众”，而且通过卜筮等形式祈告上天和殷先王，以便获得“天命转移”的合法性。周原庙祭甲骨刻辞是文王为验证天命问卜而“受殷王嗣位之命”的重要物证④。

在陕西省岐山县凤雏村西周甲组宫殿遗址西厢2号房出土的周原甲骨H11.163载：“今秋，王斯克往密。”我们根据《诗经·大雅·皇矣》“密人不恭，敢距大邦，侵阮徂共。王赫斯怒，爰整其旅，以按徂旅。……侵自阮疆”以及《史记·周本纪》对周文王称王之“明年，伐犬戎，明年伐密须”的记载，周原甲骨所载“王斯克往密”之王当指周文王。此事说明周文王业已称王。此片卜辞可视作文王当时已称王的有力证据。徐中舒先生曾经指出，周原甲骨大部分是文王时代遗物，除庙祭甲骨外，H11.136“今秋王西克往密”等涉及密事的七片刻辞定为文王时期，其中四条明言密事，另三条提到“西克事”“往西无咎”，徐先生认为亦指文王克密之事⑤。除此片甲骨卜辞外，在周原甲骨中还有几例文王当时已称王的直接证据。

---

① 朱歧祥：《周原甲骨研究》，台北：学生书局，1997年，第5—6页。

② 严一萍：《周原甲骨》，《中国文字》新一期，香港：艺文印书馆，1980年。

③ 曹定云：《周原甲骨“二王”同猎与“文王囚羑里”——兼论周原卜辞族属》，宋镇豪主编：《甲骨文与殷商史》新三辑，上海：上海古籍出版社，2013年。

④ 李桂民：《周原庙祭甲骨与“文王受命”公案》，《历史研究》2013年第2期。

⑤ 徐中舒：《西周甲骨初论》，徐亮工编：《川大史学·徐中舒卷》，成都：四川大学出版社，2006年，第225页。

不妨将这些甲骨卜辞列举如下：

H11.1：癸巳彝文武帝乙宗，贞王其邵祭成唐□，御服二女，其彝：血三豚三斯又正。

H11.82：……在文武……贞，王其邵禘□天，□典册周方伯，……斯正无左，王受有祐。

H11.84：贞，王其拜祐大甲，册周方伯。□，斯又正。不左于受右(祐)。

H11.112：彝文武丁□，贞，王翌日乙酉，其祈爯中……文武丁豊，……左王。

H11.3：衣王田，至于帛，王隹(唯)田。

围绕上述甲骨对"王""周方伯"的记载，有学者据"王""周方伯"两者并称提出周文王并未称王的观点；还有学者认为"王""周方伯"系同一人而提出周文王称王的观点。对于前一种观点，如王玉哲先生①、杨向奎先生②均有论述；对于后一种观点，王晖先生认为："此片中'王'与'周方伯'是一人而不是两人：'王'是贞人所用的称谓；'周方伯'是对所祭的殷先王而言，是以过去的君臣关系来称呼的。'册周方伯'是告殷先王大甲之语，故自称'周方伯'。一人而二称是因所言对象不同而加以区别，不应把'周方伯'与'王'分为二人"③。说庙祭甲骨中的"王"是周文王，还面临着一个疑问，为何周文王在周原建立殷王宗庙对成汤、太甲、文武丁等殷先王进行祭祀？学者多表示不能理解。

在周地为何会出现祭祀殷先王的宗庙这个关键问题时，王晖还指出，周王祭祀大乙、大甲、文丁等殷先王，亦并非不合"神不歆非类，民不祀非族"的祭祀原则，这是因为商末季历、文王相继娶商王室贵族、王族之女为妻，与商王结成甥舅关系，文王、武王也因此与殷先王有了直接的血缘关

① 王玉哲：《陕西周原所出甲骨文的来源试探》，《社会科学战线》1982年第1期。

② 杨向奎：《宗周社会与礼乐文明》，北京：人民出版社，1992年。

③ 王晖：《周原甲骨属性与商周之际祭礼的变化》，《历史研究》1998年第3期；又《周文王受命称王考》，《陕西师范大学学报(哲学社会科学版)》2002年第4期。

系。所以文王为外舅帝乙立宗庙，为外王父立神宫，并在其中祭祀殷先王[①]。此说将商周之间血缘关系拉近，较为合理地回答了长期困惑学术界“神不歆非类，民不祀非族”的难题。另一个不可忽视的原因是周王是臣属于殷王统治的，故才会在周地出现周人祭祀殷先王的宗庙。如此亦可更好地理解先秦典籍记载商纣王“弃成汤之典”“弃阙其先神而不祀”，而放弃对上帝先王的祭祀最终成为周人革命的一个重要原因，也成为周人争取殷民的有力武器。

晁福林认为，“关于周文王是否称‘王’的长期争论，在周原甲骨文出土以后，应当有一个明确而肯定的结论，即可以完全断定他确曾在‘受命’之后称王”[②]。这代表了相当一部分学者文王关于生前已称王的观点。

李桂民先生在全面爬梳周原凤雏甲骨的基础上，认为最有争议的四片庙祭甲骨是同一时期卜辞，都是克商前周文王时期卜辞，其语境与商末的周人受命有关。周原凤雏庙祭甲骨的具体内容是周人为验证天命对殷先王的问卜[③]。

然而，对于用周原甲骨卜辞证明文王当时已称王也同样存在若干疑问，一是甲骨卜辞中有“王”与“周方伯”并称，究竟是指一人还是两人？二是在周原甲骨卜辞中为何出现祭祀商王文武丁的宗庙，这与文献记载的“神不歆非类，民不祀非族”及“鬼神非其族类，民不祀非族”的礼制不符，该如何解释这个问题显得十分必要。晁福林先生认为：“这两片卜辞中的‘王’，应当就是周文王，因为在周文王之后，周武王已经没有必要在周原为商先王立庙示敬。”[④]

周原甲骨卜辞多属于殷周时期卜辞。其中周原甲骨卜辞 H11.2 属于周武王时期卜辞，主要记载了微子来降之事。“周原甲骨文是周人不同

① 王晖：《周原甲骨属性与商周之际祭礼的变化》，《历史研究》1998 年第 3 期。

② 晁福林：《从上博简〈诗论〉看文王“受命”及孔子的天道观》，《北京师范大学学报(社会科学版)》2006 年第 2 期。

③ 李桂民：《周原庙祭甲骨与“文王受命”公案》，《历史研究》2013 年第 2 期。

④ 晁福林：《从上博简〈诗论〉看文王“受命”及孔子的天道观》，《北京师范大学学报(社会科学版)》2006 年第 2 期。

时期的刻辞记录，有的在克殷之前，有的在克殷之后。"①

周原甲骨中记有两处"周方伯"，周方伯是否就是传世典籍上的西伯呢？周文王在文献记载中有西伯、周方伯、伯昌等名号。《楚辞·天问》："伯昌号衰，秉鞭作牧。"②周文王称作"西伯"，见诸《尚书·西伯戡黎》《孟子·离娄上》《孟子·尽心》《史记》等文献。《尚书·西伯戡黎》曰："西伯既戡黎。"③《孟子·离娄上》《尽心上》等不乏西伯的记载，前者云："我闻西伯善养老者。"《史记·周本纪》载曰："赐弓矢斧钺，使得征伐，为西伯。"④周原甲骨卜辞中有两次出现"周方伯"，《史记·周本纪》有"政由方伯"之记述，《史记集解》引郑众云："长诸侯为方伯。"可见，方伯当如多数学者以为某方之君长即称某方伯的看法。李学勤先生认为："文献所谓'方伯'乃若干方国之长。"⑤这个看法是正确的。《礼记·王制》中记载"方伯"有多处："千里之外设方伯。……天子使其大夫为三监，监于方伯之国，国三人。"⑥揆诸史书，在有周诸先王中，只有周文王曾经为西伯。周原甲骨中出现的"周方伯"应为周文王无疑。在诸多文献中，《史记》记载最为详细清楚。如《殷本纪》载曰：

> "(纣)以西伯昌、九侯、鄂侯为三公。九侯有好女，入之纣。九侯女不喜淫，纣怒杀之，而醢九侯。鄂侯争之疾，辨之强；并脯鄂侯。西伯昌闻之，窃叹。崇侯虎知之以告纣，纣囚西伯羑里。西伯之臣闳夭之徒，求美女奇物善马以献纣，纣乃赦西伯。西伯出而献洛西之地，以请除炮格之刑，纣乃许之。赐弓矢斧钺，使得征伐，为西伯。"⑦

又如在《周本纪》记载道：

> "公季卒，子昌立，是为西伯。西伯曰文王……崇侯虎谮西伯于

---

① 李桂民：《周原庙祭甲骨与"文王受命"公案》，《历史研究》2013 年第 2 期。
② 董楚平：《楚辞译注》，上海：上海古籍出版社，1986 年，第 116 页。
③ 曾运乾：《尚书正读》，第 121 页。
④ (汉) 司马迁撰：《史记》，第 116 页。
⑤ 李学勤：《周文王时期卜甲与商周文化关系》，《人文杂志》1988 年第 2 期。
⑥ (清) 阮元校刻：《十三经注疏·礼记正义》，第 1325—1326。
⑦ (汉) 司马迁撰：《史记》，第 106 页。

殷纣曰：‘西伯积善累德，诸侯皆向之，将不利于帝。’帝纣乃囚西伯于羑里。闳夭之徒患之，乃求有莘氏美女、骊戎之文马、有熊九驷、他奇怪物，因殷嬖臣费仲而献之纣，纣大说，曰：‘此一物足以释西伯，况其多乎！’乃赦西伯，赐之弓矢斧钺，使西伯得征伐。曰：‘谮西伯者，崇侯虎也。’西伯乃献洛西之地，以请纣去炮格之刑，纣许之。西伯阴行善，诸侯皆来决平。”①

结合《礼记·王制》《殷本纪》等传世文献与周原出土甲骨卜辞可以知道：只有文王称作西伯，也只有纣王册封文王为西伯。有学者提出，周原甲骨中两例“册周方伯”之记载，是指“周人各部或臣服周人的庶邦首领，即《史记》所载献挚商纣、求赦文王的闳夭一类的人，是周王的下属，而非西伯文王本人”②。这种观点是与文献记载不符合的，周原甲骨两例“册周方伯”正与《史记》记载相互契合。自周文王被纣册命为西伯后，凭借纣王所赐“弓矢斧钺”，具有了不经王命，独自公开地征伐其他诸侯方国的权力了。虽然不敢说记此卜辞者就是周文王本人，但周文王被册命为西伯“是西方诸侯之长，或者说共主”③应该符合历史实际的。简言之，文王的权力高过于其他诸侯方国确是事实。

由此看来，周原甲骨卜辞中出现的周方伯当就是传世文献中的西伯，而学者们基本同意周原甲骨卜辞中的“王”是周文王，“衣王”是殷王，故我们可据周原甲骨实物记载推断周文王生前确已称王，当是符合历史实际的结论。

二、文王玉环与文王称王

1993年在山西曲沃天马——曲村遗址北赵村晋侯墓地31号墓发现

---

① （汉）司马迁撰：《史记》，第116—117页。

② 杨莉：《凤雏H11之1、82、84、112四版卜辞通释与周原卜辞的族属问题》，北京大学考古学研究中心、北京大学震旦古代文明研究中心编：《古代文明》第5卷，北京：文物出版社，2006年，第150页。

③ 田昌五：《周原出土甲骨中反映的商周关系》，《文物》1989年第10期。

一件文王玉环,其上刻文字曰:"文王卜曰:我暨唐人弘战贾人。"①计有12字。李学勤先生指出,此件文物"是文王时期久已失传的一件史事。……玉环上的文字并不是文王当时刻的,'文王'乃是身后的谥法。实际上,文王终身无称王之事"②。王晖先生认为,"这件文王玉环是周文王时所卜,也是其所制所刻。'文王'之'文',并非谥号,谥法是西周中期穆王共王及其前后才产生的。此同武王时利簋铭文中的'武王'之'武',是尊号美名。文王玉环刻辞中的'文王'就是周文王,说明文王在世时已称王,并有'文'字的尊号美名。从上述出土的古文字资料看,周文王在世已称王是可以肯定的"③。

按照王晖先生的说法,文王后来的谥号应该与其生前"尊号美名"存在着重合的联系。同时,王晖先生也推断说:"此环铭文所记之事应在文王平虞、芮之讼之前。不过,李先生接受张守节之说,以为文王当时并未称王,我认为是不妥的。周原甲骨文中既有'王',亦有'周方伯'……不应把'周方伯'与'王'分为二人。这就正好印证了《周本纪》所说的文王'受命而称王'的说法。因此,曲沃晋候31号墓发现的文王玉环铭文中的'文王'应是当时所刻,并非是后来的追记。"④文王玉环是当时所刻抑或后人追记之争论成为判断文王是否称王的关键。

孙广明先生同意李学勤先生文王玉环"并非当时所刻"的说法,并认为:"H11:1、82、84、112为武王克商后在殷都朝歌期间随军周人史官所卜记;陈全方《西周甲文注》解说H11:1大概是对的;H11:82、84可能与武王为其父周方伯追王加谥、祷告天地有关;H11:112为贞问在朝歌举行庆典安排之事;卜辞中'王'为周武王。"⑤孙氏之说延续了学界周原甲

① 学界对其中个别字释读不一,如孙广明先生认为,周文王联合"唐人"大战之敌人,并非"贾人",而是"壶(胡)人"即匈奴(参见氏《文王玉环铭文考——兼说"壶"、"复"》,《宝鸡文理学院学报(社会科学版)》2012年第5期)。

② 李学勤:《文王玉环考》,《华学》(1),广州:中山大学出版社,1995年。

③ 王晖:《周文王受命称王考》,《陕西师范大学学报》(哲学社会科学版)2002年第4期。

④ 王晖:《古文字与商周史新证》,北京:中华书局,2003年,第63页。

⑤ 孙广明:《文王玉环铭文考——兼说"壶"、"复"》,《宝鸡文理学院学报(社会科学版)》2012年第5期。

骨卜辞中“王”是周武王的观点。孙广明还指出，“《左传·僖公十年》所云：‘神不歆非类，民不祀非族。’恐不适用于朝代更替之特殊政治时期。《淮南子·泰族训》：‘周初丰镐之地，方不过百里，而誓纣牧之野，入据殷国，朝成汤之庙。’成汤庙都朝拜过，武王入商纣之父庙、祖父庙祭奠并陈述其罪也在情理之中。”①正如前文我们所论和学者研究指出，商周两族之间关系并非如一些学者所说的差异之大，实际上商周两族不仅存在政治婚姻的血缘关系，而且周人长期以来是臣属于商王统治的。故以“神不歆非类，民不祀非族”强调商周之间的关系，是不符合历史实际的。另外，说武王朝成汤之庙及其后代帝乙、帝辛之庙固然有此可能，但不能以此否认周文王祭祀殷先王的史实。

文王祭祀商王的史实，学者有所讨论。如刘桓先生认为：“文王向商朝先王致祭祈求保佑，也并不奇怪。……《吕氏春秋·顺民》说‘文王处岐事纣’，‘祭祀必敬’，可见周人可以祭商朝先王。另外，《书·多士》称：‘殷王亦罔敢失帝，罔不配天其泽。’《召诰》称‘天既遐终大邦殷之命，兹殷多先哲王在天’，周人相信商朝先王死后升天，祭祀他们也是有灵验的，因而相信他们可以保佑周方。”②周人作为商人的臣属之邦，对殷之王是由衷敬畏的；而后殷周交恶，如文丁杀季历、纣王囚文王等一系列事件后，再加上殷纣王惨无人道，不敬畏上帝，不祭祀先王，故成为周人讨伐之口实。

从文王玉环引出的周原甲骨卜辞“王”的身份争论以及周人是否可以拜祭商代祖庙的讨论，我们可以清楚看出，周原甲骨卜辞中“王”应是周文王无疑，作为殷商的臣属之邦和结成政治婚姻的纽带，从而使商周两族关系既有政治从属关系，也存在血缘亲属关系，周王在周原设立殷先王之宗庙并祭祀也就不足为奇了。

总之，对于文王玉环能否说明文王是否称王问题，笔者以为该玉环出土于晋候墓地，相距文王时代不远，该玉环可能为唐叔虞分封时为周成王所赐，从而晋人一直保存起来，最后成为晋候之随葬品。基于以上学者探

---

① 孙广明：《文王玉环铭文考——兼说“壶”、“复”》，《宝鸡文理学院学报(社会科学版)》2012 年第 5 期。

② 刘桓：《甲骨集史》，北京：中华书局，2008 年，第 127 页。

讨，文王玉环很可能是文王时期的物品，这件文王器物的出土对于文王生前称王可作为一重要辅证。至于要证明文王生前已经称王，尚需要其他材料方面的证据。

三、清华简与文王称王

近年新发现的清华简记载有文王称王的历史信息。清华简《保训》开篇即曰"惟王五十年"，这个"王"显然指周文王；清华简《程寤》亦曰："惟王元祀正月既生魄，大(太)姒梦见商庭惟棘。"此"王"也指周文王，是清华简两篇文献有关文王纪年的记载都从一定程度上支持了"文王称王"说。

《保训》作为周文王对武王的遗嘱，"其中'惟王五十年'一语，可以证明周文王在生前已经称王，但并不能证明他何时(即位)称王。"①王辉认为"'惟王五十年'只是战国时人传说的周文王纪年，文王生前并未受天命称王"，《保训》大多具有春秋乃至战国的时代特征，"极可能只是战国儒者代拟的周文王遗言，'惟王五十年'也未必是周文王临终时的真实纪年"②。清华简《保训》"惟王五十年"、《程寤》"惟王元祀"之文王元年与传世《尚书·无逸》"文王受命惟中身，厥享国五十年"可以相互比证，对文王称王的历史真相提供一定程度的揭示。

清华简《保训》"惟王五十年"提供了文王称"王"的直接证据。《保训》篇作为文王临终告诫太子发遗言，"是有关周文王在世期间史事的最后材料，但是篇中所用的称谓仍是'王'而非'文王'。……周文王生前虽然已经自称为王，但他并没有自称为文王，文王的'文'字为其死后的谥号，其时代应该在周武王克商建立周朝之后。……如果我们把周文王生前自称为王和死后谥号为文王当做两件不同的事情区别开来，就可以对这些看似矛盾的文献记述予以合理的解释。"③

---

① 于振波、车今花：《关于周文王的即位与称王》，《湖南大学学报(社会科学版)》2011年第2期。

② 王辉：《清华楚简〈保训〉"惟王五十年"解》，《考古与文物》2009年第6期。

③ 刘国忠：《〈保训〉与周文王称王》，《光明日报》(国学版)2009年4月27日(12版)。

文王称王与受命问题长期纠缠在一起。传世文献《尚书·无逸》载"文王受命惟中身",孔颖达《尚书正义》说:"经言'受命'者,郑玄曰:受殷王嗣位之命。然殷之末世,政教已衰,诸侯嗣位,何必待王命?受先君之命亦可也。王肃云:文王受命,嗣位为君。不言受王命也。"①郑玄将"文王受命"理解成"受殷王嗣位之命",即文王接收纣王册命为西伯;王肃、孔颖达则认为文王受命或是"受先君之命"。

《周本纪》中记载"西伯受命称王",学者对此也认识不一。有的认为是文王受到商纣王的赏赐弓矢斧钺,从而得专征伐;有的认为诸侯咸尊西伯为王。文王受命究竟所受何命?学界争论不止。近代国学大师王国维先生根据《尚书》中"受命"与"降命"的分析,在《周开国年表》中指出:"降命之命,即谓天命。自人言之,谓之受命;自天言之,谓之降命。"②王国维先生因此指出,文王受命就是受天命。正如前文所论,我们认为王国维先生的这个认识是非常正确的。文王受命就是受天命,其重要内容之一就是受民受疆土,大盂鼎铭文(《集成》2837)"丕显文王受天有大命……先王受民受疆土"就是明证。

对于文王称王疑案,晁福林先生曾经指出,周文王当殷末之世即已称王③。按晁先生所据文献除了司马迁《史记》明言文王"受命称王"外,其他文献只是说文王受命,均未明言文王"称王";另据晁先生近文指出,文王平虞、芮之讼而受拥戴,进而受命称王,是战国秦汉以降广泛流行于世的说法,当代学者也基本相信此说。但晁先生通过对《诗经·大雅·绵》和毛传的说法分析,发现并没有因虞、芮质平而文王受命之说。因此,他认为此说当为司马迁所增衍④。这样,否定了《史记》记载,于是文王"称王"就成了无根之谈。何况,即使不否定《史记》记载,其中所云"谥为文王",与文王"受命称王"矛盾。惜晁先生未能细查,故有此论。总之,据以

---

① (清)阮元校刻:《十三经注疏·尚书正义》,第222页。

② 王国维:《观堂集林》,石家庄:河北教育出版社,2001年,第618页。

③ 晁福林:《从上博简〈诗论〉看文王"受命"及孔子的天道观》,《北京师范大学学报(社会科学版)》2006年第2期。

④ 晁福林:《从清华简〈程寤〉篇看"文王受命"问题》,《北京师范大学学报》2016年第5期。

上文献很难使人们相信文王“称王”证据的确凿性。因此文王“称王”问题不可与“受命”简单等而视之。要证明文王生前已经称王,尚需要更加确凿的证据加以说明之,才能使这个问题真正解决。

晁先生认为周文王称王的最直接的证据应当就是周原甲骨文。然而据上博简《容成氏》记载殷纣王无道而众邦国反叛时周文王所表现出的韬光养晦之策甚为明显。其文曰:“文王闻之曰:‘唯(虽)君无道,臣敢无事乎?唯(虽)父无道,子敢无事乎?孰天子而可反?受闻之,乃出文王于夏台以下而问焉,曰:‘九邦者其可来乎?’文王曰:‘可。’文王于是乎端褰裳以行九邦,七邦来备(服),丰、镐不备(服)。文王乃起师以乡(向)。”[①]上引简文,说明文王在纣王时不可能公开称王,简文此说当为战国时人依托之说,不可尽信。

周人尤其强调受命开始于周文王。笔者甚同意晁福林先生的文王、武王、成王的连续受天命之说,但亦可发现他将文王受天命与称王问题似乎有等同之嫌,这虽然可以作为一种观点进行论证,但我们以为两者的等同也存在着一定的矛盾。如清华简《保训》《程寤》对文王纪年的记载就相互抵牾。因此,文王称王问题尚需要从其他方面重新进行论证。

四、文王的生称与谥称

西周王号是生称还是死谥,向来是学术界一个颇具争议的问题。研究周初诸王称王问题如文王称王、周公称王等都不可能绕开这一难题。文、武是文王、武王的谥号(死称美名)还是生时的美称?无疑成为我们研究的重要课题之一。在研究此问题之前,有必要对文王名号进行简单回顾。

据诸种文献记载,文王有昌、西伯昌、伯昌、西伯、周方伯、穆考、文考、文祖等不同称号。《尚书·酒诰》载:“乃穆考文王,肇国在西土。”清

---

① 马承源主编:《上海博物馆藏战国楚竹书(二)》,上海:上海古籍出版社,2002年,第287页。

代孙星衍以《诗经·周颂·载见》“率见昭考”，毛《传》“昭考，武王也”，谓武王为昭，则文王为穆也。据我以为，周初尚未产生昭穆制度，文王称穆，武王称昭，纯属巧合。杨筠如先生对此有很好的解释，认为“庙中之有昭穆，疑非周初之制。《诗》《书》之称昭穆，皆美先王之辞。……与庙中之昭穆无涉”①。然曾运乾先生相信以上说法，“穆考者，郑云：‘自始祖之后，父曰昭，子曰穆。’按周自后稷始基，十五世而至文王，弟次当穆，故称穆考。《诗经·周颂·载见》‘率见昭考’，《传》云：‘昭考，武王也。’文王为穆考，故武王为昭考。”②

文王死后有“穆穆文王”“文考”等称呼。如《尚书·武成》记载：“王若曰：‘呜呼！群后。惟先王建邦启土，公刘克笃前烈，至于大王肇基王迹，王季其勤王家，我文考文王克成厥勋，诞膺天命，以抚方夏。大邦畏其力，小邦怀其德。惟九年，大统未集。予小子其承厥志，底上之罪……惟有道曾孙周王发将有大正于商……’”此文称“文考文王”。

又如，《尚书·大诰》：“王若曰：‘……天降威，用宁(文)王遗我大宝龟，绍天明……曰民献有十夫，予翼以于敉宁(文)、武图功……天休于宁王，兴我小邦周。宁王惟卜用，克绥受兹命。’”此处多用宁(文)王。

再如，《尚书·康诰》：“惟乃丕显考文王克明德慎罚……用肇造我区夏，越我一二邦，以修我西土。惟时怙冒闻于上帝，帝休。天乃大命文王殪戎殷，诞受厥命，越厥邦厥民。”此处是显考文王。

穆考文王之称，《尚书·酒诰》载：“王若曰：‘明大命于妹邦。乃穆考文王肇国在西土，厥诰毖庶邦庶士越少正、御事，朝夕曰：“祀兹酒。”惟天降命③，肇我民，惟元祀。’”

而《礼记·中庸》记载：“周公成文、武之德，追王太王、王季，上祀先公以天子之礼。”④能否据此记载仅记追王太王、王季而没有追王“文王”，作为文王已经称王的直接证据呢？我们认为不宜轻下结论。因为

---

① 杨筠如：《尚书核诂》，西安：陕西人民出版社，2015年，第277页。

② 曾运乾：《尚书正读》，第182页。

③ 天降命于君，谓以付天下。盖降命，皆有右助福佑之义也。可参见杨筠如：《尚书核诂》，西安：陕西人民出版社，1959年，第278页。

④ (清)阮元校刻：《十三经注疏·礼记正义》，第1628页。

同样是《礼记·大传》记载武王"追王"其中包括文王,"牧之野,武王之大事也。既事而退,柴于上帝,祈于社,设奠于牧室。遂率天下诸侯,执豆笾,逡奔走;追王大王亶父、王季历、文王昌,不以卑临尊也。"①此说所谓周之三王之号是后人追述的,这似乎告诉我们周之三"王"当时并未称"王"。周人谥法是否是"生前为美名,死后则为谥号"? 譬如王晖先生引用"文王玉环"器物上所记"文王卜曰"是否就是文王自称王说的证据以及利簋铭文称"武王"是否属于生前美名? 这些出土文献所反映的能否视作文王生前已经称王的证据? 值得注意的是,司马迁在《周本纪》中有一段文字涉及文王称王的谥号问题,"西伯盖即位五十年,其囚羑里。盖益《易》之八卦为六十四卦。诗人道西伯,盖受命之年称王而断虞、芮之讼。后十年而崩,谥为文王。改法度,制正朔矣。追尊古公为太王,公季为王季: 盖王瑞自太王兴。"②又记载:"古公卒,季历立,是为公季。公季修古公遗道,笃于行义,诸侯顺之。公季卒,子昌立,是为西伯。西伯曰文王,遵后稷、公刘之业,则古公、公季之法,笃仁,敬老,慈少。"③从司马迁所记两段文字来看,文王以前周人先祖称公不称王,如古公、公季等。而称古公为太王、公季为王季,应该是周人(武王)对其追尊;而文王时期在其晚年仅称"王","文王"之前"文"字当是文王崩后的谥号,所以《正义》据《谥法》解释曰:"经纬天地曰文。"④可见文王当时仅是称"王"而非"文王"。在周人看来,"王瑞自太王兴"意谓从古公开始具有王者气象,不能以为古公此时称王。虽然王国维曾说诸侯境内称王与称公无异,但就周人政治势力的发展大小来说,一国或一族内称"王"与称"公"还是有所不同的。如两者果真相同,武王就不会追尊其先祖为"王",这说明王的地位还是要远高于公的。另据周族古公、公季直到西伯,又曰"西伯曰文王",司马迁似乎以为文王开始称王,后人称其为"文"王,正是文王崩后周人给他加的谥号。

---

① (清) 阮元校刻:《十三经注疏·礼记正义》,第1506页。
② (汉) 司马迁撰:《史记》,第119页。
③ (汉) 司马迁撰:《史记》,第116页。
④ (汉) 司马迁撰:《史记》,第119页。

我们知道，王在生前是没有谥号的，至于文王死后加谥号“文”并不是问题的核心，文王生前是否自称“王”才是问题的关键。

对于“元祀”所指，王国维先生认为就是文王受命称王的元年，他说：“天之降命如何？‘肇我民，惟元祀’是也。元祀者，受命称王配天改元之谓。《洛诰》曰：‘王肇称殷礼，祀于新邑，咸秩无文。’又曰：‘惇宗将礼，称秩元祀，咸秩无文。’又曰：‘记功，宗以功，作元祀。’是为成王初平天下后之元祀。而《酒诰》之‘肇我民，惟元祀’，是为文王受命之元祀。《洪范》称‘惟十有三祀王访于箕子’，‘十三祀’者，文王受命之十三祀，武王克殷后之二年也……《洛诰》曰‘惟七年’，是岁为文王受命之十八祀，武王克商后之七年，成王嗣位，于兹五岁，始祀于新邑，称秩元祀。”①

《尚书·无逸》：“厥亦惟我周太王、王季，克自抑畏。文王卑服，即康功田功……文王受命惟中身，厥享国五十年。”②成王时期，周公即以周太王、王季追尊先王，此处“文王”之“文”当是谥号之称，而文王当时已经称王史实难以否定。正如周公死后谥称“周文公”，其中“文”乃为谥号。

否定文王称王的一个重要原因是孔子赞颂文王“三分天下有其二，以服事殷”这句话，并称赞文王“至德”。实际上，由于不少儒者囿于时代思想和当时礼法，孔子只是看到了外在的表象，而未曾看到商周关系表象下的暗潮涌动。《礼记》中记载“周公成文武之德，追王太王、王季，上祀先公以天子之礼”，同时也记载“追王大王亶父、王季历、文王昌，不以卑临尊也”。这两种说法：一是文王未曾追王，一是文王也被追王，这似乎反映出战国时期学者在文王称王问题上的分歧。葛志毅先生指出，历来称文王时三分天下有其二犹服事殷是其仁，其实不然，是乃周不敌商的无可奈何③。综合以上多种文献，笔者较为赞成文王当时已经称王的观点，而非后人所加的美称或谥号。

---

① 王国维：《观堂集林》(外二种)，石家庄：河北人民出版社，2001年，第618页。
② (清)阮元校刻：《十三经注疏·尚书正义》，第222页。
③ 葛志毅：《周公摄政史实再考》，《求是学刊》1999年第6期。

五、王国维"称王"学说之检讨

王国维先生对殷周历史研究学术贡献甚大，其《殷周制度论》《周开国年表》在学术界一直被视作名篇。而由他创立的"古诸侯境内称王"说亦为学者们研究周文王、周公称王问题时屡见引用，并奉为圭臬。王氏《古诸侯称王说》一文篇幅不算长，为了讨论方便，兹将王氏这一观点和论据摘录下来：

> 世疑文王受命称王，不知古诸侯于境内称王，与称君、称公无异。《诗》与《周语》《楚辞》称契为玄王，其六世孙亦称王亥，此犹可曰后世追王也。汤伐桀，誓师时已称王。《史记》又云"汤自立为武王"，此亦可云世家追纪也。然观古彝器铭识，则诸侯称王者，颇不止一、二觏。徐、楚之器无论已。《夨王鼎》云"夨王作宝尊"，《散氏盘》云"乃为图夨王于豆新宫东廷"，而《夨伯彝》则称夨伯，是夨以伯而称王者也。《录伯戎敦盖》云："王若曰：录伯戎□自乃祖考有劳于周邦。"又云："戎拜手稽首，对扬天子丕显休，用作朕皇考釐王宝尊敦。"此釐王者，录伯之父。录伯祖考有劳于周邦，则其父釐王非周之僖王可知。是亦以伯而称王者也。《乖伯敦》云："王命仲到归乖伯裘。王若曰：乖伯，朕丕显祖玟珷膺受大命，乃祖克□先生翼自他邦，有□于大命，我亦弗望(忘)。赐汝□裘。乖伯拜手稽首，天子休，弗望小□邦归夆，敢对扬天子丕显鲁休，用作朕皇考武乖几王尊敦。"乖伯之祖自文武时已为周属，则亦非周之支庶，其父武乖几王，亦以伯而称王者也。而录伯、乖伯二器，皆纪天子赐命以为宗器，则非不臣之国。盖古时天泽之分未严，诸侯在其国自有称王之俗，即徐楚吴楚(按越)之称王者，亦沿周初旧习，不得尽以僭窃目之。苟知此，则无怪乎文王受命称王而仍服事殷矣①。

早至上个世纪五十年代，文史大家郭沫若先生即在《金文所无考》"五等爵禄"考证部分引王国维《古诸侯称王说》青铜器铭文佳例，指出"诸侯

---

① 王国维：《观堂集林》(外二种)，石家庄：河北教育出版社，2003年，第623—624页。

每称王”与“公侯伯子无定称”，并赞誉王国维《古诸侯称王说》“其说无可易矣”①。当今先秦史名家晁福林先生也对王国维《古诸侯称王说》一文服膺有加。晁先生认为王国维《古诸侯称王说》解决了周文王“至德”与他“称王”之举是否矛盾的问题，当时“诸侯在其国自有称王之俗”，所以周文王称“王”就不足为奇了②。此后，李桂民博士在论述文王称王时亦赞成王国维《古诸侯称王说》，他认为王国维依据西周青铜器铭文指出“古诸侯于境内称王，与称君、称公无异”，但后代学者囿于后代礼法，无法理解这种诸侯称王的现实③。

然而，学者对王国维《古诸侯称王说》观点高度赞誉的同时，也有学者表达了不同的意见。首先开启检讨王国维《古诸侯称王说》一文观点者当属张政烺先生了。张先生认为：“周时称王者皆异姓之国，处边远之地，其与周之关系若即若离，时亲时叛，而非周时封建之诸侯。文王受命称王，其子孙分封天下，绝无称王之事……称王在古代是一种严重的事情，绝非儿戏。”④

当代学者杨升南先生则认为王国维说的“天泽之分未严”是对古文献和铜铭的误解而作的错误结论⑤。

近年，充分结合清华简等新材料对周文王称王历史问题进行深入论证的刘国忠先生在前人研究基础上对该问题的研究起到了一定推进、深化作用。如他认为王国维《古诸侯称王说》一方面根据文献记载承认了周文王生前称王的事实，另一方面将其政治上的象征意义加以淡化，可以说是对周文王生前称王说的一种折中和调和⑥。又，刘先生基于对《尚书·西伯戡黎》纣王执迷不悟的分析，认为周文王受天命称王只是私下里采取的行为，并没有做公开的舆论宣传，商人并不知道周文王受命这一事件。

① 郭沫若：《金文丛考》，北京：人民出版社，1954 年，第 40 页。

② 晁福林：《从上博简〈诗论〉看文王“受命”及孔子的天道观》，《北京师范大学学报(社会科学版)》2006 年第 2 期。

③ 李桂民：《周原庙祭甲骨与“文王受命”公案》，《历史研究》2013 年第 2 期。

④ 张政烺：《矢王簋盖跋——评王国维〈古诸侯称王〉说》，《古文字研究》第 13 辑，1984 年。

⑤ 杨升南：《周公摄政未称王》，《洛阳师范学院学报》2012 年第 1 期。

⑥ 刘国忠：《周文王称王史事辨》，《中国史研究》2009 年第 3 期。

周文王顺服于商纣王，可能更多的只是一种姿态和表面现象，实际上从周文王即位称王开始，就一直怀有灭商的企图①。

综合以上诸家对王国维《古诸侯称王说》一文观点的分析，我们可以看到王说并未成为定说，因此在周文王乃至我们后文周公受命与称王问题上仍有讨论的空间和必要。

六、文王受命与称王之关系

关于文王受命和称王的关系，学术界有几种观点：

第一种观点，历史学家司马迁认为文王受命即称王，受命与称王是同时的，二者属等同关系。这种观点对后世影响较大。

第二种观点，伏生《尚书大传》以为文王在六年伐崇后称王，又说文王受命一年断虞芮之质。当今学者李桂民先生也指出，文王受命和文王称王并不同步，称王应在受命之前。他认为在先周时期，一个重要的历史事件是文王受命，而不是文王称王②。这似乎是在说文王受命的意义要大于文王称王。

目前在研究文王受命与称王关系问题中，很少有学者关注到这个细微而重要的问题。多数学者对文王"受命"与"称王"之间关系认识模糊不清，从而笼统地将文王受命和文王称王混为一谈，将受命说成是称王。值得说明的是，在这一问题上，大多数学者未注意到此问题的重要性，仅有个别学者已经自觉将其区分。对于推动周文王受命、称王问题的深入开展是具有十分重要的意义和启示。

有关文王受命与称王的关系问题，我们前文已有所涉及。长期以来，传统的看法认为文王受命与称王是等同的，属于一个共时性的历史事件：受命即称王，称王即受命。这种看法影响了对文王、武王、周公等相关史事的进一步认识。更有学者还从历史角度借以否定了文王受天命的存在，这无疑也给周初历史的研究带来了一定困难。

---

① 刘国忠：《周文王称王史事辨》，《中国史研究》2009 年第 3 期。
② 李桂民：《周原庙祭甲骨与"文王受命"公案》，《历史研究》2013 年第 2 期。

文王受命在我们今日看来，多认为是政治家欺骗民众的谎言，是不存在的。故有学者认为文王受命的说法“可以视为一个古代神话，不予重视”①。然而，征之于文献，到处充斥着“天命”的存在。历史学家和注疏家也对文王受命进行了不同的解读，但基本未否定这个史实的存在，司马迁《史记》认为文王受命是指“受天命”；王国维以为是“天降命于君谓付以天下”②。更为重要的是，《尚书》中也出现了很多“命”字：《大诰》“其有能格知天命”“前人受命”，《召诰》“有殷受天命”“祈天永命”，《洛诰》“以予小子扬文武烈，奉答天命”，《多士》亦见“奉答天命”等。以上引文均出自周初诰类档案文献，都属于可靠的重要文献，如无充足理由，我们一般是不能轻易怀疑和否定文王受命这一史实的。

王和先生指出《大诰》中的“天命”是指“天的命令”，“受命”是指“接受天的命令”。《史记·周本纪》与《尚书大传》都记载了文王征伐之事，其中有三事相同，二事不同。但关于文王一年平虞、芮之讼的记载一致。虞、芮之讼是周文王平定周边邻国之事，巩固后方之举，对周人十分重要。有人提出在《牧誓》中武王集中历数商纣王罪恶，是为了最大限度地鼓舞士气，增强战士的斗志。按道理讲，文王受命将得天下，纣王坠天命将失天下，对于上古之人来说，这应是最能鼓舞士气的有力号召，然而《牧誓》中却无一字提及。这说明本来不存在所谓“文王从占卜中得知将得天下”这件事③。我们认为王先生之疑问与《牧誓》所记内容不符。《牧誓》中列举纣王罪恶时也许由于当时条件限制未提及“文王受命”之说，但文中明明提到武王说“今予发惟恭行天之罚”，这也就是说武王在奉天命讨伐纣王。与此相似的是，青铜器史墙盘在开篇叙述文王时也没有直接说文王“受命”，而是说：“曰古文王，初戾和于政，上帝降懿德大屏，匍有上下，合受万邦。”这句话正是在讲“文王受命，奄有天下”④。

因此，《牧誓》文中不出现“受命”，而用其他方式表达出来，并不意味

① 王和：《文王“受命”传说与周初的年代》，《史林》1990 年第 2 期。

② 王国维：《观堂集林》卷一《与友人论〈诗〉〈书〉中的成语书二》，第 34 页。

③ 王和：《文王“受命”与周初的年代》，《史林》1990 年第 2 期。

④ 李零：《重读史墙盘》，北京大学考古文博学院、北京大学古代文明研究中心编著：《吉金铸国史：周原出土西周青铜器精粹》，北京：文物出版社，2002 年，第 46 页。

着没有这个思想观念。天命内涵是一个不断演变,并非静止不变的概念。在理解不同时期文献时,一定要分清天命的原始意义和后起意义,而不能以后来的意义来解释早期文献如《尚书·大诰》出现的天命;迄至成王时期,周公东征胜利以后,周人又对天命的理解产生了变化,在颂扬追述文王、武王的功绩时,重新给"天命"内涵赋予了新的含义,周公在天命观念的演变过程中,无疑是一个重要的考量对象。

最后,我们对文王受命和称王之间的关系进行简要总结。

文王受命和称王既存在相同点,也具有不同点。两者之间既有一定的联系,又有一定的区别。称王是受命得以产生的基础和前提,也是受命产生的原因和根源。受命是称王的发展和深化,使得称王(王权)更加具有正当性、合法性、神秘性,从而使受命和称王两者的存在亦趋合理化。但是,称王没有受命更具号召力,两者相互联系,相得益彰。正确理解文王受命和称王两者的关系,必须将其上升到周代王权和天命政治理论的高度,或许才能对这个古老历史课题有所体悟。

第三节　周文王与《易》关系新论

周文王与《易》的关系问题在学术界属于是一个老问题。今天,这个问题之所以再次提出来,是因为这个老问题在学者中间并未形成一致的看法,从而阻碍了我们对周文王历史以及《周易》的正确认识和深入研究。

近年随着上博简、清华简等简帛文献的问世,其中有涉及文王与《周易》关系的记载,使得学术界不得不重新面对这一长期以来未能解决的历史问题。据笔者所见,以往利用新材料对周文王与《易》关系的探讨文章主要有刘光胜《保训之"中"何解?——兼谈清华简〈保训〉与〈易经〉的形成》①、邢文《"文王演〈周易〉"考辨》②、李锐《〈周易〉与周文王关系补

① 刘光胜:《保训之"中"何解?——兼谈清华简〈保训〉与〈易经〉的形成》,《光明日报》2009年5月18日第12版。

② 邢文:《"文王演〈周易〉"考辨》,《哲学研究》2011年第3期。

论》①、陈民镇《从文王演〈易〉到“达中持道”——战国竹书文王故事所见政治哲学探微》②等。下面，笔者欲在前辈专家与近来学者利用新材料研究基础上对周文王与《易》之间关系的诸多问题进行系统专门探讨，希望能够推进周文王与《易》关系历史问题的研究。

一、“文王演《周易》”溯源

从古至今，对“文王演《周易》”的说法，不少史学家、经学家都发表过不同的意见。有的学者认为文王演《周易》的历史记载是可靠的；有些学者认为文王和《周易》关系不大；还有些学者认为文王与《周易》并无直接关系。对于以上诸说，我们同意周文王与《周易》有关的主张和观点，完全否定文王在《周易》形成中的历史作用是不妥当的。因此，下文不惮费笔墨，回顾历史文献，进行详细考察，以期能全面而深刻地认识该历史问题。

对《易》产生、兴起时代的研究，牵涉到《易》之时代及其作者问题。从传世文献记载来看，“文王演《周易》”的看法可上溯于《周易·系辞下》：“《易》之兴也，其当殷之末世、周之盛德邪？当文王与纣之事邪？”③此句多数学者理解为《易》大概在殷朝末年兴起且与文王之德有关，也与文王和纣王的史事有关。文中两用问辞“邪”与推测词“当”，语气充满猜测、不确定性。据我以为，按传统句读理解为猜测、疑问语气不误。然当今也有学者如廖名春、李锐等将此句理解为陈述语气，这种观点似有可商之处。《易》的兴起时间在《系辞》作者看来并非一件确定的事情，如果据此坐实文王作《易》，则未免轻率。但无论如何，这句话揭示了周文王与《易》是存在关系的。正如高亨先生指出，《系辞》作者只疑《易经》作于殷之末代，反

① 李锐：《〈周易〉与周文王关系补论》，《周易研究》2014年第3期。

② 陈民镇：《从文王演〈易〉到“达中持道”——战国竹书文王故事所见政治哲学探微》，《第六届中国国际易道论坛论文集》，北京，2015年，第187—199页。

③ 高亨：《周易大传今注》，济南：齐鲁书社，1979年，第593页。

映文王与纣之事，未言为文王所作①。金景芳、吕绍刚先生认为："这是推测不定之辞。孔子生当春秋晚期，去古未远，对于《易》之卦爻辞的作者是谁的问题连提也不敢提了，因为他已经无法知道。他只能根据《易》之卦爻辞反映出来的特点，推测它产生的时代可能是殷周之际，文王与纣王斗争的时候。这个推测，在今日看来很可能是符合实际的。"②我们认为以上看法比较中肯，是易为现代学者接受的。另外，《系辞下》还记载："《易》之兴也，其于中古乎？作《易》者其有忧患乎？"③此处记载《周易》的兴起时间在"中古"和作者的忧患意识，但均是疑问、推测的语气。正如清代考据大师崔述所云："初未言中古为何时而忧患为何事也。至此章始言其作于文王时，然未尝言为文王所自作也。且曰'其有'，曰'邪'，曰'乎'皆为疑词而不敢决。则是作《传》者但就其文推度之，尚不敢决言其时世，况能决知其为何人之书乎！"④崔说确实值得重视，不应简单将《易传·系辞》作者的推测、疑问之辞视作肯定语气。另外，《系辞》中"易之兴也"之"兴"字，多数学者想当然认为是"开始""创立"之义，而忽视了也有"兴盛""流行"之义。就这一点来看，我们倾向将其理解为后者。如果文中说的是"《易》的兴盛(流行)"的话，那么对于文王与《易》的关系也值得重新认识了。因此，综合《易传·系辞下》两处文字记载及其文中"兴"义，可知《系辞》作者对《易经》经文之兴盛时代已经不太确定了，认为《易经》成书可能在文王时期，但也不敢加以肯定。因此，文王与《易》的关系仍然是一个值得深入探讨的课题。

最早叙述周文王与《周易》存在关系的是史学家司马迁，其《史记·周本纪》记载："西伯盖即位五十年，其囚羑里，盖益《易》之八卦为六十四卦。"⑤这里，司马迁指出文王在羑里将《易》卦增加为六十四卦，这就是所谓文王"重卦"说，但文中"盖"字之语气自属于猜测之辞，所以文王是否真

---

① 高亨：《周易大传今注》，第593页。

② 金景芳、吕绍刚：《周易全解》，长春：吉林大学出版社，1989年，第537页。

③ 高亨：《周易大传今注》，第581页。

④ 顾颉刚编：《崔东壁遗书·丰镐考信录卷之五·文武周公通考》，上海：上海古籍出版社，1983年，第221页。

⑤ (汉)司马迁撰：《史记》，第119页。

的将《易》之八卦重为六十四卦，向来受到学者质疑①。唐代张守节《史记正义》解释："太史公言'盖'者，乃疑词也。文王著演《易》之功，作《周纪》方赞其美，不敢专定，重《易》故称'盖'也。"②清代考据学家崔述不承认文王曾囚于羑里，更不承认司马迁所记"文王演《易》"之说，"《易传》但言其作于文王时，不言文王所自作也；但言其有忧患，不言忧患为何事也。《史记》因传此文，遂以文王羑里之事当之，非果有所据也。"③崔述指出司马迁之"文王演《易》"说并无确据，并且进一步从《史记·太史公自序》中同时所引的孔子厄陈、蔡作《春秋》；屈原放逐著《离骚》；左邱失明，厥有《国语》；孙子膑脚而论《兵法》；不韦迁蜀，世传《吕览》七事之中明显有谬误者四事，证明司马迁所云文王演《易》事并不可靠。崔述虽然否定了文王演《易》之说，但他并未完全否定文王与周易之间的关系，"《易》即文王所作，亦断不在羑里时矣。"④可见，崔述所要否定的主要是文王未曾囚于羑里之事。然司马迁在其同书《太史公自序》中对于文王与周易的关系表述却是肯定语气，"昔西伯拘羑里，演《周易》。"⑤这是明确表述文王（西伯）演《周易》了。此处并未使用猜测语气之"盖"字。因此，《史记》中所记载的周文王与《周易》之间关系也是模棱两可。

值得思考的一个关键问题是文王演《周易》之"演"究竟所指何意。继史迁所论，班固《汉书·艺文志》云："至于殷、周之际，纣在上位，逆天暴物。文王以诸侯顺命而行道，天人之占可得而效，于是重易六爻，作上下篇。孔氏为之《彖》《象》《系辞》《文言》《序卦》之属十篇。故曰《易》道深矣，人更三圣，世历三古。"⑥这便是传世文献对周文王与《周易》关系较早的记载。班固明确指出文王重《易》六爻，少了司马迁的猜度之辞，可谓言之凿凿。《汉书》记载了周易的发展经历了上古、中古、近古三个历史时期以及伏羲氏、文王、孔子三个圣人。

---

① 顾颉刚编：《崔东壁遗书·丰镐考信录卷二》，第178页。
② （汉）司马迁撰：《史记·周本纪》，第119页。
③ 顾颉刚编：《崔东壁遗书·丰镐考信录卷二》，第178页。
④ 顾颉刚编：《崔东壁遗书·丰镐考信录卷二》，第179页。
⑤ （汉）司马迁撰：《史记·太史公自序》，第3300页。
⑥ （汉）班固撰：《汉书·艺文志》，北京：中华书局，1962年，第1704页。

从以上诸文献中，可以看出《易》之作者和形成时代经历了一个从不肯定（《系辞》）到肯定推测并存（《史记》）再到肯定（《艺文志》）的过程。《系辞》的作者、司马迁、班固对《易》之来源的看法，都表达了各自的观点，但他们的观点是互相联系的，似乎有一个“层累地”形成过程。因此，考察《易》之起源、兴盛，一方面不能忽视以上传统文献的记载，一方面需要借鉴更多的出土文献加以印证，才能够形成一个较为明确的观点。

二、文王之“演”与《左传》“易象”解

《易》之起源问题复杂，一时难有定论。但对文王演周易之“演”之义探讨也甚为重要。

综观学术界相关研究成果，似无学者专门对“演”之真义进行深入考察。多数学者想当然而轻率地认为“演”为“推衍”“推演”之意。司马迁将周文王与《周易》的关系定位在文王“重卦”说，前文已述，该说为扬雄、王充、郑康成、贾逵所遵从。然当今学者经过研究认为文王“重卦”说不能成立，因而多为学者所不采①。崔述指出西伯“演《周易》”之“演者，增也，即《本纪》所云‘益八为六十四者也’”②。姜广辉认为“文王、周公不曾重卦，也不曾作卦、爻辞，而是作了‘演德’的〈易象〉”③。有学者已从考古材料力证文王并非重卦之人④。廖名春认为“周文王囚于羑里时，对六十四卦

---

① 请参见黄石声：《文王作〈周易〉卦序之探索》，《殷都学刊》1997 年第 2 期；姜广辉：《“文王演〈周易〉”新说——兼谈境遇与意义问题》，《哲学研究》1993 年第 3 期。

② 崔述撰，顾颉刚编订：《崔东壁遗书・丰镐考信录卷之五》，上海：上海古籍出版社，1983 年，第 221 页。

③ 姜广辉：《“文王演〈周易〉”新说——兼谈境遇与意义问题》，《哲学研究》1993 年第 3 期。

④ 其实在《易・系辞》中就已揭示文王不是重卦之人，包牺氏不仅作八卦，而且重卦为六十四卦，“包牺氏之王天下也，仰则观象于天，俯则观法于地，观鸟兽之文与地之宜，近取诸身，远取诸物，于是始作八卦。”高亨认为包牺“结绳而为网罟，……盖取诸《离》（指重卦之《离》），又曰：‘神农氏作，斫木为耜，揉木为耒，……盖取诸《益》。日中为市，……盖取诸《噬嗑》。’等语句，足证《系辞》作者认为重卦之人也是包牺（伏羲）。”（《周易大传今注・系辞上》第 559 页）金景芳先生认为《系辞传下》“古者包牺氏之王天下者……始作八卦，以通神明之德，以类万物之情，作结绳而为网罟，以佃以渔，盖取诸离”至“上古结绳而治，（转下页）

的卦序作了一定的编排，以致形成了今天通行的卦序，这就是所谓‘演’”①。邢文认为“文王演《周易》”之说并非传统所说的那样，仅仅是一个“重《易》六爻”或“益《易》之八卦为六十四卦”的过程②。

《周易》与周文王之间的关系，还可以从传世文献《左传》中得到有力证明。《春秋左传·昭公二年》记载：“二年春，晋侯使韩宣子(韩起)来聘，且告为政而来见，礼也。观书于大史氏，见《易》《象》与《鲁春秋》，曰‘周礼尽在鲁矣。吾乃今知周公之德，与周之所以王矣’。公享之，季武子赋《绵》之卒章。韩子赋《角弓》。”③杨伯峻先生将上文断句为“观书于大史氏，见《易》《象》与《鲁春秋》”，并且认为“《易》乃《周易》，其六十四卦与卦、爻辞作于西周初，《十翼》则战国至西汉之作品，韩起不及见。人多以《易象》连读，为一事，今从宋王应麟《困学纪闻》卷六说分读，与《易》为二事。《象》即《哀三年传》‘命藏象魏’之象魏，因其悬挂于象魏，故以名之，亦省称《象》。象魏亦名象阙，亦名魏阙，又名观，为宫门外悬挂法令俾众周知之地。据《周礼·大宰》，正月一日公布政治法令于象魏，此法令谓之治象；地官亦悬《教象》，为教育法令；夏官公布《政象》；秋官公布《刑象》，即军政法令，司法法令。公布十日，然后藏之，此《象》当是鲁国历代之政令。”④

《左传·昭公二年》所云“易象”，就是今本《象传》上下两篇的概称：“易象，上下经之象辞。《鲁春秋》，史记之策。《春秋》尊周公之典以序事，故曰‘周礼尽在鲁矣’。”⑤按照杜预的解释，所谓的“易象”，应该是解释今

(接上页)后世圣人易之以书契，百官以治，万民以察，盖取诸夬”一大段文字是“后世好事者以窜入，不是《系辞传》原文”。(见金景芳：《知止老人论学》，长春：东北师范大学出版社，1998年，第90页)较早揭示出周文王并非重卦之人的学者是张政烺先生，他根据大量考古材料上的大量数字爻卦系易之数字爻卦，证明六十四卦在商代就已存在，不会晚至文王才进行重卦；另据传世文献《周礼》记载：“太卜掌三易之法：一曰《连山》，二曰《归藏》，三曰《周易》，其经皆八，其别皆六十四。”也证明六十四卦在商代就已存在了。

① 廖名春：《文王演〈周易〉的真相》，《中华遗产》2007年第7期。

② 邢文：《“文王演〈周易〉”考辨》，《哲学研究》2011年第3期。

③ 杨伯峻：《春秋左传注》，第1216—1217页。

④ 杨伯峻：《春秋左传注》，第1226—1227页。

⑤ (清)阮元校刻：《十三经注疏·春秋左传正义》，第2029页。

本《周易》的《象传》(大象与小象)。然而杜预在肯定了“易象”即今本《象传》之后,又接着说:“《易象》《春秋》,文王、周公之制,当此时,儒道废,诸国多阙,唯鲁备,故宣子适鲁而说之。”①有趣的是,在古代“六经”排列顺序中也可发现《易》与《春秋》的关系。《庄子・天运》载:“孔子谓老聃曰:‘丘治《诗》《书》《礼》《乐》《易》《春秋》。’”《礼记・经解》引孔子之言为“《诗》《书》《乐》《易》《礼》《春秋》”,司马迁《史记・滑稽列传》引孔子之言为“《礼》《乐》《书》《诗》《易》《春秋》”。从文献中《易》的排序的靠后,反映出该经在当时战国时期的学术和政治地位情况。《易》与《春秋》的不断连用,说明两者之间存在某些相同特点。这与《左传》中《易象》与《鲁春秋》的连用似乎也有着相似的意义。

《易象》与《鲁春秋》之间当存在着一定的关系,在鲁国太史氏处一起收藏,具有重要的政治意味和文献价值。但不能把《易象》简单等同为《周易》,这是非常值得注意的问题。

三、《易象》探源

《易象》之名称首见之于《左传》,多数学者还是将其视为一种书籍,与杨伯峻先生采取的宋人王应麟有别。至于《易象》是应该连读还是断读,笔者以为当以连读为是。但遗憾的是,在文献上仅此一说,出土文献也未曾获见。但即使如此,《易象》的名称一定是与《周易》相区别的一种典籍。这种典籍在鲁国的存藏本身说明了其稀见性,否则韩宣子就不会发出“周礼尽在鲁”之惊叹。对于另一部书籍《鲁春秋》自然属于鲁国的历史记载,似乎仅此一书,韩宣子不应有如此赞叹之语。问题的关键是为何韩宣子发出“周礼尽在鲁”,而不是“《周易》尽在鲁”之赞叹。再一个问题是为什么韩宣子还说“吾乃今知周公之德与周之所以王矣”。究竟哪一部书籍体现的是周公之德?哪一部书体现的是“周之所以王”?无疑,韩宣子看到《易象》与《鲁春秋》发出“周礼尽在鲁”之叹。那么,“周礼”又是什么?这

① (清)阮元校刻:《十三经注疏・春秋左传正义》,第2029页。

些问题弄清楚了,自然有补于对《易象》的理解,反过来又能加深对周公之德内涵,对周统一天下的情势有更深刻的体认。

对韩宣子所言“吾乃今知周公之德与周之所以王矣”,曾作出较为全面说明的是李学勤先生。他指出:“鲁国为周公之子伯禽所封,《鲁春秋》记鲁国史事,也就是周公后裔的传流绵延,当时认为是周公之德所致。《系辞》说:《易》之兴也,其当殷之末世,周之盛德邪? 当文王与纣之事邪? 可见《周易》的兴起实与周文王有一定关系。《易象》的思想内容,当时认为是对周文王观点的一种阐述,而文王是周朝‘受命’之君。因此,韩起读到《易象》《鲁春秋》二书,便想到周朝的建立和周公的功业。《周易》与文王有关,《左传》这段记载是一条很重要的证据。”①李先生的分析甚是合理,令人颇受启迪。我们结合《易·系辞》中发现“文王”“周之盛德”用语,以及《左传·昭公二年》中也有“周礼”“周公之德”“周之所以王”的记载,可以增加我们对《易》《易象》《鲁春秋》《周礼》这些古代文献典籍重要性的认识。但细绎其意,韩宣子当认为鲁国《易象》与《鲁春秋》这两部属于“周礼”的典章制度粲然完备,而在晋国不曾获见,故才使其发出如此感叹。

《易象》究竟是何书? 学术界认识不一,尚未达成共识。从晋代的杜预直到现代有几种不同的说法。有的认为《易象》即是《周易》,有的认为《易象》就是《易》与《象》,有的认为《易象》属于秘府《周易》,是演德的《象传》一类,有的认为《易象》是《易传》的基础和来源,有的认为《易象》是演的《周易》之象,有的认为演的是《周易》之数,有的认为是演的《周易》之卦;有的认为演的是《周易》之数。下文不妨从学术史角度对《易象》的研究诸说进行梳理、辨析。

晋代杜预的《春秋经传集解》序云:“韩宣子适鲁,见《易象》与《鲁春秋》,曰:‘吾乃今知周公之德与周之所以王。’韩子所见盖周之旧典礼经也。”传文杜注说:“《易象》上下经之象辞。《鲁春秋》史记之策书。《春秋》遵周公之典以序事,故曰:‘周礼尽在鲁矣。’《易象》《春秋》,文王、周公之

① 李学勤:《周易溯源》,成都:巴蜀书社,2005年,第63页。

制。当此时，儒道废，诸国多阙，唯鲁备，故宣子适鲁而说之。”①按杜预认为《易象》与《鲁春秋》属于文王、周公之制，周之旧典礼经，确为卓识。

唐代孔颖达《正义》提出《易象》所谓文王演德说。他说：“太史之官职掌书籍，必有藏书之处，若今之秘阁也。观书于太史氏者，氏犹家也。就其所司之处，观其书也。见《易象》，《易象》鲁无增改，故不言《鲁易象》。其《春秋》用周公之法，书鲁国之事，故言《鲁春秋》也。鲁国宝文王之书、遵周公之典，故云‘周礼尽在鲁矣’。文王、周公能制此典，因见此书而追叹周德，吾乃于今日始知周公之德，以周公制《春秋》之法故也。与周之所以得王天下之由，由文王有圣德能作《易象》故也。”②孔颖达将周公之德与周之所以王仅指为《鲁春秋》，“抛开了韩起所见《易象》，以‘典策’为‘史官记事之法’”③，割断了《易象》与《鲁春秋》的关系，固属偏见，并不可取。实际上《易象》与《鲁春秋》具有密切的关系。

宋代王应麟《困学纪闻》主张将《左传》昭公二年“易象”断读为《易》《象》，作为两书看待，并根据《周礼》将“象”解释为鲁国的政令。④ 但《易》仍然是指《周易》经文，与《左传》《国语》所载《周易》或《易》并无特殊之处，韩宣子不应发出如此赞叹，因此，此说与上述的矛盾问题仍然得不到解决。

李学勤先生指出韩宣子聘鲁所见《易象》乃是鲁人所作所传，今本《易传》的一项来源和基础⑤。李先生的看法发别人所未发，为不少《易经》研究学者所认可。李先生主张《易象》为鲁人自作，这一点非常重要。因为，这为以后的孔子作今天仍能见到的《易传》的说法奠定了基础，从而使《易象》的发展变化为《易传》提供了证据链，其学术脉络也较为清晰。

廖名春先生认为《左传》昭公二年所载“《易象》绝非《周易》，而是研究《周易》之书。……因为从《左传》《国语》的记载来看，晋人以《周易》占筮

---

① （晋）杜预：《春秋经传集解》，上海：上海古籍出版社，1978 年，第 1209 页。
② （清）阮元校刻：《十三经注疏·春秋左传正义》，第 2029 页。
③ 李学勤：《周易溯源》，第 60 页。
④ 杨伯峻：《春秋左传注》，第 2217 页。
⑤ 李学勤：《周易溯源》，第 63 页。

论事,史不绝书,可见人们对《周易》非常熟悉的。如果鲁太史出示给韩宣子的《易象》是人们早已习以为常的《周易》,韩宣子绝不会如此大发感慨。韩宣子一见《易象》与《鲁春秋》,就将它们与'周礼'、'周公之德'、'周之所以王'联系起来,可见此《易象》与'制礼作乐'、在周王朝建立过程中立下殊功的周公是有联系的。因此,我们说易学起源于西周初期,是信而有征的"①。简而言之,廖名春的观点就是主张韩宣子所见的《易象》"肯定是一本解《易》的著作"②。廖名春先生的说法可以与李学勤先生的说法相互发明,因此,他们的观点在学术界影响较大,为不少学者信服。

此外,李学勤先生对《左传》昭公二年韩宣子所见《易象》大加赞叹,与廖名春有相似的看法,兹不赘述。

陈居渊认为:"'易象'是《周易》的早期名称,它的基本内容与今本《周易》基本相似。《易象》与今本《象传》(大象)尚无直接联系,《象传》之外,尚有《象经》。《象经》今已不传,但它所取卦象的资料,仍见于今本《说卦传》《春秋》《国语》及流传至今的所谓'逸象'之中。"③陈氏观点实际上又回到了《易象》与《周易》研究关系的原点。陈氏所论《易象》是《周易》的早期名称并不能成立,《易象》名称仅见《左传》,并且其中《周易》及其简称《易》多处可见,怎见得是《周易》的早期名称?何况《易象》与《周易》内容基本相同,韩宣子又为何在《周易》遍布诸侯各国的情况下发出如此赞叹之语,岂不是无病呻吟抑或阿谀奉承?尤其是陈氏认为《易象》与《象传》无直接联系,尚有《象经》等观点不仅割断了《易象》与《周易》的学术联系,而且所言《象经》也不见于其他文献,真是治丝益棼,徒增混乱。

姜广辉认为《周易》"有秘府之《周易》,有方术之《周易》。秘府之《周易》用于'演德',方术之《周易》用于占筮;秘府之《周易》为文王、周公所作,方术之《周易》与文王、周公无涉;秘府之《周易》谓何?韩宣子聘鲁所见之《易象》是也,而今本《周易》大象部分略当之;方术之《周易》谓何?今

---

① 廖名春、康学伟、梁韦弦:《周易研究史》,长沙:湖南出版社,1991年,第10页。

② 廖名春、康学伟、梁韦弦:《周易研究史》,第33页。

③ 陈居渊:《"易象"新说——兼论〈周易〉原有〈象〉经问题》,《周易研究》2012年第1期。

本《周易》卦、爻辞部分是也”①。姜广辉先生将《周易》分为秘府《周易》与方术《周易》两种，认为韩宣子在鲁太史处所见《易象》系文王、周公所作秘府之《周易》，大略相当于《周易》大象部分。此说似与《左传》昭公二年记载符合，如是，韩宣子在鲁太史处所见之《易象》当与“文王演《周易》”有关，但稽查先秦诸传世典籍，《易象》名称仅此一处，可谓孤证。正如李学勤先生指出“《左》《国》屡次提到《周易》，有的全称《周易》，有的简称《易》，绝没有称之为《易象》的。由此也可见，把《易象》说成《周易》并不合适”②。李先生的说法非常具有说服力，他力证《易象》不可能等同于春秋时期习见之《周易》，它应该是今本《易传》的来源，此说获得了学术界的认可。但姜氏说《易象》与今本《周易》大象类似，较为可信；但认为方术《周易》与今本《周易》卦、爻辞等同实属可商。

邢文认为：“从传世文献的角度来看，与文王、周公之德密切相关的鲁大史所藏《易象》，至少在一定程度上反映了‘文王演《周易》’的具体内容；‘文王演《易》’的内容，不仅可能包括了‘演德’，而且包括了‘演象’。这种对《易》‘象’的推演，反映了‘极其数，遂定天下之象’的过程，也就是说，应该也包括了对于《易》‘数’的推演。”③邢文对“文王演《易》”的观点简单概括为文王演的并非《周易》之卦，而是《周易》之数。其中他所依据清华简《保训》有文王“戊子，自演”记载，从而作为文王曾经演数的证明。

其实，《保训》之“靧”（頮）不当释读为“演”，学界基本同意与《尚书·顾命》中“甲子，王乃洮頮水”用语相同，意为“洗头发洗脸”。这就否定了出土文献对邢文观点的支撑；对于传世文献，金景芳先生早已指出《周易·系辞》有后人窜入的文字，“我认为战国人只能把伏羲氏画八卦，‘河出书’、‘洛出图’以及‘天垂象，见吉凶’一类的东西窜入《易传》，他们哪能作出《易传》呢。”④因此，基于金老所说，说文王演“数”的观点

① 姜广辉：《“文王演周易”新说——兼谈境遇与意义问题》，《哲学研究》1997年第3期。

② 李学勤：《周易溯源》，第61页。

③ 邢文：《“文王演〈周易〉”考辨》，《哲学研究》2011年第3期。

④ 金景芳：《知止老人论学》，长春：东北师范大学出版社，1998年，第107页。

似乎是不能成立的。陈民镇也认为在沟通“中”与“数”这点上，该说尚难以令人信服。而“𣶣”实际上应是“颒(溃)水”的合文，解释作“演”数缺乏确凿的依据①。

以上诸说可谓众说纷纭，莫衷一是。但是结合多种文献记载，及其历史时代背景，辅之对文王盛德、周公之德、周之所以王天下的分析，我们认为李学勤和廖名春先生关于《易象》的认识和观点是较为正确的。也就是说韩宣子所见《易象》属于今本《易传》类一些文献书籍，其中思想观念反映了文王、周公之典章礼义制度，并且为后来孔子作《易传》奠定了基础。

四、文王中道思想文献互证

在认识文王演《周易》史事与《易象》的性质的基础上，我们可以肯定地说周文王确实与《周易》有着关系，或者说在《周易》的形成发展过程中，文王在其中起到了一定的作用。在儒家六经中，随着《易》的发展，其地位逐渐超过“诗”“书”诸经而成为六经之冠。《易经》地位的升高，是与孔子晚年“喜易”“好易”，读书“韦编三绝”的思想转变分不开的。其实，《周易》在占筮的外在形式下内含着深刻的辨正思想，“中”或“中道”思想便是此书所体现出来重要思想观念。关于在《周易》文本中反映出的中道思想可以从其卦、爻辞中得到有力证明。以往学者多有发现《易经》尚中和，多处提到“中行”，如《泰・九二》：“尚于中行。”朱熹解释云：“九二以刚居柔，在下之中，上有六五之应，主乎泰而得中道者也。……则合乎此爻中行之道矣。”②《益・六四》：“中行告公。”程颐说：“若行得中道，则可以益于君上，告于上而获信从矣。”③以上泰卦、益卦爻辞“中行”就是要践行中道之意，在《易经》作者看来，只有践行中道、履行诚信，才会避凶趋吉。正如近代

① 陈民镇：《从文王演〈易〉到“达中持道”——战国竹书文王故事所见政治哲学探微》，《第六届中国国际易道论坛论文集》，北京，2015年，第189页。

② (宋)朱熹：《周易本义》，上海：上海古籍出版社，1987年，第18页。

③ (宋)程颐：《周易程氏传》，北京：中华书局，1981年，第216页。

著名学者钱基博所说："《易》六十四卦，三百八十四爻，一言以蔽之，曰'中'而已矣！"①《周易》之"中"在爻位上是指上卦的五爻和下卦的二爻，六十四卦三百八十四爻中，二和五爻的吉辞最多。如果阳爻居处初、三、五阳位，阴爻居于二、四、上阴位，就是"当位""得中"，否则就是"失位"，不正。《易・象传》认为"得中""中正""刚中"就会大吉大利，可见其对中道思想的推崇。《周易》之尚中理念或中道思想与清华简《保训》文王的中道思想是相互一致的。清华简《保训》是清华大学收藏战国竹简后公布的第一篇简文，曾在学术界引起过热烈的讨论。其中一个争论的焦点就是《保训》中出现四次"中"字，其义究竟何指，长期以来一直是学者热烈探讨的问题。

下面兹引清华简《保训》(本释文据清华简整理小组和李学勤先生《清华简保训释读补正》，《中国史研究》2009 年第 3 期)如下：

> 惟王五十年，不豫。王念日之多历，恐坠宝训。戊子，自頮水，己丑，昧[爽]□□□□□□□□□□。[王]若曰："发，朕疾适甚，恐不汝及训。昔前人传宝，必受之以詷。今朕疾允病，恐弗念终。汝以书受之。钦哉，勿淫！昔舜旧作小人，亲耕于历丘，恐求中。自稽厥志，不违于庶万姓之多欲。厥有施于上下远迩，乃易位设稽，测阴阳之物，咸顺不逆。舜既得中，言不易实变名，身兹备惟允，翼翼不懈，用作三降之德。帝尧嘉之，用授厥绪。呜呼！发，祗之哉！昔微假中于河，以复有易，有易服厥罪，微无害，乃师②中于河。微志弗忘，传贻子孙，至于成汤，祗服不懈，用受大命。呜呼！发，敬哉！朕闻兹不久，命未有所延。今汝祗服毋懈，其有所由矣，不及尔身受大命，敬哉，毋淫！日不足惟宿不详。"③

① 钱基博：《四书解题及其读法》，上海：商务印书馆，1933 年，第 65—66 页。

② 原清华简《保训》释文作"追"，今据李学勤先生重新释读为"师"，"'乃师中于河'是说上甲微从河伯那里传习了中道。'师'字意为学习效法"(见李学勤：《重说保训》，《深圳大学学报》2014 年第 1 期)。

③ 清华大学出土文献研究与保护中心编，李学勤主编：《清华大学藏战国竹简(壹)》，第 143 页。

《保训》简文从舜"求中""得中",上甲微"假中""师中"连续出现四个"中"字,虽然学术界对"中"究竟是实物还是思想观念看法尚有不同的意见①,但《保训》简文中所反映出的对"中"的重视,即令"中"属于一种物质实体的东西,这其中也透着当时人的思想观念,因此李学勤先生在清华简《保训》整理中将"中"视作"中道"思想是诸说中仍然较为合理的观点。清华简《保训》对中道思想的推崇,无疑拉近了周文王与《易经》的关系。文王的尚中思想在传世文献和出土文献中得到了一定的印证。从而使得周文王在《易经》产生、发展中的历史地位得到了确认。不仅如此,在其他出土文献中,也时常发现有关周文王史事的记载。令人惊喜的是,上博简九《举治王天下》也载有文王"达中持道""得中"的思想。然学术界对上博简对文王中道观念的探究有所忽略。故十分必要将该篇简文与清华简《保训》进行合读,以寻找两者之间的联系和线索。

现据学界释读意见将上博简九《举治王天下》简9、7、5、6与上博简八《成王既邦》简16、9编联在一处,其编联次序如下:《成王既邦》简16+《举治王天下》简9、7、5、6+《成王既邦》简9,释文如下:

> ……之至于周之东,乃命之曰:"昔者有神,顾监如下。乃语周之先祖曰:'天之所向,若或与之;天之所背,若拒之。物有所总,道有所修,非天之所向,莫之能得。'常退而思之,其为贤民乎!子为我得尚父,载我天下;子失尚父,坠我周□。"既言,而尚父乃阶至。惟七年,文王访于尚父曰:"我左患右难,吾欲达中持道。昔我得中,世世毋后悔。唯持市明之德,其世也……"②

《举治王天下》记述了文王与尚父等人之间的对话,所谈内容涉及得到天下需要天意支持,任用贤人对得天下、治天下的重要意义。该篇简文确是先秦政治哲学的难得文本,其中对顺天能得、逆天莫得,秉持中道、敬天明

---

①　目前学术界对《保训》之"中"的看法主要有中道说、标杆说、地中说、旗帜说、读"中"说、狱讼簿书说、命数说等。参见陈民镇:《清华简〈保训〉"中"字解读诸说评议》,复旦大学出土文献与研究中心网站,2011年9月19日。

②　马承源主编:《上海博物馆藏战国楚竹书(九)》,上海:上海古籍出版社,2012年,第201页。

德、忧患思想的表达十分明显,这无疑真实反映了周初文王的政治思想观念。该篇简文的制作时代虽然不能早至周初(大概成篇于战国早期),但其反映的思想观念可上溯至文王生活时代。上述摘录的上博简部分文字,虽然还存在简序和错简的可能,但是简文中所记载的文王“欲达中持道”“昔我得中”这些文字十分清楚,不免使我们产生很大的联想,文王的中道思想在历史上是有文献记载依据的。

综上,本章依次从文王演《易》的渊源、文王演《易》之“演”的含义、《易象》所指、文王中道思想在传世文献与出土文献中互证,进而说明了周文王与《易》存在着一定的关系,诸多史籍记载是较为可靠的。《易》之作者和形成时代经历了一个从不肯定(《系辞》)到肯定推测并存(《史记》)再到肯定(《艺文志》)的过程。《系辞》的作者、司马迁、班固对《易》之来源的看法,都表达了各自的观点,但他们的观点是互相联系的,似乎有一个“层累地”形成过程。结合多种文献记载,及其历史时代背景,辅之对文王盛德、周公之德、周之所以王天下的分析,李学勤和廖名春先生关于《易象》的认识和观点是较为正确的。也就是说韩宣子所见《易象》属于今本《易传》类一些文献书籍,其中思想观念反映了文王、周公之典章礼义制度,并且为孔子作《易传》奠定了基础。文王的中道思想在历史上是有文献记载依据的。传世文献与出土简帛使我们对于文王与《易经》的关系的认识无疑更加深入,从而也让这一关系的讨论画上了句号。

第二章

清华简与周武王史事研究

周武王在周初历史上占有重要的地位，他对周朝的建立做出了实际的贡献。史籍上有关武王史事的著名记载莫过于“武王伐商(纣)”了。当然除了武王伐纣这件重大的历史事件外，有关他的许多历史事迹存有不少扑朔迷离之处，如武王的名号、武王的分封、武王戡黎、武王受命称王、武王诗作等问题，都值得我们重新进行考察和研究。武王的名号见诸史籍的主要有“王”“武王”“周武王”“姬发”“小子发”“太子发”等，也有简称“发”的①。此外，历史上习称周文王为“西伯”，武王是否也有“西伯”之称？这些问题都成为本章研究的主要内容。

第一节　武王受命与称王

武王受命称王问题是我们系统考察周初诸王受命称王历史问题中一个重要的问题，惜其多年未受到学术界应有的重视。本节就武王受命称王问题加以系统讨论，以弥补、修正学术界的研究不足之处，以期推进该问题的研究。

在文献中常见的有文王受命、文武受命，早期史籍《尚书》中出现较多

---

① 称呼武王为“发”主要见之于其父文王对他的称呼。如清华简《保训》文王临终遗言、《程寤》等。在清华简《金縢》中也有史官向先王册祝念作“元孙发”的称呼，此文中两见。

周人受命的记载，如“周受命”“王受命”“我受命”等。《多士》“我有周佑命”，《梓材》“用怿先王受命”，《召诰》“惟王受命”，《酒诰》“故我至于今，克受殷之命”，《立政》“乃伻我有夏，式商受命”。下文拟重点从武王受命谈起。

一、武王受命之历史考察

关于文王受命的传世文献和出土文献记载可谓数不胜数，可参见前章论述。如果我们单独讲“武王受命”，可能会使一些学者感到有些生疏，甚或产生怀疑。如有学者就提出“在周代历史上从无‘武王受命’之说”的观点①。现在看来，恐怕这种看法是值得重新检讨的。的确，在诸多史籍文献记载中单独言“武王受命”不是很多，并且武王受命常常与“文王受命”一起并用为“文武受命”。文武受命相较“武王受命”在文献中出现的频率要高得多。但是，下文我们还是需要将各种史籍中出现的“武王受命”的文字梳理出来，以便于我们对之进行详细探讨。

关于武王受命的历史记载在文献中不及文王受命那么典型和丰富，最初言及武王受命，往往与文王受命联系起来一并讲，武王受天命是作为文王受命的继承者来表述的。如在《诗经·大雅·大明》云：“天监在下，有命既集……有命自天，命此文王……笃生武王，保右命尔，燮伐大商。”②此处之“右”亦可训为“有”，谓文王受天命。武王灭商，保佑天命。西周早期的大盂鼎铭文曰：“丕显文王，受天有大命。在武王，嗣文作邦。”③《逸周书·祭公解》中也记载：“皇天改大殷之命，维文王受之，维武王大克之，咸茂厥功。”④两种文献记载均认为武王是继承文王受命，并保有天命任务的人。

关于“文武受命”，《尚书·洛诰》云：“在十有二月惟周公诞保文武受

---

① 晁福林：《〈中庸〉“武王末受命”解》，《中国文化研究》2014 年第 2 期。

② (清) 阮元校刻：《十三经注疏·毛诗正义》，第 508 页。

③ 中国社会科学院考古研究所编：《殷周金文集成》，北京：中华书局，2007 年，2837 页。

④ 黄怀信等：《逸周书汇校集注》，第 932 页。

命惟七年。”①《诗经·江汉》曰：“文武受命，召公惟翰。”②《诗经·昊天有成命》曰：“昊天有成命，二后受之。”③此处“二后”毛《传》云：“二后，文武也。”基于此，陈梦家先生亦说：“文王称周王，周之称王或始于昌，所谓文王受命殆指受命称王乎？《诗》、《书》、金文但有‘文王受命’、‘文武受命’而无‘武王受命’，可知西周时以文王为周之受命者，武王嗣文王作邦而已。”④《逸周书·祭公》：“皇天改大殷之命，维文王受之，维武王大克之，咸茂厥功。”⑤可证陈说。

清华简《祭公之顾命》与传世本记载基本相同：“皇天改大邦殷之命，惟周文王受之，惟武王大败之，成厥功。”⑥又《逸周书·商誓》：“上帝弗显，乃命朕文考曰：殪商之多罪纣。肆予小子发弗敢忘，天命朕考，胥翕稷政，肆上帝曰：必伐之。予惟甲子，克致天之大罚，□帝之来，革纣之□，予亦无敢违大命。”⑦这是武王以父亲文王受命为由讨伐商人，可以说是武王接续了文王的受命，继承其父文王未完成的克商大业。

我们来看传世文献对“武王受命”的记载：

传世本《金縢》载周公祝辞：“乃元孙不若旦多材多艺，不能事鬼神。乃命于帝庭，敷佑四方，用能定尔子孙于下地。”⑧

《逸周书·克殷解》：“武王再拜稽首，膺受大命，革殷，受天明命。”⑨

《尚书·顾命》：“用克达殷，集大命。”达，义为通，《正义》：“用能通殷为周，成其大命，代殷为主。”⑩

董仲舒《春秋繁露》：“武王受命，作宫邑于鄗，制爵五等，作象乐，继文

① (清)阮元校刻：《十三经注疏·尚书正义》，第217页。
② (清)阮元校刻：《十三经注疏·毛诗正义》，第573页。
③ (清)阮元校刻：《十三经注疏·毛诗正义》，第587页。
④ 陈梦家：《西周铜器断代》，北京：中华书局，2004年，第508页。
⑤ 黄怀信等：《逸周书汇校集注》，第932页。
⑥ 清华大学出土文献研究与保护中心编，李学勤主编：《清华大学藏战国竹简(壹)》，第174页。
⑦ 黄怀信等：《逸周书汇校集注》，第454页。
⑧ (清)阮元校刻：《十三经注疏·尚书正义》，第196页。
⑨ 黄怀信等：《逸周书汇校集注》，第355页。
⑩ (清)阮元校刻：《十三经注疏·尚书正义》，第238页。

以奉天。”①

《竹书纪年》曰：“武王亲禽帝受于南单之台，遂分天之明。”(《水经·淇水注》引)陈逢衡《竹书纪年集证》卷二三云：“‘分天之明’，‘分’疑作‘受’，谓受天之明命，观《史记》‘受天明命’自见。郑環云：明，明命也。”疑是。《史记·周本纪》：“武王再拜稽首，曰：‘膺更大命，革殷，受天明命。’”即受天命之意②。文王死，太子发继位称武王。《史记·周本纪》记载，武王九年“东观兵，至于孟津……诸侯不期而会孟津者八百，诸侯皆曰：纣可伐矣”。然武王审时度势，格外慎重，遂退兵而归，以等待有利时机一举灭商。

《礼记·中庸》：“子曰：无忧者，其唯文王乎！以王季为父，以武王为子。父作之，子述之。武王缵太王、王季、文王之绪。壹戎衣而有天下，身不失天下之显名。尊为天子，富有四海之内，宗庙飨之，子孙保之。**武王末受命。**周公成文武之德，追王太王、王季，上祀先公以天子之礼。”③

这是一则战国时期记载“武王受命”的资料。“**武王末受命。**周公成文武之德……”郑玄注：“末，犹老也。”孔疏谓：“武王年老，而受命平定天下也。”有学者指出，作为周代商标志的“受命”是始于文王而终于武王的一个过程，故有“武王末受命”之说。古今很少有学者怀疑“武王受命”，甚至否定武王受命的。陈颖飞说：“周代商始于文王而终于武王，因此有强调受命之始的‘文王受命’、强调整个过程的‘文武受命’、强调其核心内容的‘我(王)受命’、强调其结果的‘武王末受命’等各种说法的出现。其中，‘文王受命’、‘文武受命’西周早期都已出现，而据金文材料看，‘文王受命’流行于西周早期，‘文武受命’则盛行于西周中晚期。”④这种说法没有否定武王受命，且将武王受命纳入周人天命观念不断发展的历史过程中，

---

①　(清)苏舆撰：《春秋繁露义证》卷7《三代改制质文》，北京：中华书局，1992年，第187页。

②　方诗铭、王修龄：《古本竹书纪年辑证》，第41、42页。

③　(清)阮元校刻：《十三经注疏·礼记正义》，第1628—1629页。

④　陈颖飞：《清华简〈程寤〉与文王受命》，《清华大学学报(哲学社会科学版)》2013年第2期。

是很具有启示意义的。

《史记·周本纪》也有武王受命的记载："武王再拜稽首曰：'膺更大命，革殷，受天明命。'"①文中系牧野之战胜利后武王在商王宗庙举行的接受天命仪式。《史记》所述必有所本，在司马迁的这段史料记载可能来源于《逸周书·克殷解》。晁福林先生曾就《史记·周本纪》述武王之事，对这段祝词之后有"武王再拜稽首，曰：'膺庚大命，革殷，受天明命'"等十七字提出疑问，认为系司马迁以后世观念来写此事，加入了这十七字，可能是不恰当的。观周武王当时的天命观念，其所得的天意或者天命只是受商命而已②。查《逸周书·克殷解》篇所记主要说商纣王的罪恶德行，确实未涉及天命之事。而后来研究《逸周书》的不少学者多据《周本纪》将这十七字补入《克殷解》篇，当然也有些学者并未将其补入。无论补入或否，司马迁多出的十七字当有所本，如果说司马迁自己补入的，那就要深究他补入的动机了，实际上司马迁不可能擅自补入，为什么不可以说《逸周书·克殷》篇原本有类似文字，后来被整理者所删掉呢？因此，在没有确切证据的情况下，我们还是尊重两种文献记载的现状。因此，黄怀信等撰写的《逸周书汇校集释》及《逸周书校补注释》保持了传世本的原貌，未补入司马迁《周本纪》的十七字，这是尊重书籍原貌的反映。因此，我们不可以否定《周本纪》的记载，从而否定武王曾经受命的事实。

《克殷解》是一篇相当可靠的西周文献③，已为学者所认可。其中学者容易忽略的一点，是对"殷之末孙季纣"中"末"的用法可与"武王末受命"相互参照，显然这里"末"不是"无""未"之义，而应作"最后""终"解。"武王末受命"意为武王最后受命。因此，从文献角度来否定武王曾经受命的历史事实是不可能的。晁福林先生主要根据"武王末受命"在《中庸》"无忧"章中的语境语义和"末"字义训释对武王在历史上的受命进行了否

---

① （汉）司马迁撰：《史记》，第106页。

② 晁福林：《从清华简〈程寤〉篇看"文王受命"问题》，《北京师范大学学报（社会科学版）》2016年第5期。

③ 朱右曾对《逸周书》诸篇下过定论说："《克殷》篇所叙非亲见者不能，《商誓》《度邑》《皇门》《芮良夫》诸篇大似今文《尚书》。"参见其《逸周书集训校释·周书序》，台北：世界书局，2009年，第10页。

定,这种证据似乎不太充分。

有些文献不仅记载武王受命,而且记载了武王受命有直接和间接之分。有些文献虽未直言却隐含着武王受命之意。在否定武王受命的人看来,周人受命只有文王一次,因此不会有武王受命。那么,周人是一次受命还是连续受命呢?

> "我们把这些讲述文王受命的文献汇聚在一起,就会发现其中矛盾重重。《诗经·大雅·江汉》说'文武受命,召公维翰',《尚书·洛诰》说'惟周公诞保文武受命',可知文王、武王都曾受命。但《保训》文王说'未及尔身受大命',文王认为武王即将受命,自己活不到武王受大命的时候了,他说自己未受命。文王究竟有没有受命?《史记·周本纪》说武王克殷后单独受命。其时文王已经去世,武王是在文王死后受命,那么文王与武王受命一定不是同时,而清华简《程寤》说文王武王皆受命。到底文王是一人自己受命,还是和武王一起皆受命?《史记·周本纪》武王是单独受命的,如果《程寤》为真,禀受一次天命不就可以吗,难道受命还需要两次?"①

刘光胜先生对文王、武王受命诸问题提出许多疑问,对于我们深刻理解文王、武王受命问题极具启示性。这些问题概括起来主要是:周人受天命是一次还是两次甚至多次?文王和武王受命是同时还是不同时?

文王受命开始于周初是较早的一种说法。后来又出现了文武受命、武王受命的说法,不过文献记载武王受命的说法相对前两种说法居少,也往往受到学术界的忽视。其实,我们只要认真梳理一下周人天命观念的发展历史过程,可以发现受命总是与称王联系在一起。虽然文王受命称王,是周王朝的实际奠基者,不过由于文王在商朝未灭之前离世,这个灭商天命就自然地落到武王的肩上,当时的周人是相当信仰这个观念的,都认为武王接续了文王的天命。因此,在周人的文献档案中会出现文武受

① 刘光胜:《真实的历史还是不断衍生的传说——对清华简文王受命的再考察》,《社会科学辑刊》2012年第5期。

命的记载，实际上反映了文王和武王父子之间的这种政治一体关系。既然承认文王和武王都受天命，就是承认了武王可以单独受命，因此《逸周书·克殷解》《竹书纪年》《史记·殷本纪》中会出现记载武王单独受天命的情况。清华简《保训》云“不及尔身受大命”不可理解为文王没有受天命，而是文王在告诉武王自己虽然接受灭商天命，但由于病情不能好转，天命只得由武王来完成了，简文中“命未有所延”句非常重要，透露出文王对武王完成天命的殷切期待。另外清华简《程寤》中讲到文王、武王两人共同接受天命，当然属于周人渲染的“文武受命”传说的一种版本。我们似乎不必拘泥于此。从简本《程寤》的著作时代来看，杜勇先生进行了较好的考证，分别从《程寤》月相纪时方式、明堂占卜制度、语言特征等方面入手辨析，指出该文并非出自先周或周初史官之笔，很可能是数百年后战国时期的作品①。

其实，在周人津津乐道文王受命或文武受命外，还有一种甚为少数学者关注的一种受天命主体的记载。清华简《祭公之顾命》不仅追述了文王受命、文武受命，而且还出现了祭公言及的“后稷受命”。这可以说是我们所发现的周人祖先的最早受命的传说。当然，“后稷受命”不是本文讨论的重点，还有待我们今后另外研究。如果再从武王受命说起，虽然武王完成克商杀纣的任务，但是武王在世并没有完成周朝的政权巩固和疆域的统一，并且不久去世，由于此时成王年龄幼小，不堪重任，因此巩固周初的政权的艰巨任务就落到周公的身上。

下面让我们再来看看出土文献中对“武王受命”的记载：

清华简《保训》：“发，敬哉！朕闻兹不久，命未有所延。今汝祗服毋懈，其有所由矣，不及尔身受大命，敬哉，毋淫！日不足惟宿不详。”②“不及尔身受大命”意谓“来不及看到你受大命（伐纣灭商，取代纣王）了”。显然，在文王看来，武王也是可以受天命的。

---

①　杜勇：《清华简〈程寤〉与文王受命综考》，杜勇主编：《叩问三代文明：中国出土文献与上古史研究论文集》，北京：中国社会科学出版社，2014年，第311页。

②　清华大学出土文献研究与保护中心编，李学勤主编：《清华大学藏战国竹简（壹）》，第143页。

清华简《程寤》:“王及太子发并拜吉梦,受商命于皇上帝。”①这个记载大概与文王受命传说有关,周人常说文王受命。李学勤先生对此也有类似的看法②。无论如何,此简文说的是“文武”共同受命。然西周早期文献多是文王受命记载。如《尚书·无逸》“文王受命惟中身”、《君奭》“天不庸释文王受命”;金文也不乏“文王受命”记载,如《何尊》“肆文王受兹大命”、《大盂鼎》“丕显文王有大命”等等,不一而足。

《逸周书·商誓》:“今在商纣,昏忧天下,弗显上帝,昏虐百姓,奉天之命。上帝弗显,乃命朕文考曰:‘殪商之多罪纣!’肆予小子发不敢忘天命。”③按文王所受天命就是殪杀纣王,由于文王崩没有完成杀纣使命,最后由武王杀纣克商。《尚书·康诰》:“天乃大命文王殪戎殷。”④《尚书·召诰》:“皇天上帝改厥元子兹大国殷之命,惟文王受命。”⑤从《尚书》等文献叙述来看,商人先哲王曾受天命,后改作文王受命,天命可以转移的观点在周人观念中是一种共识。由此,文王能够受命,其子武王当然亦可以受命,学者将文王受命固化是不符合周人的思想观念的。

武王受天命的一个重要例证是天亡簋,其铭文记载了周武王伐纣灭商之后,在返归西土时在嵩山之巅进行祭祀的活动。铭文对武王伐商之功勋进行颂扬,曰:“丕显王乍省,丕肆王乍庚,丕克德衣(殷)王祀。”⑥铭文之意反映出武王承继并完成了文王的灭商大业,并且得到了殷王祭祀天的权力。武王得到了祭天权,意味着他得到了天命。祭天礼是天子的特权和象征。《礼记·王制》云:“天子祭天地……诸侯祭社稷……大夫祭五祀。”⑦何尊铭文也反映了武王祭天之礼,“惟武王既克大邑商,则廷告于天,曰:余其宅兹中国”⑧。

---

① 清华大学出土文献研究与保护中心编,李学勤主编:《清华大学藏战国竹简(壹)》,第136页。
② 李学勤:《清华简九篇综述》,《文物》2010年第5期。
③ 黄怀信等:《逸周书汇校集注》,第454页。
④ (清)阮元校刻:《十三经注疏·尚书正义》,第203页。
⑤ (清)阮元校刻:《十三经注疏·尚书正义》,第212页。
⑥ 于省吾:《关于“天亡簋”铭文的几点论证》,《考古》1960年第8期。
⑦ (清)阮元校刻:《十三经注疏·礼记正义》,第1336页。
⑧ 马承源:《何尊铭文初释》,《文物》1976年第1期。

由此可见，诸文献中有关武王受命的记载是存在的。晁福林先生对《中庸》文中“武王末受命”进行分析，他认为“武王末受命”的“末”，或读为“无”，或读为“未”，或为“未”的误字，均表示同一个意思，即武王没有受命。① 晁先生之说似乎可商。《中庸》“武王末受命”一般理解为“武王在晚年受命”。句中“末”字训释成“晚”。② 我们以为将“末”释作“后”较宜，可将“武王末受命”理解为武王后来继承文王受命。

总之，武王受命常与文王受命连成一体是谓“文武受命”。这不仅在传世文献中多见，而且在出土文献中也比比皆是。芈伯簋铭云：“王若曰：芈伯，朕丕显祖文武膺受大命。”询簋铭曰：“王若曰：询，丕显文武受令(命)，则乃祖奠周邦。”师簋铭云：“丕显文武，爰受天令(命)。”毛公鼎铭云：“丕显文武，皇天引厌厥德，配我有周，膺受大命。”清华简《祭公》也见“文武受命”之记载：“公曰：‘天子，三公，我亦上下卑(譬)于文武之受命，皇㪟方邦。’”另外简文中还有“惟文武中大命”，传世本则作“维武王申大命”，简本保留了古书原貌，未经后人修改，故更加可信。因此，我们据这些文献也可以说，武王受命更多地被湮没于“文武受命”之中，这实在是周人历史上天命观念的一个饶有趣味的现象。

二、“文武受命”之历史内涵

“文武受命”是周人无休止的音符。散见于多种文献中，成为周代政治合法性的重要标志。《尚书・洛诰》：“惟周公诞保文武受命，惟七年。”《诗经・江汉》：“文武受命，召公维翰。”两则文献一属于西周早期，一属于西周晚期，可见“文武受命”的说法在周初既已出现，直到西周晚期仍然延续着这种说法。

需要注意的是，无论传世文献，还是出土文献中所见到的“文武受命”

---

① 晁福林：《〈中庸〉“武王末受命”解》，《中国文化研究》2014 年夏之卷。

② 此处“末”字解释成“晚”，确实勉强，可学者们习以为常，无暇追究。晁福林先生说“末”虽与“晚”意有关，但先秦时人并无该种用法，相似用例只有“末造”“末世”，或“某某之末”，而并无仅以“末”字为晚之例。

都不是简单地将两者牵合在一起，文武连用都有着深刻的历史意义和思想内涵。比如大盂鼎铭不仅言文武受命，而且肯定武王的历史地位“在武王嗣文作邦”。何尊铭载“唯武王既克大邑商”也特别指出了武王的历史功勋。传世文献《诗经·大雅·文王有声》除了对文王的赞美歌颂外，也以“武王成之”对武王的功勋和地位进行了赞颂。这不是偶然的现象。我们可以推测“文武受命”连用出现在大量文献中，当是武王克商以后的事。正是因为武王克商杀纣的历史功勋，使得周人将武王与文王相提并论，从而武王的历史地位和政治影响迅速提高。甚至在西周以后还单独出现了“武王受命”的史籍记载。武王毕竟不能超越其父文王在历史上的美好德行和历史影响，何况武王是以武功称雄有周一代，与文王的文治深入人心尚有不少差距。但治理国家、经邦社稷离不开文治，更离不开武功，只有两者兼具，方可相得益彰，国泰民安。也许就是这个原因，周人借以文武并用，实行“文武之政”，其深刻用意便是强调“文治武功”的重要性，此二者如车之两轮、鸟之两翼缺一不可。因此，文武受命不但隐含着周人取代商纣统治的政治合理性和正当性，也蕴含着周代统治者在巩固政权和治国实践中贯彻文武并用的方略①。

何尊铭中有“惟王五祀”，这应该是成王五年。《洛诰》云：“在十有二月，惟周公诞保文武受命惟七年。”应该理解为自“文武受命”至今为时七年。文王受命并未克商，受命克商的是武王，所以“文武受命”当自武王克商算起。武王克商至今“惟七年”，此七年中包含了成王的“惟王五祀”，因此，武王克商后在位的年数是二年，传世文献如此记载是有道理的。

周人由最初的“文王受命”，再到“武王受命”以致发展到“文武受命”并称的思想变化过程，说明了周人对政治天命观的认识的创新和发展、深化。众所周知，周之受命开始于文王，完成于武王。很多文献都记载武王克商乃是对文王受命的继续和完成。

《逸周书·商誓》：“上帝弗显，乃命朕文考曰：‘殪商之多罪纣。

① 杨博认为文王受命、文武受命、武王受命似始于文王而一直延续到周公建政时期的一项政治策略。参见杨博：《由清华简〈程寤〉谈“文王受命”的解读》，《出土文献综合研究集刊》第1辑，成都：巴蜀书社，2014年，第211—218页。

肆予小子发弗敢忘，天命朕考，胥翕稷政，肆上帝曰：必伐之。予惟甲子，克致天之大罚，□帝之来，革纣之命，予亦无敢违大命。'”

武王认为文王受命伐商灭纣，他要执行上天的命令，而不敢违背上帝的命令。

《逸周书·祭公》：“皇天改大殷之命，维文王受之，维武王大克之，咸茂厥功。”

皇天改变了大殷的天命，使得文王接收天命，是武王大败商纣，成就了伟大的功绩。

清华简《祭公之顾命》：“皇天改大邦殷之命，隹（惟）周文王受之，隹（惟）武王大败之，成氒（厥）功。”

与传本《祭公》意思相同。

《尚书·顾命》记载太保和芮伯再拜稽首曰：“皇天改大邦殷之命，惟周文武诞受羑若，克恤西土。”

学者谓“诞受羑若”即是“大受上天之命，羑进斯民于顺道也。”①

《荀子》：“文王诛四，武王诛二，周公卒业，至成、康则案无诛已。”②

《史记·周本纪》：“武王自称太子发，言奉文王以伐，不敢自专。”③

清华简《祭公之顾命》：“天子、三公，我亦上下譬于文武之受命，皇戡方邦，丕惟周之旁，丕惟后稷之受命是永厚。”④

《逸周书·祭公解》：“自三公上下，辟于文、武，文、武之子孙大开方封于下土。天之所赐武王时疆土，丕维周之□，□□后稷之受命，

---

① 顾颉刚、刘起釪：《尚书校释译论》，北京：中华书局，2005年，第1849页。

② （清）王先谦撰：《荀子集解》，北京：中华书局，1988年，第503页。

③ （汉）司马迁撰：《史记》，第120页。

④ 清华大学出土文献研究与保护中心编，李学勤主编：《清华大学藏战国竹简（壹）》，第174页。

是永宅之。”①清华简《祭公之顾命》：“丕惟周之旁，丕惟后稷之受命是永厚。”

《尚书·文侯之命》：“丕显文武，克慎明德，昭升于上，敷闻在下。”②

关于文武受命的记载不但在传世文献中多见，而且在出土文献中也委实不少。《尚书·洛诰》载：“惟周公诞保文武受命。”不仅武王负有继保文王受命的任务，而且周公也履行着保文武受命的责任。《诗经·周颂·昊天有成命》云：“昊天有成命，二后受之。”郑玄认为“二后，文、武也”③，甚是！西周晚期师询簋曰：“丕显文武，膺受天命。”（《集成》4342）毛公鼎曰：“丕显文武，皇天引厌厥德，配我有周，膺受大命。”（《集成》2841）前者师询簋阙文可据毛公鼎铭文补正。乖伯归夆簋亦载：“丕显祖文武，膺受大命。”（《集成》4331）

《逸周书·程寤》逸文：“太姒梦见商之庭产棘，太子发取周庭之梓，树于阙，化为松柏棫柞。寤觉，以告文王。文王乃召太子发，占之于明堂。王及太子发并拜吉梦，受商之大命于皇天上帝。”④太姒之梦具有象征意义，通过占梦属于吉梦。该梦象征意义是商命已终，而由周取而代之。太姒作为商人之女，其梦蕴含着商上帝给她启示，梦中太子发取周庭之梓树于商庭变为松柏棫柞，象征着在武王时期周人事业兴盛，能够完成翦商大命。因此，太姒之梦便是上帝的启示，选择了文王和太子发共同完成取代商祚之命，这是今本《逸周书·程寤》和简本《程寤》记录“文武”共同受命的重要证据。

简本《程寤》和今本均与西周传世文献《尚书》周初“八诰”所云文王受命、文武受命紧密吻合。如《康诰》“天乃大命文王殪戎殷，诞受厥命”及《逸周书·祭公》“皇天改大殷之命，维文王受之，维武王大克之”等类似记载与出土文献可以相互发明。

---

① 黄怀信等：《逸周书汇校集注》，第933—934页。
② 曾运乾：《尚书正读》，第307页。
③ （清）阮元校刻：《十三经注疏·毛诗正义》，第587页。
④ （唐）欧阳询撰：《艺文类聚》卷七十九，上海：上海古籍出版社，1982年，第1355页。

三、武王即位称王

武王是否即位称王，一直以来是一个历史难题。多数学者认为自文王去世后，武王继位称王，并且认为武王即位时未曾改元，一直沿用了文王受命纪年。王国维先生在其《周开国年表》中曾言："武王即位克商，未尝改元。"①王说为学术界多数人所采纳。司马迁《史记·周本纪》载："……明年，西伯崩。太子发立，是为武王。"接着又云："西伯盖即位五十年……诗人道西伯，盖受命之年称王而断虞芮之讼。后十年而崩，谥为文王。改法度，制正朔矣。追尊古公为太王，公季为王季。武王即位，太公望为师，周公旦为辅，召公、毕公之徒左右王，师修文王绪业。"从"武王即位"与"左右王"可以看出武王是正式即位称王的。当然《正义》认为文、武都是谥号，当时直称"王"，"谥法：'经纬天地曰文。'……谥法：'克定祸乱曰武。'"《殷本纪》也云："西伯既卒，周武王之东伐，至盟津，诸侯叛殷会周者八百。"②既然武王已经采取东伐，与殷商关系决裂，故姬发称王便无所忌讳了。故此篇文字一直以"周武王"陈述其事，不像在叙述文王史事时一直用"西伯"。"周武王遂斩纣头，……于是周武王为天子。其后世贬帝号，号为王。"这是说自武王开始周之继任者不称帝，而以"王"作为称号。武王在文王去世后即称王，还有以下几个方面的证据。

（一）从清华简《厚父》看周武王称王

清华简《厚父》全篇由 13 支简组成，除了第一支简有所缺损外，其余保存完好。简文主要内容是"王"同一位名叫"厚父"的人之间的对话。李学勤先生已指出"《厚父》中的'王'乃是周武王，该篇是《周书》，不是《商书》"③。杜勇先生亦从三个方面论证了清华简《厚父》"王若曰"之王是为周武王④。经过学者研究，一般认为这位"王"即是武王。如是，清华简

---

① 王国维：《观堂集林》，第 617 页。

② （汉）司马迁撰：《史记》，第 108 页。

③ 李学勤：《清华简〈厚父〉与〈孟子〉引书》，《深圳大学学报（人文社会科学版）》2015 年第 3 期。

④ 杜勇：《清华简〈厚父〉"王若曰"之"王"考实》，《邯郸学院学报》2017 年第 3 期。

《厚父》可证文王之后、周公摄政之前武王已经称王，是较为可信的。兹将清华简《厚父》简文释读如下，以探究竟。

> □□□□王监桀迹，闻前文人之“恭”“明德”。
>
> 王若曰：“厚父！我闻禹□□□□□□□□□□□□川，乃降之民，建夏邦。启惟后，帝亦弗恐启之经德少，命咎繇下，为之卿事，兹咸有神，能格于上，知天之威哉，闻民之若否，惟天，乃永保夏邑。再夏之哲王，乃严寅畏皇天上帝之命，朝夕肆祀，不盘于康，以庶民，惟政之恭，天则弗斁，永保夏邦。其在时，后王之飨国，肆祀三后，永叙在服。惟如台？”
>
> 厚父拜手稽首，曰：“都鲁，天子！古天降下民，设万邦，作之君，作之师，惟曰其勤上帝。乱下民之匿，王乃竭，失其命，弗用先哲王。孔甲之典刑，颠覆厥德，沉湎于非彝，天乃弗若，乃坠厥命，亡厥邦。惟时下民鸿帝之子，感天之臣民，乃沸，慎厥德，用叙在服。”
>
> 王曰：“钦之哉，厚父，惟时余经念！乃高祖克宪皇天，之政功；乃虔秉厥德，作辟，事三后；肆汝其若龟筮之言，亦勿可专改。兹小人之德，惟如台？”
>
> 厚父曰：“於呼，天子！天命不可湛，斯民心难测。民式克恭心、敬畏，畏不祥，保教明德，慎肆祀，惟所役之司民启之。桀其亡，刺，乃弗畏不祥，亡施于民，亦惟祸之攸及，惟司民之所取。今民莫不曰余保教明德，亦‘鲜’、‘克’以诲。”
>
> 曰：“民心惟本，厥作惟叶。引其能元良于友，人乃恒淑厥心。若山厥高，若水厥深，如玉之在石，如丹之在朱，乃实惟人。”
>
> 曰：“天监、司民。厥征如有之，服于人。民式克、敬德，毋湛于酒。桀曰惟酒用肆祀，亦惟酒用康乐。”
>
> 曰：“酒非食，惟神之飨。桀亦惟酒用败威仪，亦惟酒用很狂。”①

上列简文“王”与“厚父”之间的几段对话，表达了武王克商以后访问贤士探求治国之道的急切心理。文中出现了很多有关周人的天命、敬德、天子

---

① 李学勤主编：《清华大学藏战国竹简(伍)》，上海：中西书局，2015 年，第 110 页。

等思想观念和称谓。天子这一专称出现于西周早期,“周人称王为‘天子’,金文屡见,较早见于献簋、邢侯簋、麦方尊等康世之器。文献上的反映要早一些,如《尚书·立政》称成王为‘天子王’,《康王之诰》(今文《顾命》)称康王为‘天子’,可证天子之称始于周人。”①由此可知,武王克商以后,成为天下共主即“天子”遍访群贤,以求治国之道;而文王时期尚无“天子”之称,史书记载多称“西伯”或“王”。

(二)从玟、珷两字的使用看周文王、武王称王问题

周文王、武王在历史上的称王史事除了传世文献和出土文献的互证以外,还可以从与他们具有非常密切关系的“玟”“珷”两字的使用情况进行证明。

“玟”“珷”两字多见于青铜器铭文上,其中最早见于利簋。利簋又称“武王征商簋”,属于武王时器,首次出现武王合文“珷”,其铭文如下:

> 武王(珷)征商,唯甲子朝,岁鼎,克昏夙有商,辛未,王在阑师,赐有事利金,用作檀公宝尊彝。

“珷”在铭文中代之武王,而利簋为武王时期铜器,可知“珷”字使用说明武王伐商前也已称王。利簋铭文中仅见“珷”字合文,未见“玟”字。文王的合文字“玟”首见于成王时期铜器何尊,学者一般认为系成王时器。值得注意的是,在清华简《封许之命》中出现了“玟”“珷”的合文,均系专指文王、武王。可见《封许之命》该篇命书或为《尚书》佚篇,保留了关于文王和武王曾经在历史上称王的基本事实。何尊玟与珷两字均见于铭文,“玟”字两见,均与“王”连:“克逨玟(文)王”“肆玟(文)王受兹大命”。珷亦两见,“复禀珷王礼祼自天”“唯珷(武)王既克大邑商”。何尊铭文如下:

> 唯王初迁宅于成周,复禀珷王礼祼自天,在四月丙戌,王诰宗小子于京室,曰:昔才在尔考公氏,克逑玟王,肆玟王受兹大命,唯珷王既克大邑商,则廷告于天,曰:余其宅兹中国,自兹辪民,呜呼,尔有

① 杜勇:《清华简〈厚父〉“王若曰”之“王”考实》,《邯郸学院学报》2017年第3期。

唯小子亡戠，视于公氏，有勋于天，彻命，敬享哉，叀王龏德裕天，顺我不敏，王咸诰，何锡贝卅朋，用作□公宝尊彝，唯王五祀。

“珷”属于合文代表武王，因此其后无“王”字。而在何尊中，出现“珷王”“玟王”用例。因此，王辉认为：“何尊是成王时期，其时已为文王、武王造了专用字‘玟’、‘珷’，可见其时文王称王的说法已深入人心。”①此亦可从某一方面证明当时不仅文王已经称王，而且武王在文王死后亦称王之史实。像这种“玟”“珷”专用字还见之于不少青铜器，如德方鼎，属于成王时器，铭文5行24字，其铭文曰：“唯三月，王在成周，祉珷（武）王福自蒿，咸，王赐德二十朋。用作宝尊彝。”

此外还有大盂鼎，属于康王时器，铭文共19行291字，其中玟、珷两字并见，“在珷王嗣玟乍邦”“今我隹（唯）即井（型）禀于玟王正德，若玟王令（命）二三正”。中方鼎，属于武王时器，在宋安陆孝感县出土南宫中六器，其铭文是为“王曰：‘中，兹福人入史（使），赐于珷王作臣。’”②

对于乖伯归夆簋：“朕不（丕）显且（祖）玟、珷雁（膺）受大命。”（《集成》4331）王辉认为：“乖伯归夆簋称‘玟’‘珷’则出于一种复古心理。”③此说不确。“玟”“珷”出现在不同的青铜器铭文中，有合文、也有专用字，能反映周初之人对文王、武王称王的理解。因此，也可以说在不同的语言环境中，不同的历史时期，“玟”“珷”既有合文用法，也有专用固定用法。

值得注意的是，近年河南平顶山应国墓地八号墓出土应国鼎，首次出现“珷帝日丁”的称谓，铭文全文为：“应公作尊彝簟鼎，珷帝日丁子子孙孙永保。”④整理者认为，“珷帝日丁”中，“珷”为周初武王的专用字。“珷帝”指周文王，应国国君为文王后裔，故对文王崇拜，“日丁”为文王的日干名⑤。李

---

① 王辉：《清华楚简〈保训〉“惟王五十年”解》，《考古与文物》2009年第6期。

② 徐中舒：《徐中舒历史论文选辑》，北京：中华书局，1998年，第665页。

③ 王辉：《清华楚简〈保训〉“惟王五十年”解》，《考古与文物》2009年第6期。

④ 河南省文物考古研究所、平顶山文物管理局：《河南平顶山应国墓地八号墓地发掘简报》，《华夏考古》2017年第1期。

⑤ 河南省文物考古研究所、平顶山文物管理局：《河南平顶山应国墓地八号墓地发掘简报》，《华夏考古》2017年第1期。

凯认为,“珷帝”是武王,“日丁”是武王的日干名①。对于应国鼎中出现的“珷帝日丁”究竟谁指,学者间认识存在分歧。我们倾向认为这里的“珷”不是周武王的专用词,因为武王在历史上从无称“帝”记载;“珷帝”也不可能是周文王,因为青铜器铭文文王常写作“玟王”。据此,我们大胆指出“珷帝日丁”应该是商代某一王者之称呼。虽然应国国君是文王后裔,但这并不妨碍应国国君为一个对其有政治血缘的商代王者作器加以纪念。

四、武王之纪元问题

关于武王在世时是否有自己的纪年,学术界的意见并不一致。长期以来,武王的纪年与文王的纪年时常纠缠在一起。学界一说武王没有自己独立的纪年,一说武王沿用了文王的受命纪年。还有学者说武王先是沿用文王的纪年,后来又进行了改元。因而,这个说法又涉及了武王在世时是否改元的问题。

(一)武王即位未尝改元

文王受命七年而崩,“大统未集”并没有完成翦商的天命,因此,武王“子承父业”义无反顾地担负起文王伐纣灭商的艰巨任务。正如清华简《保训》文王给太子发的遗言:“命未有所延……不及尔身受大命。”文王嘱托武王当勤政敬业。《周本纪》亦记载武王“师修文王绪业”,忍辱负重,力图兴周图商。文王去世后,武王未即称王,自称“小子发”“太子发”,发奋图强。关于这一点,《周本纪》说:“武王自称太子发,言奉文王以伐,不敢自专。”这说明武王要继承文王遗志,以文王在各国诸侯中的巨大影响来完成图商大业,他并未改元,而实行自己独立的纪年。武王是在文王之德的旗帜下,号召诸侯各国共同联合起来完成翦商大业。孟津观兵,武王“为文王木主,载以车,中军”就是以其父文王的巨大政治影响来检验各诸侯国对周的拥护程度以及灭商的实力。武王要延续文王所受之命,因此

① 李凯:《应公鼎“珷帝日丁”试解》,《殷都学刊》2008 年第 3 期。

他不曾改元，继续采用文王受命之纪年。

武王没有改元，这从以下文献记载可窥端倪。文王受命七年而崩说来自《尚书大传》："文王受命，一年断虞芮之讼，二年伐邘，三年伐密须，四年伐犬戎，五年伐耆，六年伐崇，七年而崩。"而清华简《耆夜》记载："武王八年，征伐耆，大戡之。还，乃饮至于**文太室**。"先是文王五年伐耆，后又武王八年征伐耆，似乎伐耆两事不同，即人物和时间各不同。

简文记载武王八年伐耆，而传世文献记载文王受命五年伐耆。并且武王伐耆时，文王已经去世，因为武王征伐耆胜利后在文太室即文王庙举行的饮至典礼，可证文王已故。由于《尚书大传》记载文王受命七年而崩，紧接着清华简《耆夜》所说武王八年征伐耆国，两个事件正好时间上相互衔接，可见武王并未改元，沿用了文王的受命纪年。清华简《耆夜》记"武王八年"似乎认为武王有单独的纪年，不似沿用文王纪年。学术界一般认为太子发即位以后，仍沿用文王的纪年，并没有改元。我们赞同此说。

近来，也有学者认为："细审《逸周书》各篇记载，文王、武王各有纪年，武王并不沿用文王受命之年。"[①]《史记·周本纪》中所称之"九年""十一年"应该是文王受命纪年，王玉哲先生指出，郑玄以为此本于文王受命而数之(《毛诗正义·文王》引)。文王七年而崩，武王在文王八年即位，不自改元。文王九年，武王伐纣因而自称太子发。关于此点，古今文说均同，可能是正确的。所谓九年、十一年当即武王袭用文王九年、十一年也[②]。当然，也有部分学者不相信武王沿用文王纪年的说法，如宋代欧阳修(《欧阳修全集·居士集》卷十八《泰誓论》)[③]，近人赵光贤[④]、日本的泷川资言[⑤]等均疑之，但他们所举证据难以服人。

李学勤先生根据对《逸周书》诸篇的分析，认为有文王、武王的纪年，武王并不沿用文王受命之年[⑥]。他将《逸周书》中文王、武王各自独立纪

---

① 牛清波：《清华简〈耆夜〉研究述论》，《文艺评论》2017 年第 1 期。
② 王玉哲：《中华远古史》，上海：上海人民出版社，1999 年，第 493 页。
③ 欧阳修：《泰誓论》，《欧阳修全集》，北京：中华书局，2001 年。
④ 赵光贤：《从天象上推断武王伐纣之年》，《历史研究》1979 年第 10 期。
⑤ [日] 泷川资言：《史记会注考证·周本纪》，北京：文学古籍刊行社，1955 年。
⑥ 李学勤：《论清华简〈耆夜〉的〈蟋蟀〉诗》，《中国文化》2011 年第 1 期。

年的文献列举出来,以说明武王并未沿用文王的纪年。如,他找出关于文王纪年有:传世本《逸周书·程寤》:"惟王元祀既生魄",清华简《程寤》也有"惟王元祀正月既生魄",清华简《保训》"惟王五十年"等,这些传世文献与出土文献说明文王有自己的独立纪年。同样,关于武王的纪年,《逸周书》不乏记载:《逸周书·柔武》"惟王元祀一月既生魄"、《逸周书·大开武》"维王一祀二月"、《逸周书·小开武》"维王二祀一月既生魄"等,似乎都是武王独立的纪年。那么,历史事实究竟如何呢?

（二）关于武王纪年

清华简《耆夜》开篇即云"武王八年戡黎",但传世文献无明文记载。《史记·周本纪》对武王史事记录从元年直接跳跃到第九年,中间留下七年空白。虽然《逸周书》对武王史事记载较为详细,然而《酆谋解》叙述武王三年之事,衔接这一年的《和寤解》,记叙武王至于鲜原,则是武王十年之事,其中有关武王八年间事亦缺载。

首先从武王的在位年数说起。这里的在位年数是指文王去世后武王一共在位的年数,包括武王克殷后在位年数。关于武王在位年数,各种文献记载不一,因此学者根据文献得出了武王在位年数不同的观点。但即使学者依据相同的文献,由于认识、理解有异,其结论也存在不同之处。下面就将与武王在位年数记载相关的主要文献详列,分别从时代早晚、可信度以及合理性上进行辨析。

《尚书·金縢》:"既克殷二年,王有疾,弗豫。"

清华简《金縢》:"武王既克殷三年,王不豫有迟。"

清华简《系年》第三章:"周武王既克殷,乃设三监于殷。武王陟,商邑兴反,杀三监而立录子耿。"

《逸周书·作雒》:"武王克殷……既归,乃岁十二月崩镐。"

《逸周书·明堂》:"既克纣六(?)年而武王崩。"

《史记·鲁周公世家》:"武王克殷二年,天下未集,武王有疾,不豫。……其后,武王即崩。"

《史记·周本纪》:"武王已克殷,后二年……武王病……后而崩。”

《史记·周本纪》:“武王定位元年,岁在乙酉。六年庚寅崩。”

《汉书·律历志》引刘歆《世经》:“(文王)崩后四年而武王克殷,……后七岁而崩。……武王即位十一年也。”

《管子·小问》载齐桓公曰:“武王伐殷克之,七年而崩。”

今本《竹书纪年》:“武王……十七年……冬十有二月,王陟。”

清华简《耆夜》:“武王八年,征伐耆,大戡之。”

《尚书·泰誓序》:“惟十有一年,武王伐殷,一月戊午,师渡孟津,作《泰誓》三篇。”

除了以上文献记载,《史记·周本纪》记载武王史事最为详细、系统,其文曰:“九年,武王上祭于毕,东观兵,至于孟津。……是时,诸侯不期而会孟津者八百诸侯。诸侯皆曰:‘纣可伐矣。’武王曰:‘女未知天命,未可也。’乃还师归。……居二年……遂率戎车三百乘,虎贲三千人,甲士四万五千人以东伐纣。十一年十二月戊午,师毕渡孟津。……二月甲子昧爽,武王朝至于商郊牧野。”①

从《周本纪》这段话可以排出武王主要历史活动。学术界一般认为这里的“九年”等系文王纪年,武王没有自己的纪年。或者更确切地讲,武王沿用了文王的纪年。所以文王的纪年对武王在位年数的研究十分关键。现在假设这种看法是正确的,那么武王的历史活动时间如下:

武王九年,观兵孟津,还师;武王十年(居二年包括十年和十一年);武王十一年十二月戊午,师渡孟津;(武王十二年)二月甲子,至于商郊牧野。

这里需要说明的有两点:第一,《周本纪》中说“居两年”可以理解为“九年”和“十年”两年,也可以理解为“十年”和“十一年”。本文倾向理解为后者。因为两种理解都包括“十年”在内,并且是完整的“十年”;“居二年”显然包括“十年”,而《周本纪》后文说“十一年十二月戊午”,合起来正好二年。因此,本文暂采此说。第二,《周本纪》文中记述了“十一年十二月戊午,师毕渡孟津”,是武王二次渡孟津,这与《尚书·泰誓序》云“惟十

---

① (汉)司马迁撰:《史记》,第120页。

有一年,武王伐殷,一月戊午,师渡孟津,作《泰誓》三篇"亦在年代上大致相合(《新唐书·历志》引《竹书纪年》:"武王十一年庚寅,周始伐商。"可参证)。下文"二月甲子昧爽"中的"二月"是指哪一年,司马迁没有写明。王国维指出:"唯《史记》系之十二月,殊不可解。疑'十二'两字乃'一'字之误。若史公意果为十一年十二月,则下'二月甲子'上当书'十二年'或'明年',以清眉目。又'二月'又当改作'一月',以十二月有戊午,则甲子不得在二月故也。'十二'两字明出后世传写之误。"①

结合上下文分析,我们认为司马迁在这里用了省笔,因为上文已有"十一年十二月戊午",下文便是"十二年"的"二月甲子昧爽"了,这样理解是合理的。"二月甲子"在武王"十二年",其他文献可以作辅证,如《吕氏春秋·首时》云:"(武王)立十二年,而成甲子之事。"《齐世家》也载:"武王,十一年正月甲子,誓于牧野,伐商纣。"《周本纪》与《齐世家》两者所记日辰都是甲子,但前者认为是十二年二月,后者认为是十一年正月。根据推算,牧野之战是文王十一年十二月进军,会战发生在十二年正月甲子朏,按商周的历法说,就是新年之首日,后世名为元旦。"武王的进军,是利用节日,出敌不意,远道奔袭,冒险成功的一些战例"②。《周本纪》载"十一年十二月戊午,师毕渡孟津"是正确的,"二月甲子"应作"十二年正月甲子"。《集解》引徐广曰:"一作'正'。"《齐世家》的"正月甲子"记载正确,"十一年"当是"十二年"传抄的讹误。

此外,从这段文字中,我们可以发现武王"十年"这一年历史事迹缺载。再结合清华简《耆夜》"武王八年,征伐耆,大戡之"记载,将武王八年的史事也排列出来。也就是"武王八年,戡耆"发生在武王九年孟津观兵前一年。

但是,回过头来,仔细审视清华简《耆夜》载"武王八年戡黎"后在文王太庙举行凯旋庆祝典礼,说明此时文王已经去世。如果我们将文王受命九年作为武王沿用纪年,显然两者记载相互矛盾。这样看来,两种文献记载武王纪年其中有一个不适当或错误,鉴于清华简系出土文献,大概为春

① 王国维:《观堂集林》,第620页。
② 何幼琦:《周武王伐纣的年代问题》,《中山大学学报》1981年第1期。

秋战国时人之作品，可靠性要较刘歆的《三统说》依据《礼记·文王世子》更高。不妨遵从清华简《耆夜》记载之史事。这样，就需要我们重新调整武王纪年的基点，王国维先生曾经采用文王受命七年作为武王即位元年，这也是《尚书大传》主张和司马迁首先记载的一种说法。文王受命七年而崩，文王受命八年就是武王即位元年。王国维先生也将文王去世次年作为武王即位元年①。结合清华简《耆夜》记载的"武王八年戡黎"即是文王去世次年的发生的事情，这样两个年代就相互容纳了。

武王在位年数的敲定必须搞清楚文王受命年数。关于文王受命年数问题，我们前文已有所讨论。文王受命有主要"七年""九年""十年"三种说法。七年说主要来自《尚书大传》"文王受命……七年而崩"；十年说据今本《竹书纪年》，十年说与七年说，《史记》并存。

九年说主要来自《尚书·武成》，来源较早，似较为可信。虽然《尚书·武成》篇今已亡佚，但据《毛诗传疏》卷 23 引用《尚书·武成》："我文考文王，诞膺天命，以抚方夏，惟九年，大统未集。"孔安国注曰："言诸侯归之，九年而卒。"想当年时，孔安国应该看到古文《武成》篇，故他认为文王受命九年而崩。除了《武成》说文王受命九年外，其他文献如《逸周书·文传》也说："文王受命之九年，时维暮春，在镐，(召)太子发。"李学勤先生指出，《逸周书》现存的《文儆》《文传》两篇，已经是文王末年的口气。《文传》篇首云"文王受命之九年"，《帝王世纪》即以为文王的卒年，所谓"文传"就是遗命的意思，所以不会又容纳一篇《保训》了②。近年发现的清华简《保训》即是一篇周文王告诫太子发的临终遗言。正好可以与《文传》合观。《保训》载"惟王五十年"，《文传》说"文王受命九年"，当是同一年发生之事。传世文献《尚书·无逸》说"文王受命惟中身"。可知文王在四十二年始受命。所以《诗经·文王·序》引皇甫谧《帝王世纪》云："文王即位四十二年，岁在鹑火，文王于是更为受命元年。"文王受命九年说在历史上影响亦最大，历代学者刘歆、贾逵、马融、王肃、韦昭、沈约等皆力主该说。

若以文王受命九年说为标准作为武王即位始年，借此推算武王在位

---

① 王国维：《观堂集林》，第 619 页。

② 李学勤：《清华简九篇综述》，《文物》2010 年第 5 期。

年数：武王正是在文王受命九年孟津观兵，经过两年（十年、十一年）养精蓄锐、休养生息，于文王受命十二年二月甲子灭商。灭商后，多数文献记载"既克殷二年而崩"，如《尚书·金縢》载"既克殷二年，王有疾，弗豫"，简本《金縢》说在"既克殷三年"武王崩，两者相差一年，这大概是就实年和虚年角度言之，两者关于"周公东征"时间"二年"与"三年"之异，大概均源于此。若是，武王克殷后在位两年而崩，那么武王在位年数就是克殷前四年加上克殷后在位二年，即为六年，考虑到武王崩年，《逸周书·作雒》载"武王克殷……既归，乃岁十二月崩镐"，即既克殷二年的十二月，在位满两年，故武王在位总年数考虑到简本对武王克殷在位年数记载的可能性，可推算出武王在位年数是六年或七年。武王在位年数为六年或七年说者，可以从其他文献所载得到印证。《管子·小问》载齐桓公说："武王伐殷克之，七年而崩。"[①]这当然是说武王自文王受命后的即位年数。又，《逸周书·明堂》云"既克纣六年而武王崩"，按黄怀信先生认为"既克纣六年"之"六"字是涉下文"弭乱六年而天下大治"之"六"而误[②]，可商。这里"既克商六年"不妨理解为从武王于文王九年孟津观兵克商算起，正好是武王即位六年。

第二节　武王戡黎

《尚书·西伯戡黎》是商代贵族大臣祖伊对商纣王提出警告的一篇对话记录，其中载有"西伯既戡黎"史事，但未指明西伯系谁，后来的注家均以为是周文王。《史记·殷本纪》全文录载了该篇。可见史迁对该篇之重视。

在这一节里，我们主要结合清华简《耆夜》记载的内容对文王尤其武王的戡黎史事进行考察和辨析。因此我们首先梳理学术界对清华简《耆夜》文献的史料价值的看法，再就这一问题展开讨论。

---

① 黎翔凤：《管子校注》，北京：中华书局，2004 年，第 964 页。

② 黄怀信：《武王在位年数考——兼说文王受命及武王是否改元》，《人文杂志》1998 年第 3 期。

一、清华简《耆夜》时代、作者及学术价值

众所周知,清华简《耆夜》是清华简整理小组公布较早的一篇文献。近年,学术界对其探讨主要集中于武王戡黎及其与周公的诗作著述问题。尤其,清华简甫一面世,学术界大多数学者是惊喜和认可的,对其中的经史类文献的内容进行了充分和高度的评价,鉴定专家认为清华简是一项重大的发现,富有重大的学术价值和文献价值,必将改写中国学术史。然而,也有少数学者对清华简提出了质疑,甚至认为是伪作的看法。如清华简《保训》最早公布,在其学术价值受到肯定的同时,也受到了少数人的质疑①。清华简《耆夜》的命运也仿佛如此。既有不少学者肯定其重要的学术价值,指出它解决了历史上关于文王还是武王戡黎长期争论的一个历史公案,也有少数学者指其为伪作。如姜广辉等撰文《清华简〈耆夜〉为伪作考》②、房德邻先生的《清华简〈周武王有疾周公所自以代王之志(金縢)〉是伪作》③。

对清华简《耆夜》质疑的同时,也得到了一些坚持清华简不伪学者的积极回应,如周宝宏等学者④。值得注意的是,清华简整理小组一直未对此辩论做出积极的回应。还有一些学者则采取格外审慎的态度去看待清华简《耆夜》记载内容的学术价值及其文献价值,更倾向于传世文献的记载和说法。杜勇先生在其大作中明确指出:"不能因为清华简是出土文

---

① 请参见姜广辉:《〈保训〉十疑》,《光明日报》2009年5月4日;《"清华简"鉴定可能要经历一个长期过程——再谈对〈保训〉的篇质疑》,《光明日报》2009年6月8日。丁进:《清华简〈保训〉献疑》,《中国哲学史》2010年第3期。如丁进先生说:"《保训》存在诸多疑点……《保训》只有二百三十余字,却在用词、语法制度、逻辑关系、书法等方面留下了多处漏洞,暴露了作伪者深层次上的知识和能力储备的缺陷。"同时,在少数学者质疑发声时,有学者如王连龙撰写的《对〈保训"十疑"一文的几点释疑〉》(《光明日报》2009年5月25日)、《清华简〈保训〉篇真伪讨论中文献辨伪方法论问题——以姜广辉先生〈保训〉疑伪新证五则为例》(《古代文明》2011年第2期)进行了回应,但清华简整理小组并未积极回应。

② 姜广辉等:《清华简〈耆夜〉为伪作考》,《故宫博物院院刊》2013年第4期。

③ 房德邻:《清华简〈周武王有疾周公所自以代王之志(金縢)〉是伪作》,《故宫博物院院刊》2013年第6期。

④ 周宝宏:《清华简〈耆夜〉没有确证证明为伪作——与姜广辉先生商榷》,《中原文化研究》2014年第2期。

献,就认为它所记录的一切都可信为真。其实出土文献与传世文献一样,其真实程度和史料价值如何也是需要认真加以鉴别的。”①同样,据笔者看来,在发现有价值的出土新材料时,我们也要反对固守成说的倾向,视传世文献为不可挑战的证据。

清华简《耆夜》不是伪作,相信大多数学者是认可的。有部分学者已经从古书辨伪角度对清华简诸篇作者及其制作年代进行了许多扎实的工作,并取得了十分有意义的研究成果②。

目前,没有明确证据证明清华简系伪作。但有学者认为:“清华简《耆夜》所载武王伐黎的真实性是经不起推敲的,实为单文孤证而已。概言之,以西伯文王戡黎的传统说法仍不可动摇,《尚书·西伯戡黎》《尚书大传》《史记》以及上博简《容成氏》等各种文献的相关记载亦难以遽然否定。”③不仅清华简记载武王戡黎,实际上传世文献也有记载武王称作西伯伐黎的史事,这些都需要我们全面、系统辨析。

关于清华简《耆夜》的成篇时代及作者,学术界有不同的看法④。杜勇先生从《耆夜》纪年方式角度认为其必是孔子身后即战国时代撰作的文献。又说“是楚地士人虚拟成篇的文献”⑤。更有个别学者认为清华简《耆夜》系“现代人的拟古之作”⑥,这种说法似不为学者所接受,可暂置不论。综合以上学者看法,可以看出很少学者将清华简《耆夜》视作商末周初文献,这是很重要的一种共识。因为清华简《耆夜》成书年代的早晚,直接关系到其史料价值的高低。杜勇先生认为清华简《耆夜》“武王八年”纪年方式特别,属于王号纪年体例,与《国语》、古本《竹书纪年》相类,均成书

---

① 杜勇:《清华简与古史探赜》,北京:科学出版社,2018年。

② 参见杜勇:《清华简与古史探赜》,北京:科学出版社,2018年,以及李伯谦对该书的书评:《重启对古书的反思》(《中国社会科学报》2018年4月26日)。

③ 杜勇:《从清华简〈耆夜〉看古书的形成》,《中原文化研究》2013年第3期。

④ 刘光胜主张在西周中晚期至春秋前段,刘成群、曹建国主张在战国时期。请参见刘光胜:《清华简〈耆夜〉考论》,《中州学刊》2011年第1期;刘成群:《清华简〈鄱夜〉与尊隆文、武、周公》,《东岳论丛》2010年第6期;曹建国:《试论清华简中〈蟋蟀〉》,《江汉考古》2011年第2期。

⑤ 杜勇:《从清华简〈耆夜〉看古书的形成》,《中原文化研究》2013年第6期。

⑥ 姜广辉等:《清华简〈耆夜〉为伪作考》,《故宫博物院院刊》2013年第4期。

于战国时期，属于追述前代历史的晚出之作。《耆夜》的体例有所不同，“其目的不是追述历史，而是有意再现一种历史的即时场景”①。换句话说，杜勇先生认为《耆夜》更具有古代的文学小说性质，其中虚构夸张之处自然不少。因此，下文他得出“武王不曾戡黎，周公未作《蟋蟀》，《耆夜》记事的真实性有问题”②等系列论断，就不足为奇了。平实而论，我们以为杜勇先生的论断可商。

质而言之，有些学者对清华简《耆夜》的史料价值评价不高，但对其表达的思想史意义则较为肯定，如张国安先生认为：“清华简《耆夜》故事虽非周初史家实录而属后代追述，且成书较晚，但其歌诗及叙事原型始出当在西周。其原型始出便以乐政、乐教之乐语形态存在并传播，直至春秋战国之际在晋楚演为诗篇。《耆夜》述作之义在于，突出周公、毕公在早期饮至礼上的形象，以阐扬周公当初制礼作乐之精神，强化乐政德教。”③张国安先生认为《耆夜》属于后代对西周历史的追述，但他否认《耆夜》并非实录，我们以为此种观点较为公允，但对其侧重思想史意义的解释周公歌诗，具有不同的看法。杜勇先生对清华简《耆夜》中记载史事有三大反对或否定，一是否定武王戡黎一事，二是认为《耆夜》编纂者虚拟了一个历史舞台“饮至典礼”，三是认为周公作《蟋蟀》诗为杜撰，其他四首诗为拟作。这样就全面否定了清华简《耆夜》的史料价值。

下面对杜先生质疑清华简《耆夜》记载武王戡黎的真实性的主要理由进行分析，需要说明的是，本文对其第一点理由暂无异议，不进行讨论。

（一）毕公作为伐黎主将，于情理不合？

笔者认为，古代战事固然多见王率军亲征之事例，但也不乏王由于各种原因未亲征之事例，如周公东征，成王因幼并未亲征。虽然成王并未亲征，但在诸多青铜器铭文上依然记载王参加征伐的事实，如《禽簋》等。在

① 杜勇：《从清华简〈耆夜〉看古书的形成》，《中原文化研究》2013 年第 6 期。
② 杜勇：《从清华简〈耆夜〉看古书的形成》，《中原文化研究》2013 年第 6 期。
③ 张国安：《清华简〈耆夜〉成篇问题再论》，《江苏师范大学学报（哲学社会科学版）》2014 年第 5 期。

《耆夜》中，毕公也许是戡黎的主将，武王可能随军出征，也可能未参加出征，但史书上明确记载的是“武王戡黎”而不是“毕公戡黎”，可见这次战事的重要性。换言之，武王即使未参加该次战事，我们也不可忽视他在这次战役谋划以及指挥上的重要性。

（二）武王八年，适文王新丧，不可能出师伐黎？

笔者以为，引用《史记·伯夷列传》、屈原《天问》等文献也可说明武王戡黎史事的存在。文王去世第二年，武王即出师戡黎的原因，主要是对战争时机的把握。这一点可以从武王孟津观兵反映出来。多种文献记载表明武王是一位善于把握战争时机的具有雄才谋略的王者，当然武王的战争步伐和其为父亲文王复仇的心理具有一定的联系。另外，文王去世，是否实行三年之丧，我们不得而知。即使已经实行丧礼，武王在文王丧期根据战事的需要也是可以出师戡黎的，这已经为部分文献所证明。此以武王出师戡黎之急不宜否定该史事的存在。

（三）武王伐黎不合周人东进伐商的战略部署？

笔者同意杜勇先生认为文王伐商战略的第一步是巩固周之后方根据地，但其“五伐”之“伐黎”“伐邘”“伐崇”，尤其文王“伐黎”之说似有可商之处。伐黎确实对周人东进伐商战略意义重要，文王伐黎固然属于史实，不能因此否定武王戡黎史实的存在，这在清华简《耆夜》中有明确记载。有学者提出文王、武王“各戡黎说”或“二次戡黎说”①，也有学者认为“黎国”是个时叛时服的小国，所以多次戡黎是可能的②。笔者再举例证，周初成王时期周公东征，征伐东夷就是多次，青铜器铭文上既有成王东征，也有周公东征淮夷的记载。何况杜先生还提出周公“二次东征说”，启人心智。如此说来，历史上“戡黎”史事或许也与此相类。除此，文王伐“邘”“崇”两

---

① 可参见王鹏程：《“清华简”武王所戡之“黎”应为“黎阳”》，《史林》2009 年第 4 期；刘成群：《清华简〈乐诗〉与“西伯戡黎”再探讨》，《史林》2009 年第 4 期。

② 朱彦民：《“清华简”“武王戡黎”考辨》，《“周武王与牧野大战”研讨会综述》，《中国史研究动态》2011 年第 6 期。

地地理位置所在地在学者间也有争议。有的学者认为两地在河南境内，也有学者认为崇当在陕西丰镐附近①。

西伯戡黎自宋代以来一直是历史上一大公案。针对西伯与戡黎，主要有“文王戡黎”说、“武王戡黎”说、“各戡黎、耆”说（文、武二次戡黎说）、“两个黎（耆）国”说等观点。目前学术界争论的主要焦点在于戡黎的是文王还是武王，耆国是否就是黎国。在宋代之前，学者们对文王戡黎向无异词；自宋代疑古学风兴起，胡宏等学者对文王戡黎开始发起质疑，历时一千年，西伯戡黎究竟是文王还是武王终于在出土文献上发现也有武王之证据。正如李学勤先生所言：

“《西伯戡黎》的‘西伯’，汉人《尚书大传》《史记·周本纪》等都认为是周文王。不过这个诸侯国距离商都太近，文王到那里用兵与历史情势不合，所以自宋代以来许多学者怀疑是也称‘西伯’的武王，但他们都举不出证据。今见简文明说是‘武王八年’，就证实了这一质疑。”②

李先生的类似说法又见于《光明日报》上刊载的《清华简〈耆夜〉》，其说影响较大，也因此激起了学术界关于西伯戡黎这一历史公案的热烈讨论③。那么，在清华简与传世文献证据面前，我们究竟该如何看待“西伯”戡黎这一历史难题呢？故有必要对历史上的西伯戡黎武王说、文王说进行全面的历史考察。

二、今本《竹书纪年》与武王戡黎说辨正

今本《竹书纪年》中也有对武王戡黎史事的记载：

---

① 杨东晨：《周文王征伐的“五国”史探微》，《铁道师院学报（社会科学版）》1994年第1期。

② 清华大学出土文献研究与保护中心编，李学勤主编：《清华大学藏战国竹简（壹）》，第149页；又见李学勤：《清华简〈耆夜〉》，《光明日报》2009年8月3日12版。

③ 集中讨论西伯戡黎问题的主要有：王鹏程：《“清华简”武王所戡之“黎”应为“黎阳”》，《史林》2009年第4期；刘成群：《清华简〈乐诗〉与“西伯戡黎”再探讨》，《史林》2009年第4期；沈建华：《清华楚简“武王八年伐耆”刍议》，《考古与文物》2010年第2期；陈民镇、江林昌：《“西伯戡黎”新证——从清华简〈耆夜〉看周人伐黎的史事》，《东岳论丛》2011年第10期。

(纣王)四十一年春三月,西伯昌薨。

(纣王)四十二年,(周武王元年)西伯发受丹书于吕尚。

(纣王)四十四年,西伯发伐黎①。

从上引文来看,今本《竹书纪年》除了记载西伯发即武王戡黎外,还有一处文字记载道:"(纣王)三十四年,周师取耆及邘,遂伐崇,崇人降。"②这里"周师取耆"的无疑是周文王。这样一来,今本《竹书纪年》就记载了文王戡黎与武王戡黎两次戡黎了。文王戡黎在前,武王戡黎在后,如果这个记载可信,那么在周初历史上存在两次戡黎。文王戡黎与武王戡黎的长期争论似乎至此也该画上句号了。其实,问题并非如此简单!问题的关键是今本《竹书纪年》的真实性一直未被学术界所接受,何况多数学者还将其定为伪作!我们怎么能够遽下判断来结束历史上文王与武王戡黎的争论呢?

清代学者徐文靖、雷学淇先后提出,文王伐耆和武王伐黎实属两事,耆、黎并非同地之说。雷学淇在"帝辛三十四年,周师取耆及邘"条下说:"《左传·僖公二十九年》(按当《定公四年》)祝鮀曰'分康叔以殷民七族'有'饥氏'是也。《周本纪》谓'西伯败耆国',《正义》曰:'即黎国也。'然《尚书》西伯戡黎乃武王徙封西伯后三年事也,安在文王所伐之耆即黎乎?"③徐氏明确提出了"饥"和"耆"不是"黎"的观点。

雷学淇据前人《通鉴前编》亦指出:"耆,姜姓,国名。炎帝之先,自伊徙耆,故曰伊耆氏,即帝尧母家。耆即文王所伐,皆炎帝支庶之封,使守祧宗邑者也。国之所在未详。《尚书大传》引'西伯戡黎'作'西伯戡耆',《史记》从之,又改作'伐饥'。徐广《音义》曰'饥,一作阮,又作耆。合黎、耆为一,非是。伐耆乃文王事,伐黎乃武王事,《通鉴前编》尝辨之'。"④由此,雷氏也提出伐耆属于文王,伐黎属于武王,耆、黎两地实际不同。

① 王国维:《今本竹书纪年疏证》,载方诗铭、王修龄:《古本竹书纪年辑证》,上海:上海古籍出版社,2005年,第239页。

② 王国维:《今本竹书纪年疏证》,载方诗铭、王修龄:《古本竹书纪年辑证》,第238页。

③ (清)徐文靖:《竹书纪年统笺》,《二十二子》,上海:上海古籍出版社,1986年。

④ (清)雷学淇:《竹书纪年义证》,台北:艺文印书馆,1977年。

在清人研究基础上，陈梦家先生从甲骨卜辞地名角度证实清代学者“黎与耆为二地”的观点。他以为“黎”是卜辞中的“勿”“㫚”“邭”，“耆”为卜辞中的“旨”，“《尚书》的‘西伯戡黎’与《尚书大传》的‘文王伐耆’应分别为二事。《周本纪》说文王‘明年败耆国’，《尚书·西伯戡黎》正义引伏生《书传》说文王受命五年伐耆。《殷本纪》‘西伯伐饥国’是戡黎之事，而《集解》引‘徐广曰：饥亦作阢，又作耆’。作阢即邵之讹，与耆无涉”[1]。简言之，陈梦家亦认为，伐耆乃文王事，戡黎乃武王事。

而疑古学者顾颉刚、刘起釪认为，徐文靖、雷学淇根据明代的伪书《今本竹书纪年》立论，是不可靠的。陈梦家承其说，亦不足据[2]。疑古学者对今本《竹书纪年》的伪书认定，使得西伯戡黎问题看到的解决希望破灭而又重回争论原点。

我们知道，古本《竹书纪年》的真实性和史料价值一向受到学者的重视。而今本《竹书纪年》史料价值则争议甚大，个别学者如杨朝明、夏含夷等以之证明历史问题，比较认同其在某些历史问题上的史学价值。其实，今本《竹书纪年》自清代以来一直遭到质疑，王国维先生确定其为伪书。

现代也有学者欲证其不伪，如夏含夷认为今本《竹书纪年》可能属于荀勖、和峤初次整理本或束皙重订本中的一个，并认为：“今后攻商周史的学者不可不留意《今本竹书纪年》中的有关资料。”[3]杨朝明先生曾经有多篇以今本《竹书纪年》为研究内容的文章，也试图为该文献伪作平反，他说今本《竹书纪年》“材料即使不是直接采自汲冢原简，也会取自散佚之前的古本《纪年》”，充分肯定了今本《纪年》的文献价值，但学术界响应者似乎不多，大家在使用文献时，对今本依然心存顾忌，格外慎重。

正如学者认为“据今本《竹书纪年》，周文王可能也征伐过一个黎（耆）

---

① 陈梦家：《殷虚卜辞综述》，北京：中华书局，1988年，第296页。

② 顾颉刚、刘起釪：《尚书校释译论》，北京：中华书局，2005年，第1060页。

③ 夏含夷：《也谈武王的卒年——兼论〈今本竹书纪年〉的真伪》，《文史》第29辑，北京：中华书局，1988年，第16页。

国，但今本《竹书纪年》的可信度一直备受质疑，需审慎看待"，"清华简《耆夜》的出现，在一定程度上佐证了今本《竹书纪年》的记载。今本《竹书纪年》关于西伯发伐黎的记载与《尚书·西伯戡黎》相合，亦可与清华简《耆夜》相比照。而周文王也征伐过一个耆国，目前来说并不能得到验证。既然今本《竹书纪年》流行于明代，那么它的记载是否当时学者的反映呢？当然存在这个可能。总之，断言今本《竹书纪年》不伪，恐怕为时尚早；而它有一部分内容属辑佚性质，还是可以相信的。"①此说较为公允，该说指出今本《竹书纪年》中也有一些可以相信的记载，未通盘否定今本《竹书纪年》的史料价值。

果如某些学者所说，今本《竹书纪年》不是伪书或不至于太伪，那么今本《竹书纪年》所记载的文王戡黎和武王戡黎这两次戡黎也许都是存在的，"就可以解决宋代以来关于到底是文王还是武王戡黎这样一个争吵不休的矛盾"②。就目前来看，武王戡黎已得到清华简的证明，文王戡黎说古来有之，现在也得到上博简的证明。因此，在这个基础上，一些学者提出的文王、武王戡黎说便是较为正确的说法。

从今本《竹书纪年》来看，周武王戡黎发生的年代在纣王四十四年，即周武王三年，这个时间太早，与清华简《耆夜》记载武王八年戡黎不能相容，可见今本《竹书纪年》在武王戡黎时间上是有问题的。正如我们前面推算的武王在位史事，如以文王受命九年而崩，武王即在此年继承王位，没有改元，还是沿用文王纪年，武王九年（即文王九年）孟津观兵，居两年，十二年伐纣灭商。如果与武王八年伐黎史事相连，就会发生矛盾，因为武王八年伐黎，此时文王尚在世，武王取得战役胜利，不当说在文王太庙举行饮至典礼。如果采取《尚书大传》的说法"文王七年而崩"，这使武王八年伐黎史事刚好与之相合。历史的事实可能是文王七年离世后，武王次年即在武王八年（即沿用文王纪年）用兵黎国，取得胜利，并在文太室举行饮至典礼，前后史事甚为相合。

---

① 陈民镇、江林昌：《"西伯戡黎"新证——从清华简〈耆夜〉看周人伐黎的史事》，《东岳论丛》2011年第10期。

② 刘成群：《清华简〈乐诗〉与"西伯戡黎"再探讨》，《史林》2009年第4期。

三、武王称号“西伯”考

“西伯戡黎”之“西伯”通常被认为是指周文王。在周人历史上，如果不止文王，还有其他周之先公先王被称作过西伯，就可以说明西伯称号并非文王所专有，而属于周人首领的泛称，这无疑也对武王戡黎说提供了证据。在周人历史上有过西伯之称的第一个人应该是“公(王)季”了。

对“王季为西伯”的记载见于郑玄《诗谱・周南召南谱》，其文云：“周之先公……修德建王业，商王帝乙之初，命其子王季为西伯，至纣又命文王典治南国江、汉、汝旁之诸侯。”①郑玄认为王季曾有西伯称号。

然而，历史上多认为西伯指周文王，是商王赐封的爵号。《史记》中西伯专指文王，有时称作西伯昌。西伯是文王专称，还得到周原甲骨文的证明。在周原甲骨文中有“周方伯”之称。古本《竹书纪年》中王季曾被商王封为殷牧师，因此文王西伯称号可以说由来有自。但于“西伯既戡黎”，郑康成注曰：“西伯，周文王也。时国于岐，封为雍州伯也，南兼梁、荆。国在西，故曰西伯。”②后郑玄又曰“殷之州长曰伯”③，郑玄以为西伯就是周文王，西伯名号来源于其国位于殷国之西部，与《史记・周本纪》说法似不同。疏曰：西伯，《周本纪》云：“公季卒，子昌立，是为西伯。西伯曰文王。”是也。得戡黎者，纣赦西伯，赐之弓矢斧钺，使西伯得专征伐也。黎，《说文》作“𨞾”，云：“殷诸侯国在上党东北者。”戡，《说文》作“𢦟”，云：“杀也。”盖黎侯无道，杀之而不取其国，故云𢦟，不云灭也④。可见，郑注认为“戡”仅是杀黎侯，“败耆国”而不是灭黎国。《吕氏春秋・顺民》载：“文王处岐事纣，冤侮雅逊，朝夕必时，上贡必适，祭祀必敬。纣喜，命文王称西伯，赐之千里之地。”⑤这是说文王对纣王毕恭毕敬，获得了纣赐“西伯”名号，虽然赐文王“千里之地”不必如实。但文王作为商的附属国，得到了周原甲骨文 H11.1、H11.82、H11.84、H11.112 等片卜辞中周王祭祀殷先王

① (清) 阮元校刻：《十三经注疏・毛诗正义》，第 246 页。
② (清) 孙星衍撰：《尚书今古文注疏》，北京：中华书局，1986 年，第 248 页。
③ (清) 孙星衍撰：《尚书今古文注疏》，第 249 页。
④ (清) 孙星衍撰：《尚书今古文注疏》，第 284 页。
⑤ 陈奇猷：《吕氏春秋新校释》，第 485 页。

的情况的证明。陈全方曾就H11.3片卜辞研究指出"是揭示武王灭商之前的周为商的附属国的实物资料"①。这个说法正证明了文王"处岐事纣"的事实,否则纣王不可能封以"西伯"称号。

顾颉刚、刘起釪先生认为西伯之名号来源是"周为西方强国,故为'西伯'"。其云:"'伯',《释文》云:亦作'柏'。惠栋《九经古义》谓郭璞《穆天子传》注云:古'伯'字多从'木'。"今观《汉书·古今人表》,"伯"大多作"柏",可证明其说合乎事实。"伯",音义同"霸"。古时称诸侯中强大者为"伯",即"霸"。周为西方强国,故为"西伯"②。此可作为西伯来源的又一种说法。

也有些汉代文献称武王为西伯的。如《吕氏春秋·贵因》云:"武王至鲔水。殷使胶鬲候周师,戊午见之,胶鬲曰:'西伯将何之?无欺我也。'武王曰:'不子欺,将之殷也。'"③《论衡·恢国篇》:"武王为殷西伯,臣事于纣,以臣伐纣,夷、齐耻之……武王为西伯,袭文王之位。"④

在今本《竹书纪年》中有两处称武王西伯的记载"西伯发受丹书于吕尚""西伯发伐黎"。不过,由于今本《纪年》史料价值不为学者所重视,甚至被视为伪作。这两处"西伯发"称呼武王的记载似乎没有多大说服力。

自《尚书·西伯戡黎》以来,汉唐注家一直认为西伯即文王。司马迁以西伯指称文王在《周本纪》中出现十多处,却无一处指称武王的。《殷本纪》也是多处连称西伯昌、西伯,未曾见以西伯指称武王。《齐世家》以"周西伯""周西伯昌""西伯"称文王。《周本纪》表述文王崩时说:"明年(七年),西伯崩。太子发立,是为武王。"这里,也没说武王继承王位为西伯。

武王被称为西伯的说法,较早见于《吕氏春秋》《论衡》《说苑》。而到了宋代,以西伯代指武王之说变得多了起来。如宋人胡宏《皇王大纪》中明确提出西伯即周武王。如胡宏《皇王大纪》记载:"二十四祀,周西伯发元年;二十七祀,周西伯纳吕望之女邑姜……三十二祀,黎侯近于王畿不

---

① 陈全方:《陕西岐山凤雏村西周甲骨文概论》,载《古文字研究论文集》,《四川大学学报丛刊》1982年第10期。

② 顾颉刚、刘起釪:《尚书校释译论》,第1047—1048页。

③ 陈奇猷:《吕氏春秋新校释》,第943页。

④ 黄晖撰:《论衡校释》,北京:中华书局,1990年,第825—826页。

供王命，纣方日夜极意声色，不知治也。西伯发戡黎，殷人大震，祖伊告而不纳，作《西伯戡黎》。"①文中"西伯发"多见，凡称西伯均指武王。从胡宏开始以为西伯为武王，且行戡黎之事。此后，便不断有学者将西伯释为武王。

宋薛季宣《书古文训》以"《说苑》胶鬲谓武王为'西伯'，武王亦尝为西伯也"，明确武王也为西伯②。陈经在解释《西伯戡黎》时云："此篇乃商家之亡、周家之兴，皆自此而始。西伯即武王，非文王也。文王三分天下有其二，以服事商。有君民之大德，有事君之小心，必无戡黎之事。至武王时，人心去商久矣。《孟子》曰：'取之而燕民悦则取之。'武王是也。"③可见，在这些宋儒的思想里，西伯即是武王，戡黎绝非文王之事。

宋儒将《尚书·西伯戡黎》中西伯视为武王，固然有其理学思想作祟，但其中也不乏启迪之见。再如项安世在《西伯戡黎序》中说：

> 先儒谓西伯戡黎，故殷始咎周，此非《书》意也。按《书》中但言西伯戡黎，祖伊恐，奔告于受尔。至孔子作序，乃言殷始咎周，周人乘黎，祖伊恐，奔告于受，作《西伯戡黎》。以文势考之，咎周乃在乘黎之先。盖文王之世，殷未尝咎周也。至武王之末年，殷始咎周，疑间生而责让至，度其事势，必有侵伐之谋。武王于是戡黎国以据壶关之险，东向临之，牧野之事，盖决于此时矣。故孔子改戡为乘，高以临纣，以见兵势之成，又推其衅隙起于殷人之咎周，以见兵端之发圣人，于殷周之际多言书外之事，皆明著本末，以示后来。盖书有不必存者而事不可不存也。《史记》胶鬲问武王之师曰："西伯曷为而来?"此武王称西伯之验也④。

按项文中以殷"咎周"情势论证武王戡黎不可能发生在文王时期，也

① (宋)胡宏：《皇王大纪》卷10，景印文渊阁四库全书第313册，台北：台湾商务印书馆，1986年，第109页。

② (宋)薛季宣：《书古文训》，上海：上海古籍出版社，1996年。

③ (宋)陈经：《陈氏尚书详解》，《景印文渊阁四库全书》，台北：台湾商务印书馆，1986年，第194页。

④ (宋)项安世：《项氏家说》卷3《丛书集成新编》，台北：新文丰出版公司，1986年，第504页。

是多数学者持武王戡黎说之证据。但言《史记》记载武王称西伯事，与历史事实不符。因为在《史记》中，根本没有将西伯指称武王的记载。

对于“武王戡黎”，朱熹似乎比较理性、公允，他说：“西伯戡黎这个事难判断。观戡黎，大故逼近纣都，岂有诸侯而敢称兵于天子之都乎？看来文王只是不伐纣耳，其他事也都做了，如伐崇戡黎之类。……若文王终守臣节，何故伐崇，只是后人因孔子‘以服事殷’一句，遂委曲回护个文王，说教好看，殊不知孔子只是说文王不伐纣耳。”①“回护文王”可以说是一语击中一些儒者的思想要害。在宋代像朱熹这样的学者，能对文王戡黎说有如此见解者，委实难得。

元代吴澄是主张“武王戡黎”的代表人物。他认为，武王继承西伯文王之位，戡黎当于武王伐纣时，黎地不应是潞州之黎城，而是与纣都朝歌很近的黎阳②。此说遂开当今学者武王戡黎阳说。

力持武王戡黎说的宋代学者多数是理学家，在他们的心目中，周文王是忠心事殷的形象，故其目的在于维护周文王的神圣地位。《论语·泰伯》说文王“三分天下有其二，以服事殷。周之德，其可谓至德也已矣”。这大概是宋代理学家否定文王戡黎的一个重要缘由。其次，他们据《西伯戡黎》的语境及当时的政治形势进行推断，西伯指武王。武王戡黎说兴起后，坚持文王戡黎旧说的学者与之进行了激烈的辩论。他们多从文王“得专征伐”的职责出发，同时兼顾到文王的仁德。如林之奇指出：“黎乃文王所总之诸侯，其戡而胜之，盖西伯连帅之职然也。”③此后，双方争论基本不脱宋人的窠臼。

通过以上对西伯指称武王的历史考察来看，秦汉之际出现西伯指称武王的记载，但非常有限；到了宋代以后儒者以西伯指称武王或认为武王戡黎的看法日益增多。汉唐学者对《尚书·西伯戡黎》之注解，基本都承认西伯指称文王。

---

① （宋）黎靖德编：《朱子语类》，北京：中华书局，1983年，第2038页。

② （元）吴澄：《书纂言》，《景印文渊阁四库全书》第61册，台北：台湾商务印书馆，1986年，第92页。

③ （宋）林之奇：《尚书全解》，《景印文渊阁四库全书》第55册，台北：台湾商务印书馆，1986年，第394—395页。

四、清华简《耆夜》印证武王戡黎说

在清华简发现之前，学术界对西伯戡黎文王说是深信不疑的，而对于某些宋代乃至清代学者主张西伯戡黎武王说者是没有给予足够的重视。

清华简《耆夜》面世后，其简文记载了武王八年征伐耆国的史事，“武王八年，征伐耆，大戡之。还，乃饮至于文太室”①。“武王八年，征伐耆”简单的七个字涉及了历史上伐黎的真正人物和伐黎的具体时间。这无疑引起了学术界的激烈讨论。耆(黎)究竟在何地，是一地还是二地？成为解决西伯戡黎问题的关键。

清华简《耆夜》的发现，对学术界来说可谓喜忧参半，喜的是终于发现了关于武王伐黎的新材料，忧的是《耆夜》的出现使得争论更加激烈了，又随之带来了许多新问题。这大概就是陈寅恪先生所说的“一时代之学术，必有其新材料与新问题。取用此材料，以研求问题，则为此时代之新潮流。治学之士，得预于此潮流者，谓之预流。其未得预者，谓之未入流”②。

《耆夜》的著作年代及其作者、是否为史官实录、史料价值如何等问题都成为当今学者讨论的主要内容。清华简整理者与其他研究者对《耆夜》的文献价值的认同和批判是否存在主体立场、思想倾向的不同，这些也是考察的问题。

清华简《耆夜》是周武王征伐黎国凯旋之后和周公、毕公等大臣在文太室饮酒作诗的生动写照。《耆夜》简共 14 支，每支 25 至 29 字不等，最后一支简简背有篇题“耆夜”。李学勤先生指出，简文“耆”即传世古书中的“耆”，也写作“黎”或“饥”，在今山西东南的壶关(或说黎城)境内；“夜”则是与饮酒礼仪有关的词，应读为《说文》“䤈”字，《尚书·顾命》作“咤”，许慎训为“奠爵也”③。清华简整理者指出，《尚书·西伯戡黎》：“西伯既

① 清华大学出土文献研究与保护中心编，李学勤主编：《清华大学藏战国竹简(壹)》，第 150 页。

② 陈寅恪：《陈垣〈敦煌劫余录〉序》，《“中央”研究院历史语言研究所集刊》第一本，1930 年。

③ 清华大学出土文献研究与保护中心编，李学勤主编：《清华大学藏战国竹简(壹)》，第 149 页；又见李学勤：《清华简〈耆夜〉》，《光明日报》2009 年 8 月 3 日 12 版。

戡黎，祖伊恐，奔告于王。"戡黎的"西伯"，《尚书大传》《史记·周本纪》等都以为周文王，但是这个侯国的地理位置距离商都太近，文王征伐到那里与情势不合，所以宋代的胡宏、薛季宣，清代的梁玉绳等学者主张应该是武王。简文明说是武王八年，证实了他们的质疑①。李学勤先生说："清华简《耆夜》载：'武王八年征伐耆，大戡之，还，乃饮至于文太室。'确认此西伯是'武王'，证实了学者们的判断。"②陈民镇、江林昌《"西伯戡黎"新证》通过对上博简《容成氏》及今本《竹书纪年》的辨析，提出《西伯戡黎》中的"西伯"正是周武王，"黎"正是《耆夜》所载武王征伐的"耆"，"武王戡黎说"得之，而《尚书大传》和《史记》皆误以为西伯是文王③。吴良宝观点与杜勇先生略同，他认为，"'西伯'问题目前尚无法彻底解决，传统的'文王戡黎'说不应轻易被推翻。清华简与《周本纪》的矛盾，一方面说明战国时人认为武王曾经戡黎，另一方面说明司马迁依据了不同于《耆夜》的资料。战国时人在周文王、武王是否都曾戡黎的问题上本来就有不同的说法。若不能论定《耆夜》简文为史官实录，就不能单从《耆夜》来认定伐黎的只有武王。"④清华简《耆夜》对于长期居于主导地位的西伯戡黎文王说这一传统说法的推翻，使当代部分学者难以接受，这导致他们开始对《耆夜》简文记载内容的真实性产生怀疑，有的学者对其评价甚低。关于《耆夜》的学术价值，前文已有论述，此处不赘。

总之，清华简《耆夜》明载武王八年戡黎的史事是对传统上以为西伯文王戡黎说的挑战，也是对宋代以来学者提出武王戡黎说法的印证，尤其肯定了今本《竹书纪年》"西伯发伐黎"的记载。虽然今本《竹书纪年》在学术界多被视作伪作，但其中记载的有些历史内容并非向壁虚构，当有一定的史实素地根据，或至少代表了当时编著者及学者的一种说法、观点。

---

① 清华大学出土文献研究与保护中心编，李学勤主编：《清华大学藏战国竹简(壹)》，第151页；又见李学勤：《清华简九篇综述》，《文物》2010年第5期。

② 李学勤：《周武王、周公的饮至诗歌》，《光明日报》2009年8月3日。

③ 陈民镇、江林昌：《"西伯戡黎"新证——从清华简〈耆夜〉看周人伐黎的史事》，《东岳论丛》2011年第10期。

④ 吴良宝：《再论清华简〈书〉类文献〈耆夜〉》，《扬州大学学报》2015年第2期。

五、上博简《容成氏》证明西伯文王戡黎说

在出土文献中也有对文王或武王伐耆的记载。上博简、清华简就是典型的材料。上博简中有一篇专门叙述上古帝王传说的《容成氏》，我们将其简称上博简《容成氏》。其中第45至48简记载了文王平抚九邦的周族重大事件。其简文详列如下：

> ……于是乎九邦叛之，丰、镐、舟、琶、于、鹿、耆、崇、密须氏。文王闻之，曰："虽君无道，臣敢勿事乎？虽父无道，子敢勿事乎？孰天子而可反？"受闻之，乃出文王于夏台之下而问焉，曰："九邦者其可来乎？"文王曰："可。"文王于是乎素端褰裳以行九邦，七邦来服，丰、镐不服。文王乃起师以向丰、镐，三鼓而进之，三鼓而退之，曰："吾所知多尽，一人为无道，百姓其何罪？"丰、镐之民闻之，乃降文王。

整理者认为这则材料史料价值极其重要，指出"简文述文王平九邦，此事虽见于《礼记·文王世子》，然九邦之名则向所未闻，汉儒不能详其说，得此方知是丰、镐等国（文武徙都丰、镐即以此为背景）。凡此都是可补古史之缺的宝贵材料"①。从简文中不难看出，"耆"属于九邦之一，并且简文明确记载是文王平抚了九邦。正如整理者所说"耆"就是《西伯戡黎》的"黎"，在《尚书大传》《史记·周本纪》中作"耆"，其故地在今山西长治市西南②。

我们通过考诸词源学，"戡"，《说文》谓"刺也，从戈甚声"，词义可引申为武力平定、镇压，以武力作为平定的前提和手段。从简文《容成氏》内容可以发现，文王对因纣之暴虐而反叛的九邦完全着眼于安抚，是以怀柔的手段使其心服，使其归降，这与《尚书》所记之"戡"有所不同。因此，是不是可以这样理解：上博简《容成氏》之平定"耆"主要依靠了文王的道德感化即文治方面，从而使耆国归附；武王戡黎主要通过了战争、武力平定了

---

① 马承源主编：《上海博物馆藏战国楚竹书（二）》，上海：上海古籍出版社，2002年，第249页。

② 马承源主编：《上海博物馆藏战国楚竹书（二）》，第287页。

耆国，突出了武王武功的方面。文王、武王都曾经戡黎或耆，这就从逻辑上讲通了。

关于西伯戡黎时间，学术界也有所关注。沈建华先生信从王国维《周开国年表》"武王即位克商，未尝改元"之说，认为《耆夜》楚简所言"武王八年伐旨(黎)"，与《尚书大传》《史记·周本纪》记载文王称王后"七年而崩"对比，《耆夜》简谓"武王八年征伐黎"可理解为文王死后第二年(即八年)，也是武王称王后的头一年。此年出兵伐黎，与文献并不抵触①。笔者以为沈建华先生揭示了清华简《耆夜》"武王八年"和《周本纪》文王受命"七年而崩"之间的时间先后的关联，从而弥补了武王八年事迹的缺环。

杜勇先生曾对"武王八年"说的由来进行过推测。他认为："'武王八年伐黎'似乎表明《耆夜》的作者将伐黎说成是武王伐黎，必须在时间上找到一个支撑点。文王受命七年而崩，九年武王观兵孟津，十一年伐纣，这些史实使作者只能推测武王伐黎为其八年，实际是指文王死后第二年。因为在文王死后的几年中，缺少重大事件的年份只有八年和十年，十年离伐纣之年太近，事所不宜，就只有安排八年作为武王伐黎之年了。"②杜先生的推断虽未必符合历史史实，然而他未将武王戡黎时间放在"十年"对我们颇受启示，如果说"武王十年戡黎"，据武王在位未曾改元继续沿用文王纪年的说法，这岂不是更加说明这次西伯戡黎应该是武王了，因为此时文王已去世了。在杜先生看来，简文作者给我们提供了西伯武王戡黎的历史真相，坦白地说，简文作者将武王戡黎放在"十年"更有说服力，但事实并非如此，因此，我们不能轻易低估清华简《耆夜》的史料价值。

与以上学者认识不同，李学勤先生敏锐指出《耆夜》不但明记周的伐耆在武王八年，实际通过周公作《蟋蟀》一诗，指出了伐耆的具体时节。周的伐耆是在武王八年的深秋以后③。李先生的细致研究对我们研究《耆夜》相关学术问题意义十分重要，自不待言。

《尚书序》："惟十有一年，武王伐殷，一月戊午，师渡孟津，作《泰誓》三

① 沈建华：《清华楚简"武王八年伐旨"刍议》，《考古与文物》2010年第2期。
② 杜勇：《从清华简〈耆夜〉看古书的形成》，《中原文化研究》2013年第6期。
③ 李学勤：《论清华简〈耆夜〉的〈蟋蟀〉诗》，《中国文化》2011年第1期。

篇。”清代学者梁玉绳《史记志疑》说《周本纪》:“其曰‘九年’,乃武王即位为西伯之九年;下文曰‘十有一年’,乃武王之十一年,与《书序》合,甚为明划,其言亦必有所据,与文王不相涉。”①又,梁氏对《周本纪》“十一年十二月戊午,师毕渡孟津”附案:“十一年者,武王之十一年。十二月者,即十一年之十二月。自晚出《泰誓》有‘十三年’之文,与《书序》‘十一年’有异,伪《孔传》遂以月分系于十三年,而以年为武继文,违经背义,莫此为甚。”②李学勤先生认为:“细绎《逸周书》有关各篇,有文王、武王的纪年,武王并不沿用文王受命之年。《耆夜》的‘武王八年’一定是武王即位的八年,不可能是文王受命的八年。这也就支持了上述梁玉绳的意见,《周本纪》本于《泰誓》讲的‘九年’是武王自己纪元的九年。这样,简文所记武王伐耆,同孟津观兵在时间上便前后邻接。伐耆在八年之末,随后就是在孟津观兵,与诸侯相会。”③

李先生所说武王伐耆与孟津观兵时间上前后相连,笔者甚为赞同;但其主张武王不沿用文王纪年而有自己的纪年,恐有可商。依照《周本纪》对文王七年崩后,武王一连串事迹发生时间的记载,均当是沿用文王纪年,文中表述甚为清楚,不应当如梁玉绳所说,一会儿是文王的纪年,一会儿是武王的纪年,史迁行文表述中也不应如此。可能在《逸周书》中有武王单独纪年的记载,但属于战国秦汉时人重新改编,是不足为据的。

清华简《耆夜》记载武王戡黎,上博简《容成氏》记载文王戡黎。那么,作为出土文献的清华简和上博简,一记西伯文王戡黎,一记武王戡黎,孰是孰非呢?究竟该如何理解呢?

李零先生指出:“上博楚简《容成氏》讲文王伐九邦,九邦中就有耆。《耆夜》和《容成氏》可能是战国时人叙事的不同版本。存在两种可能性:古人将文王、武王的事混在一起讲。文王死后,武王载文王木主以伐,说明他是打着文王的旗号;文王、武王都曾伐耆,无所谓哪个对,哪个错。”④

---

① (清)梁玉绳撰:《史记志疑》,北京:中华书局,1981年,第82页。

② (清)梁玉绳撰:《史记志疑》,第84页。

③ 李学勤:《论清华简〈耆夜〉的〈蟋蟀〉诗》,《中国文化》2011年第1期。

④ 李零:《西伯戡黎再认识——读清华简〈耆夜〉篇》,载陈致主编:《简帛·经典·古史》,上海:上海古籍出版社,2013年,第113—130页。

其说颇有启迪。

我们亦赞同历史上文王、武王都曾经为西伯,在不同的时间都曾伐过黎或耆,清华简和上博简两种材料所记不是对立的关系而是相互补充证明的关系。由此,这个观点引起了我们对下一个问题的讨论。

六、文王、武王各戡耆、黎说辨

西伯文王戡黎说在唐代以前一直为主流说法。如司马迁《史记》支持西伯文王戡黎说,《尚书·西伯戡黎》当是司马迁的史料来源和素材。因此,《史记》采纳《尚书大传》西伯文王戡黎之说。《尚书大传》乃为西汉今文经师伏生解经之作。自《尚书·西伯戡黎》记载"西伯既戡黎"以来,早至西汉的经师郑玄、魏晋王肃等都以为西伯即是文王。《尚书大传》《史记·周本纪》《殷本纪》《宋世家》均如是记载。

由于《西伯戡黎》并未明确西伯系谁,后世学者多以为是周文王。如郑玄以为:"西伯,周文王也。时国于岐,封为雍州伯也。国在西,故曰西伯。"①

《尚书大传》记载:"文王受命……五年伐耆。"文王伐耆在《左传·襄公三十一年》引作文王"伐耆",在《诗经·大雅·文王》正义引作"克耆",《礼记·文王世子》正义引作文王"克黎"。从上列文献引文中可以看到主张伐耆、克耆、伐黎的均是西伯文王,并且揭示出耆与黎当是一地。这个史事在《史记》中反映更加清楚。

西伯戡黎史事也见于《史记·殷本纪》《周本纪》。《殷本纪》记载"及西伯伐饥国,灭之,纣之臣祖尹闻之而咎周,恐,奔告纣"②,《周本纪》记载"明年,伐犬戎。明年,伐密须。明年,败耆国。殷之祖尹闻之,惧,以告帝纣"③。关于文王伐耆,《史记·宋世家》亦载:"及祖伊以周西伯昌之修

---

① (清)阮元校刻:《十三经注疏·尚书正义》,第177页。
② (汉)司马迁撰:《史记》,第107页。
③ (汉)司马迁撰:《史记》,第118页。

德，灭阮国，惧祸至，以告纣。”①三者所记均指文王伐耆一事。故《史记·周本纪》《殷本纪》中说文王“伐饥”或“灭耆”，所记祖伊和纣之间的对话都是同一件事，所以“饥”或“耆”都当是“黎”。

《后汉书·郡国志》“上党郡”载：“壶关，有黎亭。故黎国。”章怀太子注云：“文王戡黎即此地也。”②

从汉儒注释西伯戡黎系文王，直到魏晋、唐代的学者几无异词。即使王肃《尚书注》亦云：“文王为西伯。黎侯无道，文王伐而胜之。”唐代孔颖达虽采信王肃之说，但他开始对郑玄之说提出质疑，以为黎属于近纣诸侯，文王伐之，不合事理③。

历史上不少学者以《论语·泰伯》记载周文王时“三分天下有其二，以服事殷”之说，认为周文王在世时不可能公开反对商纣王，并且认为《尚书·西伯戡黎》中的“西伯”不是文王而是武王。而清华简《耆夜》记载：“武王八年，征伐耆，大戡之。还，乃饮至于文太室。”指明武王也曾伐耆(黎)。

在清华简、上博简未发现之前，顾颉刚、刘起釪先生就指出：“《尚书》记载‘西伯戡黎’的这个‘西伯’，《尚书大传》《史记》等都说是周文王，不过黎就是耆这个地方迫近纣都，说文王已征伐到那里似不合情理，因而宋代胡宏《皇王大纪》以来，不少著作认为应该是武王。”④清华简发现后，李学勤先生指出，简文“武王八年征伐耆，大戡之，还，乃饮至于文太室”，正合于胡宏等家之说⑤。由此，历史上西伯戡黎文王说受到空前质疑和挑战。

正如上博简和清华简所记载的文王伐耆、武王戡黎一样，今本《竹书纪年》亦云：“(帝辛)三十四年，周师取耆及邘，遂伐崇，崇人降。”又云：“(帝辛)四十四年，西伯发伐黎。”⑥今本《竹书纪年》对文王伐耆和武王伐黎一同记载，在该书作者看来，似乎以为历史上文王、武王两人都曾经伐耆或戡黎。

---

① (汉)司马迁撰：《史记》，第1607页。
② (南朝宋)范晔撰：《后汉书》，北京：中华书局，1965年，第3523页。
③ (清)阮元校刻：《十三经注疏·尚书正义》，第177页。
④ 顾颉刚、刘起釪：《尚书校释译论》，第1066—1067页。
⑤ 李学勤：《清华简九篇综述》，《文物》2010年第5期。
⑥ 王国维：《今本竹书纪年疏证》，载方诗铭、王修龄：《古本竹书纪年辑证》，第239页。

对此,清代学者梁玉绳认为,“周师取耆”与“伐黎”不但是“灼然两事”,而且“耆”“黎”亦“判然两地”,文王受命征伐攻取的是“耆”,武王讨伐的是“黎”。梁氏具体论证如下:

> “耆”与“黎”为二国,故《竹书》“纣三十三年,王赐命西伯得专征伐。三十四年,周师取耆。四十一年,西伯昌薨。四十二年,西伯发受丹书于吕尚。四十四年,西伯发伐黎。”灼然两事。《路史·国名纪》云:“黄帝后姜姓有耆国,侯爵,自伊徙耆,爰曰伊耆,尧之母家。商后子孙有黎国,侯爵,与纣都接。”判然两地[①]。

梁玉绳认为司马迁将文王伐耆之事与武王伐黎之事混为一谈。这是非常有可能的。清人徐文靖《竹书纪年统笺》指出文王征伐的对象是“耆”,武王征伐的是“黎”[②]。雷学淇《竹书纪年义证》中也提出类似观点,他说:“耆,姜姓,国名。……耆即文王所伐,皆炎帝支庶之封,使守祧宗邑者也。国之所在未详。”[③]

从唐代到清代的学者对西伯戡黎系武王说的论述来看,他们论证的主要理由一是西伯并非文王的专称,文献上也有记载武王甚至王季为西伯的;二是西伯所戡之“黎”与“耆”应是不同的两个地方;三是从当时的殷周政治形势分析,文王盛德不可能咎周,更不可能伐商,商周之间的关系在武王时期才出现剑拔弩张的局势。这大致是古代学者主张武王戡黎说的主要理由。如果我们从《尚书·西伯戡黎》的编排属于《商书》而不是《周书》来看,可以看到文王戡黎是一个相当早的说法。

近代以来,历史学家陈梦家先生通过研究甲骨卜辞发现,其中屡见殷商征伐“黎方”的记录。他从古文字的角度提出“耆”字甲骨文作“旨”,“黎”作“勿”,并且由此提出:“伐耆乃文王事,戡黎乃武王事。”[④]对此,杨树达先生也作过相关讨论[⑤]。沈建华先生指出,《耆夜》武王“征伐耆”地

① (清)梁玉绳撰:《史记志疑》,北京:中华书局,1981年,第66页。
② 徐文靖:《竹书纪年统笺》,《二十二子》,上海:上海古籍出版社,1986年。
③ 雷学淇:《竹书纪年义证》,修绠堂排印本。
④ 陈梦家:《殷虚卜辞综述》,第296页。
⑤ 杨树达:《积微居甲文说·释旨方》,上海:上海古籍出版社,1986年,第69页。

名的出现,可证陈梦家和杨树达的说法是可信的①。笔者赞同其说。

另外,还有学者提出"两个黎(耆)国"说,如刘成群先生根据清华简认为有两个耆(黎),文王所伐之耆(黎)并非武王所伐之耆(黎)②。

王鹏程先生提出"二次戡黎"说,即文王和武王都曾戡过黎,但所戡之黎不同,清华简所载武王所戡之"黎"应为纣都朝歌附近之"黎阳"③。

近来,朱彦民先生提出一种说法,以为文王、武王戡黎同一地说,其文《"清华简""武王戡黎"考辨》认为,"武王戡黎"在今黎阳浚县的看法是不足信的,"黎"地应在殷都西部、晋南上党一带。盖商代黎侯是一叛服不常的方国,所以文王戡之、武王也戡之④。

我们认为以上文王伐耆、武王戡黎说,文王、武王各戡黎(耆)说,以及文王、武王同戡黎说均有一定的道理,但就文王、武王戡黎或耆的具体地望存在较大分歧,在没有新的材料发现以前,我们不好对此进行判断。

这里,我们想引用清代孙星衍先生对"黎"疏证,《尚书今古文注疏·西伯戡黎》云"戡黎,入纣圻内"者,《地理志》"上党郡壶关"注"应劭曰:黎侯国也,今黎亭是"。黎亭,今在山西长治县西南,距纣都在千里之内,故云入圻内也。若《吕氏春秋》武王封帝尧之后于黎,其后,黎人为狄人所逐,弃其国而居于卫。《邶风式微序》云:"黎侯寓于卫。"《水经》"黎阳县"注云:"《式微》'黎侯寓于卫'是也。"黎阳为汉魏郡属县,有黎阳山,故城在今河南浚县西南。此则尧后之黎,非"戡黎"之黎,恐后人误以为一,故附及之⑤。孙说可供参考。

孙氏明确指出尧后之黎并非"戡黎"之黎,故据孙氏之说,主张武王戡黎之黎是黎阳的学者可能和尧后之黎相混淆了。

无论如何,主张文王、武王曾经伐耆或戡黎,或说文王、武王二次戡黎也好,较好解决了传世文献与出土文献记载的矛盾之处,也从一定程度上

---

① 沈建华:《清华简楚简"武王八年伐旨"刍议》,《考古与文物》2010年第2期。

② 刘成群:《清华简乐诗与"西伯戡黎"再探讨》,《史林》2009年第4期。

③ 王鹏程:《"清华简"武王所戡之"黎"应为"黎阳"》,《史林》2009年第4期。

④ 朱彦民:《"清华简""武王戡黎"考辨》,《"周武王与牧野大战"研讨会综述》,《中国史研究动态》2011年第6期。

⑤ (清)孙星衍撰:《尚书今古文注疏》,第249页。

揭示了今本《竹书纪年》记载的历史内容具有一定的真实性，并非一无是处、全不可信的伪作。该书中至少保存了一定的史实，或者反映了当时学者对西伯戡黎史事的理解。

第三节 周武王的诰誓和诗作

《尚书》中有无周武王的诰誓之作？如有，究竟是哪几篇？这是学术界很少关注并专门讨论的问题。又，《诗经》中以及清华简等简帛书籍中有无武王的诗作，是否武王亲作，也是我们本节欲探讨的问题。

《尚书・周书》中有一篇《牧誓》是周武王在牧野大战之前发布的战争动员令或称誓师词。《牧誓》主要记述了武王伐纣的原因以及鼓舞士兵英勇战斗的誓词，是研究西周历史尤其武王伐纣的重要文献。当今学者多认为《牧誓》是当时史官记录的誓文①。《史记・周本纪》曾全文录用，史料价值极高，可见是信史。《牧誓》可与青铜器利簋互证周初历史，另天亡簋也载录有武王伐商后的历史活动事迹。

一、《西伯戡黎》《牧誓》之作者

考察武王的诰誓或诗作，首先需要对《西伯戡黎》《牧誓》的著作时代有一个清晰的认识。今本《尚书・西伯戡黎》据新出汉石经《书序》残石作《西伯堪饥》，《尚书大传》作《西伯戋耆》（《困学纪闻》引），《说文》戈部作《西伯𢦏黎》，邑部作《西伯戡𨞛》②。《尚书・西伯戡黎》序曰："殷始咎周，周人乘黎，祖伊恐，奔告于受，作《西伯戡黎》。"③该篇所记事件内容发生在商王纣时，故汉代《今文尚书》将其列入《商书》，向来无人怀疑其著作时代。到了现代，方渐有人提出质疑。先是顾颉刚先生指出《西伯戡黎》和

---

① 李民、王健：《尚书译注》，上海：上海古籍出版社，2004 年，第 205 页。
② 蒋善国：《尚书综述》，上海：上海古籍出版社，1988 年，第 211 页。
③ （清）阮元校刻：《十三经注疏・尚书正义》，第 176 页。

《微子》均是东周间的作品①。再者张西堂先生也说《西伯戡黎》和《微子》均成于东周，出于春秋末，皆后世据传说所追录。他认为《西伯戡黎》不是当时作品的主要理由是该篇出现了“天子，天既讫我殷命”语句中使用“天子”字样，从而怀疑《西伯戡黎》实为晚出，并指出“云‘天既讫我殷命’，预知殷代之亡，也是出于追记。”②由此，张西堂先生认为《西伯戡黎》篇非当时而作，当写成于东周间。陈梦家先生《尚书通论》以为《西伯戡黎》的成书“一定不在纣时，而在周初武王的时候。《西伯堪饥》记周的初兴，可能是史官所追记。……是周初人追记殷末时候的史实，因而就史实的发生时代来说，是在殷末，可以算作《商书》；可是就著作的时代来说，是在周初，也可以算作《周书》”“《高宗肜日》《西伯戡黎》和《微子》，先秦书所未引及，可能属于战国较晚时期”③。并且他认为《牧誓》属于拟作，产生于《大誓》之后，应晚到战国晚期④。

对于《周书·牧誓》，《史记》以为周公佐武王作，《书序》认为是武王作；陈梦家先生以为是后人追记，成书于战国晚期；张西堂认为：“《牧誓》中的文字，不如周诰之古，这已告诉我们它的时代之晚。”⑤并举出纪月日法与《诗经·大雅·大明》记载不合、“百姓”的含义、“夫子”之称等四条证据证明《牧誓》不出于西周而是在战国之世写成的。但刘起釪先生指出先秦文献有引用《牧誓》者，如《国语·周语》有“武王伐殷岁在鹑火”及“布戎于牧之野”等语，先秦文献引用两次，“显系据周初《牧誓》”⑥。

《牧誓》成书于战国时期或系后人追记拟作，我们认为此说非是。根据刘起釪先生的说法，《牧誓》写成于西周初年，故《书序》云：“武王戎车三百两，虎贲三百(千)人，与受战于牧野，作《牧誓》。”⑦《史记·周本纪》：

---

① 顾颉刚编著：《古史辨一》，上海：上海古籍出版社，1982 年，第 201 页。
② 张西堂：《尚书引论》，西安：陕西人民出版社，1958 年，第 193 页。
③ 陈梦家：《尚书通论》，北京：中华书局，1985 年，第 321—322 页。
④ 陈梦家：《尚书通论》，第 321 页。
⑤ 张西堂：《尚书引论》，第 187 页。
⑥ 刘起釪：《尚书学史》，北京：中华书局，1989 年，第 17 页。
⑦ (清) 阮元校刻：《十三经注疏》，第 182 页。

“二月甲子昧爽，武王朝至于商郊牧野，乃誓。”①《鲁世家》则云：“十一年，伐纣，至牧野，周公佐武王，作《牧誓》。”②由此，可知武王作《牧誓》，当有周公的辅佐，故《鲁世家》说周公佐武王创作《牧誓》。《牧誓》亦当为在武王命令下由周公实际完成，而冠于武王名下。故亦可云武王作《牧誓》，先秦作品多与此相类。

二、《康诰》《酒诰》《梓材》之作者非周武王

关于《康诰》的作者历来有周公、成王、武王之说，提出《尚书·康诰》作者是武王的说法肇端于宋代部分学者。

今详而论之，《康诰》之作者问题，学术界一般有四种观点：成王封康叔所作、周公称成王命封康叔所作、周公居摄称王封康叔所作、武王封康叔所作③。简而言之，《康诰》之作者问题实际上是成王、周公还是武王所作的问题，由于《康诰》与《酒诰》《梓材》三篇原为同一篇，后来才分开，故《康诰》作者的问题实际涉及《尚书》中的三篇。可见，其作者研究的重要性是不言而喻的。

《康诰》等三篇的作者问题，自战国以来，历经汉、唐时代，学者多以为《康诰》是成王、周公封康叔所作。迄至宋代，才有学者如吴棫、胡宏等对《康诰》作者提出武王封康叔之新说。胡宏《皇王大纪》可谓此说之论证详细者，其文曰：“《书序》成王既伐管叔、蔡叔，以殷余民封康叔，作《康诰》。然《康诰》曰兄曰弟，盖武王命康叔之辞也。”④朱熹赞成此说，他在《朱子语类》中申述：“《康诰》《酒诰》是武王命康叔之辞，非成王也。”⑤朱说详下：

---

①（汉）司马迁撰：《史记》，第122页。

②（汉）司马迁撰：《史记》，第1515页。

③ 蒋善国：《尚书综述》，第237—238页。

④（宋）胡宏：《皇王大纪》卷13《武王》，《景印文渊阁四库全书》第313册，台北：台湾商务印书馆，1986年。

⑤（宋）黎靖德编：《朱子语类》（第6册）卷79《尚书二总论康诰梓材》，北京：中华书局，1988年，第2054页。

此三篇断然是武王时书；若是成王，不应所引多文王，而不及武王，且如今人才说太祖，便须及太宗也。

且如《康诰》第述文王，不曾说及武王，只有“乃寡兄”是说武王，又是自称之词，然则《康诰》是武王诰康叔明矣。但缘其中有错说“周公初基”处，遂使序者以为成王时事，此岂可信！

《康诰》三篇，此是武王书无疑。其中分明说：“王若曰：孟侯，朕其弟，小子封！”岂有周公方以成王之命命康叔，而遽述己意而告之乎？……五峰（胡宏）、吴才老（吴棫）皆说是武王书，只缘误以《洛诰》书首一段置在《康诰》之前，故叙其书于《大诰》《微子之命》之后①。

朱子还说《康诰》：“今考其词，谓康叔为弟，而自称寡兄，又多述文王之德，而无一字及武王者，计乃是武王时书，而序者失之。”②朱氏之说为蔡沈、金履祥等学者信从。

以上宋代学者对《康诰》等三篇作者的分析，可谓有得有失，“虽都局部与史实相合，可是没有一个是完全对的”③，各说均有误点。仅就“武王封康叔所作《康诰》”说分析：“《康诰》的称兄称弟，固然合于武王的口气，可是周公称成王命，以殷余民封康叔于卫，是成王四年的事，确是史实，不能否认，这点是坚持武王所封说的重要反证。”④也就是说，主张“武王封康叔所作说”一个主要矛盾是时间上的抵牾，而封康叔于卫是成王时期的史事，此时武王已经离世，怎能说武王作《康诰》三篇呢？正如杜勇先生所言：“宋儒以《康诰》三篇为武王书虽然解决了‘王若曰’与‘朕其弟’的矛盾，却严重违背了康叔受封于卫是在武王死后这一基本事实。”⑤

宋代学者说“武王封康叔说”之错误，不仅得到传世文献的证明，而且得到近年清华简的证明。清华简《系年》第四章载曰：“周成王、周公既迁殷民于洛邑，乃追念夏商之亡由，旁设出宗子，以作周厚屏，乃先建卫叔封

① （宋）黎靖德编：《朱子语类》（第5册），第2054页。
② （宋）黎靖德编：《朱子语类》（第5册），第2055页。
③ 蒋善国：《尚书综述》，第239页。
④ 蒋善国：《尚书综述》，第240页。
⑤ 杜勇：《〈尚书〉周初八诰研究》，北京：中国社会科学出版社，1998年，第41页。

于康丘,以侯殷之余民。卫人自康丘迁于淇卫。”[①]可见,康叔封受封于康,明确在成王在位、周公摄政时期。又,青铜器逘簋(《集成》4059)铭文云:“王来伐商邑,诞令康侯鄙于卫。”亦可证在康叔在成王时期受到分封;再者有康侯方鼎(《集成》2153)铭文曰:“康侯丰(封)作宝尊。”记载康叔封康地的主要传世文献如《左传》定公四年曰:“昔武王克商,成王定之,选建明德,以蕃屏周。……分康叔……殷民七族……命以《康诰》而封于殷墟。”[②]这是说在成王时分封康叔。宋人王应麟《诗地理考》引《世本》云:“康叔居康,从康徙卫。”[③]司马迁《史记》亦云:“周公乃奉成王命……遂诛管叔,杀武庚,放蔡叔。收殷余民,以封康叔于卫。”[④]与前引文献记载略同。整理者认为康丘在殷故地邶、鄘、卫之卫地范围内,康叔亦可称卫叔封,此说可信。

总之,通过以上文献互相印证可知,无论康叔受封于康还是卫地,都是在成王在位、周公摄政时期。因而,宋人提出的武王分封康叔而作《康诰》等三篇的说法是站不住脚的,从而武王也不可能是《康诰》《酒诰》《梓材》的作者。

三、清华简《耆夜》与武王两首诗

《耆夜》的主要内容是在饮至典礼上武王和周公所作的五首诗。其中简文载有武王诗作两首,分别是武王酬毕公的诗一首,名为《乐乐旨酒》;武王酬周公的诗一首,名叫《輶乘》。武王的这两首诗不见于其他文献中,笔者以为非常重要,有可能是武王的佚诗。但学术界对武王的诗作很少给予关注和系统研究。这里,我们欲对武王的诗作问题进行探讨,以弥补武王之诗作研究不足的空白。

---

① 清华大学出土文献研究与保护中心编,李学勤主编:《清华大学藏战国竹简(贰)》,上海:上海古籍出版社,2011年,第144页。

② 杨伯峻:《春秋左传注》,第1536—1538页。

③ (宋)王应麟:《诗地理考》卷1,《钦定四库全书荟要·卷21(经部)》,第32页。

④ (汉)司马迁撰:《史记》,第1518页。

兹不妨将清华简《耆夜》中全诗引录具下：

王夜爵酬毕公，作歌一终曰《乐乐旨酒》：
乐乐旨酒，宴以二公；纴仁兄弟，庶民和同。
方臧方武，穆穆克邦；嘉爵速饮，后爵乃从。
王夜爵酬周公，作歌一终曰《輶乘》：
輶乘既饰，人备(服)余不胄；叡士奋甲，繄民之秀；
方臧方武，克燮仇仇；嘉爵速饮，后爵乃复。
周公夜爵酬毕公，作歌一终曰《赑赑戎服》：
赑赑戎服，臧武赳赳。毖情(精)谋猷，裕德乃救；
王有旨酒，我忧以颫；既醉又侑，明日勿稻。
周公或夜爵酬王，作祝诵一终曰《明明上帝》：
明明上帝，临下之光，丕显来格，歆厥禋明(盟)，
于□□□□。月又(有)盈缺，岁有歇行，作兹祝诵，万寿亡疆。

周公秉爵未饮，蟋蟀趋降于尚(堂)，周公作歌一终曰《蟋蟀》：

蟋蟀在堂，役车其行；今夫君子，不喜不乐；夫日□□，□□□忘(荒)；毋已大乐，则终以康，康乐而毋荒，是惟良士之迈迈。

蟋蟀在席，岁矞员(云)莫；今夫君子，不喜不乐；日月其迈，从朝及夕，毋已大康，则终以祚。康乐而毋荒，是惟良士之惧惧。

蟋蟀在舍，岁岁矞员(云)□，□□□□，□□□□，□□□□□□，□□□□。毋已大康，则终以惧。康乐而毋荒，是惟良士之惧惧。①

清华简《耆夜》中共出现了五首诗，包括周武王两篇和周公三篇诗作。其中，简文中有武王的诗作，我们将加以重点讨论。在讨论该问题之前，让我们来看看学术界对清华简《耆夜》的性质和时代的认识吧。

杜勇先生认为《耆夜》并非一篇真实记述史实的古文献，而是战国时

---

① 清华大学出土文献研究与保护中心编，李学勤主编：《清华大学藏战国竹简(壹)》，上海：中西书局，第150页。

期楚地上人虚拟的一篇诗教之文①。刘成群先生认为清华简《乐诗》是周武王时代的作品,其价值不容小觑②。李学勤先生对《耆夜》竹简评价很高,以为其“既有历史价值,也有文学意义,无疑是一项非常重大的发现”③。丁进先生对清华简《耆夜》礼制问题提出七条疑惑分别是燕礼“不以公卿为宾主”原则、本国大臣用客不用宾、“东堂之客”与礼制不符、君主燕礼不酬“献主”、武王、周公现场作歌与周代用乐制度不符、武王二诗与酬酒仪注矛盾、周公作《蟋蟀》诗“出戏”等。由此,他指出,“就礼学知识看,《耆夜》篇作者的知识背景没有达到清华简整理所估计的战国中后期一般学者的水平,提出《耆夜》为战国时代楚人所作还为时过早,更不用说它为西周实录了”④。虽然丁进先生没有直接提出清华简《耆夜》是伪作的看法,但在文中多处已经透露出“后人伪作”“对清华简战国楚简说不利”“清华简来路不明”等消极信息,这说明他本人对清华简《耆夜》的态度已经接近于认为其是伪作了。对此,也有学者对丁文进行回应,如程浩先生认为清华简《耆夜》中“饮至礼”的仪注与《仪礼》之“燕礼”确有不合之处,原因在于“《耆夜》所记是西周王室的礼制,与《仪礼·燕礼》反映的诸侯之礼不应该放在同一层面进行讨论。”⑤

蔡先金先生从古代文学面向分析清华简《耆夜》的性质,他指出:“《耆夜》既不是西周史官严肃的‘记言记事’,也不是战国儒士对于古代文献的‘编纂整理’,而是一篇具备古小说文体特征及其要素的战国时期古小说。”⑥在文中,蔡先生还有不少类似的说法,如清华简《耆夜》“不是一篇史官散文而是一篇古小说”“应该成书于战国时期,其作者应该是当时的‘小说家’”“我们从文学的角度来认识清华简《耆夜》的价值与意义是最为

① 杜勇:《从清华简〈耆夜〉看古书的形成》,《中原文化研究》2013 年第 6 期。

② 刘成群:《清华简〈乐诗〉与“西伯戡黎”再探讨》,《史林》2009 年第 4 期。

③ 丰捷:《清华简:“让人读起来太激动”》,《光明日报》2009 年 4 月 28 日第 5 版。

④ 丁进:《清华简〈耆夜〉篇礼制问题述惑》,《学术月刊》2011 年第 6 期。

⑤ 程浩:《清华简〈耆夜〉篇礼制问题释惑——兼谈如何阅读出土文献》,《社会科学论坛》2012 年第 3 期。

⑥ 蔡先金:《清华简〈耆夜〉古小说与古小说家“拟古诗”》,《济南大学学报(社会科学版)》2017 年第 1 期。

合适的,倘若将其视作史官实录的真实史料来使用,以便佐证和补苴上古史,那么这就存在一定的危险性了"①。

可见,学术界对清华简《耆夜》的性质和时代认识存在重要分歧。下面我们结合学术界的看法对武王的诗作《乐乐旨酒》《輶乘》进行探讨。

武王的这两首诗作,不见于传世《诗经》篇章,应该是久已失传的古佚诗。已有学者指出过这一点。但仍有一些学者对这一观点持怀疑态度,甚或完全否定之。这就需要我们进一步加强论证了。《耆夜》的几首诗属于"托古拟作""后人拟撰附会"等论点,反映了这些学者对待清华简材料之审慎态度,也反映了他们囿于传世典籍的认知的文化保守心理。在我们看来,对于清华简中出现的武王和周公的几首诗,如果均不见于传世文献中,尚可以对其真实性加以怀疑的话,而实际是,清华简中部分诗篇的文句、内容、思想主旨多与传世《诗经》基本相同,且能进行对读研究。因此,从清华简诗篇的系统角度来说,其中有一二篇在传世本中能找到相似本,便不宜否定其他未见的诗作。因此,清华简这些未见于传世文献中的诗篇一个最大的可能就是在长期的历史流传中佚失或被编辑整理文献者有意删除了,从而使得我们无法在传世文献中看到这些诗篇。因此,将这些未在传世本中记录的诗作视作佚诗也是合情合理的。就拿《耆夜》中的五首诗篇来说吧,其中周公的一篇诗作《蟋蟀》就见之于传世本《诗经·唐风·蟋蟀》中。上列简文已对清华简《蟋蟀》全文进行了摘录,为了讨论方便,兹亦将传世本《诗经·唐风·蟋蟀》全文摘录下来,以便于简本进行比较:

> 蟋蟀在堂,岁聿其莫,今我不乐,日月其除。无已大康,职思其居。好乐无荒,良士瞿瞿。
>
> 蟋蟀在堂,岁聿其逝,今我不乐,日月其迈。无已大康,职思其外。好乐无荒,良士蹶蹶。
>
> 蟋蟀在堂,役车其休,今我不乐,日月其慆。无已大康,职思其

① 蔡先金:《清华简〈耆夜〉古小说与古小说家"拟古诗"》,《济南大学学报(社会科学版)》2017 年第 1 期。

忧。好乐无荒，良士休休。

通过比较简本《蟋蟀》与今本《蟋蟀》，可以看出，两者诗篇题名完全相同。但文本不太一致，主要表现在："役车其行"与"役车其休"正好相反；人称上变化："今夫君子，不喜不乐"与"今我不乐"；句子有压缩；句首起兴也有不同；尤其简本无"职思其居""职思其外""职思其忧"复沓之句。

这两首诗虽然在文本个别句子、字词上有些细微差别，但其反映的思想主旨则近乎一致。简本与今本两诗并不是一方完全抄写另一方的关系，而是前后历时改写的关系。这或许是主张"后人托古拟作"的一个重要原因。值得我们注意的是，孔子在春秋晚期编纂《诗经》，而多数学者认为《耆夜》成书于战国时期。即使如此，清华简《耆夜》的其他四首诗篇也具有重要的历史价值和文学价值。

实际上，在探讨武王诗作的讨论中，我们无法回避《耆夜》的制作年代问题以及简文《蟋蟀》与今本《诗经·蟋蟀》之间的源流关系问题。要说明《耆夜》中的那两首诗篇是武王所作的话，一种思路就要证明《耆夜》成篇时代就在西周初期，也就是将该篇简文视作实录看待；另一种思路是承认《耆夜》成篇时代较晚，以致晚至战国时期，但这需要证明武王所作的两首诗不是后人的"拟作""拟撰"。

关于第一种思路，李学勤先生等人大都主张《耆夜》系西周时期作品。如，李学勤先生指出："清华简《耆夜》武王在饮酒间作诗，致毕公的《乐乐旨酒》，致周公的《輶乘》；随之周公作诗，致毕公的《英英》，致武王的《明明上帝》这四篇诗是前所未见的佚诗。而最后周公持爵未饮，有感于蟋蟀骤降于堂，作的《蟋蟀》诗，则与传世《诗经·唐风·蟋蟀》不仅标题相同，而且内容彼此联系。在出土的古文字材料里，发现这样与《诗经》相关的实例，是非常特殊罕见的。"①李先生相信《耆夜》是实录的。如果《耆夜》真是周初史事的实录，我们自然可以断定那五篇诗作的作者归属了。

我们所要重点讨论的是第二种思路，如果《耆夜》成书晚至战国时期，这是否就一定代表着那五首诗作不是武王、周公的作品呢？在反对者看

① 李学勤：《论清华简〈耆夜〉的〈蟋蟀〉诗》，《中国文化》2011年第1期。

来,可以说基本如此。但我们以为这倒未必。因为《耆夜》中共出现五首诗作,分属于不同的作者,其中《蟋蟀》简文明言是周公即情而作。简本《蟋蟀》可以在传世本《诗经》中得到证明,但二者作者不同。基于这样的分析,我们以为《耆夜》的其他四首诗也一定必有所本,并非后人(战国楚人)的附会之作,因为这四首佚诗也当是同《蟋蟀》创作情况相似,并非简单的完全的抄袭关系。既然《毛诗序》在解《诗经》诸篇时不一定全都正确,我们凭什么来否定比他生活时代还早的战国时期以前的诗歌作品就一定不是武王、周公所作呢?

四、武王与《大武》诗辨正

谈及武王的诗作,我们不免想到传世文献中记载的与武王有关的诗作。《诗经·周颂·武》又名《大武》,属于组诗,有的文献记载为武王、周公所作,有的文献记载为武王作,还有的记载是周公作。究竟该如何理解这些文献不同的记载,是我们讨论武王诗作的基础和前提。

对于这些文献不同的记载,需要逐一分析,以探究竟。《庄子·天下》曰:"武王、周公作《武》。"《武》即是《大武》,《庄子》以为该组诗由武王、周公两人所作。但《荀子·儒效》曰:"武王之伐纣也,……反而定三革,偃五兵,合天下,立声乐,于是《武》《象》起,而《韶》《濩》废矣。"①仿佛又是武王作《武》。又,《吕氏春秋·古乐》记载:"武王即位,以六师伐殷,六师未至,以锐兵克之于牧野。归,乃荐俘馘于京太室,乃命周公为作《大武》。"②这是说武王命令周公作的《大武》。

尤其值得注意的是,《左传·宣公十二年》记载楚子曰:"夫文,止戈为武。武王克商,作《颂》曰:'载戢干戈,载橐弓矢。我求懿德,肆于时夏,允王保之。'又作《武》,其卒章曰:'耆定尔功。'其三曰:'铺时绎思,我徂惟求定。'其六曰:'绥万邦,屡丰年。'夫武,禁暴、戢兵、保大、定功、安民、合众、

① (清)王先谦撰:《荀子集解》,第134—136页。
② 陈奇猷:《吕氏春秋新校释》,第289—190页。

丰财者也。”[①]楚子认为武王不仅作《武》，而且作《颂》（《周颂·时迈》）。

但《国语》以为《周颂·时迈》是周公所作，《周语上》记载祭公谋父引周文公之颂曰：“载戢干戈，载櫜弓矢。我求懿德，肆于时夏，允王保之。”[②]其后，刘勰《文心雕龙·颂赞》：“《时迈》一篇，周公所制，哲人之颂，规式存焉。”[③]亦以为《时迈》为周公所作。《时迈序》孔颖达注疏云：“周公既致太平，追念武王之业，故述其事而为此歌焉。”[④]《时迈》诗序并未明言该诗作者为谁，但其解释该诗背景内容是“《时迈》，巡守告祭柴望也”[⑤]。孔颖达据此发挥说武王巡行，至于方岳之下，乃作告至之祭，为柴望之礼，周公述其事而作此歌。清代学者王先谦亦认为：“《时迈》虽作于周公，要为颂武王克殷后巡守诸侯之事甚明……武王克殷，周公始作此歌以颂武王，及成王巡守，乃歌此诗以美成王。”[⑥]

综观以上《时迈》作者诸说，笔者倾向认为该诗为周公所作说。虽然《左传》和《国语》两种文献记载彼此不同，但笔者更同意《国语·周语下》的记载。这是因为，我们讨论诗篇的作者时，不但要看文献上的记载，也要关照诗篇的内容及其主旨。《时迈》诗的内容主要是歌颂武王的武功和文德，不似武王本人所作。在此基础上，我们再看文献的记载，除武王之外，能作此诗歌颂武王，且文献有《国语·周语下》明确记载的只有周公，更何况刘勰、孔颖达、王先谦等学者亦持周公作《时迈》并言之成理。因此，我们认为周公是《时迈》的作者，似乎更加近乎史实。虽然《左传》文献价值颇高，但其叙事也要看在何种语境下及叙事者的身份如何。就《左传·宣公十二年》记载楚子“武王作《颂》”说来看，一方面可能是楚子并不清楚《时迈》为谁做，将本来是周公所作说成了武王，产生了张冠李戴之误；另一方面也许楚子明了周公作《时迈》，却故意将其说成是武王，因为武王、周公二人关系非同一般。类似这种情况，文献中还有不少实例，可

---

① 杨伯峻：《春秋左传注》，第90页。
② （清）徐元诰撰：《国语集解》，第2页。
③ 周振甫：《文心雕龙注释》，北京：人民文学出版社，1981年，第95页。
④ （清）阮元校刻：《十三经注疏·毛诗正义》，第588页。
⑤ （清）阮元校刻：《十三经注疏·毛诗正义》，第588页。
⑥ （清）王先谦撰：《诗三家义集疏》，北京：中华书局，1987年，第1012页。

参考周公史事研究部分。如果这种分析有些道理，那么楚子说《周颂·时迈》是武王作，也不能算错。但有些学者就此矛盾之处说"《左传》《国语》各自立说，都难逃主观臆断的嫌疑"①。这就是缺少对《时迈》的内容主旨与不同文献记载的辨析了。

下面继续讨论《大武》的作者问题。据上文对《时迈》作者的讨论，我们已经指出周公是该诗篇的作者，要比武王更合乎历史的事实。那么关于《大武》组诗的作者问题，又应该如何理解呢？

据上文献征引，首先认为武王、周公合作《大武》的是《庄子·天下》；指出武王作《大武》的是《荀子·儒效》和《吕氏春秋·古乐》，《左传·宣公十二年》楚子亦以为武王作《武》。虽然诸文献对《大武》作者记载有所不同，但其间又存在着某种联系。其中与《庄子》的说法相近的是《吕氏春秋》，都认为《大武》制作与武王、周公都有关系；可《荀子》和《左传》都认为《大武》为武王作。通过对以上文献记载的分析，我们不好说哪一种文献记载得正确或错误，只能判断哪种说法更合乎史实和道理。让我们再回到对《大武》诗的内容和主旨的分析，以确定该诗究竟为谁所作吧。《诗经·武》曰："於皇武王！无竞维烈。允文文王，克开厥后。嗣武受之，胜殷遏刘，耆定尔功。"②此诗显然对武王完成克商大业的赞美，不应该为武王本人作。即令他本人要炫耀文治武功，也得请别人来作。所以，《吕氏春秋·古乐》记载武王命周公作《大武》组诗，甚为合乎情理。也许正因为作《武》与武王命令有关，故《庄子·天下》说是武王、周公作《武》，也堪称有理。而《左传》《荀子》均一致记载周公作《武》(《大武》)，其意可能是指该组诗主要由周公亲自负责完成，不过事先得到了武王的命令。

因此，《大武》诗、乐、舞组诗的作者可能主要是由周公亲自负责完成的，但也得到了武王的允许，故此诗从一定意义上来说也可以说成是"武王作"，实际是"武王命令周公作"。最后，笔者认为，周公才是《大武》乐诗的作者，武王只是"冠名者"而已。

---

① 刘立志：《周公作诗传说的文化分析》，《南京师大学报》(社会科学版)2010 年第 2 期。

② (清) 阮元校刻：《十三经注疏·毛诗正义》，第 597 页。

第三章
清华简与周公史事研究

学术界长期以来对文王受命、文武受命的历史问题多有探讨。而对周公受命问题关注不够,从而使这一问题长期搁置而未给予专门、系统的考察和论述。在两周历史文献记载中,文王受命、文武受命要比周公受命出现频率要高得多,因此周公受命问题仍是一个在学术界亟须研究的问题。有关周公受命的文献记载,已经被津津乐道的摄政称王问题及其他史事所淹没①,然而这个问题的讨论或许有助于我们加深对周公摄政称王问题的理解。此外,本章还对清华简等文献中的周公诗作以及周公东征、奔楚、南征等史事进行探讨,希冀能够为解决周初疑难历史问题抛砖引玉。

第一节　周公受命与摄政

周公受命与周公摄政问题紧密相关。周公摄政乃是周初武王不得已采取的一种古代政体形式,源于商代伊尹摄政②。关于伊尹摄政,《史记》载曰:"帝太甲既立三年,不明,暴虐,不遵汤法,乱德,于是伊尹放之于桐

---

① 黄彰健先生指出由前人对《尚书》的注解,看不出周公曾受命的问题。如周公受三王命、摄行天子政务、自称予一人等。参见黄彰健:《释周公受命义——并论〈大诰〉、〈康诰〉"王若曰"的王字应指周公》,《大陆杂志》1973 年第 46 卷第 5 期;及其《释周公受命义续记》,《大陆杂志》1974 年第 48 卷第 3 期。两文又见于《大陆杂志语文丛书》第 3 辑第 1 册。

② 金景芳:《中国奴隶社会史》,上海:上海人民出版社,1983 年,第 115 页。

宫。三年,伊尹摄行政当国,以朝诸侯。帝太甲居桐宫三年,悔过自责,反善,于是伊尹乃迎帝太甲而授之政。帝太甲修德,诸侯咸归殷,百姓以宁。”①《三代世表》亦记载:“帝太甲,故太子太丁子。淫,伊尹放之桐宫。三年,悔过自责,伊尹乃迎之复位。”②这种政权统治方式作为王位继承制形式下的一种补充、变通方法一直受到后人的非议。摄政是在嗣王幼小、不堪胜任君主或继承者王位空缺、面临严峻政治危机下的一种临时举措,一般没有常例常规可循。以历史上正统的思想观念来看,由于不合乎王位继承制的惯例,往往具有被时人或后人误解,甚至被视作篡位之嫌疑。

周公摄政即是历史上这一政体形式的典型事例。因此,周公摄政称王在历史上成为一大公案,对后世影响至深至远。本章欲结合《尚书》《逸周书》等传世文献与出土文献对周公受命、摄政史事进行初步讨论,以期方家不吝赐正。

一、周公受命新考

《尚书·金縢》所载:“予小子新命于三王。”③而《史记·鲁世家》记作:“旦新受命三王。”④这是周公受命在历史上确实存在的重要史料依据。在《尚书·金縢》中还见两处“受命”的文字,是否为周公受命需要认真辨析。

(一)“乃命于帝廷”系指武王受命

《尚书·金縢》:“乃命于帝庭,敷佑四方,用能定尔子孙于下地,四方之民罔不祗畏。呜呼!无坠天之降宝命,我先王亦永有依归!”孔颖达《尚书正义》疏曰:“言武王用受命于帝庭之故,能定先人之子孙于天下,四方

① (汉)司马迁撰:《史记》,第99页。
② (汉)司马迁撰:《史记》,第495页。
③ 顾颉刚、刘起釪:《尚书校释译论》,第1223—1233页。
④ (汉)司马迁撰:《史记》,第1515页。

之民无不敬畏。叹惜武王，言不救则坠天之宝命，救之则先王长有依归。”①

“乃命于帝庭”，《鲁世家》集解引马融：“武王受命于天帝之庭。布其道以祐四方。”②以后注疏家皆作如此解。上句中“命”字为被动用法，意为“受命”。顾颉刚、刘起釪以为《尚书·金縢》“本文三‘命’字皆为受命。但本句受命的主体释作武王则不合。‘乃’在此仍为第二人称代词，而且按殷、周语法仍当为领格。此句是说你们在帝庭承受了的天命。你们，指三位先王。”③按顾、刘之说有失，《金縢》前文共出现五个“命”字，“降宝命”“尔命”之“命”非“受命”之意。此文中受命亦当理解为武王受命，因为周公为武王向周之三王请求延长武王命数，极力为武王美言，且“能定先人子孙”系武王之行事，不应为三王。此处“乃”固有第二人称之用法，但多为“你的，你们的”修饰词用法，如《金縢》本文即有“乃元孙发”即你们的元孙发。可见，“乃”在此句中不宜为人称代词。

据上下文意和武王历史，“乃”在句中当为“才”“刚刚”之意，为副词。此句可理解为武王刚(才)受命于上帝。这符合周公向三王为武王请命的缘由，意谓武王刚刚克商灭纣，受命于天，就生了大病，请求先王延长武王的寿命，以定先人子孙，使先王在地上有宗庙可依。对于“乃”副词这种用法，文献多见。如《左传·定公十五年》云：“丁巳，葬我君定公，雨，不克葬，戊午，日下昃，乃克葬。”④

（二）周公受命：“予小子新受命于三王”

《金縢》曰：“今我即命于元龟。尔之许我，我其以璧与珪，归俟尔命。尔不我许，我乃屏璧与珪。”孔颖达《尚书正义》谓：“就受三王之命于大龟，卜知吉凶。”⑤曾运乾亦说“即命于元龟”意谓就受三王之命于元龟也，并

① 十三经注疏整理委员会整理：《尚书正义》，北京：北京大学出版社，2000年，第395页。

② （汉）司马迁撰：《史记》，第1517页。

③ 顾颉刚、刘起釪：《尚书校释译论》，第1224页。

④ 杨伯峻：《春秋左传注》，第1600页。

⑤ （清）阮元校刻：《十三经注疏·尚书正义》，第196页。

且认为《金滕》经文中言“命于”者，皆为“受命”之义，其论甚确。另两例“命于”，“乃命于帝”即武王受命于帝；“小子新命于三王”即“新受命于三王”也，也有学者释作“亲受命于三王”。鄙意以为，虽“新”“亲”字形相近可同，但以本文语境中视之，仍以作原“新”字义较胜①，意即周公通过龟卜吉辞获得先王新的受命，因周公祈请代武王死，并未获得先王应允，最终武王离世，享配先王。这意味着武王的天命转到了周公的身上。周公所受命就是“惟永终是图”，即前文所说“不坠天之降宝命”。尤其应该注意的是周公自称“予一人”，当是周公践祚摄政明证。

可见，在武王尚未离世之时，周公已经通过龟卜获得三王之命，从而取得了践祚摄政的身份。周公向三王之灵为武王请命，这一事件意义非凡。

> 乃卜三龟，一习吉。启籥见书，乃并是吉。公曰：“体！王其无害。予小子新命于三王，惟永终是图。兹攸俟，能念予一人。”公归，乃纳册于金縢之匮中。王翌日乃瘳②。

周公为武王请命在三王龟卜中都得到吉卜，其主要内容一是所幸武王没有生命危险（后来武王病情确实好转），二是周公从三王接受图谋国家长久的命令，三是周公相信自己为国家谋划会得到三王的关心和支持。经过周公的祷告和龟卜，武王的病情得到暂时的缓解，但由于武王病情十分严重，最终没过多久就去世了。然而周公通过这一系列政治宗教活动，为自己在周初的政治地位和作用的发挥奠定了良好的基础。周公对先王事业及武王的忠心及其杰出的政治才能使得其成为武王晚年身体衰弱和成王年幼不堪重任情况下的行使政治权力的最佳人选。

周公受命与文王、武王受命有所不同，周公受命是指受到在天三王之灵的命令，而文王受命或武王受命是指受到皇天、上帝的命令。三者受命相同点在于目的都是维护周家王朝的永久统治，威慑殷人的反抗和叛乱，以“祈天永命”。周公受命的神性色彩相较文王受命内容丰富性大大降

---

①　《史记·鲁世家》亦作“新受命三王”。

②　曾运乾：《尚书正读》，第151页。

低，而武王的受命与周公的受命存在着紧密的联系。在周人受命观念中，受命的连绵不断，便是政权长期存在的表现，一旦受命主体出现危险或离去，必然需要重新选择或有人主动担当受命者，以维护天命对周邦的保护。需要指出的是，学者多以为文王受命、武王受命与称王基本同时，属于同一个概念，受命即意味着称王。然而周公受命却是一种特例，其受命的来源不是上帝或上天之命，而是太王、王季、文王三王的命令，其受命的权威性则略显不足。如果说文王、武王受命属于直接受命于上帝的话，那么周公受命属于间接受命于周之三王(先王)。在周人看来，周之祖先在天上事奉上帝左右，能够转达上帝的旨意和命令，并在上天保佑周人子孙后代的生命和安全。认识周公间接受命，对于周公摄政的身份、是否称王等问题的理解多有裨益。

《大诰》中也有周公践祚摄政的身份的显示，如经文中出现的“王若曰”(一见)、“王曰”(三见)即是周公摄政史实的反映。另外“洪维我幼冲人，嗣无疆大历服”，是周公继承武王这份永世长存的王业(非继承王位！)，亦证明周公在武王离世后仍然摄政。再者，“用宁王遗我大宝龟”也是周公受到文王信任、倚重、卜问天命权力的证明。周公拥有文王赐予他的大宝龟，也是他在武王、成王时期能够成为辅政大臣的重要原因。周公对武王、周邦的忠诚之心，是他能够获得文王(先王)、武王信任的主要因素，也是他能够“受命”的依据。“文王受命惟中身(忠信)”①，是因为文王的忠信而受到了天命。那么，周公具有忠信的德行，也同样能够受到三王之命以致天命。总之，周公在周初受命的史实是可以确定的。

《金縢》还记载周公摄政自称予一人：“体，王其罔害！予小子新受命于三王，惟永终是图。兹攸俟，能念予一人。”《尚书正义》：“周公言，我小子新受三王之命，武王惟长终是谋周之道。”②“予小子新命于三王”句，

① “中身”即忠信，王人聪、李家浩、赵平安等古文字学者均有详细考释和论证。请参见《香港中文大学文物馆藏印集》，香港中文大学，1980年；李家浩：《从战国“忠信”印谈古文字中的异读现象》，《北京大学学报(哲学社会科学版)》1987年第2期；赵平安：《“文王受命惟中身”新解》，《古文字研究》第29辑，中华书局，2012年；又氏著《新出简帛与古文字古文献研究续集》，北京：商务印书馆，2018年，第363—364页。

② (清)阮元校刻：《十三经注疏·尚书正义》，第196页。

《史记·鲁世家》作“旦新受命三王，维长终是图。兹道能念予一人”①。《史记·集解》引孔安国曰：“我新受三王命，武王维长终是谋周之道。”并且引马融曰：“一人，天子也。”②黄彰健先生认为“予小子新命于三王，惟永终是图”是说周公新近受命于三王，三王命周公“惟永终是图”。此“永终是图”即上文(《金縢》)所说“无坠天之降宝命”，使“先王亦永有依归”。而所谓天之降宝命，即指上文周武王受命于帝庭，帝命其溥祐(抚有)四方③。黄说甚是。由此，周公不仅受命摄政，而且自称予一人的事实反映了武王临终前后的周初基本政治情况。

简之，周公在武王未崩或身临重病时，即已接受三王之命以公爵身份践祚摄政，自称予一人，属于变礼，虽反经而合道。武王崩后，周公继续摄政，是依据此前接受的三王的命令以及武王之命，自是无可怀疑的事实。

二、周公奉命摄政、辅佐成王

周武王克殷之后，鉴于成王年幼，政治才能不堪胜任周初严峻政局，就开始了对其身后王位继承人的考虑和拣选。《逸周书·度邑解》明载了这一历史实情：

> 王□□传于后。王曰：“旦，汝维朕达弟，予有使汝。汝播食不遑暇食，矧其有乃室？今惟天使予。惟二神授朕灵期。予未致于休，□近怀予朕室。汝维幼子，大有智。昔皇祖底于今，勖厥遗得显义，告期付于朕身，肆若农服田，饥以望获，予有不显，朕卑皇祖，不得高位于上帝，汝幼子庚厥心，庶乃来班朕大环，兹于有虞意，乃怀厥妻子，德不可追于上，民亦不可答于朕，下不宾在高祖，维天不嘉，于降来省，汝其可瘳于兹，乃今我兄弟相后，我筮龟其何所即？今用建庶

① (汉)司马迁撰：《史记》，第1515页。

② (汉)司马迁撰：《史记》，第1517页。

③ 黄彰健：《释周公受命义——并论〈大诰〉、〈康诰〉“王若曰”的王字应指周公》，《大陆杂志语文丛书》第三辑第一册，1973年。

建。”叔旦恐，泣涕共手。①

文中阙文，唐大沛补作“命旦”，孙诒让说同。朱右曾云当是“欲旦”，潘振云：“传于后者，传于武王之后，兄终而弟及也。”②这些都是很正确的说法。注疏家一致认识到武王要传位周公，并且当时史官所述“王欲旦传于后”亦符合当时周初实际。上文记述武王打算将王位传给周公，并且列举了周公很多的美好德行，一直作为武王的学习榜样。武王说周公的才能智慧超过他，能够治理周邦达于休美，巩固对殷人的统治。因此，武王说“乃今我兄弟相后，我筮龟其何所即？今用建庶建”。用不着占筮、占卜，即可让周公继位。《尚书·大诰》记周公“宁（文）王遗我大宝龟，绍天命即命”则是武王崩后之事，周公继承了文武大业。对于“今用建庶建”注疏家有不同解释，其中尤以庄述祖云“建，立也，言用者，非周礼”及朱右曾所云“不传于子而传弟，故曰‘建庶’”③两说最为明了，且富启迪性。这说明武王为了加强对殷人的有力统治，对周人王位继承制进行了变通，欲采用殷人兄终弟及之法将王位传于周公，这种弟及之法显然属于殷制、殷礼。因此，庄述祖说此“非周礼”，实属卓识。从《度邑解》篇中可以看出，武王为了巩固刚刚建立的周政权，彻夜难眠，深深的忧惧之心使其身体状况不断恶化，终于积劳成疾。《尚书·金縢》云“既克商二年，王有疾，弗豫”正是对武王后来病情的真实表述。

武王在选择王位继承人问题上，首先考虑到的是多才多艺、能事鬼神的弟弟周公，这不仅因为周公对文王事业忠诚无私，而且考虑到周公的才能和身体都优于自己。周公在辅佐文王、武王的长期政治阅历中，具有丰富的政治经验，能够胜任周初复杂的内忧外患的艰难局势是一个重要的原因。武王之所以未提到嗣子成王诵继承其王位，当是考虑到了这方面的原因。一方面成王年幼，缺乏政治经验，不堪周之大任；另一方面周武王完全出于大公无私考虑周邦之稳固。但对周公来说，武王的要求无疑

① 黄怀信等：《逸周书汇校集注》，第474—479页。
② 黄怀信等：《逸周书汇校集注》，第474页。
③ 黄怀信等：《逸周书汇校集注》，第479页。

是一个难题：周人此时已基本实行父子相传的王位继承制，故周公听到武王的兄弟相后传位意愿后，他感到非常恐惧，连连向武王拱手施礼，委婉拒绝继承武王王位①。虽然周公未照武王意愿继承其王位，但武王对周公辅佐成王肯定有所交代，惜未见文献对此详细记载。《越绝书·吴内传》曰："周公以盛德，武王封周公，使傅相成王。成王少，周公臣事之。"②这一文献记载表明，周公以臣之身份摄政，辅佐成王，是经过武王授予的。此庶几揭示了周初武王、周公之间面对危难政局最终达成的意愿。

周公为了既能保证自己能够稳固周人对殷人的统治，又能保证成王诵按照周人继承制度继承王位，采用了一种变通的方法即践祚摄政的方式担任起保周重任。这在《尚书·金縢》中记载得十分清楚，前文已有叙述，此处不再赘述。学者们大多关注其中对周公以身代武王死、周公居东或东征等史事，而对在此经文中显示出的周公摄政身份的变化、摄政的原委真相以及受命的情况认识似乎不足。

我们可以设想，如果周公听从武王传位的安排，也就是周公继承武王之位，会引起周之统治集团内部势力的纷争该是如何激烈！周公只是代成王治理国家，就遭到了管、蔡兄弟的"公将不利于孺子"的流言。其实，这个流言意味着武王崩后，应该由其子成王诵继承王位。而周公摄政实质是辅佐成王，但其权力有时未免"践祚"（以公爵身份大臣行王事）及种种迹象似乎有取代成王之势。如果周公按照武王意愿继承王位，显然会遭到统治者内部更多的政治势力的反对，甚至掀起争夺王权的斗争，这是可以推测的。这说明父子相传的王位继承制在周初已经深入人心，成为一种基本的惯例。否则，管、蔡不会如此放言诋毁周公。

---

①　对于周公是否听从武王传位想法，学界多认为周公没有接受。有些学者认为周公接受武王兄终弟及的意愿按照殷代王位继承制来说理所当然，如王国维、晁福林先生等。而我们认为武王欲以殷法（礼）传为周公，使得周公十分为难，故周公后来进行了变通即在不继承王位的前提下，获有统治、决策的权力，以最大程度辅佐成王共济时艰，以稳固周人政权，亦即成王在位，但不亲政，由周公摄政、当国、主政。

②　（东汉）袁康：《越绝书》，上海：上海古籍出版社，1985 年，第 27 页。

清华简《金縢》记载"成王犹幼在位"①,表明周公并没有按照武王的要求正式继承王位,而是以公爵的身份代替成王主政即摄政。因此,周公在周初的七年中是以公爵摄政的身份来治理周邦国家政权的。也就说,周公并不是以王者的身份进行统治的,这一点很重要,周公不以王者身份摄政当国说明不会称王。即使有史官或他人将他视作"王",也只不过是"假王"——代理王罢了。正是因为周公不是以正式的王者身份来进行发号施令的,因此,其权力时刻受到来自各方面的质疑和制约,如成王、召公对周公的怀疑,以及管、蔡、武庚对其流言诋毁和勾结离间等。如果周公果真将成王抛于一边,自己无所顾忌,公开称王,这不仅不符合此前武王命他继位时所表现出的不能接受行为,也不符合周公的一贯为人行事的风格。如周公想继承王位,完全可以如武王意愿大大方方、顺水推舟来继承周王之位,何必于辅佐成王期间,如此迂回称王?

从一定意义上来说,周公不按武王意愿继承王位,是为了减少周人统治内部的王权纷争,他担心如照武王以殷礼继承王位,可能会招致更大的周初政治混乱。虽然周公没有继承王位,但他忠诚于周家的事业心迹不变,因此,他能够获得以摄政大臣的身份对成王进行辅弼,武王是相信周公的忠心和政治才能的,故曾有意将王位传于他。武王和周公是文王诸子中最为贤能的两个兄弟,且两人相处甚为融洽,兄弟情深,彼此笃仁行义,互为信任。特别是《尚书·金縢》记载武王有疾,周公祈祷以身代武王死,固然表明了周公对周邦大业的忠心,但也从另一侧面反映了周公和武王兄弟之间的亲密、真挚情谊。周公在祝词中所言:"惟尔元孙某,遘厉虐疾。若尔三王,是有丕子之责于天,以旦代某之身。予仁若巧能,多材多艺,能事鬼神。乃元孙不若旦多材多艺,不能事鬼神。"②祝词字里行间透露着周公为了代武王事奉先王,甘愿牺牲自己,此情此景无怪乎后来成王看到祝词,布书哭泣,叔侄之间误会顿然如冰化释。这为以后几年周公摄政铺平了道路,使得周公得以拥有施展政治才能的舞台,也使成王从周公

① 李学勤主编:《清华大学藏战国竹简(壹)》,第158页。
② 曾运乾:《尚书正读》,第149页。

的政治实践中学习到了宝贵的经验和智慧。成王统治时期，政治清明安定，这与周公打下的政治基础和成王受到周公的政治教诲及影响是有莫大关系的。

三、周公受命摄政合法性与正当性

武王克商时，周公主要辅佐武王；克商以后，武王病重时，周公由辅政大臣身份进行摄政（依然是公爵），摄政实质上是一种最大限度的辅政，是应时顺势的权变。在武王时期，周公、召公、太公、毕公等均为武王重要辅佐，但周公属于周之同姓，是最有资格并合乎当时礼法的摄政人选。

传世文献记载周公摄政身份，《逸周书·作雒》说："周公立，相天子。"①是说周公摄政，辅佐天子成王。天子只有成王一个，周公不可能称王、为天子。《左传·定公四年》载"周公相王室以尹天下"，仍然是说周公辅佐王室治理天下，绝无称王之举。又，《左传·文公十八年》说"先君周公制周礼"，周公后人称周公为"先君"而非"先王"，可证周公在辅政成王期间都没有称王。这些文献记载都属于历史研究中相当可信的文献，其说服力当无可疑。但需要指出的是，周公虽然受命，但并未称王。周公受命与文王受命、武王受命即称王有不同之处。受命龟卜是王者身份的象征，元龟是神性、灵性的象征。上古之人王者垄断龟卜特权，是王权的象征。文献记载文王、武王都曾受命于龟，同样周公也受命于龟，并且曾接受文王授予的大宝龟，自是占卜权力的标志，周公政治身份确实较为特殊。

有关文、武受命于龟，周公受命于龟的史事，《大诰》曰："敷贲。敷：前人受命，兹不忘大功。予不敢闭于天降威。用宁（文）王遗我大宝龟，绍天明（命）。"②前人受命指文王、武王受命于龟。"天休于宁（文）王，兴我小邦周，宁王惟卜用，克绥受兹命"③是文王受命于龟卜；《周语》引《泰誓》

① 黄怀信：《逸周书校补注译》，西安：西北大学出版社，1996年，第253页。
② 曾运乾：《尚书正读》，第157页。
③ 曾运乾：《尚书正读》，第160—161页。

“故曰朕梦协朕卜，袭于休祥，戎商必克”是武王受命于龟卜；“今我即命于元龟”是周公受命于龟卜。通过龟卜受命，龟卜都是“并吉”。文王、武王都有受命，但周公受命确实与其有所不同。

周公受命的权威来源于三王，受命的理由在于周公的巧能、多才多艺、能事鬼神等，周公摄政的基础和前提还在于他对周邦先王、武王的忠诚之心。因此，周公在周初辅佐武王、成王均是以公爵的身份，这就决定了周公在主持国政中不会自称王。《尚书・大诰》《康诰》等篇中的“王若曰”或“王曰”应该是史官或后人所加，这仅仅代表他们的一种看法或理解，与周公自己称王、公开宣布为周王不能等同观之。

周公摄政是奉先王、武王的命令。这是周公摄政合法性和正当性所在。周人之受命分为直接受命与间接受命，周公摄政属于间接受命，通过占卜接受的是三王之命，是一种“新命”，正所谓“周虽旧邦，其命维新”；周公受命摄政的主要目的在于维护刚刚建立的处于风雨飘摇之中的周邦，用他自己的话来说就是“无坠天之降宝命，我先王亦永有依归”“永终是图”“我之弗辟，无以告我先王”①。这与《大诰》《史记・鲁世家》所记载的周公言论是一致的。《大诰》曰“敉宁（文）武图功”“成宁（文）考图功”“极卒宁（文）王图事”②，《鲁世家》载周公向太公望、召公奭表露心迹说：“我之所以弗辟而摄行政者，恐天下畔周，无以告我先王。”③《大诰》中反复出现“予冲人”“我幼冲人”等属于周公谦卑之辞，并非指成王。笔者也不同意将“文考”视作成王对武王之称之说④。因为在《尚书・金縢》中记载成王曰：“惟予冲人弗及知。”⑤成王自称“予冲人”，可证前说非是。

在武王晚年、成王即位初年，周公受命，但未称王。周公辅佐武王、成王采用了变通的行政方式，这就是以公爵身份摄政。周公摄政是想以不

① 曾运乾：《尚书正读》，第149页。
② 曾运乾：《尚书正读》，第158、160、161页。
③ （汉）司马迁撰：《史记》，第1518页。
④ 王占奎：《也谈周公未曾称王》，载《远望集——陕西省考古研究所华诞四十周年纪念文集》，西安：陕西人民美术出版社，1998年，第346—352页。
⑤ 曾运乾：《尚书正读》，第153页。

继承王位的形式来达到稳固周初统治的目的。周公对武王的意愿进行了变通,这种变通一方面保持姬姓的统治,一方面也容易招致周统治内部势力的猜忌和怀疑。如周公按照武王意愿直接继承周武王之位,虽未尝不可,但会更加招致周之统治集团的王权纷争,原因是当时周之父子相继的王位继承制已经基本确立①。

新近发现清华简《金縢》也有关于武王受命的记录。

> 史乃册祝先王曰:"尔元孙发也,遘害虐疾,尔毋乃有备子之责在上,惟尔元孙发也,不若旦也,是佞若巧能,多才多艺,能事鬼神。命于帝廷,溥有四方,以定尔子孙于下地。尔之许我,我则晋璧与珪。尔不我许,我乃以璧与珪归。"

此处"受命"的主体可谓明确。清华简"命于帝廷"主语明显是"元孙发"即武王。因此,简文可证传世《金縢》"乃命于帝庭"系指武王受命,而非三王受命。同时,《逸周书·度邑解》亦记载武王受命:"王曰:'旦!予克致天之明命,定天保,依天室。'"②是周武王自称得到天命。传世文献与简本文献均记载武王受命史实,可见武王在历史上也曾受命史实不虚③。《尚书·君奭》记载周公称自己受命:"呜呼,君,肆其监于兹。我受命无疆惟休,亦大惟艰。告君乃猷裕,我不以后人迷。"④此处明言周公受命,可注疏家多增字解经说成是"我有周受命"。如说"有周受命",则《君奭》前文载曰:"周公若曰'君奭,弗吊,天降丧于殷,殷既坠厥命。我有周既受,我不敢知曰,厥基永孚于休。若天棐忱,我亦不敢知曰,其终出于不祥。'"⑤由此,可见周公受命与有周受命文中记载十分清楚,不宜将周公

---

① 关于周人实行的王位继承制,本人赞同学者主张的"父子相传"制,而非因袭商人的"兄终弟及"制。商人亦不以"弟及为主",周人未实行过"弟及制"。参看杨升南:《周人传子制非"周公手定"》,载《远望集——陕西省考古研究所华诞四十周年纪念文集》,西安:陕西人民美术出版社,1998年,第353—356页。

② 黄怀信:《逸周书校补注译》,第234页。

③ 晁福林先生根据《中庸》"武王末(未)受命"认为武王在历史上未曾受天命,此观点与传同说法不同,可商。请见晁福林:《〈中庸〉"武王末受命"解》,《中国文化研究》2014年第2期。

④ 曾运乾:《尚书正读》,第245页。

⑤ 曾运乾:《尚书正读》,第238、239页。

“我受命”解作“我先王受命”“我有周受命”。[①] 清人方苞《读尚书记》云：“莽改元，称《康诰》‘王若曰：朕其弟，小子封’，以为周公受命称王之文。”[②]此说“周公受命称王”据上文所论，自不足信。

总之，在武王晚年统治时期以及成王初年，周公以公爵的身份受命摄政，起到了王者的作用，挽救周家王朝于狂澜之中而不倒，辅佐成王渡过了周初政治最艰难的时期。周公摄政七年不是以“周王”的身份，也不是以成王的名义。周公摄政但未称王应该是周初一个基本的历史事实。

第二节　周公摄政与“称王”

周公摄政称王问题是西周史上一大历史公案。从战国晚期直到现代学术界，众说纷纭，莫衷一是。随着诸类出土文献的不断发现和增多，为周公摄政称王这一历史难题的解决提供了新材料。以下就根据近年新发现的青铜器与战国楚简铭文，结合传世文献记载，对周公摄政称王这一史事进行专门辨析。

一、西周金文与周公摄政

在诸多出土文献中有关成王、周公历史记载的内容中，无论是数量还是其所反映的历史时间，均不如青铜器铭文丰富和悠久。有不少西周早期乃至晚期的青铜器，其可靠性似乎更为学术界认可或青睐。下面欲结合西周青铜器铭文与先秦重要典籍就周公摄政称王史事进行专题探讨。

说起对周公未曾称王的出土文献证明，学者常常所举证的有力证据莫过于两件著名青铜器——墙盘和逨盘了。然而有趣的是，据某些学者研究，同样有两件记载周公称王青铜器：一是现藏于大英博物馆的周初

---

① 清人戴钧衡《补商》、朱骏声《便读》等对此均作如是解，请参见顾颉刚、刘起釪：《尚书校释译论》，第1585页。

② （清）方苞：《方苞集·读尚书记》上册，上海：上海古籍出版社，1983年，第3页。

青铜器沫司徒疑簋(又名康侯簋)(《集成》04059)。其铭文曰:“王来伐商邑,诞令康侯图(鄙)于卫,渣司土及图,作厥考尊彝(祖徽)。”此铭据说是周公称王的直接证据之一。二是蔡尊所载“王在鲁,蔡赐贝十朋,对扬王休,用作尊彝。”顾颉刚先生认为此器也是“彝器铭文中周公称王的直接证据”①。后来他进一步论证:《多方》“惟五月丁亥王来自奄”,按《多士》“惟三月,周公初于新邑洛用告商王士,……王曰:‘多士,昔朕来自奄。’”这王分明是周公。《多方》是周公在践奄之后赶回宗周向殷诸侯和官僚讲的一番话,《多士》是周公践奄之后,筑城东周迁殷民于洛邑时讲的。《多方》在前,《多士》在后,时间有一段间隔。所以《多方》的王依然是周公。成王不曾征鲁,此《王在鲁尊》的年月虽不易确定,但此王必是周公则是无疑的。② 但顾先生最后又说“周公实际上不是真的周王”,前后文似乎相互抵牾。因此,周公摄政称王问题仍然有进一步探讨的空间。

不少战国楚简文献对周公摄政史事有比较明确的记载,能够说明周公摄政在历史上是的确存在的事实,而在这些竹简上不曾发现周公称王,乃至成为周之天子的载录。关于周公摄政未称王的记载亦可以从史墙盘、逨盘等青铜器实物得到有力证明。战国竹简与青铜器对周公摄政未称王的记载相互印证,强化了学术界关于周公摄政但未称王的观点的可靠性和真实性。

著名的史墙盘对于西周历史的研究无疑具有重要的历史价值,此为学界所公认。1976 年出土的史墙盘(《集成》10175)在历述周王谱系时载,“曰古文王,讯圉武王,宪圣成王,渊哲康王,宏鲁昭王,祇显穆王”。这与《左传》《史记·周本纪》所记文、武、成、康、昭、穆王系完全相同。史墙盘铭文历述文、武、成、康、昭、穆诸王,又提及“天子”,此“天子”不是穆王,当指时王恭王无疑。史墙盘属于恭王时代的标准器。盘铭 284 字文气浩荡,表述畅达,浑然一体。铭文前半部分旨在叙述历代周王宏业伟功及其功臣辅佐,铭文后半部分则着重记载史墙家史贡献,歌颂赞美居多。学术界多将史墙盘视为周公未曾称王的重要实物证据之一,也常作为周公称

① 顾颉刚:《周公执政称王》,《文史》第 23 辑,北京:中华书局,1984 年。
② 顾颉刚:《周公执政称王》,《文史》第 23 辑。

王说一大反证。因此,主张周公称王的学者需要对墙盘铭文为什么不记载周公王世做出合理的解释,才能很好地回应持周公未称王观点的学者①。对此,主持周公称王的学者也进行了多种自圆其说的解释。

对于史墙盘铭文历数西周诸王而不记周公之缘由,赵光贤先生较早指出:“墙盘本意在叙述微氏家族史,并非周王室之史,无周公摄政称王本不足为奇……墙盘作于恭王时,周公早已去王位,它历数周王而无周公是当然的……后儒因为王莽效法周公因而篡汉,于是想尽一切办法对于《康诰》‘王若曰:孟侯。朕其弟,小子封’硬说是武王的话,宋儒如朱熹等人都这样说,清儒如庄存与、焦循等亦如此说,其实是说不通的。”②在此基础上,有学者进一步指出,“成王先已嗣位,周公旋又称王,周初政治舞台上出现了二王并存的局面。由于成王一直未离王位,周公摄位数年就退居臣列,致使史籍言周公摄政事多与成王并举,或曰‘周公相成王’”③。还有学者指出,周公的摄政,确是周朝的紧急措施④。春秋时人不见有称周公摄政称王的,只说“周公相王室”。这是他们为周公讳言,因为这样摄政称王而用“王命”,是不符合当时的宗法制和周礼的⑤。王玉哲先生认为,后世儒家多狃于“君臣之义”,故不信周公有称王之事⑥。童书业先生认为《尚书·大诰》中之“王”以及《康诰》“王若曰”之“王”为周公无疑,《召诰》“今冲子嗣”及“有王虽小元子哉”皆指成王幼小可知。周公摄政称王,犹多尔衮之为摄政王专政也。春秋时人所以罕言周公摄政而但称“相王室”者,则宗法礼制思想作祟。至战国末年,古“宗法”制已解体,《荀子》等书即明言周公摄政践祚矣⑦。持周公称王说者,说墙盘并非“周王室之史”,显然不能解释为何铭文历述周之文王、武王、成王、康王、昭王、穆王诸王,为何偏偏独遗漏周公不记,这与周公在历史上曾称王的观点显

① 杨升南:《周公摄政未称王》,《洛阳师范学院学报》2012年第1期。

② 赵光贤:《亡忧室文存》,北京:北京师范大学出版社,2001年,第167—169页。

③ 杜勇:《尚书周初八诰研究》,第27页。

④ 杨宽:《西周史》,第140页。

⑤ 杨宽:《西周史》,第141页。

⑥ 王玉哲:《周公旦的当政及其东征考》,载《西周史研究》,人文杂志丛刊第二辑,1984年。

⑦ 童书业:《春秋左传研究》,上海:上海人民出版社,1980年,第34页。

然是相互矛盾的；又，说成王、周公称王“二王并存”，为何诸多西周铜器铭文只记成王世系而不记周公？即使后来周公还政成王，下居臣列，但也不能否认周公曾经称王之事实。还有学者提出“为周公讳言”“狃于君臣之义”说，实际上已经透露周公称王在历史上是不符合当时宗法制度和周礼的，属于一种非正式“王”“天子”的身份，也就是不合法的“王”，这怎么能说周公称王呢？如果周公在周初称王，在当时看起来合法，在春秋时期视作不合法，这与当时管、蔡散布流言以及成王、召公的怀疑就相矛盾了。基于此，墙盘铭文作者史墙是否为周公讳言存在疑问。

除了墙盘记载周王世系外，收藏于宝鸡青铜器博物院、享有中国第一盘之美称的逨盘也比较完整地记录了西周诸王世系。该盘于 2003 年 1 月 19 日在陕西省宝鸡市眉县常兴镇杨家村出土。铭文曰：“逨曰：丕显朕皇高祖单公，桓桓克明哲厥德，夹诏文王、武王，达殷，膺受天鲁命，匍有四方，并宅，厥勤疆土，用配上帝。雩朕皇高祖公叔，克逨匹成王，成受大命，方狄不享，用奠四国万邦。雩朕皇高祖新室仲，克幽明厥心，柔远能迩，会召康王。方鬼不廷。雩朕皇高祖惠仲盠父，盭和于政，又成于猷，用会昭王、穆王，盗政四方，扑伐楚荆。雩朕皇高祖零伯，粦明厥心，不坠□服，用辟恭王、懿王。雩朕皇亚祖懿仲盭父，谏谏克匍，保厥辟孝王、夷王，又成于周邦。雩朕皇考龚叔，穆穆趩趩，和询于政，明楱于德，享佐厉王。逨肇缵朕皇祖考服，虔夙夕敬朕死事，肆天子多易逨休，天子其万年无疆耆黄耇保奠周邦，谏辟四方。……”①该铭文对西周王室变迁及年代世系有着明确的记载，首次印证了司马迁《史记·周本纪》所记录西周诸王名号，与殷墟甲骨文印证《殷本纪》的商王世系具有同样重大的历史价值和学术意义。逨盘盘底铸有铭文 21 行 372 字，详细记载了西周在位诸王，基本历数了文王、武王、成王、康王、昭王、穆王、共王、懿王、孝王、夷王、厉王、宣王等十二位周王，仅未及西周末代幽王。铭文所载诸王中不见有周公王世之记载。故有学者据此否定周公曾经称王，乃至七年致政成王之

---

① 刘怀君、辛怡华、刘栋：《逨盘铭文试释》，《文物》2003 年第 6 期。

说。由于逨盘铭与墙盘铭都未提到周公,故可得见文献中所谓武王死后,周公称王之说并不可信。

周初武王崩,成王幼。周公为了稳定新建政权,毅然决定担当此重任,暂时替成王治理国事,历史上称之为"周公摄政""摄位",或称"周公受命辅政"。然不少学者以为周公鉴于国家局势的需要,决定负起稳固周家的重任,代替成王践祚称王。在持周公称王说学者看来,这本是合乎情理之常,毫不奇怪之事。以上观点论述,反映了不少主张周公称王说的学者的认知。

但反对周公称王说学者,如杨向奎先生并不同意周公执政称王说,认为这无法解释《周诰》及铭文中成王之称王,而周公只称周公,而《金縢》:"管叔及其群弟乃流言于国曰:'公将不利于孺子。'"既已称王,则非"将不利于孺子",已是不利于孺子的事实。"将不利"还是假设,从侧面可以说明周公摄政未称王。但如未称王亦未摄政,周公地位与群公等,则此流言无据,因为他们没有反对周公的必要①。

此外,现藏于美国旧金山亚洲美术博物馆的周公东征方鼎(《集成》02739):"唯周公于征伐东夷,丰伯、薄姑,咸载,公归荐于周庙,戊辰,饮秦饮,公赏贝百朋,用作尊鼎。"铭文记载周公东征东夷诸国史事,正是成王在位时期,因此周公的身份依然是"公",因此此铭文可证周公在周初没有称王。所谓周初出现"二王并立"之说,出土文献并不支持此说。

如果周公东征方鼎是单独记载周公史事的话,那么,现藏于中国国家博物馆的禽簋(《集成》04041)就是周公与成王并见铭文的材料了。该簋铭文凡 23 字,其铭文曰:"王伐奄侯,周公谋,禽祝,禽有脤祝,王赐金百寽,禽用作宝彝。"禽簋所记系周初成王间事,可见,王自然是成王,周公是周公,铭文记载十分明确,这也说明周公在成王在位期间没有称王,他仅是以公爵身份辅佐成王。有的学者认为该铭文中"王"与周公是一人,先言成王,再言周公,是为了说明两人均是周公。这种说法显然是不符合历

---

① 杨向奎:《周公摄政与成王见国》,载郭伟川主编:《周公摄政称王与周初史事论集》,北京:北京图书馆出版社,1998 年,第 98 页。

史事实的。因为铭文记载得很清楚，成王亲自参加了伐奄，周公作为谋臣，这是不能混淆的。

对于周公不曾称王问题，夏含夷曾列举两篇西周铜器铭文加以证明。第一篇铭文是清代出土之禽簋，已为不少讨论这个问题的学者所注意。第二篇可以用来证明周公未曾称王的西周铜器是史墙盘。禽簋铭文将"王"与"周公"并提，虽然顾颉刚及同意其周公称王说的学者曾经以"王"为周公正式摄政之称呼，"周公"为私人家主之称呼来解释何以两个称呼实指一人，但这种解释对不同意其理论的学者根本没有说服力，"王"与"周公"之间必有分别。根据传统史书记载，周人伐奄仅有一次：在管叔、武庚叛周之后所谓的"东征"，见于《书序》《尚书大传》《史记》《竹书纪年》等。东征是周公开始摄政时的事件。因此，记载伐奄之禽簋只能作于周公摄政之时，而铭文本身将"王"与"周公"并称可以证明此时周公没有称王①。史墙盘铭文的"前半部分宣扬了自文王至穆王以及其后在位之时王等诸位西周天子的美德。尽管铭文之后半部(即赞美墙所属微氏祖先的一部分)曾提起周公("周王既载殷，微史烈祖乃来见武王，武王则令周公舍寓于周卑处")，可是在铭文的前半部例数文王、武王、成王的功绩时，在武王和成王之间绝无周公的名字。这似乎可以说明西周时代的史官并没有周公称王的概念。因为这个概念是千年以后才问世的，而且连那时的出现也有主观动态可寻，所以我想现在可以根据西周时代的第一手历史资料来判定周公摄政时根本不曾称王。"②夏含夷先生之说是十分有道理的，也是基本符合历史事实的。我们在研究周公称王问题时必须面对这些青铜器铭文的客观记录。

禽簋铭文说王伐奄侯，周公教其子伯禽脤祝，故王必是成王而不是周公。而《尚书大传》载："一年救乱，二年克殷，三年践奄，四年建侯卫，五年营成周。"可知，成王三年践奄，周公、伯禽父子实际参加。此时，据清华简

---

① ［美］夏含夷：《周公居东新说——兼论〈召诰〉、〈君奭〉著作背景和意旨》，载郭伟川主编：《周公摄政称王与周初史事论集》，北京：北京图书馆出版社，1998年，第134页。

② ［美］夏含夷：《周公居东新说——兼论〈召诰〉、〈君奭〉著作背景和意旨》，载郭伟川主编：《周公摄政称王与周初史事论集》，第134页。

《金縢》记载“成王犹幼在位”①以及《尚书》,可确证成王确实不大,或不足以担当践奄重任,故管蔡流言借机挑拨成王与周公之间关系。因此,铭文记载成王,是为方便纪年而已,实际上是周公主持了东征、践奄。不明于此者,遂以成王不幼,乃至亲政,这是不正确的。

顾颉刚先生曾经指出在彝器铭辞中有周公称王的两个直接证据,一是漆司徒疑簋(又名沬司土疑簋、康侯簋),一是王在鲁尊(又名蔡尊)。前文已有所论及。杨向奎先生对此提出质疑,漆司土疑簋“王来伐商邑,延令康侯鄙于卫”,仅此不能说明王是周公,因为成王曾多次东征,如令簋之“惟王伐楚伯在炎”,乃成王东伐践奄时器,楚即淮夷或南淮夷,其地东可至山东。又如禽簋之“王伐奄侯,周公某禽祝”,王指成王,因为下文又明确指出周公,但颉刚先生以为王指周公,而以楚为奄,先生谨于取证,今乃有此失②。对于在不同文献中出现王、周公以及王和周公杂用的称呼,顾颉刚先生解释说:“为了周公实际上不是真正的周王,所以当时固然有人称他为‘王’的,但也有人照旧称他为‘周公’的,也有‘王’和‘周公’杂用的称呼的,记载中并不一律。例如周公东征鼎铭云‘惟周公于征伐东夷’,而禽簋铭云‘王伐奄侯,周公某禽祝’。就可以证明这一点。”③对此,杨向奎认为周公并没有“称王”,但在成王初年曾经摄政,所有成王时《周诰》都是周公代成王宣告而称王,周公没有自己称王④。顾、杨师徒对周公是否称王史事的分歧,反映出周公称王问题的复杂和重要。他们师徒之间的争论可以说是我们进一步深入研究的基础。

研究周公是否称王问题,新发现的何簋也为我们提供了极大启示。何簋乃是张光裕先生于2009年公布的一件私家收藏的西周早期青铜器。据张光裕先生研究,何簋器主名“何”与何尊器主同为一人。此簋盖器对

---

① 清华大学出土文献研究与保护中心编,李学勤主编:《清华大学藏战国竹书(壹)》,第158页。

② 杨向奎:《周公摄政与成王见国》,载郭伟川主编:《周公摄政称王与周初史事论集》,第87页。

③ 顾颉刚:《周公执政称王》,《文史》第23辑。

④ 杨向奎:《周公摄政与成王见国》,载郭伟川主编:《周公摄政称王与周初史事论集》,第96页。

铭,各 34 字,其铭文为:

> “隹八月公陕(夷)殷年,公益(赐)何贝十朋,乃令何尉(乱)三族,为何室。用兹簋艺公休,用作且乙尊彝。”①

“公陕殷年”相当于清华简《金縢》“既克殷三年”,即以事纪年,与利簋“隹珷征商”纪年文例相同,但“陕殷”与“征商”用词有所差异,“征商”系武王征伐商纣,“陕殷”当与平定殷地或殷族有关,或应是平治三监叛乱。该铭文以“陕殷”之年,作为纪年,足可反映该事件之重大,参考之文献记载,所指应为平定三监叛乱事无疑。“公陕殷年”之公,更可推断非周公莫属。“三监之乱”乃周公摄政时发生之大事,周公当时曾否称王,史家聚讼多年,今得见“公陕殷年”之纪年方式,足证时人仍尊称周公为公。

此外,柞伯鼎也对周初周公身份有所揭示。柞伯鼎具有西周中期的铜器特点,两耳,三足,鼓腹,口下饰有饕餮纹和一道弦纹,属于恭王时器,于 2005 年入藏国家博物馆。以下尽可能用通行字体摘录柞伯鼎铭文:

> 惟四月既死霸,虢仲命柞伯曰:“在乃圣祖周公繇(迪)又(有)共(功)于周邦。用昏无殳,广伐南国,今汝其率蔡侯左。”至于昏邑,既围城,命蔡侯告征虢仲、遣氏曰:“既围昏。”虢仲至,辛酉,薄戎,柞伯执讯二夫,获馘十人。其弗敢昧朕皇祖,用作朕烈祖幽叔宝尊鼎,其用追享孝,用祈眉寿万人(年),子子孙孙其永宝用。

“在乃圣祖周公繇又共于周邦”,柞伯为周公后人,亦只言“圣祖周公”,不以王号追称。由此,李学勤先生亦据柞伯用辞,认为柞伯“讲到周公,完全是大臣的身份,没有曾经称王的迹象,史墙盘、逨盘叙述周朝世系,也不及周公,可见周公称王实出后世的想象”②。由此,柞伯鼎以及何簋的发现当可进一步支持周公未曾称王之说。

---

① 张光裕:《何簋铭文与西周史事新证》,《文物》2009 年第 2 期。

② 李学勤:《从柞伯鼎铭谈〈世俘〉文例》,《江海学刊》2007 年第 5 期。

二、战国楚简与周公摄政

20世纪末21世纪初,上海博物馆收藏了一批战国楚简,在学术界引起轰动。其中,上博简第八辑收录有一篇关于成王与周公两人治国问题的文献,此篇原无篇题,整理者将其题名为"成王既邦"。《成王既邦》共有16枚竹简,首简接抄于上篇竹书。《成王既邦》篇首简载:"成王既邦周公二年,而王重其任,乃访□……"①上博简整理者注释:"本篇佚文证明了历史上的周公摄政事实不可移。本篇'成王既邦,周公二年'并记,摄政期注明了'周公',这和'某王某年'的纪年截然不同,正证明了周公摄政后才会产生的特殊纪年现象,这在出土文献中首次发现。周公摄政时期的纪年冠有'周公',而不冠王名。这为郑玄的'周公归政后一年为成王元年'说提供了战国时代的物证,王肃的'武王崩明年成王元年'说难以成立。"②诚如上博简整理者所指出,周公在历史上摄政事实不可移。此处"成王既邦,周公二年"意即"成王继承王位,周公摄政二年"。简文"周公二年"不宜理解为"周公纪年",似应理解为周公在成王在位的第二年。

清华简《皇门》:"惟正(月)庚午,公格在库门。""公若曰",公自称"朕冲人""予一人"等。此与传世本《逸周书·皇门》"维正月庚午,周公格于左闳门"正好可以比读并相互印证。从两种文献相互比勘可知,简本中"公若曰"之"公"正是传世本中之周公,断无可疑。李学勤先生根据简文中的"公若曰"在《尚书》的《周书》各篇中除了出现"王若曰"外,只有《君奭》《立政》有"周公若曰";简文的公自称"朕冲人",《周书》的《金縢》《大诰》有成王自称"予冲人";简文的公自称"予一人",属于王的口吻等缘由认为:"《皇门》可能属于周公摄政时期。"③杨升南先生认为:"清华大学战国竹简的《皇门》篇,是周公摄政的新证据,但文中称周公为'公',是他未称王之证。"④以上两位先生所得结论是较为正确的。

---

① 马承源主编:《上海博物馆藏战国楚竹书(八)》,上海:上海古籍出版社,2011年,第169页。

② 马承源主编:《上海博物馆藏战国楚竹书(八)》,第170页。

③ 李学勤:《清华简九篇综述》,《文物》2010年第5期。

④ 杨升南:《周公摄政未称王》,《洛阳师范学院学报》2012年第1期。

此外,清华简《系年》第三章记载:“周武王既克殷,乃设三监于殷。武王陟,商邑兴反,杀三监而立彔子耿。成王伐商邑,杀彔子耿,飞廉东逃于商奄氏,成王伐商奄,杀飞廉,西迁商奄之民于朱圉,以御奴且之戎,是秦之先人。”[①]这里仅记载成王伐商邑,杀彔子耿,不见周公字样,可知周公至多是辅佐成王伐商邑、商奄,也可证其不可能称王,更不能成为周人之天子。如此记载与周初青铜器铭文单独记载成王伐奄史事多能符合。可见,周初成王与周公的政治地位和身份在当时是比较清楚的。

又如,清华简《系年》第四章:“周成王、周公既迁殷民于洛邑,乃追念夏商之亡由,旁设出宗子,以作周厚屏,乃先建卫叔封于康丘,以侯殷之馀民。”[②]清华简《系年》周成王、周公并称在同一支简上出现,至少说明在清华简的作者、抄写者或当时史官看来,周公并未有称王之事。再者,清华简(叁)《良臣》:“武王有君奭,有君陈,有君牙,有周公旦,有召公,遂佐成王。”[③]亦赫然可见周公、召公在简文被视作良臣是以大臣的身份相继辅佐武王、成王的,而绝无周公称王之历史迹象。

由此可见,诸多战国竹简材料有力揭示并证明周公的政治身份,在周初摄政但未称王的历史事实。这些战国竹简书籍是未经后人篡改的真实材料,是可靠且值得我们重视的。

三、传世典籍不见周公“称王”

从上文可以看出,西周时期诸多青铜器铭文均反映不出周公称王、作为天子的事实。而传世文献中如《国语》《左传》等亦不见周公直接称王的记载。这些传世文献与出土文献青铜器铭文等都可以相互印证、相互发明。另外,这些传世文献所记周公摄政、行政当国之年均包括在成王纪年中。

传世文献所见周初之王系全以“文、武、成、康”排列,不见周公之名。

---

① 李学勤主编:《清华大学藏战国竹简(贰)》,上海:中西书局,2011年,第141页。
② 李学勤主编:《清华大学藏战国竹简(贰)》,上海:中西书局,2011年,第144页。
③ 李学勤主编:《清华大学藏战国竹简(叁)》,上海:中西书局,2012年,第157页。

自唐代以来“文、武、周公”并称为韩愈所创道统说之重要环节。虽然周公与周初文王、武王并称，但周公毕竟依然是“公”之身份，其去世后谥号也是“周文公”。因此，春秋时期的史官及时人不曾以为周公为周之王，更毋论天子之身份。我们所熟悉的“《春秋》外传”《国语·周语下》记载太子晋谏灵王曰：“自后稷以来宁乱，及文、武、成、康而仅克安民。自后稷之始基靖民，十五王而文始平之，十八王而康克安之，其难也如是。厉始革典，十四王矣。”①太子晋所言“十五王”，谓后稷、不窋、鞠、公刘、庆节、皇仆、差弗、毁隃、公非、高圉、亚圉、公叔祖类、太王、王季、文王。文王正好是第十五王；后文“十八王”系前面十五王加上武王、成王、康王。可见周公不在这个王系中。作为周灵王时的太子晋应该很熟悉和清楚周王世系的历史，至少在他和周灵王看来，周公是不曾称王的，否则，太子晋的追述应该提到他。对于周公摄政不称王，这条史料以往不曾受到学者重视，如今却是一大证据，可以从传世文献角度反推周公未曾称王。

又，《国语·鲁语上》记载鲁国展禽对祭祀的理解如是说：“夫圣王之制祀也，法施于民则祀之，以死勤事则祀之，以劳定国则祀之，能御大灾则祀之，能捍大患则祀之。非是族也，不在祀典。……稷勤百谷而山死，文王以文昭，武王以武烈，去民之秽……周人禘喾而郊稷，祖文王而宗武王……高圉、大王，能帅稷者也，周人报焉。凡禘、郊、祖、宗、报，此五者，国之典祀也。”②这里，鲁国展禽以为“禘、郊、祖、宗、报”为国家的典祀之礼，在历史上作过周王方可享用，其中亦不见周公踪影，可见鲁人也不认为周公曾经为王。这与上文太子晋所言周之王世情况相符。

下面让我们再看看《左传》对周公在周初辅佐成王的记载：

《左传·昭公九年》记载：“文、武、成、康之建母弟，以蕃屏周，亦其废坠是为，岂如升髦而因以蔽之。”③此处列举周初诸王是周文王、武王、成王、康王，周公不在其中，可见周公不曾为周王，明甚！又，《左传·定公四年》载曰：“昔武王克商，成王定之，选建明德，以蕃屏周。故周公相王室以

---

① （清）徐元诰撰：《国语集解》，第100页。
② （清）徐元诰撰：《国语集解》，第154—161页。
③ 杨伯峻：《春秋左传注》，第1308页。

尹天下，于周为睦。……周公为太宰。不然文武成康之伯犹多，而不获是分也，唯不尚年也。……聃季授土，陶叔授民，命以《康诰》而封于殷虚。”①此文所记周王仅有武王、成王，周公只是辅佐成王统治天下。由此可见，周公与成王的关系是一“王”一“相”，周公为太宰的政治身份，在分封康叔时周公并非王者。

除《国语》《左传》对周公不曾称王记载外，《诗经·鲁颂·閟宫》亦对周公政治身份有所反映，其诗曰：“王曰叔父，建尔元子，俾侯于鲁。”②这是成王在分封周公之子伯禽时对周公说的话。伯禽受封鲁国，在成王时期，应是因周公在周初辅佐成王功勋卓著，故有成王分封伯禽之文献记载。周公如果为王，此不必有“王曰”之辞，亦不当有周公自封其子于鲁之理。

正如《吕氏春秋·下贤》所言：“文王造之而未遂，武王遂之而未成，周公旦抱少主而成之。”③这是说周家事业由周文王奠基而没有实施，武王灭商而没有巩固，是周公辅佐成王最后完成稳固周朝的伟业。文中所记“周公旦抱少主而成之”固然不可据信，但认为周公辅佐不具丰富政治经验的年幼成王共同成就、巩固了周家事业是符合当时周初政治形势的。

历史上不少学者如书序作者认为历史上的经学家存在着浓厚的宗法礼制思想，不承认周公摄政乃至称王的事实，是在为周公讳言。从上述诸多重要传世文献之记载内容进行分析，我们可以发现这种说法是值得商榷的。周公称王不见周王世次，就如后来共伯和执政或周召执政一样不在周王世系中出现一样。为何我们唯独偏向周公在周初称王呢？当然这与周初《尚书》诸诰记载“王若曰”“王曰”等有关，但对这些习惯用语的理解，学术界历来有不同的看法，此王不必是周公称王的“铁证”。这些“王若曰”固然可以理解为周公代宣王命，也可以理解为史官或后人的看法，但周公自己在周初并未称王，应该是符合当时历史实际的。否则，我们就

① 杨伯峻：《春秋左传注》，第1536—1538页。
② 周振甫：《诗经译注》，北京：中华书局，2002年，第537页。
③ 陈奇猷：《吕氏春秋新校释》，第887页。

无法理解和解释这么多先秦传世典籍以及西周青铜器铭文、战国竹简竟然无所昭示,这确实值得我们深思的一种历史现象。《尚书》周初八诰的周公是否称王的问题异常复杂,笔者在后文有专门探讨。

四、从“共和行政”看周公摄政问题

西周历史上有两个特殊时期,一个是周初周公摄政,辅佐成王时期;一个是西周末年厉王暴虐引起国人暴动,厉王出奔到彘被国人放逐时期。朝中由召公、周公(周定公)两大臣行政,号称共和行政(前 841—前 827 年),一说由诸侯共伯和摄行政事。这两个特殊时期可用王国维先生“济变”来解释。共和也没有单独纪年,共和纪年并入厉王,厉王是连续纪年。这与周公摄政归入成王纪年,周公没有独立纪年相似。

清华简对“共和行政”与“共伯和执政”两者究竟是多人“集体执政”还是一人“单独执政”提供了新的佐证。清华简《系年》:“至于厉王,厉王大虐于周,卿士、诸正、万民弗忍于厥心,乃归厉王于彘,共伯和立。十又四年,厉王生宣王,宣王即位,共伯和归于宗。”①另外师嫠簋(《集成》4324)铭文载:“师和父侸嫠叔市,恐告于王。唯十又一年九月初吉丁亥,王才周,各于大室,即立。宰琱生内右师嫠。王乎尹氏册命师嫠……”早有学者如郭沫若先生指出铭文中“师和父”即共伯和,这与清华简所记共伯和行事相互吻合。清华简的发现进一步证实了共伯和执政即“共和行政”,而非传统上认为的周公、召公联合行政。

《史记·周本纪》载曰:“召公、周公二相行政,号曰共和。”召、周二公是相不是王。司马迁《三代世表》亦记:“共和,二伯行政。”但《索隐》曰:“周、召二公共相王室,故曰共和。皇甫谧云:‘共伯和干王位。’以共国伯爵,和其名也。干王位言篡。与史迁之说不同,盖异说耳。”②共和干王位是西周末年大事。按照《竹书纪年》“共伯之名和行天子政”的说

---

① 清华大学出土文献研究与保护中心编,李学勤主编:《清华大学藏战国竹简(贰)》,第 136 页。

② (汉)司马迁撰:《史记》,第 504 页。

法，共伯和是共国之君，是诸侯，是共伯，也不是王。只有周天子才称王。

"共伯和干王位"，《史记·周本纪·索隐》据《汲冢纪年》云："共，国；伯，爵；和，其名；干，篡也。言共伯和摄王政，故云'干王位'也。"《周本纪·正义》引《鲁连子》："共伯名和，好行仁义，诸侯贤之。周厉王无道，国人作难，王奔于彘，诸侯奉和以行天子事，号曰'共和元年'。"①《庄子·让王》载"许由娱于颍阳，而共伯得乎共(丘)首"，司马彪注曰："共伯名和，修其行，好贤人，诸侯皆以为贤。周厉王之难，天子旷绝，诸侯皆请以为天子，共伯不听，即干王位。"②《吕氏春秋·开春》也有类似记载，皆述及共伯和事。《吕氏春秋·孝行览·慎人》载："许由虞于颍阳，而共伯得乎共首。"高诱注："共，国；伯，爵也。弃其国，隐于共首山而得其志也。"③

清华简《系年》载曰："昔周武王监观商王之不恭上帝，禋祀不寅，乃作帝籍，以登祀上帝天神，名之曰千亩，以克反商邑，敷政天下，至于厉王，厉王大虐于周，卿李(士)、诸正、万民弗刃(忍)于厥心，乃归厉王于彘，共伯和立。十又四年，厉王生宣王，宣王即位，共伯和归于宋〈宗〉。宣王是始弃帝籍弗田，立卅又九年，戎乃大败周师于千亩。"④清华简记载共伯和当政，直到宣王即位，与周公当政、还政之行事相类，然共伯和在历史上从无称王之争论。

由此，通过历史上的共伯和执政的史事来比读周公史事，周公似也不在周初称王。

五、周公摄政与辅政

周公摄政是指周公代行成王之政，并未居于成王之位。周公代行成

① (汉)司马迁撰：《史记》，第144页。
② (清)郭庆藩撰：《庄子集释》，北京：中华书局，1961年，第983页。
③ 陈奇猷：《吕氏春秋新校释》，第811、821页。
④ 清华大学出土文献研究与保护中心编，李学勤主编：《清华大学藏战国竹简(贰)》，第136页。

王权力，目的不是自己称王，取代成王，而是达到辅佐成王的重要变通方式。

《逸周书·作雒》记载"周公立相天子"①，谓周公的地位是辅佐成王，"立"当是"位"，而非"宰"，孔晁云"立谓为宰摄政也"，陈逢衡亦曰："立者，立为冢宰也。孰立之？成王立之也。天子，成王也。此与《纪年》'成王元年命冢宰，周文公总百官'一语足破千古不解之惑。"②这里清楚说明了武王死后，周公奉行武王之遗嘱辅佐即位的成王。周公是以辅政大臣的身份遵照武王意愿进行摄政以更好辅佐成王。除此之外，《越绝书·吴内传》亦明记"武王封周公，使傅相天子"③，周公与成王的各自政治身份地位一清二楚：周公摄政辅佐成王，并未称王。

在先秦文献中，具有较高可靠性的《左传》也不乏类似记载。《左传·定公四年》曰："周公相王室以尹天下"，周公的身份地位也是"相王室"辅佐成王，而不是所谓称王。周公在武王死后，辅佐成王没有称王，亦可在《左传》中得到印证。如《左传·文公十八年》说"先君周公制周礼"，周公后人称周公为"先君"而非"先王"。如果周公在武王去世后曾经称王，那么周公后人追述周公就会使用"先王"，以彰显周公在周初的伟大形象。能够在周代历史上称作先王的仅是太王、王季、文王三人，这三人又被称作周之"三王"④。周公显然不在其中，故只能称为"先君"。

周公摄政称王说始于战国晚期。周公称王为天子说，首先发端于战国儒学大师荀子。荀子是先秦诸子中对周公摄政称王史实阐释最为直接明白的儒者。他在《荀子·儒效》中这样评论道：

> 大儒之效：武王崩，成王幼，周公屏成王而及武王以属天下，恶

---

① 黄怀信等：《逸周书汇校集注》，第514页。
② 黄怀信等：《逸周书汇校集注》，第515页。
③ （汉）袁康，吴平辑录：《越绝书》，第27页。
④ 《尚书·金縢》中记载周公"植璧秉珪，乃告太王、王季、文王"，又记"若尔三王"，见曾运乾《尚书正读》，上海：华东师范大学出版社，2011年，第149页；清华简《金縢》仅记载"先王"，与《尚书·金縢》略异。见李学勤主编：《清华大学藏战国竹简（壹）》，上海：中西书局，2010年，第158页。

天下之倍周也。履天子之籍①，听天下之断，偃然如固有之，而天下不称贪焉；杀管叔，虚殷国，而天下不称戾焉；兼制天下，立七十一国，姬姓独居五十三人，而天下不称偏焉。教诲、开导成王，使谕于道，而能掩迹于文、武。周公归周、反籍于成王，而天下不辍事周，然而周公北面而朝之。天子也者，不可以少当也，不可以假摄为也。能则天下归之，不能则天下去之。是以周公屏成王而及武王以属天下，恶天下之离周也。成王冠，成人，周公归周反籍焉，明不灭主之义也。周公无天下矣，乡有天下，今无天下，非擅也；成王乡无天下，今有天下，非夺也；变势次序节然也。故以枝代主而非越也，以弟诛兄而非暴也，君臣易位而非不顺也。因天下之和，遂文、武之业，明枝主之义，抑亦变化矣，天下厌然犹一也。非圣人莫之能为，夫是之谓大儒之效②。

当代注释者张觉对文中"君臣易位"不以为然，认为"当时周公只是代理成王执政，并未为君，成王也并未为臣。此文说'君臣易位'，是古人行文不经意处"③。按张觉先生此言甚是。荀子在此文中之所以大肆宣扬周公的大儒形象，是为给他心目中的大儒形象极力张本，但未免夸大历史事实，甚至不惜曲解周初周公与成王之间的关系，试图将周公塑造成他心目中所企及的理想的"圣王"形象。这至多是一种渴望，怎么能将荀子的叙述作为周公称王乃至践祚天子的证据呢？荀子的这种说法对后世影响颇深，却是一个不争的事实。如此后的儒家著作《礼记》乃至《韩非子》《韩诗外传》等均沿袭荀说。

历史学家金景芳认为："在成王年幼的一个时期内，周公旦是把成王放在一边而直接继承武王权力，即天子之位、行天子之事的。这同伊尹之

① 王念孙云："籍者，位也。谓履天子之位也。"[（清）王先谦撰：《荀子集解》，中华书局，1988 年，第 114 页]"籍"刘师培以为是"阼"的通假，并且举《淮南子・氾论训》及其注为证(《左盦外集》卷七《释籍》)。《淮南子・氾论训》云："武王崩，成王幼少，周公继文王之业，履天子之籍。"高注："籍或作阼。"

② （清）王先谦撰：《荀子集解》，第 114—117 页。

③ 张觉：《荀子译注》，上海：上海古籍出版社，2012 年，第 72 页。

于商的处身行事,非常相似。”①金景芳先生的说法固然深刻,然而他在论证武王死后周公与成王之间关系时,主要采用了《荀子·儒效》的说法,未免受了荀子影响。

清代有一些学者即推崇《书序》和伪孔《传》所云周公相成王之说,有力抨击了周公称王之说,如庄存与在《尚书既见》中说:“成王周公之事为荀卿、蒙恬所汩乱,……君子有知其诬者,而不能知成王即位,其年不幼也。”②其侄子庄述祖承其说在《大诰序说》中云:“诬圣乱经,自孙卿始。……后世乱臣贼子袭是迹而文其奸言以窃天位,开启端者孙卿也。……《书序》明著之曰‘周公相成王’。相也者,臣道也,非假摄之谓也。”③庄氏叔侄以为周公称王之说发端于荀卿,可谓见解敏锐,但对荀子“诬圣乱经”之论断则失之于偏颇,未免肤浅。荀子在战国末期,将周公塑造成“圣王”的大儒形象,正是他所设计的政治蓝图。荀子借周公“圣王”形象试图推行其政治制度。不料,一些学者对荀子宣扬的周公称王甚至做天子的不合乎历史实际的夸饰性说法信以为真,从而不明荀子真实意图,而对其猛烈抨击。宋代的理学家、清代的一些学者均未能免。这是应该引起我们现代历史学者认真加以辨别和反思的。周公相成王与周公摄政的说法并不矛盾,二者不必以水火相视。周公相成王是从周初周公与成王的政治地位及其政治身份地位关系来看待的,而周公摄政是从周公行使政治权力的运作模式加以总结概括的。故有学者提出周公摄政也可以视作周公辅政成王④。

王国维认为,由于周初客观形势所需,周公是应对当时危难局面的最佳人选,所以他以为周公摄政是一种“济变”。王国维对周公摄政在《殷周制度论》有详细论述:“是故大王之立王季也,文王之舍伯邑考而立武王

---

① 金景芳:《中国奴隶社会史》,第115页。

② (清)庄存与:《尚书既见》卷二,《续修四库全书》第44册,上海:上海古籍出版社,2002年。

③ (清)庄述祖:《尚书今古文考证》卷,《续修四库全书》第46册,上海:上海古籍出版社,2002年。

④ 朱凤翰:《〈召诰〉、〈洛诰〉、何尊与成周》,《历史研究》2006年第1期;杨朝明:《周公事迹研究》,郑州:中州古籍出版社,2002年,第114页。

也。周公之继武王而摄政称王也,自殷制言之,皆正也。舍弟传子之法,实自周始。当武王之崩,天下未定,国赖长君,周公既相武王克殷胜纣,勋劳最高,以德以长,以历代之制,则继武王而自立,固其所矣。而周公乃立成王而已摄之,后又反政焉。摄政者,所以济变也。立成王者,所以居正也。自是以后,子继之法遂为百王不易之制矣。”①又,王国维指出:“自殷以前,天子、诸侯君臣之分未定也。故当夏后之世,而殷之王亥、王恒,累叶称王。汤未放桀之时,亦以称王。当商之末,而周之文、武亦称王。盖诸侯之于天子,犹后世诸侯之于盟主,未有君臣之分也。周初亦然……是君臣之分亦未全定也。逮克殷践奄……盖天子、诸侯君臣之分始定于此。”②

王国维先生以上有关文王、武王、周公称王史实所论,可谓有得有失。其中他以为“周公乃立成王而已摄之,后又反政焉。摄政者,所以济变也。立成王者,所以居正”的观点符合周初政治局势,但说“周公之继武王而摄政称王”则不符合历史实际,因为周公摄政而未称王。如果周公称王,成王何以为“居正”?

又,王国维先生以为“舍弟传子之法,实自周始”,此说法已为当代学者证明不尽符合史实,其实,从商代已经开始王位继承制是以传子为常法的,而不是以“弟及”为主③。

再者,所谓夏商周的天子与诸侯君臣名分的确立问题,其中叙述夏末、商代、周初均未确定,所以“殷之王亥、王恒,累叶称王。汤未放桀之时,亦以称王。当商之末,而周之文、武亦称王”,这些事例正确不可移;但他由此推论周初周公与成王之间,周公亦可以称王的说法就值得商榷了。上举三代均属于诸侯称王情况,固然可信,但将周公与成王同姓之间关系等同于三代天子与诸侯关系,显然是不可取的。如说成王即位,周公“称王”就难以令人相信了。

---

① 王国维:《观堂集林》,第 233 页。

② 王国维:《观堂集林》,第 238 页。

③ 请参见杨升南:《周人传子制非“周公手定”》,第 353 页;以及《从殷墟卜辞中的“示”“宗”说到商代的宗法制度》,《中国史研究》1983 年第 3 期。

六、“王”与“周公”并称辨正

传世文献中“王”与“周公”并称多见，对于理解周公是否称王问题十分重要。故就此进行辨析。《礼记·明堂位》对周公摄政记载甚为直接明确，“昔者周公朝诸侯于明堂之位：天子负斧依，南乡而立”，其中，“周公”与“天子”并见。注疏家郑玄认为天子即是周公，今之学者亦从郑说，并进一步解释道：“因为当时成王年幼，周公暂居天子之位，代理成王掌管朝政，故下文‘天子’即指周公。但也正因周公只是代理天子而非正王，为避嫌，所以不在宗庙而在朝堂朝见诸侯。”[①]另外《礼记》下文还载“武王崩，成王幼弱，周公践天子之位以治天下”，这分明是周公作为天子，称王更不是问题了。《礼记·明堂位》并见“周公”“天子”，两者是否指称一人，不少学者在此问题上存在明显分歧。

除了《礼记》所载外，尚见之于《诗经·閟宫》：“王曰叔父，建尔元子，俾侯于鲁，大启尔宇，为周室辅。乃命鲁公，俾侯于东，赐之山川，土田附庸。”[②]经文中“王曰叔父”，“王”自然应是成王，“叔父”便是周公。可见，《诗经》明确记载分封鲁国系在成王在位、周公辅政时期。《史记》载武王时期分封鲁国，可能因为受当时政治形势逼迫，周公未能到鲁国封地，等到成王即位后，便再次与周公谈及封鲁问题，此时成王、周公已践奄，因此由周公之子伯禽受封到鲁国。武王封鲁意愿在成王时期方得以实现。由此可以看出，周初成王与周公各自的身份和政治地位，成王诵是为周王，周公只是成王的一个辅政重臣而已。不宜将周公的身份视作周王甚至天子的地位。因此从《明堂位》抑或《诗经·閟宫》等文献记载来看，周公均是以大臣的身份辅佐成王治理政治。周公既没有称王，更无践祚天子之事。

另外，出土文献中也见“王”与“周公”并称事例，兹再申论如下。现藏于大英博物馆的沬司徒遙簋（《集成》4059）亦称《康侯簋》，其铭文曰：“王朿伐商邑，诞令康叔鄙于卫。沬司徒及图作厥考尊彝。”铭文中先叙述

---

① 杨天宇：《礼记译注》，上海：上海古籍出版社，2004年，第390页。
② （清）阮元校刻：《十三经注疏》，第615页。

"王"事,再叙述周公东征之后成王分封康侯于卫。显然属于两个不同的历史事件,因此,这里的"王"应是成王。有些学者将"王"视作周公应该是有问题的。倘若周公曾经称王,则周公东征方鼎铭文当云"唯王于征",铭文何必费此笔墨云"周公于征"? 类似青铜器铭文事例尚见于下:

小臣单觯(《集成》6512):"王后𦤎克商,在成师,周公赐小臣单贝十朋。"

刚劫尊(《集成》5977):"王征,赐刚劫贝朋。"

禽簋(《集成》4041):"王伐盖侯,周公谋,禽祝。"

最后再简单说明一下,周公东征方鼎(丰伯鼎)是收藏在美国旧金山亚洲艺术馆的西周早期青铜器,比较详细地载录了周公东征的史事:"隹周公邘征伐东夷、丰白、薄古,咸𢦏。公归荐邘周庙。戊辰,饮秦饮,公赏贝百朋,用乍尊彝。"铭文中记载此时成王在位,所以铭文使用"周公""公"等字词,证明在周初,周公并没有称王。

总之,这件早期青铜器可以与前述几件"王"与"周公"并见的西周中晚期青铜器相互印证,均说明成王在周初居于王位,周公是处于辅政大臣的身份,不可能称王。

七、"王若曰""王曰"辨正

历史上主张周公称王的学者一个重要的根据便是《尚书》诸诰出现的"王若曰"与"王曰"之中"王"的所指问题,并且与"周公曰"相互纠缠在一起,可谓众说纷纭,莫衷一是。

(一) 关于《大诰》《康诰》之作者

关于《尚书·大诰》的作者主要有武王、成王、周公三种说法。其中武王说由清代吴大澂首创,为傅斯年先生所采信,近代以来顾颉刚先生等都力辨其非①,兹不赘述。关于《大诰》作者的主要分歧是在周公还是成王

① 可参见顾颉刚:《周公执政称王》,《文史》第23辑。

两说上。自古以来,两种观点争论至今,直接牵涉到周公是否称王的历史公案。

主张周公摄政称王的学者,以为《大诰》《康诰》这两篇的作者是周公,其中“王若曰”“王曰”之“王”无疑是周公。故张西堂先生说周公东征之初作《大诰》以及《康诰》“似无何疑义”①。其实,学者对“王若曰”究竟指成王还是周公是存在争议的。司马迁《周本纪》《鲁世家》都认为“王若曰”之“王”是周公。《周本纪》曰:“初,管、蔡叛周,周公讨之,三年而毕定,故初作《大诰》。”②《鲁世家》又说:“管、蔡、武庚等果率淮夷而反,周公奉成王命,兴师东伐,作《大诰》。”③故司马迁以为《大诰》作者是周公,奉成王之命作《大诰》。杜勇先生对《鲁世家》与《周本纪》对周公作《大诰》记载的差异有独到的见解,“史迁二说并不矛盾,前者是就问题的实质而言,后者是就周公所处的政治地位或使用的政治策略而言,都不排斥《大诰》为周公所作,《大诰》中‘王若曰’之王就是周公。”④此说可谓简洁明快,毫无含糊之词。然而“王若曰”究竟是周公所说还是史官的记录,值得深思。在杜勇先生看来,这个“王若曰”自然是史官的记录,所以这个王便是周公了。但如果“王若曰”本是周公代宣王(成王)命的话,那么这个王就不是周公了,而是成王了。在周代各种文献中,多见史官代宣王命的事例,大臣代宣王命的事例却不多。

《书序》认为周公作《大诰》:“武王崩,三监及淮夷叛,周公相成王,将黜殷,作《大诰》。”伪《孔传》先曰:“相,谓摄政。”后说:“周公称成王命,顺大道以诰天下。”孔颖达疏曰:“周公相成王,摄王政将欲东征……大诰天下。史叙其事,作《大诰》。”⑤据此,曾运乾先生说:“周公奉命东征之初,即作《大诰》……时周公处危疑之地,始议东征,邦君、御事均持两端,故周公大诰道之。”⑥但他后文又解“王若曰”道:

---

① 张西堂:《尚书引论》,第 200 页。
② (汉) 司马迁撰:《史记》,第 132 页。
③ (汉) 司马迁撰:《史记》,第 1518 页。
④ 杜勇:《〈尚书〉周初八诰研究》,北京:中国社会科学出版社,1998 年,第 9 页。
⑤ (清) 阮元校刻:《十三经注疏 · 尚书正义》,第 197—198 页。
⑥ 曾运乾:《尚书正读》,第 155 页。

郑康成曰:“王,周公也。周公居摄,命大事,则权代王也。”按《礼·明堂位》云:“昔周公朝诸侯于明堂之位,天子负斧依,南乡而立。”又云:“周公践天子之位,以治天下。”是周公摄政称王也。云“王若曰”者,言摄王意云然者也。无义例①。

对于《康诰》作者,《书序》云:“成王既伐管叔、蔡叔,以殷余民封康叔,作《康诰》《酒诰》《梓材》。”曾运乾解释为:“成王既伐者,周公奉成王命伐也。”②对“周公咸勤,洪大诰治”,他说:“洪,代也。”并且同意郑玄以为周公代成王诰也。对“王若曰:‘孟侯,朕其弟,小子封。’”之“王若曰”者:“摄王代语,犹言王意云然也。无义例。”③

对于《大诰》中“王若曰”,郑康成注曰:“王,谓摄也。周公居摄,命大事则权代王也。”孙星衍疏曰:“云‘王,为摄’者,《明堂位》云:‘昔周公朝诸侯于明堂之位,天子负斧依南乡而立。’注云:‘天子,周公也。’《明堂位》又云:‘周公践天子之位以治天下。’《史记·鲁周公世家》云:‘武王既崩,成王少,在强葆之中。周公恐天下闻武王崩而畔,周公乃践祚,代成王摄行政,当国。’周公既践天子之位,则称王作诰。郑以王为周公,是也。若谓是周公述王命以诰,则当如《多方》言‘周公曰“王若曰”’,或如《多士》先言‘周公告’,乃复言‘王若曰’。今此文不然,则是王即周公矣。云‘命大事则权代王’者,见周公不欲终为王。权者,《公羊》桓十一年传云:‘反于经,然后有善者也。’《汉书·翟方进传》莽依《周书》作《大诰》,作‘摄皇帝若曰’,是刘歆等所为,多用今文说,亦以王为摄也。”④与郑康成之说不同,王肃说:“称成王命,故称王。”⑤

顾颉刚、刘起釪先是在《大诰》题解中指出,“《大诰》是周武王死后,年幼成王继位,由周公摄政当国,‘践天子之位’,以治理这新造之邦,周公动员周人出兵征讨管蔡叛乱。经以成王的名义反复开导,终于成功地完成

① 曾运乾:《尚书正读》,第155—156页。
② 曾运乾:《尚书正读》,第166页。
③ 曾运乾:《尚书正读》,第168页。
④ (清)孙星衍撰:《尚书今古文注疏》,第342页。
⑤ (清)阮元校刻:《十三经注疏·礼记正义》,第1488页。

了动员，讨平了叛乱，巩固了周王朝。史臣把这一次动员讲话记录下来，就成了这篇重要诰词。”①顾、刘两位先生并未否认周公是以成王的名义发布的诰词。故亦可视作周公以成王命诰说。对《大诰》“王若曰”解释说：“王若曰——王如此说，王这样说。据殷代甲骨文和西周金文文例，凡史官或大臣代王宣布命令，或王呼史官策命臣属，都在篇首先说‘王若曰’，然后才转述王的说话。如果接着说王的另一段话时，则省去‘若’字，简称‘王曰’。本篇下文三处‘王曰’就是这个例子。至于王直接向臣属讲话或发布命令时，一律不称‘王若曰’，只称‘王曰’。注疏家一般解释这篇是西周初年执政的周公旦为了动员对殷武庚用兵而向臣下讲的话，他用了他年轻的侄子周成王诵的名义来讲，所以开端先声称‘王这样说’。但在《康诰》篇考定周公当年称王，则这篇是史臣所记周公的讲话。但针对管蔡流言，则周公仍称成王所讲，当是情势使然。”②以上所论均认为周公是以成王的名义讲话。

刘起釪先生在《康诰》题解说：“《康诰》是周王朝封周文王的儿子康叔于卫国时的诰辞，就是当时称为命书的文件。”③此篇未明言是周公还是成王作《康诰》。而在《康诰》篇中“王若曰”则说“是史臣代宣王命时的开头用语。本篇在篇首用‘王若曰’，下面接着用十一个‘王曰’，与毛公鼎、盂鼎等用例相同，与本书其他各篇亦有相同者，这是当时记录王的诰辞的笔法通例。但在篇末出现一个‘王若曰’，则与用例不合，当系其处误衍一‘若’字(据于省吾《王若曰释义》说)。”④由此，学者对“王若曰”“王若”的含义及用法的讨论成为解决《尚书》诸诰作者的关键问题。

（二）“王若曰”“王曰”义辨

“王若曰”和“王曰”是先秦典籍和青铜器铭文中两个常见的术语。两

---

① 顾颉刚、刘起釪：《尚书校释译论》，第 1261 页。
② 顾颉刚、刘起釪：《尚书校释译论》，第 1262、1263 页。
③ 顾颉刚、刘起釪：《尚书校释译论》，第 1291 页。
④ 顾颉刚、刘起釪：《尚书校释译论》，第 1300 页。

者的含义及其在文献中的用法是学术界讨论较多但至今尚未完全解决的问题这一问题与我们研究的周公是否称王问题紧密相联，所以在本书中不得不辨。

周初八诰中“王若曰”例句情况具引如下：

王若曰：“猷！大诰尔多邦，越尔御事。”(《大诰》)
王若曰：“孟侯，朕其弟，小子封。”(《康诰》)
王若曰：“往哉！封，……”(《康诰》)
王若曰：“明大命于妹邦。”(《酒诰》)
王若曰：“尔殷遗多士！”(《多士》)
王若曰：“尔殷多士，今惟我周王丕灵承帝事，……”(《多士》)

另外在《尚书》中还有“周公曰”与“王若曰”混用两例：

周公曰：“王若曰：猷！告尔四国多方，惟尔殷侯尹民。”(《多方》)
王若曰：“告诰尔多方，非天庸释有夏，非天庸释有殷。”(《多方》)

综合古今学者之研究，对“王若曰”的含义和用法主要有三种看法。

第一种看法，以为“王若曰”即“王如此说”“王这样说”，将“若”字释作“如此”，属于史官或大臣代王宣命的习语。如《史记·晋世家》“周作《文侯之命》：‘王若曰：父义和，丕显文、武，能慎明德，昭登于上，布闻于下，维时上帝集厥命于文、武。恤朕身，继予一人永其在位。’”《集解》引马融释作：“王顺曰，父能以义和我诸侯。”①又，《逸周书·芮良夫》“芮伯若曰”，晋孔晁注：“若，顺也。顺其事而告之也。(按唐大沛云，故慎、顺字通，孔注释‘谨告’二字曰：‘谨，慎也。慎其事而告之也。’慎，孔注作顺，与慎通，后人见正文无‘谨’字而首字有‘若’字，故改云：‘若，顺也。’当正之)”同书，陈逢衡注曰：“按‘芮伯若曰’者犹《书·大诰》《康诰》《酒诰》之‘王若曰’，《君奭》《立政》之‘周公若曰’也。乃秉笔者推原语意而代为文之辞。孔解‘若，顺也’误。”②南宋学者蔡沈提出一种看法，他以为《尚

① (汉) 司马迁撰：《史记》，第 1667 页。
② 黄怀信等：《逸周书汇校集注》，第 999 页。

书·盘庚》"王若曰"为:"若曰者,非尽当时之言,大意若此也。"①即将"若"视作"若此",具有如此之意。清人王先谦《尚书孔传参正·盘庚上》注解"王若曰"说:"云王如此言也。"②

于省吾先生说:"'王若曰'之'若'训为'如此',在文法上属于指示代词,用作状语……'王若曰'应解作'王如此说'。"③于先生此说在学界影响广泛。

谭戒甫先生以为"王若曰"之"若"字实含有"位尊居首"的意义。对于《尚书·康诰》文后也出现"王若曰"的现象,谭先生认为"康诰"原有三篇,今散入"酒诰"和"梓材"中,其最后"王若曰"句当为二或三篇之文④。这与刘起釪先生的衍一"若"字说不同。

辛怡华考察金文中的"王若曰"指出,"若"最初之意是为了探听神意进行祈祷的活动或仪式,"若"与神或上天有关,"王若曰"是统治者转述所谓的天帝旨意而证明其行为合法性的固定格式。"王若曰"出现定涉及王朝大事⑤。

第二种看法,以为"王若曰"即"王书曰",王言之笔于简册者。殷周之世载于简册之习用语,凡王命之见于笔录者,其开始必作"王若曰"。据许慎"书者,如也"之语,指出王如曰、王若曰义同于王书曰,董作宾先生结合甲骨文和金文力证"王若曰"言此书于简册之词,当视如王所躬亲面命之语,凡册命之首,必冠之"王若曰",周人沿用文武丁时之成语,并作为公文程式中的专用之词⑥。

陈梦家先生在《尚书通论》之《第二部尚书专论》中专门设有"王若曰考"一文,曾经指出"周诰中的'王若曰'乃是史官或周公代宣王命,与西周

---

① (南宋)蔡沈:《书经集传》,上海:世界书局,1936年,第53页。

② 王先谦:《尚书孔传参正》,北京:中华书局,1998年,第2649页。

③ 于省吾:《"王若曰"释义》,《中国语文》1966年第2期。

④ 谭戒甫:《论"若"字的本义及其演变》,《武汉大学学报(人文科学版)》1957年第1期。

⑤ 辛怡华:《试释金文中的"王若曰"》,《华夏文化》2002年第4期。

⑥ 董作宾:《"王若曰"古义》,《说文月刊》1944年第4卷,合刊本。

金文相同。”①

与陈梦家先生之说相同，孙斌来亦认为，“王若曰”是古代臣子代宣王命时的特定提示用语，表示以下的话都是王说的。这种情况在《尚书》和周金文中颇多。由于代宣王命的是臣子，因此其常常根据听命者与自己的辈数或身份关系对王命中的部分语气进行一些调整，以适应当时的场合②。

陈直先生与以上学者观点略微不同，他据《墨子・说经上》“诺”字五义，以为《尚书》和金文中的“王若曰”是：“王直说之义，是周人之语言也。与马融顺说之义，虽大旨相同，则为汉人之语言也。”③

第三种看法，有学者以为“王若曰”应是一种固定格式，用来叙述王朝重大的事件④。姚小鸥先生新近撰文以为《尚书・康诰》“王若曰”位于篇首，属于诰命仪式周公以“释菜”礼开始之实录，置于篇尾是周公复行释菜之礼，以示郑重之意。因此，《尚书》及金文中的“王若曰”系殷周时期王发布重要诰命时的仪式记录，意为“王释菜而言”，特表郑重之意⑤。

对于“王若曰”中之“若”字之含义成为学者解决这一术语的关键所在。学者们将“若”归结为“顺”(动词)、“诺”(答复)、“乃”、“如此”(“这样”)等含义。还有学者将“若”理解为语气词，并无实际意义，“某若曰”中的“若”相当于“惟”的句中语气词，其语法作用具有加强语气，并使其后的直接引语更加引人注意⑥。姜昆武以为“若曰”为成词，并据《尚书》将其分为两种用法：一是周公称王命以诰而用“若曰”为发端词；二是已将有所言，以“若曰”为发端词⑦。对于“王若曰”之含义及功能，当代学者也多有意见分歧。王占奎以为“若”为事神之象，故可指代神意，“王若曰”即是

① 陈梦家：《尚书通论》，第166页。
② 孙斌来：《“周公称王”之说不可信》，《松辽学刊》1988年第4期。
③ 陈直：《读金日札・文字通义・王若曰》，西安：西北大学出版社，2000年，第3页。
④ 辛怡华：《试释金文中的“王若曰”》，《华夏文化》2002年第4期。
⑤ 姚小鸥：《“王若曰”与周公称王问题》，《中国早期书写国际学术研讨会论文集补编》，北京：2018年11月10—11日，第11—12页。
⑥ 王颖：《西周金文及〈尚书〉中之“若曰”考》，《廊坊师范学院学报》2004年第1期。
⑦ 姜昆武：《诗书成词考释》，济南：齐鲁书社，1989年，第359页。

"以神的名义,王说"①。彭裕商以为"王若曰"在语感上主要强调庄严性,其内容一般指王命,或是王的重要讲话。语言格式上,一般起首用"王若曰",其后用"王曰",但不是严格的格式②。张怀通则以为"王若曰"出现在"命"或"诰"的开头,是史官在记录王的讲话时所作的标记文字,表示王的讲话的开始;也是史官记录的王的现场讲话③。但丁进以为"王若曰"的功能首先是篇首提示语,其次是引用提示语④。笔者以为以上关于"王若曰"诸说各有千秋,又各有缺憾不周之处。

《尚书》中出现的"王若曰""王曰"是讨论周公是否摄政称王问题的基础和关键,其他文献可以作为参考。既然《尚书》不止同一篇目出现"王若曰"的现象,且在同一篇不止一次出现"王若曰",那么就可以断定"王若曰"不一定是篇首语;"若曰"既可以是"王若曰",也可以是"周公若曰",还可以是周公曰"王若曰",这说明"若曰"并非王的专用语。但可以确定的是"王若曰"一定是王所说的话,包括王的直接讲话和大略之言,"周公若曰"是周公说的话,而不是史官或他人代替所说的内容。《尚书》不同篇目中"王若曰""王曰"与"周公若曰""周公曰"并见,亦说明"王若曰"并不一定是王发言的固定格式或叙述王朝的重大事件。"王若曰"与"王曰"应无本质区别。注疏家有认为"王若曰"是代宣王命或以成王名义命诰,从而否认周公称王。孔传曰:"周公称成王命,顺康叔之德……言王使我命其弟封。"《尚书古注》云:"王,成王也。诰语虽周公所命,而每节必称王曰者,明居摄不自王也。"杨筠如亦曰:"按此篇皆言朕其弟小子封,明为周公之辞;而加王若曰三字,与《多士》明言周公作诰,而亦用王若曰者同例。盖史记周公之言,以其奉王命而代诰,则与王言同,故加王若曰、王曰于每段之首。其他未奉王命如《无逸》《君奭》《立政》各篇,则直称周公曰,周公若曰。旧说以为周公摄政称王,非也。"⑤而台湾学者朱廷献以为《康诰》

---

① 王占奎:《"王若曰"不当解作"王如此说"》,周秦文化研究编委会:《周秦文化研究》,西安:陕西人民出版社,1998 年,第 359—377 页。
② 彭裕商:《"王若曰"新考》,《四川大学学报》(哲学社会科学版)2014 年第 6 期。
③ 张怀通:《"王若曰"新释》,《历史研究》2008 年第 2 期。
④ 丁进:《商周青铜器铭文文学研究》,西安:西北大学出版社,2013 年,第 158 页。
⑤ 杨筠如:《尚书核诂》,第 169 页。

之“王若曰：孟侯！朕其弟，小子封”是王之直接告令，绝无代告之语气。并且指出“王若曰”是周公之言，康叔乃周公之弟，故周公乃是摄政代王①。综合诸家之说，我们以为杨筠如先生的解释“盖史纪周公之言，以其奉王命而代诰，则与王言同，故加王若曰、王曰于每段之首”比较准确，也就是周公代替成王颁布命令，故会有“王”者身份。

从传世文献记载来看，周公由最初摄政到摄位、居摄以致最后“称王”、成为“天子”多种身份的变化，可以说是不同时期文献流传、层层加码的结果。如《逸周书·明堂解》记载：“既克纣六年，而武王崩，成王嗣，幼弱未能践天子之位，周公摄政尹天下。”这里记载周公摄政治理天下。而到了《礼记·明堂位》则记载：“武王崩，成王幼弱，周公践天子之位，以治天下。”这已经变成了周公践天子之位了。故有学者指出此是“周末陋儒改……列于《礼记》的《明堂位》中，以摄政为摄位，以践祚为践位”②。不仅如此，战国末年荀子将周公称王之说发挥到了淋漓尽致的地步，试看《荀子·儒效》反复说：“武王崩，成王幼，周公屏成王而及武王以属天下，恶天下之倍周也。履天子之籍，听天下之断，偃然如固有之，而天下不称贪焉。”并且说什么“君臣易位”“以枝代主非越也”和“天子不可假摄为也”的这些话，似乎使人觉得周公确确实实作了一任天子，其实这种理解是不对的。荀子欲在本文中塑造一个且圣且王的大儒形象，以实现其美好的政治理想蓝图。如果仅凭借荀子所说，那么未免草率。

第三节　清华简与周公的政治身份

考察周公是否摄政称王问题，离不开对周公政治身份的分析。反之，周公政治身份的确定，又有助于解决周公是否称王的问题。周公是否摄政称王与周公政治身份是一个问题的两个方面。清华简中有关于周公政治身份的记载，对传世文献和出土文献中反映周公政治身份的记载的分析，不仅必要，而且十分重要。

---

① 朱廷献：《尚书研究》，台北：台湾商务印书馆，1987年，第528页。

② 蒋善国：《尚书综述》，第20页。

一、传世文献对周公政治身份记载之检讨

关于周公政治身份的记载，传世文献中有所记载，但对其是否称王的反映不是十分明确。

(一) 战国、秦汉时人关于周公摄政称王之记载

《逸周书》作为当今研究周代历史重要文献著作，其重要性逐渐受到学术界重视。该书中对周公的政治身份多有所揭示。如《逸周书·度邑》记载：

> 王曰："旦！予克致天之明命，定天保，依天室。……我维显服，及德之方明。"叔旦泣涕于常(裳)，悲不能对。……王曰："旦！汝维朕达弟，予有使汝，汝播食不遑暇食，矧其有乃室。今维天使予，维二神授朕灵期。予未致于休，予近怀于朕室。汝维幼子，大有知。……乃今我兄弟相后，我筮、龟其何所即令(命)，用建庶建。"叔旦恐，泣涕(拱)手①。

又，《逸周书·武儆》亦云：

> 惟十有二(高似孙《史略》引，"二"作"一")祀，四月，王告梦。丙辰……命诏周公旦立后嗣，属小子诵②。

《逸周书·度邑》篇中这一段文字记载武王欲传位周公，但其文未明确昭示周公究竟是否遵照了武王的意愿。学者多从史官的记载之语周公"恐，涕泣拱手"之反应，深以为周公拒绝了武王欲以商代兄终弟及之法传位于他之安排。可惜的是，诸多文献对周公如何说服武王自己不称王、只辅佐成王的言辞存有缺环。如《逸周书·五权》篇则记武王让周公辅佐成王云："汝维敬哉！先后小子，勤在维政之失……克中无苗，以保小子于位。"《武敬》篇亦言："命诏周公旦立后嗣。"两文记载似乎存有矛盾之处，

---

① 黄怀信等：《逸周书汇校集释》，第472—479页。
② 黄怀信等：《逸周书汇校集释》，第484页。

已有学者指出以上两件事中间有周公说服武王自己不称王而只辅佐成王的史实缺环，其说辞可能是周公想以传子之法为始端，制礼作乐，匡扶社稷①。有关周公说服武王自己不称王而欲辅佐成王，即周公以大臣身份摄政的史迹亦可在传世本《尚书·金縢》与清华简《金縢》中得到印证，此论已在前文有专门讨论，不再赘述。

孔子主张周公摄政之说，《礼记·文王世子》记载其言："昔者周公摄政，践祚而治，抗世子法于伯禽，所以善成王也。"②这里，周公摄政很明显，而后说"践祚而治"，也就是代理成王处理国政，正是对前说的补充。

孟子较早明确地将周公称作"古圣人""古之君子"，《孟子·公孙丑下》云："燕人畔，王曰：'吾甚惭于孟子。'陈贾曰：'王无患焉，王自以为与周公孰仁且智？'王曰：'恶！是何言也！'曰：'周公使管叔监殷，管叔以殷畔，知而使之，是不仁也；不知而使之，是不智也。仁智，周公未之尽也，而况于王乎？贾请见而解之。'（陈贾）见孟子，问曰：'周公何人也？'曰：'古圣人也。'曰：'使管叔监殷，管叔以殷畔也，有诸？'曰：'然。'曰：'周公知其将畔而使之与？'曰：'周公，弟也；管叔，兄也。周公之过，不亦宜乎？'"③周公在孟子口中由仁智未尽之人变为古圣人、古之君子。

墨子赞美周公是"天下之圣人"。《墨子·公孟》载："子墨子曰：'周公旦为天下之圣人，关叔为天下之暴人，此同服或仁或不仁。'"④

孟子与墨子两人虽思想旨趣不同，但他们对周公仁德的评价和看法基本一致，均未透露出周公曾经称王的事实。

（二）荀子对周公作为成王辅佐大臣的记载

战国晚期，荀子在孔子、孟子赞扬周公基础上，又进一步发展和深化了对周公政治道德和历史地位的认识，提出周公乃大儒的典范，并给予了高度的赞誉。《荀子》对武王崩后周公的身份是辅政大臣还是曾经周

---

① 杨栋：《何篡与〈逸周书·度邑〉篇》，《中国典籍与文化》2012年第3期。
② （清）阮元校刻：《十三经注疏·礼记正义》，第1408页。
③ 杨伯峻：《孟子译注》，第101页。
④ （清）孙怡让撰：《墨子间诂》，北京：中华书局，2001年，第454页。

王(摄政称王)均有所论述。因此,这些记载似乎反映了荀子对周公政治身份地位的认识是并不一致的。

《荀子·臣道》记载周公对成王是“大忠”①,可见周公不会称王;《王霸》又记载周成王任用周公,并与商汤以伊尹为相、文王重用吕尚、武王任用召公相提并论,而其他三人只是作为重臣辅佐君主,可辅证周公未称王。此外,《君子》亦将成王、周公之间的君臣关系与桓公、管仲进行比较,似乎也能说明周公在摄政期间不曾称王之事实。

可见,上列《荀子》篇目均反映了周公作为成王的臣相而忠于周,荀子常将周公和管仲相提并论;周公与成王,管仲与桓公都是历史上君臣之道的典范,周公、管仲虽然功绩较大,但均未称王。

有关荀子论述周公为王的记载在《儒效》中最为集中、完备、直白,其文曰:“武王崩,成王幼,周公屏成王而及武王以属天下,恶天下之倍周也。履天子之籍,听天下之断,偃然如固有之,而天下不称贪焉。”又荀子回答客人提问说:“是殆非周公之行、非孔子之言也。武王崩,成王幼,周公屏成王而及武王,履天子之籍,负扆而坐,诸侯趋走堂下。”②值得注意的是,在此文中,荀子三次提到“周公屏成王而及武王”,其原因在于恶天下倍周、离周。荀子是诸子中持周公称王最为直接、干脆、明白的一个思想家。周公称王论者以该篇作为周公称王的主要传世文献根据之一。

而在另一些《荀子》篇目中,则将周公与文王、武王、成王并称曰:“故圣王之诛也,綦省矣。文王诛四,武王诛二,周公卒业,至于成王则案无诛矣。”③《大略》记载与前引《仲尼》略同④。荀子将周公与文王、武王、成王相提并论,似乎周公也曾称王,其实周公仅是摄政,辅佐成王治理国政,这并不能作为周公称王的证据。周公与周初诸王并举,并不一定得出周公称王的结论,如将周公理解为在周初的特殊政治地位使然,似乎更合乎历

① (清)王先谦撰:《荀子集解》,第254页。
② (清)王先谦撰:《荀子集解》,第114—116页。
③ (清)王先谦撰:《荀子集解》,第108—109页。
④ (清)王先谦撰:《荀子集解》,第503页。

史实际。因为周公在与诸王并举中，他依然是“周公”不是周王。另，周公死后谥号是周文公，也不是什么王。可见，周公在周初历史上具有特殊的重要的政治作用，能与周之诸王相提并论，但不能基于此将周公视作曾经称王的证明。

在荀子论述周初周公与成王的身份关系时，会看到其间关系微妙之处。那么，荀子为什么要肯定周公摄政称王呢？如何理解他说的“以枝代主”“君臣易位”“变势次序节然”这些话的含义呢？

战国末年荀子从统一天下的政治目的出发，指出周公摄政称王是以天下为重，喻“以枝代主而非越”，来极力颂扬周公“非圣人莫之能为，夫是之谓大儒之效”。于是周公成为荀子心目中的理想“圣王”，成为“大儒之效”。荀子的观点被秦汉之际不少儒者采信。荀子明言“周公称王践祚天子之位”，当是先秦时期发表此论的始作俑者。

《诗·大雅·灵台》孔疏录袁准《正论》引《尸子》记载：“昔武王崩，成王少，周公践东宫，祀明堂，假为天子。”①战国时人尸子也曾引孔子对周公践祚的看法：“昔周公反政，孔子非之曰：‘周公其不圣乎！以天下让，不为兆人也。’”由此可见，孔子肯定周公曾为天子，并且对周公反政成王史事持反对态度。显然，《尸子》所引孔子之言不一定符合历史事实。因为孔子是说过周公摄政，但他不可能认为周公让天下之位于成王，是周公不圣的原因。此处对孔子论述周公让天下未免添枝加叶，暗示周公不该将天下让与成王，没有为天下民众考虑。其实这是不符合事实的。周公还政成王，正是为了周家天下永久稳固，也是为了民众的安定。历史事实说明，周公还政成王，成王励精图治，形成了周初历史上“四十年刑措不用”成康之治的安定局面。另尸子对周公身份的说法也值得重视。即尸子提出周公“假为天子”说，“昔者武王崩，成王少，周公旦践东宫，履乘石，祀明堂，假为天子七年”，他认为周公代行天子之权位七年。随后，其他诸子沿用了此说，如荀子、韩非子等。荀子之论前已有所征引，韩非子的看法见于《韩非子·难二》：“周公旦假为天子七年，成王壮，授之以政。”②可见韩

---

① （清）阮元校刻：《十三经注疏·毛诗正义》，第524页。

② （清）王先慎撰：《韩非子集解》，北京：中华书局，2003年，第365页。

非了也继承了尸子的说法，而荀子不赞成前者之说，他认为天子是不可以“假摄”的，能否成为天子，全在于人民的拥护与否。

关于周公摄政的史实，《逸周书·明堂解》载：“既克纣六年而武王崩，成王嗣，幼弱，未能践天子之位。周公摄政君(尹)天下，弭乱六年而天下大治。”①另《礼记·明堂位》载：“武王崩，成王幼弱，周公践天子之位以治天下。六年，朝诸侯于明堂，制礼、作乐、颁度量而天下大服。七年，致政于成王。”②同时，《礼记》同篇也记载了鲁公以天子礼乐世祀周公，因为周公功勋卓著。《文王世子》也载“成王幼，不能涖阼。周公相，践祚而治，抗世子法于伯禽”③，这里明确说周公虽然践祚，但还是辅佐成王、善待成王。

在《礼记》中，说周公践祚天子之位应是《逸周书》记载成王幼弱不能践天子之位的变通说法。又说鲁国祭祀周公以天子礼乐，似乎揭示周公已经“称王”，但《文王世子》仅云“周公相，践祚而治”，这就否认了周公称王之说。准确地说，周公是摄政辅佐成王治国。

此外，《逸书·嘉禾篇》：“周公奉鬯立于阼阶，延登，赞曰：‘假王莅政，勤和天下。’”这里，说“假王”不能作为周公称王证据，而是指周公代理成王治理国政，也就是司马迁所说的“摄政当国”，但周公并未真正成为周王治理朝政。

又，《孔子家语·冠颂》曰：“武王崩，成王年十有三而嗣立，周公居冢宰摄政以治天下。”④说明了周公以冢宰身份摄政，故《列子·杨朱篇》记载“周公摄天子之位”，亦指周公代理成王治理国政，而不能理解为周公登上了天子之位，更不能认为周公成为周之天子。

《韩诗外传》承袭荀子，受《荀子》影响甚大，故其周公摄政称王说法多与荀子同。汉代受荀子有关周公摄政称王的说法影响较大。韩婴在《韩诗外传》中记载周公政治身份约有三种说法，第一种是“周公

① 黄怀信等：《逸周书汇校集注》，第710页。
② (清)阮元校刻：《十三经注疏·礼记正义》，第1488页。
③ (清)阮元校刻：《十三经注疏·礼记正义》，第1404页。
④ (三国魏)王肃撰：《孔子家语》，沈阳：辽宁教育出版社，第87页。

践天子之位七年”①，第二种是“周公履天子之位，听天下之政”②，第三种是周公“假天子之尊位七年”③。三种说法中第一、二种意思接近，而第三种说法则是对前两种说法关于周公政治身份的解释：周公代理成王治理国家七年，也就是周公摄政，只是代理成王，并未成为周王或天子。

汉代伏胜《尚书大传》记载“周公摄政”，未明确指出周公是否称王。但从上下文对周公七年之间史事的陈述来看，周公是代理成王处理国事，七年后又“致政成王”。由此，可以推测当时成王并未亲政。而《淮南子·氾论》篇记载：“武王崩，成王幼少，周公继文王之业，履天子之籍，听天下之政，平夷狄之乱，诛管、蔡之罪，负扆而朝诸侯，诛赏制断，无所顾问，威动天地，声慑四海，可谓能武矣。”④显然采用了战国时期尸子、荀子之说。《尚书大传》记载了周公代理成王种种事迹，其中“摄政”“致政”说明了周公的真实政治身份。周公先是有代政，而后才会有还政，也就是在成王在位时期，因为年幼，政治经验不足，由周公摄政辅佐，待成王长大成熟后，周公最终还政于成王。另外《淮南子·齐俗》记“武王既殁，殷民叛之。周公践东宫，履乘石，摄天子之位”⑤，极力渲染周公权力之大，俨然王者莫属，其实不可全信。

到了司马迁，关于周公摄政称王的说法有了新的变化。《史记》中关于周公摄政称王史事说法出现周公代宣王命、周公奉（承）成王命，周公或史臣代宣王命（王若曰）以及与“摄政”类似的引申说法。《史记·三代世表》记载周王世系从武王、成王开始，并无周公王世记载。⑥ 考察《史记》文献记载周公摄政可谓详细，大略散见以下 7 篇：

1.《史记·周本纪》：成王**少**，周初定天下，周公恐诸侯畔，周公乃**摄行政，当国**。……七年，……反政成王，北面就群臣之位。

---

① 许维遹校释：《韩诗外传集释》，北京：中华书局，1980 年，第 116 页。

② 许维遹校释：《韩诗外传集释》，第 241 页。

③ 许维遹校释：《韩诗外传集释》，第 301 页。

④ 何宁：《淮南子集释》，北京：中华书局，1998 年，第 925 页。

⑤ 何宁：《淮南子集释》，第 815—816 页。

⑥ （汉）司马迁：《史记》，第 500—501 页。

2.《史记·鲁世家》：武王既崩，成王**少**，在强葆(襁褓)之中。周公恐天下闻武王崩而畔，周公乃**践阼代成王，摄行政，当国**。……及七年后，还政成王。

3.《史记·卫康叔世家》：武王既崩，成王**少**，周公旦**代成王治，当国**。

4.《史记·蒙恬列传》：恬曰："昔成王**初立**，未离襁褓(未满三岁)，周公旦负王以朝，卒定天下。"

5.《史记·管蔡世家》：武王既崩，成王**少**，周公旦**专王室**。

6.《史记·燕世家》："成王既**幼**，周公**摄政，当国践祚**，召公疑之，作《君奭》。"

7.《史记·宋微子世家》："武王崩，成王**少，周公旦代行政当国**。"

司马迁所记周公与成王政治身份的文字中，其中有"代成王治""代行政""代成王"以及"当国"显著字眼。料想史迁担心后人误解周公践祚篡位才如此反复强调论述。但无论如何，史迁将周公的政治地位"当国"表述得一清二楚，不容别人怀疑。

"当国"就是处理国事，主持国政。践祚是周公以公爵摄政大臣身份行使王权，并非即位，更非继承成王之位。需要说明的是，践祚在此并无贬义，而是中性词，属于史迁的一种事实叙述。司马迁对周公摄政史实的叙述中，有意采用了多种字词互相阐发，力争说明周公摄政而未称王之史实。如说摄政、摄行政、代行政治；摄行政当国、代成王治当国、代行政当国；践祚代成王、当国践祚甚至专王室，等等。但从其中看不出周公称王、成为天子的迹象。说周公"专王室"即是代成王治，当国的意思了。司马迁使用"当国"概念，说明周公是在成王在位的情况下主持国家大事亦即摄政，而成王虽然从名义上继承武王之位，但并未实际主持国事即未亲政。故七年之后方有周公还政成王之说，此时周公退出，才是成王亲政的开始。如此，我们才能够理解在周公摄政期间的诸多历史事件中，周公的不少史事为何冠于"成王"名下，史官记录历史亦多以成王的名义。这就是青铜器铭文中周初史事较少记载周公而多见王和周公并称，甚至出现以成王代周公的主要原因。

司马迁对周公摄政的记载参考了《尚书》的说法，如《尚书·金縢》曰：

“武王既丧,管叔及其群弟乃流言于国,曰:‘公将不利于孺子。’周公乃告二公曰:‘我之弗辟,我无以告我先王。’”①清华简《金縢》亦载:“就后武王陟,成王犹幼在位,管叔及其群兄弟乃流言于邦曰:‘公将不利于孺子。’周公乃告二公曰:‘我之□□□□亡以复见于先王。’”②简本《金縢》为司马迁所未见,但其对周初成王与周公史事的记载基本与之一致。司马迁《鲁世家》引《尚书·金縢》:“其后武王既崩,成王少,在强葆之中。周公恐天下闻武王崩而畔,周公乃践阼代成王摄行政当国。管叔及其群弟流言于国曰:‘周公将不利于成王。’周公乃告太公望、召公奭曰:‘我之所以弗辟而摄行政者,恐天下畔周,无以告我先王太王、王季、文王。三王之忧劳天下久矣,于今而后成。武王蚤终,成王少,将以成周,我所以为之若此。’于是卒相成王。”③司马迁的说法多来源于《尚书》,故多见其大段征引其中文字并从西汉时人加以训释,试图真实揭示周公与成王之间身份关系及政治地位的变化。尤其,司马迁在此引文中使用“相成王”的叙述继承了先秦文献《左传》《国语》《逸周书》等说法,实为说法有自,绝非无中生有,更非专制皇权君主制度下的刻意“曲笔”。

司马迁以周公摄政为“相成王”,先秦时期文献亦不乏记载:

《墨子·贵义》:故周公旦**佐相天子**,其修至于今。

《书序·大诰》:武王崩,三监及淮夷叛,**周公相成王**,将黜殷命,作大诰。

《逸周书·作洛解》:**周公立,相天子**。三叔及殷东徐奄及熊盈以略。周公召公内弭父兄,外抚诸侯……

《左传·襄公十一年》:管蔡为戮,周公**右王**。

《左传·定公四年》:子鱼曰:“……昔武王克商,成王定之,选建明德,以藩屏周。故周公相王室,以尹天下,于周为睦。”

《逸周书·作雒篇》说武王崩,“周公立,相天子”,注说:“立谓为

① (清)阮元校刻:《十三经注疏·尚书正义》,第196页。

② 清华大学出土文献研究与保护中心编,李学勤主编:《清华大学藏战国竹简(壹)》,第158页。

③ (汉)司马迁撰:《史记》,第1518页。

宰，摄政也。”

简言之，司马迁对周公摄政与成王史事的叙述，是对前人及前代文献进行认真细致梳理的结果，故其史书曾七次在不同篇目中对周公摄政史事进行交代，试图给后人一个较为全面的合乎实际的资料信息。但遗憾的是，其中有关成王年龄幼在“襁褓”的记载，史迁并未廓清。传世文献与出土文献等诸多文献记载周初武王去世，成王确实年幼但不至于仍处于襁褓之中，却是一个不争的事实。

宋代文豪大家苏轼写有《周公论》对周公称王明确否定，“周公未尝践天子之位而称王也”。苏轼进一步论证道，如果周公称王，那将会使成王陷于两难的境地：“周公称王，则成王宜何称，将亦称王耶，将不称耶？不称，则是废也。称王，则是二王也。而周公将何以安之？”①苏轼认为如果周公称王，将会产生严重的政治后果：“故凡以文王、周公为称王者，皆过也。是资后世之篡君而为之藉也。”②

程颐与门人也曾讨论周公摄政称王的问题，并给予了明确的否定。门人向程颐问：“世传成王幼，周公摄政，荀卿亦曰：‘履天子之藉，听天下之断。’周公果践天子之位，行天子之事乎？”曰：“非也。周公位冢宰，百官总己以听之而已，安得践天子之位？”……又问：“赐周公以天子礼乐，当否？”曰：“始乱周公之法度者，是赐也。人臣安得用天子之礼乐哉？”③宋儒反对周公称王固与其尊君主张有关，然不可忽略周公在周初不曾称王之历史事实。宋儒以及明清理学家以尊君否定周公称王不是我们主张周公未曾称王的依据。这也可作为我们审视周公是否称王的一种视角。即便不是出于尊君原因，周公未称王在历史上也另有他因。不能排除或无视周公未称王的其他因素的存在。

传世文献对周公摄政称王问题的记载，由于学者的视角以及对文献解读的差异，使得周公是否称王这一历史问题愈发变得复杂困难。

周初之王系全以“文、武、成、康”排列，不见周公之名。自唐代以来

① (宋) 苏轼：《周公论》，《苏轼文集》，北京：中华书局，1986年，第86页。
② (宋) 苏轼：《周公论》，《苏轼文集》，第86页。
③ (宋) 程颢、程颐：《河南程氏遗书》卷十八，《二程集》，中华书局，1981年，第235页。

“文、武、周公”并称成为韩愈所创道统说之重要环节。下有《左传》记载可证：

　　《左传·昭公九年》记载：“文、武、成、康之建母弟，以蕃屏周，亦其废坠是为，岂如升髦而因以蔽之。”

　　《左传·定公四年》：“昔武王克商，成王定之，选建明德，以蕃屏周。故周公相王室以尹天下，于周为睦。……不然文武成康之伯犹多，而不获是分也，唯不尚年也。”

以上是周初诸王“文武成康”并称，周公的政治身份只是“相王室”治理天下。下面也有武王、成王并称，但中间不见周公成王记载：

　　《左传·昭公二十六年》：“昔武王克殷，成王靖四方，康王息民，并建母弟，以藩屏周。”

周公史事应该是纳入成王在位时间中。

此外，《国语·周语下》记载：“自后稷以来宁乱，及文、武、成、康而仅克安民。”仍然是“文武成康”并称，这与《左传》叙述方式完全相同。

《史记·周本纪》所述王系中也无周公之王世，此并非司马迁为遵循周室嫡长子继承的礼制而讳饰周公称王。因为，周孝王辟方是共王弟，却在其侄懿王之后继位为王，这不仅与嫡长子制度相抵触，而且也比以弟及兄或以子侄继伯叔不合理。但在周王世系上仍有辟方之世，且有孝王这个王世。而周公的谥号却是周文公①。

司马迁周王年表没有周公，而且周之后人也不认为周公称王。

由上文论述可见，传世文献中关于周公政治身份没有明确称王的记载。

二、清华简与周公政治身份

关于周公政治身份的情况，除了上述传世文献的记载外，近年新发现

---

① 郭守信：《西周王年无周公纪年辨——兼释“周公诞保文武受命惟七年”》，《辽宁教育学院学报》1996年第6期。

的清华简也多有揭示。值得欣喜的是，这些竹书材料与传世文献多可以互相印证、互相发明。这为我们研究周公是否称王问题提供了新的视角和证据。

收录在清华简第一辑整理报告的《皇门》即是一篇这样的文献。清华简《皇门》开头记载："惟正(月)庚午，公格在库门。"其余简文中有不少"公若曰"以及公自称"朕冲人""予一人"等用语①。而在传世本《逸周书·皇门》则记载"维正月庚午，周公格于左闳门"，简本正可以与传世本相互比勘，据内容判断，简本中"公若曰"之"公"正是传世本中之周公。李学勤先生根据简文中的"公若曰"在《尚书·周书》各篇中，除"王若曰"外，只有《君奭》《立政》有"周公若曰"；简文的公自称"朕冲人"，《周书》的《金縢》《大诰》有成王自称"予冲人"；简文的公自称"予一人"，属于王的口吻等缘由认为："《皇门》可能属于周公摄政时期。"②杨升南先生认为："清华大学战国竹简的《皇门》篇，是周公摄政的新证据，但文中称周公为'公'，是他未称王之证。"③基于以上学者根据清华简《皇门》对周公摄政或是否称王的判断，《皇门》的制作时代问题显得非常重要了。

《逸周书》之《皇门》一直被学者公认为真正的西周文献。因此，清华简《皇门》记载内容的真实性是毋庸置疑的，"今本《皇门》讹误衍脱现象多见，文义晦涩难解；简本相对而言文通字顺，显然优于今本"④。即使简本《皇门》染上了少量东周时代的语言色彩，但"竹书《皇门》作为源自西周王室档案的历史文献，基本保存了当初周公诰词的原貌，具有重要的史料价值。"⑤笔者亦赞同简本《皇门》周公诰词作于周公摄政时期，具体时间在周公东征归来到反政于成王之间⑥。从而，简本与传世本《皇门》共同印

---

① 清华大学出土文献研究与保护中心编，李学勤主编：《清华大学藏战国竹简(壹)》，第164—165页。

② 李学勤：《清华简九篇综述》，《文物》2010年第5期。

③ 杨升南：《周公摄政未称王》，《洛阳师范学院学报》2012年第1期。

④ 清华大学出土文献研究与保护中心编，李学勤主编：《清华大学藏战国竹简(壹)》，第163页。

⑤ 杜勇：《清华简与古史探赜》，北京：科学出版社，2018年，第130页。

⑥ 朱凤瀚：《读清华简〈皇门〉》，清华大学出土文献研究与保护中心编：《清华简研究》第1辑，上海：中西书局，2012年，第184—204页。

证了周公在摄政时期未曾称王的事实。因此，从简本《皇门》《逸周书·皇门》中对周公的称呼语可以反映周公的政治身份具有较大的可靠性。

清华简中，除《皇门》可证周公摄政未称王外，收入录在清华简第二辑整理报告的属于纪事本末体文献即《系年》（习称为清华简《系年》）中，有几处文字均对成王与周公的政治身份有所揭示，与西周青铜器铭文以及传世文献可以相互印证。

清华简《系年》第三章记载："周武王既克殷，乃设三监于殷。武王陟，商邑兴反，杀三监而立录子耿。成王屎（继）伐商邑，杀录子耿，飞廉东逃于商盖氏，成王伐商盖。"①

清华简《系年》第四章记载："周成王、周公既迁殷民于洛邑，乃追念夏商之亡由，旁设出宗子，以作周厚屏，乃先建卫叔封于康丘，以侯殷之馀民。"②

由上述征引简文可知，清华简《系年》第三章记载成王伐商邑并且杀死武庚，以及成王伐商奄等史事均发生在成王在位、周公摄政时期，周公是东征、平定三监之乱的主帅。这里，简文未提及周公，直接将周公史事置于成王名下，不仅传世文献如此记载，而且西周早期青铜器铭文亦如此，故清华简整理者说《系年》"有许多地方可补充传世文献的不足，特别是西周部分，许多地方可与青铜器铭文印证"，这是很正确的结论。那么，我们该如何来理解清华简《系年》第三章以及部分西周青铜器铭文如此的记述方式呢？我们认为，杜勇先生在其大作中已经给出了一种目前探讨周公与成王身份问题十分值得注意的一种观点。杜先生在《〈尚书〉周初八诰研究》关于《成王即位的年龄问题》的论述中指出西周青铜器铭文中的"成王"仅是表示王世的时间符号而已，并不可作落实看的重要观点③。昔学术界在探讨有关成王与周公等问题时，未引起足够的注意。对清华简《系年》第三章的记载，我们运用杜勇先生的观点进行解释，简文中本该属

---

①　清华大学出土文献研究与保护中心编，李学勤主编：《清华大学藏战国竹简（贰）》，第141页。

②　清华大学出土文献研究与保护中心编，李学勤主编：《清华大学藏战国竹简（贰）》，第144页。

③　杜勇：《〈尚书〉周初八诰研究》，北京：中国社会科学出版社，1998年，第20页。

于周公的事迹，但仅见“成王”而不见“周公”，是因为简文前已有“周武王”，下文便叙及成王，由于周公摄政辅佐成王，属于成王的臣子，故将周公的事迹也冠于成王，看似是书手混淆了周公和成王的事迹，实际情况是“成王”不过是一个王号而已，周公才是进行东征、平定三监叛乱的主要人物。《系年》作者如此叙述，同时也揭示了周成王与周公两人的政治身份情况，这就是成王在位，周公摄政但未称王的历史真相。

同样，清华简《系年》第四章记载周成王与周公迁殷民到新都洛邑，也属于周公摄政时期。周成王、周公并称出现在同一支简上，可证历史上周公并未有称王之事。简文是以成王统摄周公，以君统臣，臣、公王统，这是西周文献叙事的基本风格。实际上周公在战争中起主要作用，这说明周公在王的领导下对康叔进行分封，即分封康叔是成王、周公共同所为的结果。

关于周公的政治身份的认识，学术界大致有三种观点：其一，称王天子说，荀子主张此说，也为当今不少学者赞成。其二，顾命大臣说，如张利军提出此说①。其三，冢宰说、辅政大臣说。此三说中无论顾命大臣还是冢宰大臣，都说明周公摄政而未称王。

清华简《系年》第三章：“周武王既克殷，乃设三监于殷。武王陟，商邑兴反，杀三监而立彔子耿。成王屎伐商邑，杀彔子耿，飞廉东逃于商奄氏，成王伐商奄，杀飞廉，西迁商奄之民于朱圉，以御奴虘之戎，是秦之先人。”②这里清华简明显记载的是成王征伐商邑，周公名字没有出现。又，在清华简《皇门》载曰“公若曰”③，《皇门》系周公摄政期间事④，这里史官称之为“公”，亦可说明周公未曾称王。清华简(叁)《良臣》记载：“武王有

---

①　张利军：《清华简〈周公之琴舞〉与周公摄政》，《中国史研究》2018年第1期。

②　清华大学出土文献研究与保护中心编，李学勤主编：《清华大学藏战国竹简(贰)》，第141页。

③　清华大学出土文献研究与保护中心编，李学勤主编：《清华大学藏战国竹简(壹)》，第164页。

④　学界关于清华简《皇门》制作年代，李学勤等认为作于周公摄政初年(李学勤：《清华简与〈尚书〉〈逸周书〉的研究》，《史学史研究》2011年第2期)；朱凤瀚、杜勇等认为是作于周公摄政后期(朱凤瀚：《读清华简〈皇门〉》，载《清华简研究》第1辑；杜勇：《清华简〈皇门〉的制作年代及其相关史事问题》，《中国史研究》2015年第3期)。总之，关于《皇门》作于周公摄政时期，学者无疑义。

君奭,有君陈,有君牙,有周公旦,有召公,遂佐成王。”①这说明周公的身份是“良臣”系辅佐成王,而不可能自己称王。再者,上博简《成王既邦》也有关于周公与成王关系的揭示:“成王既邦周公二年,而王重其任,乃访□……”②简文中成王是成王,周公是周公,周公何曾称王?简文记载的正是周公摄政二年之事。

综上所列,青铜器、简帛等出土文献都从不同的角度一致说明在周初成王继位后,周公的身份一直是辅政大臣的身份,他自己根本没有称王,而是极尽忠心,辅佐年幼且缺乏政治经验的成王。既然这些未经后人修改的出土文献都明载周公不在周之王系中,这至少说明在西周中期、晚期的人不认为周公称王,否则,在这些出土文献中应有所反映。

简言之,周公未曾称王的问题,出土文献虽然不能直接证明,但却是周公未曾称王的重要证据。那么,下面的关键问题是如何理解在《尚书·大诰》《康诰》等重要的传世文献中出现的“王若曰”“王曰”,其中的王究竟是谁的问题?

现代学者多将《大诰》中“王若曰”视作周公进行东征的动员令。甚至有学者将其作为周公称王的“铁证”。但这种观点无法解决诰文中“洪维我幼冲人,嗣无疆大历服”“不可不成乃宁考图功”等含义,若以周公代成王诰,则其含义便十分容易理解。这也能与《尚书·大诰序》“武王崩,三监及淮夷叛,周公相成王,将黜殷,作《大诰》”③契合。上引诰文是说成王虽幼,继承了武王之位,周公代成王劝诫多邦及周室完成文王灭商功业。“宁考”即“文考”也就是死去的周文王,文王本是周公之父,若是周公正式即位称王,他应该说“不可不成我宁考图功”,可实际上是,周公在《大诰》《康诰》中的讲话往往呈现出语义理解的矛盾,其中原因当与周公代成王命诰,兼顾成王的地位有关。

---

① 清华大学出土文献研究与保护中心编,李学勤主编:《清华大学藏战国竹简(叁)》,上海:中西书局,2012年,第157页。

② 马承源主编:《上海博物馆藏战国楚简(八)》,上海:上海古籍出版社,2011年,第167—188页。

③ 曾运乾:《尚书正读》,第155页。

以为周公称王的另一“铁证”是,《康诰》记载“王若曰:孟侯,朕其弟,小子封,惟乃丕显考文王”,学者认为此句话是王对康叔所讲的。如斯维至先生就认为:“周公的摄政称王以及周公东征,事先都同召公、太公商量过的。‘三公辅政’,实际是古代贵族民主政治的遗制。”他还认为:“周公是否只摄政(代理成王行政)而没有称王呢?汉代的经学家大多数是倾向于否定意见的,因为在他们心目中周公旦既是圣贤,摄政以后七年,他又自动让位给诵,是为成王,那么他一定没有称王。其实周公既已摄政,也就称王了的。《尚书·康诰》篇中有证:孟侯,朕其弟,小子封,……孟侯指康叔,朕,周公旦自称,其作‘之’解,朕其弟,即我的弟。下文‘王曰’自然也是周公旦,则周公旦确已称王。小子封是指康叔,因康叔名封,故直称其名。殷周时异姓诸侯常常自称为王,同时又对周称侯,这也可证明古代并不一开始王就是专制君主。”①上述斯维至先生的说法可以代表20世纪80年代以来不少主张周公摄政称王的学者的看法。

清华简《系年》明确记载了成王在位时期的周公政治身份的真实状况。清华简《系年》第三章记载:“周武王既克殷,乃设三监于殷。武王陟,商邑兴反,杀三监而立录子耿。成王屎伐商邑,杀录子耿,飞廉东逃于商奄氏,成王伐商奄,杀飞廉。”②

根据《系年》记载,“三监”实为商人所杀,其后武庚继位而立进行反叛,从而才有东征之事,录子耿最后为成王所杀,这与传世文献所说不同。今文家及伪孔传说“周公诛三叔”与简文不合。而古文家的“周公奉成王命东征”之说与简文颇能契合。简文中以成王伐商邑,实际上领导者是周公,因为此时成王在位,周公摄政,故史官纪事将周公东征之事冠在成王名下。

虽然有学者如陈梦家、王慎行等学者根据青铜器铭文记载成王率师

---

① 斯维至:《陕西通史·西周卷》,西安:陕西师范大学出版社,1997年,第74—75页。

② 清华大学出土文献研究与保护中心编,李学勤主编:《清华大学藏战国竹简(贰)》,第141页。

东征，认为成王即位之时当已成年①。学者以之作为周公摄政未称王的证据之一。“成王即位成年说”挑战了诸多文献上记载成王年幼、年少的史实，长期以来使得学者之间的说法、观点总不免顾此失彼、相互矛盾而难以圆融。清华简《金縢》记载成王“犹幼在位”，使得诸多典籍上记载的成王即位确实年幼大白于天下。

第四节　清华简《耆夜》与周公诗作

清华简《耆夜》主要记述了武王八年伐黎大胜之后在文王太室举行的饮至典礼，武王君臣饮酒作歌。“耆夜”就是伐黎后舍爵饮酒之意，是对简文内容的概括。其中周公作歌一终曰《蟋蟀》，与《诗经・蟋蟀》有密切关系，可以对比研究，弥足珍贵②。清华简整理者对清华简《耆夜》简文题解十分简明扼要，对我们研究简文提供了一些重要的线索。

一、清华简《耆夜》“古诗共时系统”说

截至目前，清华简整理报告（即从第一辑到第五辑）中公布出来的保存有周公所作的五首诗歌：清华简《耆夜》中的《英英》《明明上帝》《蟋蟀》，《周武王有疾周公所自以代王之志》（清华简《金縢》）的《雕鸮》（该诗仅存诗题，无简文内容），清华简《周公之琴舞》中的《多士儆毖》（此首诗可确定周公所作）。以上周公所作五首诗，部分在清华简或传世典籍可以见到，还有些诗作在传世文献和出土文献中也有幸保存。

学术界对这五首诗中武王诗的作者问题几乎未提出异议，但对周公所作之诗尤其《蟋蟀》提出了不少质疑，这无疑是一个非常有趣的现象。

---

① 参见王慎行：《周公摄政称王质疑》，《河北学刊》1986 年第 6 期；又见郭伟川主编《周公摄政称王与周初史事论集》，北京：北京图书馆出版社，1998 年；王慎行：《古文字与殷周文明》，西安：陕西人民教育出版社，1992 年。

② 清华大学出土文献研究与保护中心编，李学勤主编：《清华大学藏战国竹简（壹）》，第 149 页。

我们在此文提出对这些诗歌作者的确定应该就《耆夜》的所有诗进行分别讨论，以“古诗共时系统”的眼光来看待这些诗歌的作者问题。

“古诗共时系统”说是根据考古学上的地层学理论和研究方法“共时”关系来确定出土文献中所出现的系列古诗的时代和作者问题。也就是说，在清华简《耆夜》《周公之琴舞》中发现的一系列古诗或组诗，应该视作同一时代的作品，其作者归属应该根据出土文献原来记载并结合传世文献相互印证。如果在出土文献中出现的某首诗，也可在传世文献上发现，那么，即使其余诗歌未在传世文献中保留，也可判断其属于佚诗，属于真实的古代诗歌作品。对于古诗的作者问题，亦适用同样的方法①。

值得欣喜的是，不少学者已经集中在清华简《蟋蟀》与《唐风·蟋蟀》文本比较分析(包括字、词、章、句、韵等方面)、时代背景(缘起、作诗时间等)、思想主旨(如忧患思想、节俭、酒政、享乐有度等)等方面进行了有意义的研究。但在清华简《蟋蟀》与其他周公作品语言比较如在字、词、句、语气等方面尚需要进一步考察。

笔者在研究中始终带着这样的问题：《蟋蟀》是周公亲身创作还是引用前人的作品？简本与今本《蟋蟀》产生早晚如何？哪个是祖本？抑或两者共时，不存在源流关系？

另外，上博简《诗论》记载孔子云“《蟋蟀》知难”，孔子看到的《蟋蟀》诗究竟属于哪个版本，是否两者之一，还是其他版本？这些疑问的回答无疑有助于我们对研究问题进行深入。

《左传·襄公二十七年》载印段赋《蟋蟀》：“赵孟曰：‘善哉！保家之主也！吾有望矣。’”又引文子说：“印氏其次也，乐而不荒，乐以安民，不淫以使之，后亡，不亦可乎？”杜注：“《蟋蟀》，《诗·唐风》。曰：‘无以大康，职思其居。好乐无荒，良士惧惧。’言惧惧然顾礼义。能戒惧不荒，所以保家。”②

《左传》以为《蟋蟀》之诗主旨为“乐而不荒，乐以安民。”与清华简《蟋

① 有关采用此研究方法理论的例子可参见对清华简《耆夜》《周公之琴舞》中武王、周公等系列古诗的研究。

② 杨伯峻：《春秋左传注(修订本)》，第1135页。

蟀》"康乐而毋荒"同义。可是依据《襄公二十七年》："乙卯，公元前546年。周灵王二十六年。"①印段赋《蟋蟀》诗已经出现，因此今本《蟋蟀》产生时间并不晚于公元前546年即春秋晚期。

清华简成书下限在战国中期偏晚即公元前305年加减30年，其文献价值的可信性首先在于这批竹简未经秦火以及后人的改写，保留了比较真实的历史记载。它之所以与诸多传世文献记载不同，还在于它是楚地的竹简。其中自然包含着楚人对华夏历史的不同看法。另外，秦汉儒者由于未见这批竹书，他们的认知多来源于先儒旧说以及经过秦统一以后整理过的文献，各种民间流传之说对他们影响较大，故会对同一事件产生多种不同说法。这也是后来汉魏经师解说《诗》《书》等儒家文献存在众多分歧的原因所在。

简本《蟋蟀》与今本《唐风·蟋蟀》在诗作产生的时代背景、文本语言、思想主旨上都存在着较多的相同之处。与周公当时所处时代境况、思想特征、语言特点多有相对应之点，简本《蟋蟀》更好地揭示了该诗产生的时间及时代背景，弥补了今本《蟋蟀》的思想主旨和时代背景上的局限。

简文记有周公两首诗，如没有充分过硬的证据，不好贸然否定周公是这些诗歌作品的作者。简本《蟋蟀》见于今本，不仅证明周公作《蟋蟀》的可靠性，而且进一步证明周公作其他诗作的可能性。虽然周公其他两首诗歌属于逸诗，未得见于传世文献，如果简单否定之，这可能是相当危险的做法。在清华简记载的事实面前，我们还是应该抱有宁可信其有，不可信其无的态度。

二、清华简《蟋蟀》作者周公说

清华简《耆夜》与《金縢》两篇都载有武王及周公所作的诗作：简文《金縢》记载周公赠送成王的诗作《雕鸮》;《耆夜》载录武王作歌《乐乐旨

---

① 杨伯峻：《春秋左传注(修订本)》，第1125页。

酒》《輶乘》,周公作歌《英英》《明明上帝》《蟋蟀》。其中,《蟋蟀》诗因与今本《唐风·蟋蟀》相近,引起学界热烈讨论,成为学者近来研究清华简热点和焦点之一。对这些古诗的作者及时代,众说纷纭,迄今未达成一致的意见。

此外,清华简第三辑整理报告收录的《周公之琴舞》亦是有关于周公及成王的诗作。对于清华简中出现的这些所谓周公的诗作究竟如何看待,学术界意见也并不一致。我们在充分吸收前人研究成果基础上经过认真细致的研究,提出对这批清华简中所谓周公诗作的不成熟看法,与学界同仁进行交流,错误之处,敬请专家不吝批评指正。

周公总共作了三首诗:第一首诗是《英英》,献给毕公;第二首诗是《明明上帝》,献给武王;第三首诗是周公即情言志而作的《蟋蟀》。由于《耆夜》记载饮至礼场面生动有趣,不少学者不相信这些诗是周公所作。下面我们先就学术界争议比较大的清华简《蟋蟀》诗进行探讨。

关于清华简《蟋蟀》诗的作者,《耆夜》明载周公"作歌一终曰《蟋蟀》"。此外,《耆夜》也指出了周公作《蟋蟀》的历史背景和当时情景,即作于周武王八年征伐耆国获得大胜在文王宗庙举行饮至典礼庆祝活动上。武王征伐耆国历史事件通过简文得以澄清。历史上不仅有文王戡黎,也有武王伐耆,武王伐耆可与文王伐黎并称为周史上的重要事件。简文对《蟋蟀》产生的时间、背景、地点、缘由等交代得如此详细,似乎没有理由怀疑周公作《蟋蟀》的史事。

然而,由于学者对清华简《蟋蟀》与《唐风·蟋蟀》的时代早晚和版本问题存在认识差异,故使得《蟋蟀》的作者问题成为争论的焦点。

目前坚持《蟋蟀》的作者是周公的观点主要来自李学勤和李均明先生①。反对周公是《蟋蟀》诗作者的学者主要有曹建国、刘成群、杜勇、蔡先金等。如曹建国认为简本《蟋蟀》是战国时人模仿《唐风·蟋蟀》托名周

① 可参看李学勤:《论清华简〈耆夜〉的〈蟋蟀〉诗》,《中国文化》2011 年第 1 期;李均明:《〈蟋蟀〉诗主旨辨——由清华简"不喜不乐"谈起》,《绍兴文理学院学报》2014 年第 1 期。

公所作①，蔡先金以为清华简《耆夜》属于战国时期小说家作品②。

我们知道，今本《唐风·蟋蟀》究竟是谁所作，其写作背景如何，在《左传》《国语》《战国策》等先秦历史典籍文献中并未提及。对于《唐风·蟋蟀》写作主旨，《毛诗序》说"刺晋僖公俭不中礼"，其所揭示的时代和作者都不可能为周公之作品。但清华简《耆夜》载周公作《蟋蟀》的发现，无疑改变了我们传统上的认知。对此，杜勇先生指出清华简《耆夜》"利用和误解了当时有关传说和文献资料，杜撰了武王伐黎、周公作《蟋蟀》等历史情节，实则史料价值不高"③。

但是，有关周公其他的诗歌作品，在文献中屡有记载，说周公作《蟋蟀》诗似也不算毫无证据。接下来，我们从三个方面论述《蟋蟀》由周公所作。

第一，学术界关于简本《蟋蟀》与今本《蟋蟀》的来源或源流问题有不同的认识。但笔者认为简本《蟋蟀》早于今本《唐风·蟋蟀》，今本《蟋蟀》在历史上进行了加工，这种观点可能是正确的。简本与今本《蟋蟀》文本和主旨存在较多的共同点，而一些文字或语句差异属于流传过程中的语言自然变化现象。黄怀信先生曾经对简本与今本《蟋蟀》进行比读研究，最后得出结论：简本《蟋蟀》必是今本《唐风·蟋蟀》的前身，《唐风·蟋蟀》必是简本之诗的改造④。其说较为可信。我们认为清华简《耆夜》不是所谓的小说家作品，而是当时史官所记载的书类文献。其语言特点虽然属于战国时期的风格，但其编写必有此前文献档案依据，不是一些学者所说的战国时人的史事比附或托古之作。

第二，从《毛诗序》解今本《唐风·蟋蟀》来看，其观点也不可全信以为真；不能因为其对今本《蟋蟀》的看法而否定简本《蟋蟀》是周公作品的可能。简本定型于战国中期之前，而今本《蟋蟀》在历史上长期流传，难免经过后人的改变，其本身文本变异情况要复杂得多。因此，简本《蟋蟀》相较

---

① 曹建国：《论清华简中的〈蟋蟀〉》，《江汉考古》2011 年第 2 期。

② 蔡先金：《清华简〈耆夜〉古小说与古小说家"拟古诗"》，《济南大学学报》(社会科学版)2017 年第 1 期。

③ 杜勇：《从清华简〈耆夜〉看古书的形成》，《中原文化研究》2013 年第 6 期。

④ 黄怀信：《清华简〈蟋蟀〉与今本〈蟋蟀〉对比研究》，《诗经研究丛刊》(第二十三辑)。

今本未经长期流变修改而保存了更多的古诗原貌。基于此点来看,简本的记载更加可信。尤其《耆夜》文献不单纯是记载《蟋蟀》的作品,尚包括武王和周公的四首诗作。如果否定周公作《蟋蟀》,那么其他四首诗也将会被否定。这四首诗在传世本中虽未见,但它们可能就是失传很久的佚诗。如此简单否定清华简《耆夜》文本记载的历史内容真实性,其他文献亦将面临同样的命运,这无疑是不可取的。

第三,根据我们前文提出的"古诗诗歌系统"方法分析清华简《耆夜》这几首诗歌,既然简本明载周公作《蟋蟀》,并可在传世文献中找到类似《蟋蟀》,这正是简本给我们今人保留下来的重要历史信息,我们不当轻易对简本记载否定。

从历史文献研究的惯例来说,清华简《耆夜》记载周公作《蟋蟀》的时间明显早于《毛诗序》对《唐风·蟋蟀》的解释,显然前者说法比后者更可靠。虽然周公作《蟋蟀》在先秦文献中找不到任何证据,但亦不能因为传世文献中没有记载的历史内容,就认为出土文献上不能有,这是对出土文献认识的偏见。如果换一种角度来看,出土文献记载的历史信息,在传世文献上不能得见,正是出土文献的可贵之处。正如学者所说:"就简文结合《诗经》而论,亦不难断定《耆夜》中的《蟋蟀》早于《诗经》中的《蟋蟀》。清华简是战国时代的竹简,其时《诗经》亦结集成书。若《耆夜》是战国时代的托古之作,取《诗经》中的《蟋蟀》略作改动而属诸周公名下,则简文中的其他四首诗亦当见于《诗经》或先秦典籍的称引,事实是简文中的其他四首诗在传世文献中绝无任何踪迹,可证简文中的《蟋蟀》与其他四首诗皆是最初创作的文本而《诗经》中的《蟋蟀》则是因袭改编的文本。"①我们以为此说可能近乎历史事实。

个别学者认为简本《蟋蟀》系战国时期小说家作品以及后人拟撰附会之说,如有学者认为:"诸书引证皆以《蟋蟀》一诗刺俭不中礼,清华简之本事凭空而出,于古无征,当为战国时新说,应为后人拟撰附会。"②其实在

① 贾海生、钱建芳:《周公所作〈蟋蟀〉因何被编入〈诗经·唐风〉中?》,《中国典籍与文化》2013 年第 4 期。

② 刘立志:《周公作诗传说的文化分析》,《南京师范大学学报(社会科学版)》2010 年第 2 期。

历史上,《毛诗序》的说法并非完全正确,文献上除了支持《毛诗序》的传统说法外,宋代以来的学者就开始质疑《毛诗序》的旧说了,怎么能说"诸书印证皆以《蟋蟀》一诗刺俭不中礼"呢？此说并不可取。

此外,关于简本《蟋蟀》如何进入今本《唐风·蟋蟀》,成为解决简本作者可能是周公的一个重要问题。近来学者已有研究,贾海生等认为:"武王八年周公在饮至之礼上所歌《蟋蟀》本是周公的创作,后来成为王朝的乐歌,有专门的乐师演唱、传习。周公封叔虞于唐,或周天子命晋文侯、晋文公为方伯时,以《蟋蟀》作为乐则赐予了晋国,专习《蟋蟀》的乐师同时也被赐予了晋国。《蟋蟀》一诗随乐师进入晋国后而得以在晋国流传,随着时间的流逝,其作者、来源被逐渐淡忘,竟然被认为是晋国的民歌,在不断演唱的过程中又屡被改编,最后又幸运地被编入了《诗经·唐风》之中。"①这种说法较好解释了简本《蟋蟀》如何最后编入了《唐风·蟋蟀》,对周公作《蟋蟀》的观点提供了合理解释。

总之,不少学者对清华简《耆夜》记载的周公在宗周作的诗,而最后流传到了唐地,收录《诗经·唐风》的问题进行深入考察,这个思路是非常正确的。我们认为学者关于《蟋蟀》诗的地域变迁的说法是大致可信的。因此,《蟋蟀》诗为周公原创也大致不误。

三、"赋诗"与"作歌"考

清华简《耆夜》"公作歌一终",明确指出周公作《蟋蟀》诗,简本《蟋蟀》的作者果真是周公吗?

在讨论清华简《耆夜》或其他篇目有关诗歌创作作者问题时,涉及最多也最为基础的两个概念术语就是"赋诗"和"作歌"了。正确地认识和理解"赋诗"和"作歌"等用诗术语的含义,方能准确地解读类似简文《蟋蟀》等诗的作者相关问题。由于涉及周初的清华简《耆夜》《周公之琴舞》等诗作的情况时间较为遥远,对此注释解读的文献亦较为有限,故我们且以春

① 贾海生、钱建芳:《周公所作〈蟋蟀〉因何被编入〈诗经·唐风〉中?》,《中国典籍与文化》2013 年第 4 期。

秋时期的赋诗的情况来反观周初史事，试图能够折射出周代早期赋诗作歌的基本情况。

关于赋诗，据学者对《左传》《国语》记载有关赋诗情况研究，主要有两种含义：一种是创作新诗，一种是引诵古诗①。如杜预注《左传·隐公元年》郑庄公与其母武姜相见赋诗曰："赋，赋诗也。"孔颖达疏曰："赋诗，谓自作诗也。"②赋诗意为自己创造新诗，这是第一种情况。又，《左传·僖公二十三年》重耳与秦穆公宴饮，宾主互赋《河水》《六月》，杜预则注云："古者礼会，因古诗以见意，故曰赋。"③正如班固所说"古者诸侯卿大夫交接邻国，以微言相感，当揖让之时，必称诗以喻其志"，属于第二种情况的古人引诵古诗。故郑玄说："赋者，或造篇，或诵古。"④即指上面赋诗两类情况的总结。据曹建国研究，赋是直言铺陈的描述，诵与颂、容义通，与仪式性的歌舞表演相关，赋、诵有别。诵亦可谓歌，其有乐。歌亦可不合乐。《左传》诵古赋诗有背文、吟咏之别，赋诗有用乐、不用乐之分，赋诗者，有自赋、乐工赋之异⑤。

"赋诗"和"作诗""作歌"含义是不同的，一般来说，赋诗包括引诗和作诗两种含义。在讨论周公诗作时，对"赋诗""作诗""作歌"等含义学者意见不尽相同。如童汝劳说所谓赋诗，原本是指引诗和诵诗之意(少数情况也可通作诗之义解)。"赋诗""断章"是春秋时代特定历史的产物。春秋时代的"赋诗"主要是指人们引赋前人已有之诗，其所言志，则多系引诗之志，而非作诗之志。"赋诗"既有引诗之释，又有作诗之义⑥。然而，刘光胜据《毛诗传》释《崧高》"作是工师之诵也"及孔疏"诗者，工师乐人诵之以为乐曲，故云：'作是工师之诵。'欲使申伯之乐人常诵习此诗也"之记载，以为"作"诗是演奏诗歌。诵同颂，系颂赞之意。《崧高》"吉甫作诵，其诗孔硕"意为吉甫创造诗歌后由工师谱曲演唱，故孔疏云：言使申伯歌颂此

① 曹建国：《"赋诗断章"新论》，《兰州大学学报(社会科学版)》2015年第6期。
② (清)阮元校刻：《十三经注疏·春秋左传正义》，第1717页。
③ (清)阮元校刻：《十三经注疏·春秋左传正义》，第1816页。
④ (清)阮元校刻：《十三经注疏·春秋左传正义》，第1724页。
⑤ 曹建国：《"赋诗断章"新论》，《兰州大学学报》(社会科学版)2015年第6期。
⑥ 童汝劳：《春秋时期的"赋诗断章"风俗》，《文史杂志》2000年第3期。

诗。君子之道,贵在谦虚,而言吉甫自述,云甚美者,欲使前人听受其言,故美大以入之。令以为乐者,令使申伯长歌乐此诗,以自规戒也。按刘光胜理解可能有误!先是吉甫创作诗,以后才有工师配上乐,后称颂诗。此诗之作,主美申伯。

赋诗即我们习言的赋诗言志,多指在春秋时期诸侯士大夫在政治、外交、宴会等社交场合吟诵《诗经》或其他诗歌作品借以表达自己情感和思想观点的一种礼义风尚。赋诗是引用前人之诗表达自己思想、观点。《左传·襄公二十七年》有一段很典型的赋诗记载,是晋国赵武要求随行郑伯七人赋诗以答谢郑伯之赐,具体情节如下:

> 郑伯享赵孟(即赵武)于垂陇,子展、伯有、子西、子产、子大叔、二子石(按印段、公孙段)从。赵孟曰:"七子从君,以宠武也。请皆赋,以卒君贶。武亦以观七子之志。"
>
> 子展赋《草虫》。赵孟曰:"善哉,民之主也!抑武也,不足以当之。"
>
> 伯有赋《鹑之奔奔》。赵孟曰:"床笫之言不踰阈,况在野乎?非使人所得闻也。"
>
> 子西赋《黍苗》之四章。赵孟曰:"寡君在,武何能焉?"
>
> 子产赋《隰桑》。赵孟曰:"武请受其卒章。"
>
> 子大叔赋《野有蔓草》。赵孟曰:"吾子之惠也。"
>
> 印段赋《蟋蟀》。赵孟曰:"善哉,保家之主也!吾有望矣。"
>
> 公孙段赋《桑扈》。赵孟曰:"'匪交匪敖',福将焉往?若保是言也,欲辞福禄,得乎?"①

以上七子赋诗均是援引《诗经》中有关章句各言其志。据杜预注七人所引诗篇分别出自《召南》《鄘风》《小雅》《郑风》《唐风》。可见春秋时人所谓赋诗习指引《诗经》言事言志,以表达个人思想、观点。古人通过所赋之诗了解赋诗者的为人和志向,从而达到赋诗以观其志的目的,甚至通过赋诗者的内容对人的行为和未来进行评价:

---

① 杨伯峻:《春秋左传注》,第1134—1135页。

卒享,文子告叔向曰:“伯有将为戮矣。诗以言志,志诬其上而公怨之,以为宾荣,其能久乎?幸而后亡。”叔向曰:“然,已侈,所谓不及五稔者,父子之谓矣。”文子曰:“其余皆数世之主也。子展其后亡者也,在上不忘降。印氏其次也,乐而不荒。乐以安民,不淫以使之,后亡,不亦可乎!”①

上述印段所赋《蟋蟀》来自《唐风》,这种赋诗更多情况下是一种吟诗,并不一定是个人所创作。因此,古人赋诗不等于创作,只是根据自我需要取来引用以表达自己的愿望和态度,有时候甚至“断章取义”,为我所用。如《左传·襄公二十八年》记载庆舍问庐蒲癸娶妻为何不避同姓时:“庆舍之士谓庐蒲癸曰:‘男女辨姓,子不辟宗,何也?’曰:‘宗不余辟,余独焉辟之?赋诗断章,余取所求焉,恶识宗?’”②

关于“作”诗,《左传·宣公十二年》载:“武王克商,作《颂》曰:‘载戢干戈,载櫜弓矢。我求懿德,肆于时夏,允王保之。’”③《颂》之引文出自《周颂·时迈》。这是以为武王作《周颂·时迈》之诗。而在《国语·周语上》祭公谋父又说:“是故周文公之《颂》曰:‘载戢干戈,载櫜弓矢。我求懿德,肆于时夏,允王保之。’”④《周颂·时迈》的作者又变成了周公。这样,一诗出现了两名作者!是否《时迈》由武王、周公两人合作呢?

由此,我们认为或许存在这样一种可能:周公将古人、他人所作诗援为己诗。古人“版权意识”不浓,武王与周公兄弟情深,周公辅佐武王,可谓赤胆忠心,古人将他们两人的作品混同起来,也不能排除这种可能性。

下面,再看作歌之含义,据田旭东先生研究,武王、周公“作歌一终”就是赋诗一首之意:“赋诗也是宴享之礼的重要内容。歌诗是以歌伴奏而歌咏之,赋诗则无歌伴奏,一般情况下,以口赋《诗经》中的诗句作为相互表达意愿的形式,多种时候它是一种赋诗者根据当时情景而自选诗句来表

① 杨伯峻:《春秋左传注》,第1134页。
② 杨伯峻:《春秋左传注》,第1145、1146页。
③ 杨伯峻:《春秋左传注》,第744—755页。
④ (清)徐元诰撰:《国语集解》,第1—2页。

达意愿的,与纯粹礼仪化的、有固定格式的歌诗不同。"①田先生细致分析了赋诗与歌诗两者的区别。但《耆夜》中记载武王、周公均是"作歌""作祝诵"而非赋诗,周公"作歌一终"当为创作诗歌并加以吟诵的含义。可见,作歌与赋诗的确不同。周秉高先生认为"赋诗断章","兴起于晋文公时代,即春秋中期"②。可知,作歌当比赋诗产生时间较早。顾颉刚先生曾指出在周代诗歌使用的场合,"周代人的用诗……一是典礼,二是献诗,三是赋诗,四是言语"③。据此,周公作歌《蟋蟀》即是饮至典礼上创作并吟诵诗歌。如果再结合清华简《耆夜》记载周公"作祝颂"《明明上帝》的表达术语,是简文作者亦承认周公是《明明上帝》的创作者。这一点可从《逸周书·世俘》所记载"甲寅,谒戎殷于牧野。王佩赤白旂,篇人奏《武》,王入,进《万》,献《明明》三终"④得到印证。李学勤先生指出,"清代惠栋以为是现存《诗》中的《大明》,陈逢衡《逸周书补注》已指出《大明》句中有'武王'谥,成篇应该较后。现在看,《明明》或许即是周公这篇《明明上帝》。"⑤清人陈逢衡以为《大明》作于成王时,因其末章有"凉彼武王"语,故结合清华简《耆夜》记载周公作祝诵《明明上帝》,可知周公即是《大明》之作者。我们认为李先生的见解是正确的。由此,清华简《明明》诗也当属于周公的一篇佚诗。

但也有学者认为:"《逸周书·世俘》武王'献《明明》三终'意为武王演奏《明明》三次(有乐诗伴奏)。……'作'之乐动,可理解为乐曲演奏。清华简《耆夜》多次说'作诵一终''作兹祝诵',指出'作'与《逸周书·世俘》篇'献《明明》三终'的献字同义,不是指创作之意,而是指演奏。"⑥

按刘光胜先生观点可商,笔者以为此处"作"应是创作之意,"作""献"之义并不同,前有顾颉刚先生亦将"献诗"和"赋诗"区分开来。其说否认了周公作《蟋蟀》即周公是《蟋蟀》诗作者的看法。他说:"作解释为创作,

① 田旭东:《清华简〈耆夜〉中的礼乐实践》,《考古与文物》2012 年第 1 期。
② 周秉高:《论赋诗断章的发展轨迹》,《中州学刊》1989 年第 1 期。
③ 顾颉刚:《诗经在春秋战国间的地位》,《古史辨》第三册,第 322 页。
④ 黄怀信等:《逸周书汇校集注》,第 427—428 页。
⑤ 李学勤:《清华简〈耆夜〉》,《光明日报》2009 年 8 月 3 日。
⑥ 刘光胜:《清华简〈耆夜〉考论》,《中州学刊》2011 年第 1 期。

在古书常见，但清华简《耆夜》这几首诗之所以称为乐诗，是有固定的乐曲、旋律相配的，武王、周公当场创作的诗篇，试问仓促之间，乐师如何配曲？如何保证饮至礼气氛的隆重、秩序的井然？因此，这里的‘作’，不能解释为创作。清华简《耆夜》周公见蟋蟀闯进来，吟诵《蟋蟀》三章，而不是说周公当场创作《蟋蟀》诗，学者之所以误判周公为《蟋蟀》的作者，关键是对清华简《耆夜》‘作歌一终’、‘作祝诵一终’的‘作’字理解有误。”①此说似乎合乎情理，但却忽视了周公“作歌”吟诵《蟋蟀》和传世本《蟋蟀》的时间早晚问题。周公随武王戡黎，此时也已揭示简本《蟋蟀》早于传世《蟋蟀》，周公吟诵前人《蟋蟀》诗又何在呢？这种说法是值得商榷的。

故综合上文论述，赋诗与作歌并不相同，赋诗之诗不一定由赋诗者所创作，而作歌应是作歌者之创作。既然清华简《耆夜》明记“作歌”“作祝颂”，我们应该尊重出土文献的记载，而不宜轻易否定周公是这些诗歌的创作者。

第五节 清华简《金縢》与周公《鸱鸮》诗

清华简《金縢》原题名为《周武王有疾周公所自以代王之志》，收录于清华简整理报告第一辑。据清华简整理小组题解，“该篇简文共 14 支，三道编，完简长 45 厘米。其中第 8 支与第 10 支简的上端均有部分缺失各约损失三到四字。简背有次序编号，书于竹节处。第 14 支简背下端有篇题《周武王有疾周公所自以代王之志》14 字。整篇简文与《尚书·金縢》大致相合，当系《金縢》篇的战国写本。简文不用《金縢》作为篇题，疑抄写者未见过《书序》。《金縢》篇见于西汉初年伏生所传的今文《尚书》，但自西汉以来，学者对其理解颇多歧异。本篇简文的内容与传世今本《金縢》篇有一些重要的不同点，如记载周武王系在‘既克殷三年’后生病，与今本作‘二年’不同；简文中没有今本《金縢》篇中涉及占卜的文字；周公居东为

① 刘光胜：《清华简〈耆夜〉考论》，《中州学刊》2011 年第 1 期。

三年而非今本的二年,等等。”①以上,清华简整理小组对简本《金縢》与传世本《金縢》差异之处作了很好的说明。不过,清华简《金縢》与传世本《金縢》都提到周公的诗作,也值得我们详加探讨。

一、传世《金縢》之《鸱鸮》与简本《雕鸮》

简本《金縢》与传世本《金縢》均对周公之诗有所言及,但也有些细微不同。简本《金縢》记载周公作《鸱鸮》曰:“周公宅东三年,祸人乃斯得,于后周公乃遗王诗曰《雕鸮》,王亦未逆公。”②整理者注释说:“《周鸮》,今本作《鸱鸮》,见《诗·豳风》。疑‘周’当读为‘雕’。”③也有学者将简本“雕鸮”视为今本“鸱鸮”误写或将“周”读为“鸱”。我们以为还是遵照清华简整理者的意见为是,不必强使简本服从于今本。已有学者指出,“鸱鸮”系小黄雀、猫头鹰,从诗中“既取我子”来看,这种鸟应该是一种比较凶恶的大鸟,故“鸱鸮”之“鸮”当为“枭”为是。如是,简本“雕鸮”可能是一种凶鸟,比今本“鸱鸮”更为合理④。刘国忠先生谓:“遗:馈赠。《雕鸮》:诗歌的篇名,即《诗经》中《鸱鸮》一诗。这句话是说,周公后来写了《鸱鸮》一诗,送给周成王。”⑤

今本《尚书·金縢》对于周公与《鸱鸮》的关系是这样说的:“周公居东二年,则罪人斯得。于后,公乃为诗以贻王,名之曰《鸱鸮》;王亦未敢诮公。”近人曾运乾谓:于后,谓管、蔡既诛以后也。《诗序》云:“《鸱鸮》,周公救乱也。成王未知周公之志,公乃为诗以贻王,名之曰《鸱鸮》焉。”按《诗》云“既取我子,无毁我室。”《传》曰:“宁亡二子,不可以毁我周室。”《诗

---

① 清华大学出土文献研究与保护中心编,李学勤主编:《清华大学藏战国竹简(壹)》,第157页。

② 清华大学出土文献研究与保护中心编,李学勤主编:《清华大学藏战国竹简(壹)》,第158页。

③ 清华大学出土文献研究与保护中心编,李学勤主编:《清华大学藏战国竹简(壹)》,第158、161页。

④ 朱凤瀚:《清华简〈金縢〉》,陈致主编:《简帛·经典·古史》,上海:上海古籍出版社,2013年。

⑤ 刘国忠:《走进清华简》,北京:高等教育出版社,2011年,第137页。

豳谱疏》云:“二子,谓管、蔡。”①

孙星衍疏:“鸱鸮者,《释鸟》云:‘鸋鴂。’《方言》云:‘自关而东谓桑飞曰鸋鴂。’《诗》疏引陆玑疏云:‘鸋鴂似黄雀而小,其喙尖如锥,取茅莠为窠。幽州人谓之鸋鴂,或曰巧妇,或曰女匠;关东谓之工雀,或谓之过羸,关西谓之桑飞,或谓之袜雀,或曰巧女。’”②

《尔雅注疏》卷十《释鸟》第十七:枭,一名鸮。《说文》:“枭,食母,不孝之鸟,故冬至捕鸟磔之。”

清代学者认为《鸱鸮》乃“周公悔过以儆成王”,或认为其主旨在于“周公戒成王”。是多数学者并未否定周公与《鸱鸮》的关系。

综合上述文献记载以及学者研究,我们倾向认为,雕鸮应是一种体型较大、性情凶猛的猫科禽类。另据现在动物学专家介绍,雕鸮,又称雕枭,性情凶猛,是体型最大猫头鹰,故也叫大猫头鹰,夜行性猛禽,喙坚强而钩曲,脚强健有力,爪大而锐,以各种鼠类、兔类、蛙、昆虫、雉鸡和其他鸟类为食。它是一种典型的益鸟,属于国家二级保护动物。因此,学者将雕鸮视作一种体型较大的猛禽是较为符合历史实际的。

二、简本与传世本《金縢》制作时代及学术价值

关于传世本《尚书·金縢》的制作时代及真伪问题在历史上一直有所争论。宋代程颐和王廉始将《金縢》怀疑成伪作,清代学者朱彝尊说:“今文则未有疑焉者。至程正叔疑《金縢》之文不可信,而括苍王廉熙阳作论,谓《金縢》非圣人之书,则并今文而疑之矣。”③清人袁枚也怀疑《金縢》“虽今文,亦伪书”④。

---

① 曾运乾:《尚书正读》,第152页。

② (清)孙星衍撰:《尚书今古文注疏》,第333—334页。

③ 朱彝尊:《经义考》卷74,《四库全书荟要》本。

④ 袁枚:《金縢辨上》,《袁枚全集·小仓山房文集》卷22,南京:江苏古籍出版社,第380—382页。

直到近世，顾颉刚先生肯定《金縢》属于东周间的作品①。陈梦家先生以为《金縢》约为西周时代的记录②。张西堂则认为《金縢》成书时代最早当在战国中世③。当今学者杜勇先生认为《金縢》成篇在春秋前期，其制作年代当在周室东迁以后，而不晚于孔子之前的春秋之中世④。可见，近现代学者对此意见分歧甚大。

张西堂指出，今人多衡之人类文化学，认为周公请以身代武王死并不足怪，惟《金縢》之文自是后人追记文字，非西周初年之文，其成书最早当在战国中期⑤。

梁启超较早否认《金縢》是伪书，他认为《金縢》中有离奇话，是因为当时史官所择史料标准不对，所以《金縢》无甚问题，可以当作神话看待，借来考察当时的社会心理⑥。蒋善国反对将《金縢》看作伪书，"《金縢》内容迷信鬼神，本是世界古史的常例，我们不可用后世进步的思想来衡量或揣测古人的言行，把《金縢》当作伪书看"⑦。

赵光贤先生对《金縢》文本进行了结构划分，并在时代和真实性上给予具体分析。他认为《金縢》一文中叙述了三则故事，其中第一则故事属于西周初年的作品；第二、三则故事根据传闻资料写成，文字平易，与《周书》迥异，属于东周间作品。但其历史叙事具有一定的真实性⑧。《金縢》经文原不伪，也无错简，它所以被后人怀疑，远由于传说的分歧，近由于《书序》误定作者和今文家解《金縢》本事的谬误，与经文矛盾⑨。

---

① 顾颉刚：《论今文尚书著作年代书》，《古史辨(一)》，上海：上海古籍出版社，1982年，第201页。

② 陈梦家：《尚书通论》，北京：中华书局，1985年，第112页。

③ 张西堂：《尚书引论》，第192页。

④ 杜勇：《清华简〈金縢〉有关历史问题考论》，《古籍整理研究学刊》2012年第2期。

⑤ 张西堂：《尚书引论》，第192页。

⑥ 梁启超：《古书真伪及其年代》，上海：中华书局，第92页。

⑦ 蒋善国：《尚书综述》，第234页。

⑧ 请参考赵光贤：《说〈尚书·金縢〉篇》，《古史考辨》，北京：北京师范大学出版社，1987年；顾颉刚、刘起釪：《尚书校释译论》(第三册)，北京：中华书局，2005年，第1253页。

⑨ 蒋善国：《尚书综述》，第235页。

李锐先生认为,“《左传》所记赋诗,很多是采用已有的诗篇。论者或谓秦哀公为申包胥赋《无衣》等,赋者就是作者。其实有些‘赋’或‘作’不一定是创作。《尚书·金縢》说周公‘乃为诗以贻王,名之曰《鸱鸮》’,此诗未必是创作,未必全同于《豳风·鸱鸮》,二者也可能只是‘族本’的关系,乃至仅同名而已。否则欲梦见周公而不得的孔子,不会仅仅说:‘为此诗者,其知道乎! 能治其国家,谁敢侮之?’并没有承认这首诗是周公的作品。”①按《金縢》说周公“为诗”,此处当理解为“作”系创作之义为佳,不宜根据一些诗篇的“赋”或“作”而否定周公创作《鸱鸮》的可能。再者,孔子提及《鸱鸮》,未明言谁人所作,本是正常之事,这无法成为孔子不认为周公是《鸱鸮》之作者的依据,孔子亦未必尽知周公史事。

清华简《金縢》发现的意义十分重要,为我们解决了不少学术疑难问题。首先,清华简《金縢》开阔了我们对今本《金縢》认识的视野,丰富了我们的认知。在周初史事方面提供了新的材料和新的看法,改变了我们此前对《尚书·金縢》伪作及其真实性的看法;使我们看到其中三则故事叙事内容时间连贯,系发生在同一年之事;文中所记史事都是发生于周公在世期间;今本并无错简之说等,解决了被视作伪书的问题。历史上一些学者如宋代的程颐、王廉等对《金縢》之怀疑,清人袁枚斥《金縢》为汉代人伪造说,如今清华简《金縢》与今本内容基本大致相合,所以长期以来对《尚书·金縢》的怀疑甚至伪作说自然不能成立,消除了对今本不正确的看法。简本的发现也证实了部分学者关于《尚书·金縢》“应当是一篇完整而可靠的西周文献”②的看法。清华简《金縢》简文表明,《金縢》应是一篇结构完整、叙事明晰的文献。由此可见,说清华简《金縢》的文献价值和历史价值非常重要,这样的评价似乎并不为过。

关于清华简《金縢》与传世本《尚书·金縢》制作年代与早晚问题,学者间争论纷纭。黄怀信先生认为简本“周公乃贻王诗曰《雕鸮》”系明显来自今本“公乃为诗以贻王,名之曰《鸱鸮》”。通过对今《鸱鸮》诗内容分析,

---

① 李锐:《清华简〈耆夜〉续探》,《中原文化研究》2014年第2期。
② 杨朝明:《也说金縢》,《周公事迹研究》,郑州:中州古籍出版社,2002年。

以为成王当时已有拒绝周公西归之心①。清华简《金縢》晚于今本《金縢》，简本是对今本的改写和压缩的观点，黄怀信、廖名春等学者都有所论述。

有的学者指出简本《金縢》优于今本。清华简整理者刘国忠认为清华简《金縢》与今本存有较多异文，在很多地方优于今本②。陈剑也认为简本《金縢》早于并优于今本③。杨振红先生认为清华简《金縢》以"志"为名，表明公元前300年前后，《尚书》尚未成书。简本《金縢》所记周公事迹最为朴素，应是较早记载周公历史的史籍④。

有的学者认为今本《金縢》早于简本。廖名春先生从两本记载内容的详略和今本记有周公占卜的内容分析，得出简本《金縢》从整体上晚于今本，且劣于今本的结论⑤。黄怀信先生认为简本《金縢》晚于今本，并且在传抄过程中对原作进行了节略、压缩或改写。今本更多保留了原始面貌⑥。冯时先生认为简本《金縢》实际上为《书》教之作，其文本脱胎于今本《金縢》，且有必要的简省说解⑦。

但也有少数学者对简本《金縢》作出了消极的评价。彭裕商先生甚至认为简本没有传世本可信⑧。程元敏认为："楚简《金縢》为战国中叶楚人据齐鲁本抄缮，并加改造而成。楚本劣于今本。"但他也肯定了简本的价值"但多存古字古义，有利于治《尚书》小学者资以校雠"⑨。

---

① 黄怀信：《清华简〈金縢〉校读》，《古籍整理研究学刊》2011年第3期。

② 刘国忠：《从清华简〈金縢〉看传世本〈金縢〉的文本问题》，《清华大学学报（哲学社会科学版）》2011年第4期。

③ 陈剑：《清华简〈金縢〉研究三题》，复旦大学出土文献与古文字研究中心编：《出土文献与古文字研究》第4辑，上海：上海古籍出版社，2011年。

④ 杨振红：《从清华简〈金縢〉看〈尚书〉的传流及周公历史记载的演变》，《中国史研究》2012年第3期。

⑤ 廖名春：《清华简与〈尚书〉研究》，《文史哲》2010年第6期。

⑥ 黄怀信：《清华简〈金縢〉校读》，《古籍整理研究学刊》2011年第3期。

⑦ 冯时：《清华〈金縢〉书文本性质考述》，清华大学出土文献与保护中心编：《清华简研究》第1辑，上海：中西书局，2012年。

⑧ 彭裕商：《〈尚书·金縢〉新研》，《历史研究》2012年第6期。

⑨ 程元敏：《清华楚简本〈尚书·金縢篇〉评判》，上海社会科学院《传统中国研究集刊》编辑委员会编：《传统中国研究集刊》（第9、10合辑），上海：上海人民出版社，2012年，第21—37页。

还有学者认为简本与今本《金縢》属于同源异流共时的关系。李学勤先生最初从简本《金縢》中没有占卜的文句推测简本与今本应属于不同的流传系统①。李锐先生也通过简本与今本的比较分析中指出简本与今本《金縢》是同源异流的关系，两者在流传过程中可能都经过了不同程度的修改②。黄人二先生在承认简本与今本《金縢》均具有价值的基础上，认为简本出于"利禄之途"而为古文经学家所修改③。杜勇先生指出，简本与今本《金縢》两者存在很多歧异，虽然基本保留了初始本的面貌，但也在传习过程中都有一定程度的加工和改造，属于与初始本有别的变异本④。杨振红也认为今本《金縢》与简本存在的重要差异不足以抵消两者存在的更多相同之处，它们是同源异流的本子，最初来源于一个共同的祖本，后在流传过程中产生差异⑤。程浩先生认为简本与今本《金縢》差异不是很大，两者互有优劣，流传中互有损益，这属于文献流传中的自然现象，简单或线性地考虑两者的先后、优劣问题并不合适⑥。

综合学术界对简本与今本《金縢》研究状况：今本《金縢》记载内容较简本详细，简本《金縢》又较今本记载事件清楚、通畅、富有逻辑性。基于此，我们以为两者作为原初《尚书・金縢》的不同流传版本，在流传或抄写过程中都经过了不同程度的改编，在文本上的体现有详有略，有同有异，互有优劣，可以相互比照、补充有关历史记载，从而更全面客观地展现古书在历史长河中的流变情况。在研究中，我们不能厚此薄彼，要善于将《金縢》的两个版本结合起来，充分发挥各自的版本优势，为研究提供新的

---

① 李学勤：《清华简九篇综述》，《文物》2010 年第 5 期。

② 李锐：《〈金縢〉初探》，《史学史研究》2011 年第 2 期。

③ 黄人二：《清华简〈周武王有疾周公所自以代王之志〉通释》，彭林主编：《中国经学》第 8 辑，桂林：广西师范大学出版社，2011 年。

④ 杜勇：《清华简〈金縢〉有关历史问题考论》，《古籍整理研究学刊》2012 年第 2 期。

⑤ 杨振红：《从清华简〈金縢〉看〈尚书〉的传流及周公历史记载的演变》，《中国史研究》2012 年第 3 期。

⑥ 程浩：《清华简〈金縢〉性质与成篇辨正》，《上海交通大学学报(哲学社会科学版)》2013 年第 4 期。

材料和新的视角，以推动古史研究的进展。

三、周公与《鸱鸮》诗之关系

在研究周公与《鸱鸮》诗关系之前，必须弄清楚周公作《金縢》与周公作《鸱鸮》不同，周公作祝册祷告书与周公作《金縢》不同。学者在论述以上问题时，往往忽略或混淆对此问题的研究，导致治丝益棼。

关于《尚书·金縢》的作者，《书序》曰："武王有疾，周公作《金縢》。"《书序》以为《尚书·金縢》作者是周公，这显然不对。因为从《金縢》文本记事来说，多用第三人称陈述的语言，与周初诸诰的文体、文风大有区别；另外其中记有许多周公事迹，显然出于史官之笔，不可能是周公手笔。至于文中祝册之书可能为周公所作，故伪孔传说周公"为请命之书，藏之于匮"，这是对的。因此，我们研究《金縢》篇，要分清周公作《金縢》与周公作祝册之书并非一回事，这是首先值得我们加以区分的。

简本与今本《金縢》都言及周公与《鸱鸮》诗之间关系，但遗憾的是这首诗的内容并没有在文中展现，这给我们研究带来一定的困难。传统的说法都认为《金縢》中《鸱鸮》就是现在《诗经·豳风》中的《鸱鸮》诗，那么这首诗是否就是周公作的赠给成王的那首诗呢？这只得从现有的《鸱鸮》诗说起了。傅斯年先生提出的一种读诗方法是"先在《诗》本文中求诗义"①，也适用于我们对该诗的解读。

《鸱鸮》究竟是何诗？学者多认为是禽言诗。下面结合其文本内容进行具体分析：

> 鸱鸮鸱鸮，既取我子，无毁我室。恩斯勤斯，鬻子之闵斯。
> 迨天之未阴雨，彻彼桑土，绸缪牖户。今女下民，或敢侮予。
> 予手拮据，予所捋荼，予所蓄租，予口卒瘏，曰予未有室家。
> 予羽谯谯，予尾翛翛，予室翘翘，风雨所漂摇，予维音哓哓②。

---

① 傅斯年：《泛论〈诗经〉学》，《诗经二十讲》，北京：华夏出版社，2009年。
② 高亨：《诗经今注》，上海：上海古籍出版社，1980年，第207页。

相较诸家解释,高亨解此诗最为得之,"诗中的大鸟比自己,鸱鸮比殷武庚,'既取我子'的'子'比管叔、蔡叔,'鬻子'比成王,'室家'比周国。与诗意也相合。这是最古的说法"①。此说也为多数学者采用。

《鸱鸮》诗共四章,每章五句,凡二十句,每句四五字不等,仅有第二章第一句、第三章最后一句为六字。

对于《鸱鸮》诗的性质和特点,前人多有论述。傅斯年认为:"《鸱鸮》本是学鸟语的一首诗,在中国文学中有独无偶,而《金縢》中偏偏把它解作周公、管、蔡间事,必是《鸱鸮》之歌流行之地与《金縢》篇产生之地有一种符合,然后才可产生这样造作成的'本事'。"②顾颉刚先生明确指出,《鸱鸮》一诗是一个人借禽鸟的悲鸣来发泄自己的伤感,是作诗的人在忧患中发出的悲音③。傅、顾之说对后来《诗经》研究学者影响较大。学者们一般认为该诗是"最早的'禽言诗'"属于"以鸟拟人,别有寄托"之作④,"从自然主义角度来看,它是一只鸟自述其苦难。用比拟的眼光看,它像是贫苦人民的一篇诉苦"⑤。程俊英也谓:"《鸱鸮》是首'禽言诗',全诗以一只母鸟的口气诉说她过去被猫头鹰抓走了小鸟,但仍经营巢窝,抵御外侮,并抒写她育子修窝的辛勤劳悴和目前处境的困苦危险。这当然是首有寄托的诗。但所指何人何事,不得而知。"⑥在这些学者看来,《鸱鸮》诗与周公并没有关系,更不要说周公是该诗的作者了。但清华简《金縢》的面世,仍然有"周公遗王诗曰《雕鸮》"的话,这就需要重新加以思考了。杜勇先生认为:"《鸱鸮》非周公自作,但周公居东归来拿它赠给成王,也不是一件无足轻重的事情,必有某种深意蕴含其中。"⑦其说在一定程度上算是对过去学者贸然否定周公与《鸱鸮》关系的观点的一种缓解和折中。

---

① 高亨:《诗经今注》,第206页。

② 傅斯年:《周颂说——附论鲁南两地与诗书之来》,《"中央"研究院历史语言研究所集刊》1928年第一本第一分册。

③ 顾颉刚:《诗经的厄运与幸运》,《小说月报》1923年第14期。

④ 余冠英:《诗选注》,北京:人民文学出版社,1979年,第22页。

⑤ 赵俪生:《说〈鸱鸮〉兼及〈金縢〉》,《齐鲁学刊》1992年第1期。

⑥ 程俊英:《诗经译注》,上海:上海古籍出版社,1985年,第273—274页。

⑦ 杜勇:《从清华简〈金縢〉看周公与〈鸱鸮〉的关系》,《理论与现代化》2013年第3期。

《鸱鸮》一诗收录于《诗经·豳风》,历来注疏家多以为是周公所作。关于周公作此诗的背景和主旨,《毛诗序》曰:“《鸱鸮》,周公救乱也。成王未知周公之志,公乃为诗以贻王,名之曰《鸱鸮》。”①郑康成曰:“周公伤其党属无罪将死,恐其刑滥,又破其家,而不敢正言,故作《鸱鸮》之诗以贻王,今《豳风·鸱鸮》也。”②《郑笺》曰:“未知周公之志者,未知其欲摄政意。”很多坚持周公东征的学者,一般认为其是周公东征以后作品。

《史记·鲁世家》记周公东伐“东土以集,周公归报成王,乃为诗贻王,命之曰《鸱鸮》。王亦未敢训周公”。《集解》引《毛诗序》云:“成王未知周公之志,公乃为诗以遗王,名之曰《鸱鸮》。《毛传》曰:‘鸱鸮,鸋鴂也。’”③诸家解说《鸱鸮》,有的以为周公创作《鸱鸮》,有的以为周公引前人《鸱鸮》诗以自喻,非周公原创。

唐代陆德明承认周公作《鸱鸮》,曰:“周公遭流言之难,居东都,思公刘大王为豳公,忧劳民事,以比叙已志,而作《七月》《鸱鸮》之诗。成王悟而迎之,以致太平。故大师述其书诗为豳国之风焉。”④

对于传世本中周公《鸱鸮》“贻王”,据《鸱鸮序》疏,郑康成“贻”作“怡”,曰:“怡,悦也。周公伤其属党无罪将死,恐其刑滥,又破其家,而不敢正言,故作《鸱鸮》之诗以贻王。今《豳风·鸱鸮》也。”又,《鸱鸮》正义评郑注云:“训怡为悦,言周公作此诗,欲以救诸臣、悦王意也。”⑤孙星衍疏:“贻,当为诒,‘公乃为诗以遗王’,《尔雅·释言》曰:‘诒,遗也。’”“云‘怡,悦’者,《释诂》云:‘怡,乐也。’《内则》注:‘怡,悦也。’乐即悦。云‘伤其属党无罪当死,恐其刑滥,又破其家’者,因《诗》有‘既取我子,无毁我室’而绎其意。”⑥《诗·鸱鸮》疏引郑注:“成王非周公意未解,今又为罪人言,欲让之,推其恩亲,故未敢。”⑦

① (清)阮元校刻:《十三经注疏·毛诗正义》,第394页。
② (清)阮元校刻:《十三经注疏·毛诗正义》,第394页。
③ (汉)司马迁撰:《史记》,第1519页。
④ (唐)陆德明:《经典释文》,北京:中华书局,1983年,第73页。
⑤ (清)阮元校刻:《十三经注疏·毛诗正义》,第292页。
⑥ (清)孙星衍撰:《尚书今古文注疏》,第333—334页。
⑦ (清)阮元校刻:《十三经注疏·毛诗正义》,第293页。

又,《尚书·金縢》正义引郑注曰:"武王崩,周公为冢宰。三年服终,将欲摄政,管、蔡流言,即避居东都。成王多杀公之属党,公作《鸱鸮》之诗,救其属臣,请勿夺其官位土地。及遭风雷之异,启金縢之书,迎公来反。反乃居摄,后方始东征管、蔡。"①

这一看法的较早来源应该是《尚书·金縢》,《诗序》不过因仍其说。朱熹说:"周公东征二年,乃得管叔、武庚而诛之。而成王犹未知周公之意也,公乃作诗以遗王。"②

清人方玉润以为《鸱鸮》是周公悔过以儆成王:"夫周公之摄政也,以成王幼未能行政故也。三叔流言,乃以殷畔后事,非未畔之初即有流言也。使未畔而有流言,公尚使监殷乎?起而征之,公但知诛畔者耳,非为流言遽诛懿亲也。公之东征,安知非请命而后行耶?……乃知'王未知公志,公乃为诗以遗王'者,皆后人以私意测圣心而为此不经之谈者也。"③方氏之论对前人之说却加以否定。

诸多经师遵从《毛诗序》周公作《鸱鸮》说,不为无理。许多学者结合《鸱鸮》之诗的主要内容与周初当时政治局势考虑,发出令人信服之见地。如清人马瑞辰就《鸱鸮》"鸱鸮鸱鸮,既取我子,无毁我室"曰:"《诗》以子喻管、蔡,以鸱鸮喻武庚,以鸱鸮取子喻武庚之诱管、蔡……言既诱管、蔡,无更伤毁周室,以鸟室喻周室也。"④马瑞辰解诗将诗中每一事物与周初政局人物一一落实,分析比喻人物及当时情景甚为恰当,可谓字字珠玑,昭示周公作《鸱鸮》与其所处境遇以及周初政局变化一一对应,周公欲表达他对成王的心迹,如若此诗非他自己所作,哪有这么贴切的诗他能拈来即用?从分析《鸱鸮》一诗内容本义与周公的处境如此相合,《诗序》把《鸱鸮》诗的著作权归于周公似并不为过。

下面的一个问题是,周公为何不向成王直接表白自己的心迹呢?他为什么采用"禽言诗"呢?从周初当时周公的政治处境来看,他是有一番

① (清)阮元校刻:《十三经注疏·尚书正义》,第188页。
② (宋)朱熹集注:《诗集传》,北京:中华书局,1958年,第93页。
③ (清)方玉润:《诗经原始》,北京:中华书局,1986年,第317页。
④ (清)马瑞辰:《毛诗传笺通释》,北京:中华书局,1989年,第471页。

不能言说的苦衷的。管、蔡都是周公的兄弟，但他们都竟不念亲情，为了一己之私，散布流言诋毁周公，并且勾结武庚等殷商残余势力，合谋反攻刚刚建立起来的处在“风雨飘摇”中的周政权，周公是非常痛心和愤慨的。面对如此复杂的政治形势，周公实在是无法向年幼的成王进行控诉和吐露心迹的，因此周公作《鸱鸮》一诗赠予成王，以一种委婉和隐含的方式解决了这一政治难题，“体现出一种高超的政治艺术”，不仅解决了他的难言之苦衷，而且也表明了他的心迹，有助于营造君臣之间和谐的政治气氛。总之，周公通过《鸱鸮》一诗，就是借以说明武庚勾结管、蔡叛乱，实行反攻倒算，企图颠覆周王朝新政权，表达东征叛乱势力的重要性和紧迫性，从而争取成王及二公的信任和理解的一种政治艺术。

传世本《尚书·金縢》：“周公居东二年，则罪人斯得。于后，公乃为诗以贻王，名之曰《鸱鸮》。”而清华简《金縢》记载周公与《鸱鸮》关系与今本稍异：“周公宅东三年，祸人乃斯得。于后，周公乃遗王诗曰《雕鸮》。”简文“雕鸮”于先秦文献不见，疑为“鸱鸮”之误。今本《金縢》云“公乃为诗”，便是认为周公作《鸱鸮》；而简本《金縢》说“周公乃遗王诗”，是指周公将《鸱鸮》诗赠予成王，此处对《鸱鸮》作者身份有所淡化。从简文记载内容看，《鸱鸮》似乎是在周公之前已有的现成诗歌，只是周公将此诗赠予成王以表达其东征归来之心境。《史记·鲁世家》亦云周公东征：“东土以集，周公归报成王，乃为诗贻王，命之曰《鸱鸮》。”司马迁仍然以为周公“为诗”即作《鸱鸮》。虽然简本去掉了“为诗”这一指向明确的字词，但仍然保留了与今本“贻”具有“赠予”“赠送”相似含义的“遗”。周公赠送成王诗不代表《鸱鸮》不能为他本人作，说周公遗献成王诗系前人已作只是一种可能，并不能否定周公亲作《鸱鸮》诗献给成王这种可能性。

以往学者否定周公是《鸱鸮》的作者，有两个重要的论点：一个是《尚书·金縢》的真实性受到学界质疑，甚至指其为伪作。如今清华简《金縢》的面世，从而彻底否定了《尚书·金縢》系伪作的看法。另一个是《孟子》对《鸱鸮》的称引，孔子和孟子竟然均未曾言及该诗的作者。

一些学者以孔子、孟子都不知道《鸱鸮》的作者是谁，证明《鸱鸮》的作者不可能是周公。孔子不曾见论及周公与《鸱鸮》关系，《孟子·公孙丑上》曾引用《鸱鸮》第二章内容曰:“国家闲暇,及是时,明其政刑,虽大国,必畏之矣。《诗》云:‘迨天之未阴雨,彻彼桑土,绸缪牖户。今此下民,或敢侮予?’孔子曰:‘为此诗者,其知道乎!能治其国家,谁敢侮之?’”①有学者据此以为至圣孔子、亚圣孟子均不知《鸱鸮》为周公作,故孔子云“为此诗者”而不言周公,因为周公是孔子非常崇拜的人,如果此诗果真为周公作,他不可能不直言其名。

时至今日,还有学者囿于传世文献的局限,不相信东周时期对周公作《鸱鸮》的文字记载,仍认为《金縢》的可信度很值得怀疑②。杜勇先生据清华简《金縢》以为周公非《鸱鸮》作者,而是周公居东归来遗献给成王之诗,并认为该诗性质与春秋时期的赋诗言志相仿佛③。但杜先生并没有否定周公与《鸱鸮》之间的关系。

对《鸱鸮》一诗的本义解释,刘起釪曾经进行较为全面的辨析:《毛传》释“无毁我室”为“宁亡二子,不可以毁我周室”。《孔疏》则以为“毛以为周公既诛管、蔡,王意不悦,故作诗以遗王”,“言不得不诛管、蔡之意”。然而与当时居东尚未诛管、蔡的事实不合。郑玄谓周公属党尽为成王所得,“伤其属党无罪将死……故作《鸱鸮》之诗以贻王”(《鸱鸮》疏),与本篇所记周公居东知道了散布流言的人是管、蔡之后的情况亦不合④。

清代学者江声《音疏》解释《鸱鸮》诗之本义最为得之,他说:“‘鸱鸮鸱鸮’以下,皆托鸱鸮以为言也。其言‘绸缪牖户’以为巢,喻已之勤劳王室也。言‘今汝下民或敢侮予’,‘或’之言,有。下民,有侮予者,喻管、蔡也。言‘予室翘翘风雨所漂摇’,喻王室将毁也。”⑤刘起釪先生认为江说“比较正确”并说该诗是周公在“恐惧流言”之日的情况下,忧谗畏讥,表达其愁苦之心,并由于得知散布流言之人是管、蔡,因而希冀成王醒悟而作的一篇诗⑥。

---

① 杨伯峻:《孟子译注》,第 75 页。
② 刘立志:《周公作诗传说的文化分析》,《南京师大学报》2010 年第 2 期。
③ 杜勇:《清华简〈金縢〉有关历史问题考论》,《古籍整理研究学刊》2012 年第 2 期。
④ 顾颉刚、刘起釪:《尚书校释译论》,第 1239 页。
⑤ (清) 江声:《尚书集注音疏》,《皇清经解》本。
⑥ 顾颉刚、刘起釪:《尚书校释译论》,第 1239 页。

《鸱鸮》之诗是否原为周公所作，尚可商榷，但《鸱鸮》诗思想主旨与周公心境如此契合，则是无可否认的事实。周公或是利用此诗深刻蕴义，援为己诗亦未尝不可。

第六节 清华简《周公之琴舞》与周公诗

《周公之琴舞》简文收录在清华简整理小组整理报告的第三辑。据整理小组题解："《周公之琴舞》计 17 支简，其中除 15 号简残缺了近半，其他都保存完好。篇尾留白，有结尾符号。简背有编号。篇题为《周公之琴舞》写在首简背面上端，字迹清晰。值得注意的是本篇与《芮良夫毖》形制、字迹相同，内容也都是诗，当为同时书写。《芮良夫毖》首简背面有《周公之颂志（诗）》，曾被刮削，字迹模糊。该篇题与其正面内容毫无联系，疑是书手或书籍管理者据《周公之琴舞》的内容概括为题，误写在《芮良夫毖》的简背，发现错误后，刮削未尽。竹简篇题本为检取方便而加，篇题异称不足为怪，《周公之琴舞》又称《周公之颂志（诗）》的可能性很大。《周公之琴舞》首列周公诗，只有四句，是对多士的儆戒，应当是一组颂诗的开头部分。接下来是成王所作以儆戒为主要内容的一组九篇诗作，其中第一篇即今本《周颂》的《敬之》，据此可知这些诗肯定是《周颂》的一部分。周公之颂与成王所作其他八篇今本都已失传。"①现把清华简整理小组《周公之琴舞》释文摘引如下，以便讨论：

> 周公作多士儆毖，琴舞九絉（卒）。元纳启曰："无悔享君，罔墜其孝，享惟慆帀，孝惟型帀。"成王作儆毖，琴舞九卒。元纳启曰：敬之敬之，天惟显帀，文非易帀。毋曰高高在上，陟降其事，卑监在兹。乱曰：遹我夙夜不逸，儆之，日就月将，教其光明。弼持其有肩，示告余显德之行。再启曰：假哉古之人，夫明思慎，用仇其有辟，允丕承丕

① 清华大学出土文献研究与保护中心编，李学勤主编：《清华大学藏战国竹简（叁）》，第 132 页。

显，思攸亡斁。乱曰：已，不造哉！思型之，思毷彊之，用求其定，裕彼熙不落，思慎。三启曰：德元惟何？曰渊亦抑，严余不懈，业业畏忌，不易威仪，在言惟克，敬之！乱曰：非天钦德，繄莫肯造之，夙夜不懈，懋敷其有悦，裕其文人，不逸监余。四启曰：文文其有家，保监其有后，孺子王矣，丕宁其有心。搴搴其在位，显于上下。乱曰：遹其显思，皇天之功，昼之视日，夜之在视辰。日入辠举不宁，是惟宅。五启曰：呜呼！天多降德，滂滂在下，攸自求悦，诸尔多子，逐思忱之。乱曰：桓称其有若，曰享答余一人，思辅余于艰，乃禔惟民，亦思不忘。六启曰：其余冲人，服在清庙，惟克小心，命不夷歇，对天之不易。乱曰：弼敢荒在位，宠威在上，警显在下。呜呼！式克其有辟，用容辑余，用小心，持惟文人之若。七启曰：思有息，思憙在上，丕显其有位，右帝在落，不失惟同。遹余恭害怠，孝敬非怠荒。咨尔多子，笃其谏劭，余逯思念，畏天之载，勿请福之愆。八启曰：佐事王聪明，其有心不易，威仪讃讃，大其有谟，介(匄)泽恃德，不畀用非雍。乱曰：良德其如台？曰享人大……罔克用之，是坠于若。九启曰：呜呼！弼敢荒德，德非惰帀，纯惟敬帀，文非动帀，不坠修彦。乱曰：遹我敬之，弗其坠哉，思丰其复，惟福思庸，黄耇惟盈①。

关于《周公之琴舞》中究竟有几首诗，周公和成王各作了几首？学术界意见并不一致。清华简整理者认为《周公之琴舞》有周公和成王各五首诗②。赵敏俐不同意整理者的看法，认为《周公之琴舞》共有两组诗，一组是“周公之诗”，只残缺半首，缺失八首半，另一组是“成王之诗”，保存完整。两者合计共18首诗③。蔡先金先生指出，清华简《周公之琴舞》该颂通体是一篇完整的作品，从第二启以下都是周公和成王

① 清华大学出土文献研究与保护中心编，李学勤主编：《清华大学藏战国竹简(叁)》，第133—134页。

② 李学勤：《论清华简〈周公之琴舞〉的结构》，《深圳大学学报(人文社会科学版)》2013年第1期。

③ 赵敏俐：《〈周公之琴舞〉的组成，命名及表演方式蠡测》，《文艺研究》2013年第8期。

之合作结果①。李学勤先生指出《周公之琴舞》是一组十分珍贵的乐诗，由十篇颂诗组成。简文在周公“多士儆毖”下面，有诗一篇，冠以“元内(入)启曰”，似与“琴舞九遂”不合。简文在成王作的“儆毖”下面正好有诗九篇，分别冠以“元内(入)启曰”“再启曰”“三启曰”至“九启曰”。这种情形不意味着简文周公所作缺少了八篇，因为成王作的九篇诗句有的是王的口气，有的是朝臣的口气②。江林昌先生认为：“清华简《周公之琴舞》则明确标出‘周公作多士儆毖琴舞九絉’‘成王作儆毖琴舞九絉’。成王之儆毖琴舞九絉正好九篇，且依次表明‘元内(纳)启曰’‘再启曰’‘三启曰’以至‘九启曰’；而每‘启曰’又均有相对应的‘乱曰’，真可谓是整齐俨然。虽然周公之诗只存一篇(实前半篇)，但就其开头即表明‘周公作……琴舞九絉’以及这仅存的一篇开头亦表明‘元内(纳)启曰’，我们有理由推测其佚失的部分应该是‘再启曰’‘三启曰’以至‘九启曰’等八篇，因此，周公之琴舞原亦应当有九篇。”③如果说《周公之琴舞》共有 18 首诗，可周公只有八首半诗，其去向何在？因为这批竹简是完简，周公之诗和成王诗序是前后相续的，中间没有脱简。因此，李学勤先生认为，此前十八首诗早已散佚不全，战国抄写者将两人各五篇作品撮抄一起，合为十篇，以合颂诗以“什”为组之例④。以上学者种种推测，至今并无定论。

毋庸置疑，《周公之琴舞》属于乐章性质，可与《大武》乐章相比。我们以为该诗可谓难得的逸诗或逸乐。总之，《周公之琴舞》对研究古乐意义十分重要。像《周公之琴舞》这种专供嗣王即位一类典礼时演奏的乐章，如果说是来自王子朝等所携往楚国的典籍之中，是合乎情理的⑤。

李学勤先生认为《周公之琴舞》在流传过程中“经过组织编排”⑥。李

---

① 蔡先金：《清华简〈周公之琴舞〉文本与乐章》，《西北师大学报》(社会科学版)2014 年第 4 期。

② 李学勤：《新整理清华简六种概述》，《文物》2012 年第 8 期。

③ 江林昌：《清华简与先秦诗乐舞传统》，姚小鸥主编：《清华简与先秦经学文献研究》，北京：生活·读书·新知三联书店，2016 年，第 172 页。

④ 李学勤：《清华简〈周公之琴舞〉的结构》，《深圳大学学报》2013 年第 1 期。

⑤ 李学勤：《新整理清华简六种概述》，《文物》2012 年第 8 期。

⑥ 李学勤：《论清华简〈周公之琴舞〉的结构》，《深圳大学学报(人文社会科学版)》2013 年第 1 期；又见氏著：《初识清华简》，上海：中西书局，2013 年，第 205 页。

守奎先生进一步指出,《周公之琴舞》不是周初文献的原貌而是战国时期整理的写本,诗前两段叙述语言不是周初文献的移录,而是战国时人的改写或题记,其性质与《毛诗序》相类似①。

细绎其意,《周公之琴舞》文本,仅保存周公半首诗,成王的有九首。学者们多主张《周公之琴舞》原来应有周公和成王诗九首,共计十八首。这从《周公之琴舞》诗序即可看出,但文本中呈现的却是周公半首诗和成王九首诗,这样看来李学勤先生的看法似不误。因此,尚需要有新的材料出土,我们才可确定《周公之琴舞》诗的篇数,目前不宜早下定论。

一、清华简《周公之琴舞》成篇时代及作者

《周公之琴舞》作为全新的出土文献,甫一公布,就引起了学界的热烈讨论。其中,讨论主要议题中,与我们课题研究相关的就是该篇简文的作者及成篇年代问题。

清华简《周公之琴舞》开篇记载"周公作多士儆毖,琴舞九絉(遂)",接着就是周公的半首诗的内容。多数学者认为这些开篇之语类似《毛诗序》或《周公琴舞》的诗序②。笔者基本同意以上学者的看法,但对有些学者将该诗开篇之语视作周公自己写的小序的看法不敢苟同③。此外,在周公半首诗之后的"成王作儆毖,琴舞九遂"也当属于序文的性质。如果我们的推测不误,那么《诗序》在《周公之琴舞》的成篇时代即战国中期以前就已经产生了④。除了成王的一首诗与今本《诗经·敬之》略同外,其余

① 李守奎:《先秦文献中的琴瑟与〈周公之琴舞〉的成文时代》,《吉林大学社会科学学报》2014 年第 1 期。

② 参看李守奎:《先秦文献中的琴瑟与〈周公之琴舞〉的成文时代》,《吉林大学社会科学学报》2014 年第 1 期;姚小鸥、杨晓丽:《〈周公之琴舞·孝享〉篇研究》,《中州学刊》2013 年第 7 期;徐正英:《清华简〈周公之琴舞〉组诗对〈诗经〉原始形态的保存及被楚辞形式的接受》,《文学评论》2014 年第 4 期。

③ 姚小鸥、杨晓丽:《〈周公之琴舞·孝享〉篇研究》,《中州学刊》2013 年第 7 期。

④ 徐正英先生较早提出这一观点,我们赞同其说。请参见其《清华简〈周公之琴舞〉组诗对〈诗经〉原始形态的保存及被楚辞形式的接受》,《文学评论》2014 年第 4 期。

几首诗不见于传世文献。故有学者以为《周公之琴舞》中的几首诗当是孔子删诗之后的佚诗[①]。其实,徐正英先生关于这些未见周公、成王的几首诗视作佚诗的看法,笔者以为实为灼见。因为从我们前文提出的周公或武王、成王诗作的系统上来看,既然清华简中有某一首诗作可以在传世文献中得到印证,那么其余未见于传世文献的诗作便不宜将其看作拟古或附会之作。这些诗作未见于传世文献,很大可能就是久已散佚的古诗。我们以为这种分析研究方法,是能够经得起时间和历史检验的。

关于《周公之琴舞》诗歌作品的时代及作者,李学勤先生认为《周公之琴舞》大致作于周公治政、成王嗣位期间,其中的"周公作""成王作"不一定是该诗直接出自周公、成王,应是史官的记述[②]。而张峰先生认为《诗小序》也许就是标识《诗》用途的题解,产生时代与诗本身相当,作者为乐官[③]。通过分析《周公之琴舞》文本可以知道,其中自有史官或乐官的叙述,这些叙述之语虽然仅有两句,却简明概括了《周公之琴舞》成王、周公作诗的性质和数量。可见,学者对《周公之琴舞》的作者及制作时代的讨论与《诗序》的作者及时代联系在一起。虽然多数学者认为这些诗不一定就是西周时代的作品,但学者基本上认同这些诗的内容反映了西周时代的情况或其文本当是战国时期的写本[④]。

也有部分学者认为《周公之琴舞》是西周末年或春秋时的诗歌作品[⑤]。学者们通过对《周公之琴舞》时代的推断,进而说明周公、成王并不是这些诗的作者,而是后人的假托。王长华先生的看法比较有代表性,他认为《周公之琴舞》中的诗篇产生时代要晚于《周颂·敬之》,"极有可能是由周宫廷乐师整理以后传入楚地,楚人按照自己的理解,吸纳和结合了楚

---

① 徐正英:《清华简〈周公之琴舞〉组诗对〈诗经〉原始形态的保存及被楚辞形式的接受》,《文学评论》2014年第4期。

② 李学勤:《读〈周公之琴舞〉小记》,《清华简研究》第2辑;又,《再读清华简〈周公之琴舞〉》,《绍兴文理学院学报(哲学社会科学版)》2014年第1期。

③ 张峰:《清华简〈周公之琴舞〉研究述论》,《文艺评论》2015年第12期。

④ 李守奎:《先秦文献中的琴瑟与〈周公之琴舞〉的成文时代》,《吉林大学社会科学学报》2014年第1期。

⑤ 请参见王辉:《一粟居读简记》,《清华简研究》第2辑,上海:中西书局,2015年;子居:《清华简〈周公之琴舞〉解析》,《学灯》2014年第29期。

地音乐表现形式对之进行改造的结果”①。由此，《周公之琴舞》成为楚人改造的作品。不少学者认为简本《敬之》是对今本《诗经・敬之》的改写，经过了再创作、传抄的过程②。

当然，对《周公之琴舞》反映出的思想观念进行研究，也可解释其制作时代和作者。不少学者以为《周公之琴舞》简文充满敬“德”的思想观念，劝多士敬德，反映了周初统治者周公、成王的政治信仰③。这无疑有助于认识《周公之琴舞》的时代特征。值得注意的是，《周公之琴舞》简文中“周公”“成王”用语及其思想主旨反映了周公摄政、还政成王的时代特点，已有学者有所揭示④。

但也有学者以为《周颂・敬之》诗作于周公摄政前，张利军指出“《敬之》是周成王嗣位践祚的乐诗，周成王是周武王之后继任的一代周王，其嗣位践祚之礼，在行周武王丧礼仪后即举行……《周公之琴舞》反映的是周武王丧礼后周成王嗣位践祚之事，此时周公为顾命大臣，职责在于辅佐成王治国，尚未有摄政之事，但周公摄政之事藉由此礼而产生”⑤。此说虽以为该诗创作于周公以顾命大臣的身份辅佐成王时期，但已经有周公摄政的含义在内。至于历史上有无一个严格周公“顾命”时期，尚需今后进一步研究。

据我们前文研究，周公在武王去世前实已受命摄政，通过简文《周公之琴舞》之乐诗内容有所反映：先是周公对多士加以劝诫，后成王又对多士儆戒，此正当成王嗣位在位期间，即周公摄政辅佐成王时期。周公、成王劝诫语言中多含有敬德自勉之义，与周初时期思想观念颇能吻合。既

---

① 王长华：《关于新出土文献进入文学史叙述的思考——以清华简〈周公之琴舞〉为例》，《河北师范大学学报（哲学社会科学版）》2014 年第 2 期。

② 吴洋：《从〈周颂・敬之〉看〈周公之琴舞〉的性质》，中国文化遗产研究院编：《出土文献研究》第 12 辑，上海：中西书局，2013 年，第 40—46 页。

③ 请参见陈颖飞：《从清华简〈周公之琴舞〉看西周早期“德”的观念》（“清华简与《诗经》国际学术会议”论文集，香港浸会大学，2013 年 9 月）以及杨桦：《清华简〈周公之琴舞〉及其德政思想》，《长江大学学报（社科版）》2014 年第 6 期。

④ 李学勤：《再读清华简〈周公之琴舞〉》，《绍兴文理学院学报（哲学社会科学版）》2014 年第 1 期。

⑤ 张利军：《清华简〈周公之琴舞〉与周公摄政》，《中国史研究》2018 年第 1 期。

然《诗经·敬之》传为成王作，那么简本《敬之》也为成王作无疑。成王作《敬之》可信，《周公之琴舞》的半首诗自然也当信为周公作品。

二、清华简《周公之琴舞》周公诗研究

清华简《周公之琴舞》收录周公诗半首四句，只有“启曰”而无“乱曰”。成王所作九首诗则相当完整，每首诗均有“启曰”和“乱曰”，因此自成独立单元。其中，第一首诗与今本《周颂·敬之》内容基本相同，其他八首则是传世文献难以得见的逸诗。姚小鸥、杨晓丽曾对该诗的内容和主旨进行研究，将周公所作这半首诗定名为《孝享》①。季旭升则对周公这半首诗进行重新释读，他认为“无(悔)享君”，“悔”字当读为“谋”，“享”当读为“抗”；“享惟慆帀”，“慆”当读为“謟”，训为僭也、过也。之所以这样训解，季旭升以为是成王刚即位，权力还不稳固，周公此时要全力辅佐成王，因此要求多士不能图谋违抗君命，因为违抗君命是一种僭越的行为②。

《周公之琴舞》成王的第一首诗即清华简《敬之》有“文非易帀”，今本《诗经·周颂·敬之》作“命不易哉”。将此两句的对读，王克家认为“非易”即“不易”，不可怠慢之意③。黄甜甜也认为“易”，駊也，犹轻慢，“命不易哉”即言不要轻慢天命④。对于简本“文”和今本“命”，王克家和黄甜甜均认为今本“命”(天命)要比简本“文”容易理解，简本“文”可能是后人在不理解文义的情况下进行的误改⑤。顾史考的观点与前面学者不同，他认为今本“命”可能是某编者为了求与《诗》中其他句子一致而妄改

---

① 姚小鸥、杨晓丽：《〈周公之琴舞·孝享〉篇研究》，《中州学刊》2013 年第 7 期。

② 季旭升：《〈周公之琴舞·周公作多士儆毖〉小考》，《清华简研究》第 2 辑，上海：中西书局，2015 年，第 15—26 页。

③ 王克家：《清华简〈敬之〉篇与〈周颂·敬之〉的比较研究》，《中国诗歌研究》第十辑，第 30—36 页。

④ 黄甜甜：《诗论清华简〈周公之琴舞〉与〈诗经〉之关系》，《中原文化研究》2015 年第 2 期。

⑤ 黄甜甜：《〈周公之琴舞〉初探》，《深圳大学学报(人文社会科学版)》2015 年第 6 期。

的结果①。廖名春先生则认为,“文”有礼法义,“命”有教命、政令义,二者语音和意义上相近,属于同义换读②。更有学者认为简文的“文”指文王,“文非易币”系指文王的在天之灵不易事奉、遵从③。

综合以上学者对这两个句子的解释,可以看出有些学者的解释未能尊重出土文献的记载原貌,似乎有将两种不同性质的文献中的个别字词解释得“趋同”“强同”的倾向,这一做法虽然使两种文献的相同度更高、文本更加相近了,但同时也抹杀了简本古书的原貌及其史料价值。在比较、对读两种文献时,我们尤其要避免这种不顾客观存在的“强同”屈就传世文献的不良倾向。我们应该实事求是地尊重出土文献的载录的客观性,如此方有助于真正实现两种文献的相互校对,尊重彼此的差异存在的客观性,也有助于发现两种文献的制作时代和作者。

为什么《周公之琴舞》仅存周公的半首诗呢?

《周公之琴舞》记载“周公作多士儆毖,琴舞九絉”,只有“元内启曰”而无“乱曰”,更无象“成王作儆毖琴舞九絉”中具备的“元内启曰”,“再启曰”“三启曰”至“九启曰”,终以“乱曰”的完整内容和结构。因此,学者们对此进行了有益的探讨。

作为清华简《周公之琴舞》篇的主要整理者,李守奎先生在其先后发表的两篇文章中都进行了解释,他认为简文明言周公作诗,且歌舞了九章,在成王亲政大典上,确实演奏了九章,只是《周公之琴舞》主要记录了成王的诗,周公的诗省略了④。这种观点可称之为“省略说”。赵敏俐先生则认为周公之诗在周初创作的时候是完整的,战国中晚期写成的《周公之琴舞》因为相距周初时间很长,此时周公之诗已经缺失八首半,所以《周

① 顾史考:《清华简〈周公之琴舞〉成王首章初探》,《古文字研究》第 30 辑,第 396—403 页。

② 廖名春:《清华简〈周公之琴舞〉与〈周颂·敬之〉篇研究》,《深圳大学学报(人文社会科学版)》2013 年第 6 期。

③ 吴洋:《从〈周颂·敬之〉看〈周公之琴舞〉的性质》,中国文化遗产研究院编:《出土文献研究》第 12 辑,上海:中西书局,2013 年,第 40—46 页。

④ 请参见李守奎:《清华简〈周公之琴舞〉与周颂》,《文物》2012 年第 8 期;《〈周公之琴舞〉补释》,中国文化遗产研究院编:《出土文献研究》第 11 辑,上海:中西书局,2012 年,第 22、25 页。

公之琴舞》只存周公作诗半首[①]。这种观点可称之为“缺失说”。

刘丽文先生认为周公之诗原有九首，缺失部分为抄手有意漏抄[②]。这种说法可称之为“漏抄说”。

李学勤先生反复强调说，不能简单认为周公所作之诗有缺失，仔细绎读，成王下面的三、五、六、七启是王的口气，二、四、八、九是周公的口气，猜想这组乐诗在流传中曾经过有意改变才成为现在的样子[③]。蔡先金先生也从几个方面进行研究，认为“琴舞九遂”应是周公和成王共同完成的[④]。单育辰先生进一步指出，简文所谓的周公作琴舞九遂、成王作琴舞九遂是说《周公之琴舞》由周公和成王两人共同合作完成[⑤]。这种说法可称之为“合作说”。

季旭升先生对李学勤先生二、四、八、九启的说法提出疑问，认为这几“启”都可以理解为成王自儆，并且认为第四启的“孺子王”乃成王自称[⑥]。赵敏俐先生也有这种看法[⑦]。姚小鸥、李文慧两位学者亦指出第九启是成王表示要勤于修德，自求多福。孙飞燕则认为二、九启还应是成王作，四、八启等则是周公作[⑧]。多数学者认为成王九首诗是自儆诗，李守奎等学者均持此观点。他认为成王在本篇中诗作大都是自儆，对他人儆戒也

---

① 赵敏俐：《〈周公之琴舞〉的组成、命名及表演方式蠡测》，《文艺研究》2013年第8期。

② 刘丽文：《清华简〈周公之琴舞〉与孔子删诗说》，《文学遗产》2014年第5期。

③ 参见李学勤《新整理清华简六种综述》，《文物》2012年第8期；《论清华简〈周公之琴舞〉“疐天之不易”》，《出土文献研究》第11辑；《论清华简〈周公之琴舞〉的结构》，《深圳大学学报(人文社会科学版)》2013年第1期。

④ 蔡先金：《清华简〈周公之琴舞〉的文本和乐章》，《西北师大学报》(社会科学版)2014年第4期。

⑤ 单育辰：《清华三诗、书类文献合考》，《清华简研究》第2辑，上海：中西书局，2015年，第227页。

⑥ 参见季旭升：《〈周公之琴舞·周公作多士儆毖〉小考》，《清华简研究》第2辑，上海：中西书局，2015年，第15—26页；《〈清华三·周公之琴舞·成王儆毖〉第四篇研究》，《古文字研究》第30辑，北京：中华书局，2014年，第392—395页。

⑦ 赵敏俐：《〈周公之琴舞〉的组成、命名及表演方式蠡测》，《文艺研究》2013年第8期。

⑧ 孙飞燕：《清华简〈周公之琴舞〉与〈诗经·周颂〉的性质新论》，广西师范大学出版社，2014年，第5—10页。

是劝多于戒,劝与戒正反相因,二位一体,戒往往离不开劝。这与成王初登基受政的身份相合。其首篇《敬之》,毛传以为“群臣进戒于成王也”。嗣王即是成王,古今无异说,“群臣进戒”不一定正确,但诗意在“戒”是对的①。如果《周公之琴舞》中成王的九首诗属于成王自儆的话,那么周公和成王“合作说”便不能成立。简本的这种结构安排和表述确实令学者们难以判断,由此导致了简本中究竟有多少首诗的争论问题的产生。

综合考察以上诸说,笔者赞同学者提出的《周公之琴舞》组诗由成王、周公合作说。事实上,传世《诗经·周颂》的《大武》组诗,文献上记载系周武王、周公合作说,还有武王所作、周公所作说等诸说,细绎其意,这些说法并不矛盾,它从一定程度上揭示了武王与周公之间的关系及地位的特殊性。基于此,《周公之琴舞》也当如是理解。

第七节　清华简《金縢》与周公东征

清华简《金縢》原篇题作《周武王有疾周公所自以代王之志》,学者们基本上认为是一篇战国中晚期流传于楚地的抄本②,内容与传世本《尚书·金縢》大多一致。是篇主要记载周武王克殷后生病,周公以自身为质代武王死祈祷先王,以及周公摄政见疑、成王看到金縢祝告之书后释疑并表彰周公的史事。在简本中有周公东征时间“周公宅(适)东三年”的记载,虽与传世本《尚书·金縢》说“周公居东二年”时间明显不同,但与《诗经》等传世文献甚相吻合,故这条记载尤为引人注目,引起了不少学者的极大兴趣与热烈的探讨。清华简《金縢》的面世,不仅使传世典籍对周公东征“三年”的史实记载得到了证实,而且为研究周公东征相关史事诸如周公居东、宅东、周公奔楚、周公南征等复杂问题提供了新的线索。本节拟在综合研究《金縢》传世本与简本作者、真伪、内容、编排、早晚诸问题的基础上,结合青铜器铭文及其他传世典籍对周公东征相关史事进行系统

① 李守奎:《清华简〈周公之琴舞〉与周颂》,《文物》2012 年第 8 期。

② 关于清华简《金縢》成篇时代,杜勇认为可能在春秋前期(《清华简〈金縢〉有关历史问题考论》,《古籍整理研究学刊》2012 年第 2 期。

而深入的考察和梳理,以期能对周公东征相关历史问题获得全新的认识。

周公东征是西周开国史上一件重要的历史事件,也是周公稳定周初政局的一项重大军事举措。前贤时哲对此问题历来就有不少研究,清代崔述可谓对周史考辨最为系统者①,其中对周公摄政称王、周公东征等问题进行的一些有意义的考辨,给今人不少启发。清代疑古考据学家崔述对顾颉刚先生治学方法影响颇大。在上个世纪,对周初历史尤其周公东征史事的研究最著名的莫过于疑古大师顾颉刚先生了,顾先生曾不惜笔墨多次撰文从学术史的角度系统地论述和梳理周公东征及其相关史事,取得了一定的研究成果②。然而,顾先生当时由于受到了研究材料与方法的限制,或未能完全地解决其中所有难题,今冒狗尾续貂之讥再加论述。

一、《尚书·金縢》作者、真伪、成篇时代再考察

在考察周公东征史事之前,有必要对今文《尚书·金縢》作者、成篇时代及其真伪问题进行回顾和梳理。因为这些问题直接或间接与周公东征、居东、奔楚、避居东都待罪等史事或传说记载有关。周初历史一向疑难多端,很多史事都存有歧说,荒昧难考。拿《尚书·金縢》来说,关于其作者、成篇时代及其真伪问题,历史上的注疏家就存在各种各样不同的看法。为了对周公东征史事记载来由研究有一个全面的基本认识,下面本文逐一对以上问题开展探讨。

---

① 崔述撰,顾颉刚编订:《崔东壁遗书》,上海:上海古籍出版社,1983 年。

② 请参见顾颉刚:《"三监"人物及其疆地——周公东征史事考证之一》(《文史》第 22 辑),《周公执政称王——周公东征史事考证之一》(《文史》第 23 辑),《三监及东方诸国的反周军事行动和周公的对策——周公东征史事考证之三》(《文史》第 26 辑),《周公东征和东方各族的迁徙——周公东征史事考证四之一》(《文史》第 27 辑),《康王以下的东征和北征——周公东征史事考证四之二》(《文史》第 29 辑),《三监的结局——周公东征史事考证四之三》(《文史》第 30 辑),《奄和薄姑的南迁——周公东征史事考证四之四》(《文史》第 31 辑),《徐和淮夷的迁、留——周公东征史事考证四之五》(《文史》第 32 辑)。

（一）《尚书·金滕》作者

《尚书·金滕》的真伪问题与今文《尚书》的真伪相伴生。《金滕》属于《尚书》之《周书》中的篇目，今古文《尚书》均有存。《金滕》后篇为《大诰》，《大诰》是一篇周公在东征前的军事动员令。很多学者都同意这个说法。《金滕》排列《大诰》之前，大概《尚书》编者是依据文中记载历史事件发生的时间先后而定的，"是《金滕》作于《大诰》《归禾》《嘉禾》之后，今篇次在前者，以祷疾事在二年也"①。而《史记》记载："初，管蔡叛周，周公讨之，三年而毕定，故初作《大诰》。"司马迁似乎认为《大诰》编次应在《金滕》前。据刘起釪先生对《尚书·金滕》研究，"先秦文献未见引用该篇，《史记》录入《鲁世家》中有插叙。在西汉今文家的伏生二十八篇本为全书第十二篇（列在《周书》第三），其弟子三家今文的《尚书大传》把它排在《大诰》之后，但按《史记》所引次序，则今文三家本仍在《大诰》前，是为《周书》第四篇（其在全书次序，则大小夏侯本为第十三篇，欧阳本为第十五篇）。东汉古文本则为《周书》第六篇（全书第十七篇），晋代伪古文为《周书》第八篇（全书第三十四篇）"②。因此，先有《大诰》中周公给周王室及友邦君做要东征的思想说服工作，待到做通工作后，周公方能争取到更多的周朝内部力量来支持他东征，进而赢得这场对于周民族生命攸关的战役的胜利。因此，《金滕》位列《大诰》之后，也是符合周初历史发展的实际的。

从《大诰》所载历史可以看出，武王此时也已辞世；而《金滕》与《大诰》的历史记载存在时间上的先后关系，是篇主要说的是武王克商后二年生病，周公甘愿以身为质代武王死以祈祷先王的史事。尤其值得注意的是，《大诰》和《金滕》两篇都记载了周公东征的史事，前者说"肆朕诞以尔东征"，后者言"周公居东二年"，可谓一前一后揭示了周公东征的历史事实。因此，周公东征在历史上的存在是毋庸置疑的。但也有一些《尚书》的编者将《大诰》《金滕》两篇排次弄颠倒，即《金滕》在前，而《大诰》在后。这种编次是以为《金滕》武王还未去世，据说经过周公祈祷先王，身体稍微好

① （清）孙星衍撰：《尚书今古文注疏》，第323页。

② 顾颉刚、刘起釪：《尚书校释译论》第3册，第1222页。

转,最后武王还是去世了。《大诰》中未提到有关武王的史事,只是从周公的话中判断出来武王应该是不在人世了。因此《大诰》《金縢》的编次问题,也是一个有争议的问题。但这个问题与周公东征问题的关联不是很大。因此,似不必在此费太多笔墨。

《尚书·金縢》的作者问题,值得我们注意。有的学者认为《金縢》是周公所作,有的学者认为《金縢》是史官所记,还有的认为是战国人的作品小说。

历来经学家或注疏家都沿用《书序》"武王有疾,周公作《金縢》"的说法,认为是周公自作《金縢》。根据该篇内容记载,当然不可能是周公所作,因为该篇记载了周公死后之事,这是难以讲通的。"就《金縢》经文看,全篇都是史官的口气,显非周公所作"①。因为周公说不出"武王既丧,管叔及其群弟乃流言于国"的话,更不能说出自己死后的事。故单从这一点来看,今文家的周公葬疑说是错误的,而今文家的信馋说则是合理的。《金縢》不可能是伪书,而是战国时人所记周公的故事或神话。然在《金縢》经文中确有周公所作的祈祷先王表达忠心代武王死的册书或占卜祷辞,而且周公叫史官宣读后并收藏在金丝封藏的匮子里。《尚书正义》如是解释道:"武王有疾,周公作策书告神,请代武王死。事毕,纳书于金縢之匮,遂作《金縢》。凡序言作者,谓作此篇也。按经周公策命之书,自纳金縢之匮,及为流言所谤,成王悟而开之。史序其事,乃作此篇,非周公作也。"②曾运乾认为《正义》说法为是③。对于《金縢》作者问题,宋代苏轼解释尤为明了:"《金縢》之书缘周公而作,非周公作也;周公作《金縢》策书尔。"④

《大诰》是《尚书·周书》中问世较早、史料价值又较为可靠的篇目。我们赞成该篇是周公代成王所作的诰令,其他说法如武王作、成王作都不太可信。周公以成王的名义作《大诰》,符合周初当时严峻的政治形势以

---

① 蒋善国:《尚书综述》,第236页。
② (清)阮元校刻:《十三经注疏·尚书正义》,第195页。
③ 曾运乾:《尚书正读》,第148页。
④ (宋)苏轼:《书传》卷11,《四库全书荟要》本。

及多种文献对成王当时幼小在位的史实记载。

（二）《尚书·金縢》成篇时代

关于《尚书·金縢》的成篇时间，陈梦家《尚书通论》认为《金縢》约为西周时代的记录①，这是就《金縢》记叙内容来说的。顾颉刚先生则指出《金縢》是东周间的作品②。张西堂《尚书引论》说《金縢》的成书时代最早当在战国中世③，有学者经过研究指出，《金縢》的制作时代在战国④。两汉时人多引用《金縢》篇文字或其大意，可见两汉人已见秦汉之前的《金縢》；先秦文献及战国诸子不见引用《金縢》之名或其内容文字者，足见《金縢》当出现在春秋之后。《金縢》虽写成于战国时代，但今日所见《金縢》亦非秦火之前战国底本。《金縢》篇后来又经过汉人再度整理方成为我们现在所见本子。《金縢》虽成篇较晚，但大多数学者对其史料价值是持肯定看法的。《金縢》所反映的某些周初的史实也是可信的。传世《金縢》所记之事非一年间发生，而是跨越几年之久。而史迁《鲁世家》也记叙了相隔多年的史事，如将天变雷电示警，周成王得见金縢之书记在周公死后。对此，清人段玉裁《尚书撰异》早已提出疑问："案今文之说最为荒谬。史官记事，前云'既克商二年'，云'武王既丧'，'居东二年'，何等分明。岂有为诗诒王之后，秋大熟之前，间隔若干年、若干大事，不书周公薨，而突书其薨后之事，人读罢不知其颠末者。"⑤段氏确已指出是篇史事发生时间错乱问题。而如今清华简《金縢》记载时间十分清楚，明确指出金縢故事发生在同一年。可惜，段玉裁当时未能有幸目睹简本《金縢》，故才产生如此之多疑问。

（三）《尚书·金縢》真伪问题

《尚书·金縢》的史料价值直接取决于该篇的真伪问题。李民先生曾言："《周书》中的《金縢》是一篇疑窦颇多，分歧较大的文字，同时，它也是

① 陈梦家：《尚书通论》，第112页。
② 顾颉刚：《论今文尚书著作时代》，《古史辨》第1册，第201页。
③ 张西堂：《尚书引论》，第192页。
④ 李民：《〈尚书〉金縢的制作时代及其史料价值》，《中国史研究》1995年第3期。
⑤ 段玉裁：《古文尚书撰异》，上海：上海古籍出版社，1996年。

一篇历来被人们所重视的文献。"①直到宋代，有学者如程颐（正叔）对《金縢》真实性产生了怀疑。清代学者朱彝尊《经义考》卷七如是说道："至程正叔疑《金縢》之文不可信，而括苍王廉熙阳作论，谓《金縢》非圣人之书，则并今文而疑之矣。"②说《金縢》之文非圣人周公所作，固然有理，不失睿见；然对今文《金縢》产生怀疑乃至不信之说，却有失武断，证据不足。程颐（正叔）对于《金縢》的怀疑如是记述曰：

> 又问《金縢》："周公欲代武王死，如何？"曰："此只是周公之意。"又问："有此理否？"曰："不问有此理无此理，只是周公人臣之意，其辞则不可信。只是本有此事，后人自作文足此一篇，此事与舜喜象意一般，须详看舜、周公用心处。《尚书》文颠倒处多，如《金縢》，尤不可信。"③

程正叔对《尚书·金縢》周公以身为质代武王死之事不置可否，而将其作为表达周公对成王尽忠臣之意来理解。对周公祈祷先王的策书却不相信，因为《尚书·金縢》文字内容记载颠倒错乱之处太多。

苏轼也怀疑《金縢》，他说："《金縢》之书，缘周公而作，非周公作也。周公作金縢策书尔。"④苏轼之说对汉代以来以为周公作《尚书·金縢》的说法进行了驳正，指出《尚书·金縢》中只有周公策书内容为周公所作，这个看法无疑是正确的。

明代学者王廉作《金縢非古书》，他举出《金縢》为后人伪作的五大理由，分别从周公圣人、知命、达孝、忠心诸德行五事及据当时史事推理来加以考察⑤。

清人袁枚亦指出："《金縢》虽今文，亦伪书也。"⑥其理由是"汉求亡经

---

① 李民：《〈尚书〉金縢的制作时代及其史料价值》，《中国史研究》1995 年第 3 期。

② 朱彝尊：《经义考》卷 7，《四库全书荟要》本。

③ （宋）程颢、程颐：《二程遗书》卷 22 上，上海：上海古籍出版社，2000 年，第 345 页。

④ （宋）苏轼：《书传》卷 11，《四库全书荟要·乾隆御览本》。

⑤ 程敏政编：《明文衡》卷 9，影印文渊阁《四库全书》第 1373 册，台湾商务印书馆 1983 年版，第 619 页。

⑥ （清）袁枚：《金縢辨上》，《小仓山房文集》卷 22，《续修四库全书》本，上海：上海古籍出版社，2002 年，第 243 页。

过甚,致伪经杂出”①。袁枚明确指出今文《金縢》也是伪书,认为是汉朝政府太过于重视对亡佚经典如诗、书等文献的搜求,从而导致《尚书·金縢》等伪书频繁出现。显然,袁枚的这个看法是不正确的,不能因为是搜求古书,就一概将其视作伪书。是否伪书,得由很多因素加以判定,不能以片面的理由否定《金縢》,如此未免失之草率,是不可取的一种做法。

近年清华简《金縢》的发现证实了今本《尚书·金縢》不伪。因为简本的记载与今本《金縢》的内容记载基本相同,虽然其中有一些异文及不同的句法。其实,梁启超先生早已明确指出不是伪书,《金縢》是没有问题的,“从前有人怀疑二十八篇中的《金縢》有这么一段离奇话:‘秋,大熟,未获,天大雷以风,禾尽偃,大木斯拔。……王出郊,天乃雨,反风,木则尽起。’这种和情理相差大远的纪事,似乎不是信史,其实不然。这只能怪当时的史官拿非史的事当史,不能严格的择别,正和后来的《晋书》《魏书》相类;《晋书》多采小说,《魏书》杂记琐闻。我们只可说他择别史料的标准不对,不能说那二部书不是唐太宗、魏收作的。所以《金縢》无甚问题,可以当做神话看待,借来考察当时社会的心理。”②刘起釪先生也具体指出:“《金縢》的故事是真实的,《金縢》文字的主要部分(大体是前半部)也基本是可靠的,但其叙事部分则可能是后来东周史官所补充进去的。”③由孔子称赞楚昭王不肯将灾害转移到令尹、司马两个左右大臣身上以及《元秘史》卷十五记载的窝阔台将疾病灾害转移到亲弟弟托雷以救自己性命的故事,均印证了《金縢》中周公故事记载的可靠性。越是遥远的古代,古人越相信和依靠宗教迷信和尊鬼事神来进行统治。尤其古代的帝王遇到灾害或疾病时,往往要向鬼神祈祷和禳祓。周公设坛祷告请代武王死的记载即是如此,因此《金縢》中周公祈祷祝册的内容是可靠的真实的,而一些叙事之文,则可能是东周史官增添补述的。其实,对于《金縢》篇的真伪和写作时间的早晚,需作具体分析。就《金縢》篇中不同文字内容来说,其中周公祷祝的话可作为他的讲话内容,与《商诰》《周诰》类似,较为可靠;还

---

① (清)袁枚:《金縢辨下》,《小仓山房文集》卷22,《续修四库全书》本,第244页。
② 梁启超:《古书真伪及其年代》,北京:中华书局,1936年,第92页。
③ 刘起釪:《古史续辨》,北京:中国社会科学出版社,1991年,第372页。

有不少叙事之文，与诸诰体例不一致，其叙事风格平顺质朴，很接近东周，属于当时东周史官所补叙的。总而言之，《金縢》篇整体上记事较为真实可靠，其形成时代不晚于战国中期。清华简《金縢》足以证明这一点。

（四）《尚书·金縢》有无错（窜）简问题

关于《尚书·金縢》篇序、错简问题，以及与《尚书》中《大诰》前后次序问题，以往学者有所关注。清人孙星衍认为《金縢》篇存在错简问题，"《史记》载周公卒后，乃有暴风雷雨，命鲁郊祭一事，是经文'秋大熟'以下，必非《金縢》之文。……而序称周公作《金縢》，周公不应言死后之事。此篇经文当止于'王翼日乃瘳'，或史臣附记其事，亦止于'王亦未敢诮公'。其'秋大熟'以下，考之书序，有'成王告周公，作《薄姑》'，则是其逸文，后人见其词有'以启金縢之书'，乃以属于《金縢》耳"①。

孙氏在《与王引之书》也说："衍考《尚书大传》及《史记》，知《金縢》'秋大熟'以下，实非《金縢》之词，盖《亳姑》逸文。"（《孙渊如外集》卷五）

皮锡瑞接着说："《大传》以雷雨开金縢在周公薨后，则当次于《立政》《周官》之下，乃仅列《大诰》后，岂当时已合《亳姑》于《金縢》乎？"②张西堂指出，孙星衍乃因书序断"秋大熟"以下为《亳姑》，殊不可信。对皮锡瑞《今文尚书考证》从孙之说也不相信。他认为："这一篇以著作年代言，当从《大传》次《大诰》后。"③台湾学者朱廷献在《尚书各篇之错简》研究中指出有"尧典篇之错简、禹贡篇之错简、洪范篇之错简、康诰篇之错简、吕刑篇之错简"等五处错简，并说"其他篇错简尚有多处，惟无确切之证据，不予刊布"④。

如今，清华简《金縢》公布，通过两者对读，可以发现传世本《金縢》并不存在错简问题，因此清人孙星衍、皮锡瑞等学者的说法是不正确的。

---

① （清）孙星衍撰：《尚书今古文注疏》，第 323 页。

② （清）皮锡瑞撰：《今文尚书考证》，北京：中华书局 2009 年，第 290 页。

③ 张西堂：《尚书引论》，第 192 页。

④ 朱廷献：《尚书研究》，台北：台湾商务印书馆，1987 年，第 163—166 页。

二、周公东征史实、阶段和时间考

传世文献中记载周公东征史事的是周初八诰之首诰——《尚书·大诰》。在这篇诰文末尾周公曰“矧今卜并吉,肆朕诞以尔东征”①。可见周公东征在历史上不容怀疑。又,《大诰》孔传解曰:“武王崩,三监及淮夷叛。周公相成王,将黜殷,作《大诰》。”②武王克商崩后周人面临严峻的政治局势,通过研读周初真实可靠文献可知,周公东征的目的和原因在此诰中体现得淋漓尽致。

对于周公东征的时间和过程,《尚书大传》则有详细的记录。《尚书大传》载:“周公摄政:一年救乱,二年克殷,三年践奄,四年建侯卫,五年营成周,六年制礼作乐,七年致政成王。”③对此,学界有不同理解。有较多学者认为“一年救乱,二年克殷,三年践奄”中的三年属于周公东征的三个阶段;也有学者认为“二年克殷”相当于周公东征,还有学者认为“三年践奄”属于周公二度东征。事实究竟如何,让我们再看看其他史书的记载吧。据说《逸周书》为孔子删书之遗,近年越来越受到学术界的重视,其文献价值和历史价值随着出土文献的不断出现和证明,得到了学术界的逐渐认可。《尚书》与《逸周书》成为研究商周历史的姊妹篇。

《逸周书·作雒解》载:“周公、召公内弭父兄,外抚诸侯。元年夏六月,葬武王于毕。二年,又作师旅,临卫政殷,殷大震溃。降辟三叔,王子禄父北奔,管叔经而卒,乃囚蔡叔于郭凌。”④《逸周书》对武王崩后的记录可以与《尚书大传》记载相互比读。《尚书大传》记载周公摄政三年之事依次为救乱、克殷、践奄,而《逸周书》则记录周公摄政元年葬武王、二年征殷的详细情况。其中后者周公征殷史事的记述可弥补前者《大传》不详之处。在笔者看来,《逸周书》的记载正相当于《大传》所说的周公救乱、克殷之事。周公东征显然应该包括救乱、践奄的整个历史事件过程。对此,

---

① (清)阮元校刻:《十三经注疏·尚书正义》,第200页。
② (清)阮元校刻:《十三经注疏·尚书正义》,第197页。
③ (清)阮元校刻:《十三经注疏·尚书正义》《天官冢宰》疏引,第639页。
④ 黄怀信等:《逸周书汇校集注》,第515—517页。

《诗经》中有不少以周公东征为背景的篇什。如《诗经·豳风·东山》:“我徂东山,慆慆不归;我来自东,零雨其濛……自我不见,于今三年。”该诗篇来自周公东征随军战士的吟唱;《诗经·豳风·破斧》记载:“既破我斧,又缺我斨。周公东征,四国是皇。”这里指明周公东征战斗的艰难和激烈。《诗经·豳风·东山》序云:“《东山》,周公东征也。周公东征,三年而归。劳归士大夫美之。故作是诗也。”[①]“我徂东山,慆慆不归。我来自东,零雨其濛。……自我不见,于今三年。”[②]《诗经·豳风·破斧》序:“《破斧》,美周公也。周大夫以恶四国焉。”[③]“周公东征,四国是皇。……周公东征,四国是化。……周公东征,四国是遒。”由此,《诗经》的大、小序都承认周公东征的史实,注疏家也都认为周公东征历时三年。

周公东征三年的事实,不但在《诗经》中记载清楚,在战国时期的孟子仍然记忆犹新。《孟子·滕文公下》云:“周公……伐奄三年讨其君。”杨伯峻注引崔述《论语余说》云:“‘周公相武王诛纣’一句,‘伐奄三年讨其君’一句;‘伐奄’乃成王事,不得上承‘相武王’言之。”[④]其说甚是。但孟子所说周公东征包括伐奄在内用了三年时光则属于史实。

以上传世文献都认为周公东征历时三年,惟传世本《尚书·金縢》记载“周公居东二年则罪人斯得”,使本来明了的周公东征时间问题变得迷离起来。虽然学术界对《尚书·金縢》的成篇时代和真实性一直将信将疑,但对其前半部分记载的周初历史还是较为认可的。而“周公居东二年”的记载能否成为周公东征三年的重要反证呢?换句话说,周公居东是否与周公东征是一回事呢?还是另有所指呢?由此,这个问题在清华简《金縢》未面世前,成为西周史上研究周公史事一大疑难问题。

清华简《金縢》记载“周公宅东三年”,使得千年争论问题看到了解决的曙光。《尚书·金縢》说“周公居东二年”,简本《金縢》载“周公宅东三年”,宅东即是居东,两者所记应为同一件事情,只是周公居东的时间相差

---

① (清)阮元校刻:《十三经注疏·毛诗正义》,第395页。
② (清)阮元校刻:《十三经注疏·毛诗正义》,第396页。
③ (清)阮元校刻:《十三经注疏·毛诗正义》,第398页。
④ 杨伯峻:《孟子译注》,第155页。

一年，究竟谁对谁错呢？此外，周公居东与周公东征又是何关系呢？历史上学者们进行了长期的争论，迄今难以达到统一的认识。

清华简作为楚地的史书在南方写就，其中不免打上了南方统治者或史官的思想烙印，他们对周初历史带有地域性的认识，否则，为何在同篇简文中又会出现“武王既克殷三年”的记载呢？这与传世本《金縢》武王“既克商二年”也相差一年。将其以上差异归结为清华简的记载有误，显然是说不通的。当代学者对此进行了多种解释，有的学者认为两者差异是虚年和实年的区别，类似人的年岁有虚岁和周岁之别，故总会相差一年①。此说虽较好调和了简本与传世本《金縢》记载的矛盾，但同时我们发现在其他文献中也有与清华简记载周公居东时间吻合的材料。如上文列举《诗经》《孟子》等文献均认为周公居东即东征三年。看来，清华简关于周公东征三年的记载比传世本《金縢》更近乎事实。而简本所记武王“既克殷三年”却与诸多传世文献不符。学术界对于武王的离世时间多持武王在位两年后，虽然还有四年、六年等说法，但一直未成为主流说法。在清华简未出现以前，学者基本上是比较认可武王克殷两年后离世的，因此，就有了成王年幼，周公摄政，主持国政的历史记载。对于简本与传世本记载的差异，我们以为《尚书·金縢》记载武王克商两年后去世，不一定是正好两年，也可能是两年多一些时间，故前后两头计算就是三年，不可作拘泥的理解；简本记载武王克殷三年去世，也许就是楚人这样计算的结果。其实，两者所记不同应该是由于不同的地域有不同的纪年(时)方法。基于此，简本和传世本所记周公居东时间似乎也可作如是理解。关于简本和传世本对同一历史事件纪时的地域差异，在司马迁《史记》中也有所反映。如对周公平定管蔡之乱和讨伐淮夷的叙述，《史记·周本纪》曰：“管蔡叛周，周公讨之，三年而毕定。”②《鲁世家》说：“管、蔡、武庚等果率淮夷而反。周公乃奉成王命，兴师东伐，作《大诰》。遂诛管叔，杀武庚，放蔡叔。……宁淮夷东土，二年而毕定。”③从两处所记来看，《周本纪》认为

① 杜勇：《清华简〈金縢〉有关历史问题考论》，《古籍整理研究学刊》2012年第2期。
② (汉)司马迁撰：《史记》，第132页。
③ (汉)司马迁撰：《史记》，第1518页。

周公平管蔡之乱用了三年时间,《鲁世家》则以为周公东伐即东征用了三年时间,平管蔡用了一年,宁淮夷用了两年。是《鲁世家》中还保留着周公东征三年的历史事实。当然周公东征包括了平管蔡(救乱)、克殷(杀武庚)、践奄三个阶段。这与《尚书大传》的记述是一致的。也就是说,《史记》两处记载周公史事时间的差异或出于参考不同地域的文献使然,周公东伐或东征的时间大概用了两年多时间,所以不同文献记载有说是二年的,有说是三年的,因为不足三年,故说二年;因为不是正好二年,而是两年多,故亦可约说三年。这种古代纪时方式还在我们现代生活中常有所反映,如说某事是“大概两三年前发生的事”等。

总之,学术界大多认为周公东征过程包括救乱、克殷、践奄三个阶段,其主要根据《尚书大传》记载“周公摄政:一年救乱,二年克殷,三年践奄”的说法,我们也倾向这种说法。杨朝明先生曾指出,周公东征三年“可能仅指征伐商奄的三年而言”,因为周公东征“是一个复杂的历史过程,而且历时亦非三年”①。杨氏前面说法似有可商,但他后文对周公东征的看法,颇可采信。周公东征的时间并一定正好是二年或三年。因此,历史典籍记载的周公二年居东(东征)、三年东征的说法都存在合理性。我们就很难说周公东征二年还是三年哪个说法属于确切答案。历史上对周公东征时间的看法,主要在二年还是三年的分歧上。杨宽先生认为:“‘居东二年’是说周公兴师东征,亲自出居东国指挥作战了二年。所以不说东征二年而说‘居东二年’,无非表示‘罪人斯得’是周公坐镇东国亲自指挥作战的结果。所谓‘罪人斯得’,就是处死或流放管叔、蔡叔、武庚。”②又,齐思和先生说:“盖周公东征分两阶段,第一阶段为戡定管、蔡、禄父之乱,然后殷商东土,失而复得。以后周公又鉴于商人在东方之潜蓄势力甚大,徐戎盈奄皆其党羽……遂大举东征。”③台湾学者杜正胜也把周公平管、蔡、武庚与周公反政后对商奄、淮夷一系列的征伐分为前后两时事。前者只周公一人担当,后者任其役者有周公、有成王,也有召公与殷人,甚至延续到

① 杨朝明:《周公东征诠说》,《史学月刊》2000 年第 6 期。
② 杨宽:《西周史》,第 152 页。
③ 齐思和:《中国史探研》,北京:中华书局,1981 年,第 27—49 页。

开国以后的第二代将领,如白髦父、明公等①。王玉哲先生同意以上二人的说法,指出“齐、杜两氏看法,都是很有见地的。”他认为周公称王后率师平管、蔡、武庚之乱,攻服商奄、薄姑。由于商奄、淮夷、熊盈之族势力在东方有根深蒂固的基础。即便在周公东征一时被打败,还有卷土重来再叛之可能。周人对这一带真正的征服,还是在周公还政成王后,又经过多年大事挞伐,才彻底解决②。

探究周公东征二年还是三年以及周公东征的阶段问题,这很可能与古人纪年方式和习惯的不同有关。一个推测是,周公东征时间原本可能并非正好(从出发到回归)二年或三年,而是二年多几个月③,因此后人记载这个历史事件的过程时,有的古籍上使用了周公东征二年,有的文献上使用了周公东征三年,从古人直到今人表达的时间方式和习惯上,似乎都不算错。或许,更重要的是周公东征的时间古人也不甚清楚,并未详细记录下周公东征的具体年月,故才会给后人留下二三年的说法。从时间习惯表达方式上来说,这都不算错。

三、成王与周公东征辨

历史上,周公东征史实的存在确定无疑。成王是否也曾进行过东征,成王东征和周公东征究竟存在什么关系?虽有学者进行过讨论,但于两者分歧较大。有的学者认为成王东征即是周公东征,两者是同一个历史事件的不同说法;有的学者认为周公东征是周公东征,成王东征是成王东

---

① 杜正胜:《周代城邦》,台北:联经出版事业公司,1979 年,第 172—174 页。

② 王玉哲:《周公旦的当政及其东征考》,《古史集林》,北京:中华书局,2002 年,第 354—355 页。

③ 根据传世本与简本《金縢》记载,成王是在庄稼禾苗将熟且发生雷电大风时(这应该是夏秋时节天气)迎归周公,属于同一年时间。故由当时农作物和农业节气记录,周公东征回归大概在七八月份,因此周公东征过程大概持续了二年零七八个月,一般照现在人的习惯,这个时间可以说周公东征持续了两三年时间;又因为第三年(七八月)未满一年,也可以说周公东征二年,也可以粗略说周公东征过程是三年,这都是表示大概时间的说法。古代人也大概使用此习惯来表示某一个事件的终始。同样,这与武王克殷二年、三年记载的说法如出一辙。

征，二者实有区别；还有的学者认为周公东征在周公摄政时期，周公还政后由成王亲政，曾经进行东征。有学者还提出周公曾二次（或多次）东征说等观点①。总之，以上诸问题的探明对西周史研究十分重要，我们在此不得不辨。

传世文献和出土文献对周公东征和成王东征均有明确记载。西周金文也有不少关于成王、周公东征的记载。下列诸器均为成王时器：

> 禽簋（《集成》4041）铭文：“**王伐奄侯，周公谋。**禽有脤祝，王赐金百寽。禽用作宝彝。”
>
> 保卣（《集成》5415）铭文：“乙卯，王令及殷东国五侯。”
>
> 大保簋（《集成》4140）铭文：“**王伐录子圣，**厥反。王降征令于大保。大保克敬亡遣。”
>
> 刚劫尊（《集成》5383）铭文：“王伐奄侯，易刚劫贝朋。”
>
> 小臣单觯（《集成》6512）铭文：“王后黜克商，才成师，周公易小臣单贝十朋，用作宝尊彝。”
>
> 塱方鼎（《集成》2739）铭文：“唯**周公于征伐东夷，**丰伯、薄姑，咸戋。公归，荐于宗庙。戊辰饮秦饮，公赏贝百朋，用乍尊彝。”
>
> 康侯簋（《集成》4059）铭文：“**王来伐商邑，**诞令康侯鄙于卫。”

上述成王诸器中，可分为单独记载“王”或“周公”的青铜器，以及“王”与“周公”并见的青铜器三种情况。

单独记载“王”即成王史事的有保卣、大保簋、刚劫尊、康侯簋诸器；单独记载周公史事的有《塱方鼎》一例；王与周公并见的有禽簋、小臣单觯两器。

对于保卣，陈梦家先生曾将其定为武王时器②，现根据当代学者主流看法将其视作成王时器。另康侯簋又名沬司徒疑簋，有学者认为铭文中的王是指周公，此不从。我们以为应该遵循铭文原来记载，王是王，周公

---

① 杜勇：《〈尚书〉周初八诰研究》，第106—124页。

② 陈梦家：《西周铜器断代》（上册），北京：中华书局，2004年，第7页。

是周公，两者不可互相混淆；再说周公摄政时成王在位，故铭文记作"（成）王伐商邑"，虽然周公实际作为周军主帅参加了二次克殷的战役。除了西周金文对成王东征的记载外，近年发现的清华简新材料中也保留了成王东征、二次克殷的记载。我们的理解得到了清华简的证明。如清华简《系年》第三章记载：**"成王屎（敉）伐商邑，杀录子耿，**飞廉东逃于商盖氏，**成王伐商盖，**杀飞廉。"[①]简文中明确记载成王在武王死后继武王再次伐商[②]。这与上述康侯簋铭文"王来伐商邑"正相吻合，简文可补金文"王"者身份是成王抑或是周公之争。由此金文与简文可说明成王在周公摄政时期并非无所作为，年龄不会很小，更不会在"襁葆"中。简文之所以明确记载成王伐商，当是战国以前史官的理解，这种理解大致不误。虽说成王幼小（大概十三四岁），但周公为了培养锻炼成王军事经验，允许成王随军出征亦未可知。不能因为成王年龄的原因，而否认成王从军的可能性。退一步说，即使成王未曾随军东征克殷，但由于成王继承武王之位，依然在名义上是周王，故当时人在记载有关周公摄政时期史事时，冠于成王名下，所谓"以王统功"，这种理解是比较符合当时成王与周公之间的关系的。

据以上论述，我们以为刚劫尊、大保簋铭文中的出现的"王"似当指成王为宜。如果我们以这种方法进行理解的话，下面关于其余青铜器铭文记载的人物身份就十分清楚了。

值得注意的是，明确记载周公东征史实的塱方鼎，旧名有周公东征鼎、丰白鼎等，最早见于吴其昌编《金文历朔疏证》，陈梦家在《西周铜器断代》将其命名周公东征方鼎。这是西周青铜器中单独、明确记载周公东征史事罕见的一件青铜器。该铭文内容之所以突出周公东征史事，是因为周公赏赐手下某将士"公赏贝百朋"，数量十分惊人，因为以往所见青铜器赏或赐贝一般是十朋以下，最多几十贝。故受贝将士作此铜器时，不免极

---

① 清华大学出土文献研究与保护中心编，李学勤主编：《清华大学藏战国竹简（贰）》，第141页。

② 清华大学出土文献研究与保护中心编，李学勤主编：《清华大学藏战国竹简（贰）》，第142页。

力颂扬周公东征的功德。其铭文未涉及成王,是因为周公是东征的实际主帅,率军英勇战斗获得胜利战绩。因此,塱方鼎是周公手下将士歌颂周公东征战功,宣扬周公功德的一件重器。

最后再看同时载有“王”和“周公”的青铜器禽簋、小臣单觯。禽簋是周公之子伯禽接受成王之赐金为其父周公所作的一件青铜器,其中不免歌颂周公之功德。禽簋铭文内容记载人物身份十分清楚,“王伐奄侯”和“周公谋”显然指成王和周公两个人,铭文所记载的正是周初成王与周公一同讨伐东方奄国的史实。铭文以精练的文字概述了成王在位时期讨伐奄侯,周公出谋划策的时间、主要人物及其作用。禽簋铭文虽曰成王伐奄侯,但不一定非要实指成王,换言之,该铭文内容主旨非成王伐奄,而是周公谋划的功劳,因此禽簋是一件歌颂周公在伐奄中的军事功劳青铜器。

小臣单觯藏于上海博物馆,属于成王时器。小臣单觯是周公身边小臣名单的人受到周公赏赐并为之纪念所作的一件青铜器。其铭文记载了三个人物:王、周公、小臣单。“王后黜克商”之“王”当以成王为是,铭文中“周公”自然是周公,小臣单应是成王二次克商后因战功受到周公赏赐者。该铜器铭文记载了成王时期,成王、周公参与了二次克商的战役。这次克商当为消灭武庚反叛的战事。

还需要说明的一点是,以往学者(持周公称王说者)多将小臣单觯铭文中的“王”视作“周公”,认为“王”与“周公”为同一人。说是周公摄政二年实际领导了二次克殷的战事,成王年少不曾亲自参加。又认为康侯簋铭文中“王来伐商邑,诞令康侯鄙于卫”之“王”是周公,因为有些典籍如《康诰》等明确记载分封康叔于卫是周公旦,所以这个“王”非周公莫属。我们不完全同意这种观点。因为铭文中的“王来伐商邑”主要说明分封康叔在成王时期,记载伐商的史事主要在表明时间在何时。说周初成王在位,周公摄政时期分封康叔于卫,换言之,说成王分封康叔于卫或周公分封康叔于卫都不算错,但将铭文中“王”者视作周公并作为周公称王的证据,我们是不同意这种观点的。有关对该问题的专门论述,可以参见本章前文“西周金文与周公摄政”部分。

四、周公东征、奔楚以及南征史事辨

关于周公东征，除了《尚书・大诰》通过周公话语详细地叙述了东征的历史背景和缘由外，《左传・定公四年》等文献也有记载，其文曰"管、蔡启商，惎间王室。"[①]管、蔡联合商武庚，分裂周王室便是《尚书大传》所谓周公"救乱"之管蔡之叛。《诗经・豳风・鸱鸮》序亦云："《鸱鸮》，周公救乱也。成王未知周公之志，公乃为诗以遗王。名之曰《鸱鸮》焉。"[②]这些文献记载都证明了周初武王崩后，成王年幼即位，周公受命摄政辅佐周室所面临的严峻的政治危机。故周公毅然代成王，进行了历时三年的东征。《诗序》云"成王未知周公之志"说明成王年岁幼少，对周初严重的政治危机认识不足，而周公的敏锐政治警惕和军事行动终于使得周室渡过被商反攻危机。

杜勇教授较早指出，"周公居东三年"的说法在传世文献中亦可找到。在《列子・杨朱篇》卷七云："武王既终，成王幼弱，周公摄天子之政。邵公不悦，四国流言。居东三年，诛兄放弟。"[③]"《列子》讲周公'居东三年'与简文《金縢》同，却未引起人们的注意。"[④]清华简《金縢》的发现使得《列子》所云周公居东三年不再是孤证。两者也可与《诗经》记载周公东征三年相互印证，从而澄清周公居东即是周公东征的真相。李学勤先生对此说："种种异说都是由于《金縢》'居东二年'与《诗・东山》所云周公东征三年不合。现在清华简的这一句不是'二年'而是'三年'，就恰与东征一致了。"[⑤]廖名春先生也认为，这"三年"与"二年"一字之异，证明了伪孔传的正确，"破解了西周研究史上的一大疑难"[⑥]。以上说法都肯定了清华简《金縢》记载周公史事的重要性。笔者亦十分赞同。

关于周公东征还是成王东征，陈梦家先生说："《尚书大传》谓周公摄

① （清）阮元校刻：《十三经注疏・春秋左传正义》，第 2135 页。
② （清）阮元校刻：《十三经注疏・毛诗正义》，第 394 页。
③ 杨伯峻：《列子集释》，北京：中华书局，1979 年，第 232 页。
④ 杜勇：《清华简〈金縢〉有关历史问题考论》，《古籍整理研究学刊》2012 年第 2 期。
⑤ 李学勤：《清华简九篇综述》，《文物》2010 年第 5 期。
⑥ 廖名春：《清华简与〈尚书〉研究》，《文史哲》2010 年第 6 期。

政之‘二年伐殷’,《逸周书·作雒篇》谓周公立相天子之‘二年又作师旅临卫攻殷’,此二年皆当为成王即位二年也。《宜侯夨簋》明记成王东征,可证周公并无代王之事。”①成王即位二年也是周公摄政二年,故《尚书大传》与《逸周书·作雒篇》记载相互契合。战国时期,《韩非子·说林上》曰:“周公旦已胜殷,将攻商盖。辛公甲曰:‘大难攻,小易服。不如服众小以劫大。’乃攻九夷,而商盖服矣。”②其中所云周公胜殷、攻商奄显然应包括在周公东征三年之内。因此,所谓周初周公东征或成王东征都是存在的。周公东征主要是说周公作为东征的主帅、主要谋划者,成王东征是就周公东征发生的历史时期而言的。因此,成王东征可理解为在成王在位时期发生的东征战事。正如我们前文所论,周公摄政没有称王,所以周公的一切重大政治和军事活动可以归在成王名义之下,这也可说是一种“王统臣公”吧。

关于如何认识周公居东、周公东征和周公奔楚的问题,王玉哲先生曾在论著中有一段重要的论述文字,兹不妨摘引如下:

> “《尚书·金縢》后半篇有:‘周公乃告二公曰:我之弗辟,我无以告我先王。周公居东二年,则罪人斯得。’这几句记载引起了经学家很多问题。其中‘弗辟’者,今文家以为不避摄政(见《史记·鲁世家》);古文家以为避居东都(见《释文》引马、郑说)。所谓‘居东’者,今文家以为即东征(见《鲁世家》及《尚书大传》);古文家以为东国待罪(《诗经·七月序》正义引郑说)。所谓‘罪人’,今文家以为是管、蔡(《鲁世家》及《尚书大传》);古文家以为是指周公党羽(《诗经·鸱鸮》正义引郑说)。两派说法如此不同。其实周公既东征叛国,则不能居东待罪,其事理至明,故知古文说确属荒诞难从。《史记·蒙恬列传》和《鲁世家》《论衡·感类》《左传》昭公七年等文献,又都有周公奔楚的记载,我们若再结合《尚书·金縢》《墨子·耕柱》《韩非子·说林》诸篇作比较研究,则知所谓‘周公奔楚’、‘周公居东’、‘周公东征’

① 陈梦家:《西周年代考》,北京:商务印书馆,1955年,第29页。
② (清)王先慎撰:《韩非子集解》,第180页。

实系指的同一回事。因为当时楚国尚在今山东、江苏之间,正是周公所征的熊、盈诸族之一。"①

如上文所论,王玉哲先生认为"周公奔楚""周公居东""周公东征"三种说法是指同一件事情。我们以为这种观点不尽正确。"周公居东""周公东征"两者是指同一件事,而"周公奔楚"却不是"周公居东"或"周公东征"。关于前者观点,我们在前文已有专门论证,兹不赘述。实际上,长期以来,学术界对"周公奔楚"问题一直有不同的意见。其中否认"周公奔楚"史事存在的学者声音很大。以下我们不妨对此问题开展学术考察。

周公奔楚之说大概来自古文家之说,东汉王充《论衡·感类篇》对此有所揭示,他说:"《金縢》曰:'秋大熟未获,天大雷电以风,禾尽偃,大木斯拔,邦人大恐。'当此之时,周公死,儒者(即今文家)说之以为成王狐疑于周公。欲以天子礼葬周公,公,人臣也;欲以人臣礼葬周公,公有王功。狐疑于葬周公之间,天大雷雨,动怒示变,以彰圣公。古文家以武王崩,周公居摄,管、蔡流言,王意狐疑周公,周公奔楚,故天雷雨以悟成王。夫一雷一雨之变,或以为葬疑,或以为信馋,二家未可审。"②王充提及周公奔楚实际是古文家的说法。

早在王充之前,司马迁提出"周公奔楚"之说。《史记·蒙恬列传》曰:"及成王有病甚殆,公旦自揃其爪以沈于河,曰:'王未有识,是旦执事。有罪殃,旦受其不详。'乃书而藏之记府,可谓信矣。及王能治国,有贼臣言:'周公旦欲为乱久矣,王若不备,必有大事。'王乃大怒,周公旦走而奔于楚。成王观于记府,得周公旦沈书,乃流涕曰:'孰谓周公旦欲为乱乎!'杀言之者而返周公旦。"③又在《史记·鲁周公世家》云:"初,成王少时,病,周公乃自揃其蚤沈之河,以祝于神曰:'王少未有识,奸神命者乃旦也。'亦藏其策于府。成王病有瘳。及成王用事,人或谮周公,周公奔楚。成王发府,见周公祷书,乃泣,反周公。"④可见,司马迁在《史记》中两次提及"周

① 王玉哲:《中华远古史》,第519页。
② 黄晖撰:《论衡校释》第三册,北京:中华书局,1990年,第788—789页。
③ (汉)司马迁撰:《史记》,第2569页。
④ (汉)司马迁撰:《史记》,第1520页。

公奔楚”史事。“周公奔楚”乃秦汉人的说法。唐代司马贞《索隐》虽然承认周公奔楚之说经典无文,但却认为“其事或别有所出”①。

学术界对“周公奔楚”有两种观点,一种观点认为历史上并无所谓“周公奔楚”之事,因此不可据信。如南宋学者叶适、近代学者孙次舟均持此说。叶适认为:“周公奔楚,是时楚未有国,公奚至焉?《诗》《书》以为居东,而异说以为南奔,推此类,则亦当时史法不备之故。”②孙次舟《周公史迹清理》认为:“居东与奔楚皆非真史,……而奔楚则完全秦汉间人之妄说也。”③一种观点认为“周公奔楚”实有其事,如俞正燮《癸巳类稿》之《周公奔楚义》认为周公奔楚就是《尚书·金縢》所说的“周公居东”“东处商奄”④。

对于周公奔楚和周公东征的关系,不少学者认为是一回事,也有学者以为不是一回事。如王玉哲认为:“所谓‘周公奔楚’、‘周公居东’、‘周公东征’实系指的同一回事。因为当时楚国尚在今山东、江苏之间,正是周公所征的熊、盈诸族之一。”⑤

著名先秦史专家徐中舒先生同意周公奔楚说,认为周公适楚与周公居东是不同的两件事:“周公适楚,及管、蔡流言,周公居东,本为二事。《史记》及《论衡》所称乃傅会此说而成书”,周公奔楚之说“当有所本”。而对周公奔楚原因,徐先生认为:“案:《牧誓》称从武王伐纣之师有庸、蜀、羌、髳、微、卢、彭、濮人。此诸族大都皆在西南。此可见周之胜殷,实有赖于此。其后武庚叛,周公奔楚者,或即挟南方诸侯之力以为征服东方之准备。”⑥又说:“周公奔楚,必为春秋以来相传之旧说,必有若干史实为其素地。”⑦因此,徐先生以为周公奔楚“当属信史”⑧。周书灿也相信周公奔

① (汉)司马迁撰:《史记》,第1520页。

② (宋)叶适:《习学记言序目》卷19《史记一》,北京:中华书局,1977年,第275页。

③ 孙次舟:《周公史迹清理》,《说文月刊》1944年第4卷合刊本。

④ 俞正燮:《癸巳类稿》卷一,北京:商务印书馆,1957年,第18—19页。

⑤ 王玉哲:《中华远古史》,第519页。

⑥ 徐中舒:《殷周之际史迹之检讨·周公奔楚》,《徐中舒史学论文选》,北京:中华书局,1998年,第671页。

⑦ 徐中舒:《殷周之际史迹之检讨·周公奔楚》,《徐中舒史学论文选》,第671页。

⑧ 徐中舒:《西周史论述(上)》,《四川大学学报》1979年第3期。

楚的历史，并以为周公奔楚是客观存在的历史事实①。

在承认周公奔楚事实存在观点之下，有学者认为“周公奔楚”实际上与楚人受封有密切关系，如杨宽说：“周公一度去楚，当为事实。”②张正明称：“周公旦所奔的楚，无疑是芈姓的楚。”③而《史记·楚世家》记载楚始受周封在成王时：“当周成王时，举文、武勤劳之后嗣，而封熊绎于楚蛮，封以子男之田，姓芈氏，居丹阳。”熊绎是楚国始封之君。周公奔楚当发生在楚国受封之前，此时楚国尚是蛮夷之地，距离周都不远，又是化外之地，增加了周公来到此地之可能性。周公奔楚的史事显见于《史记·鲁周公世家》《蒙恬列传》以及《论衡·感类篇》的记载。而在《左传》《国语》等先秦文献上未见明确记载，成为否认周公奔楚史事存在的主要原因。然而在承认周公奔楚史事存在的学者看来，他们主要的根据是《左传·昭公七年》的记载：

> 公将往，梦襄公祖。梓慎曰：“君不果行。襄公之适楚也，梦周公祖而行。今襄公实祖，君其不行。”子服惠伯曰：“行！先君未尝适楚，故周公祖以道之，襄公适楚矣，而祖以道君。不行，何之？”④

这段文字记载鲁昭公在赴楚之前的梦中提及周公适楚的史事。原文中的“周公适楚”似乎就是周公奔楚的证明。如果要承认周公奔楚史事的存在，那么有一个问题需要合理回答：这就是周公为什么要奔楚国去呢？前引文献《史记·鲁世家》以为成王亲政时有人谗言周公，《蒙恬列传》以为贼臣谗言周公为乱，两种记载是一致的。但《论衡·感类篇》所记以为管蔡流言而周公奔楚，发生在成王未亲政时。从周公奔楚原因、时间等来说，《史记》与《论衡》关于周公奔楚的细节记载有所不同。因为司马迁在前，王充可能参考了司马迁的相关记载。但我们不知王充为何将管蔡流言作为周公奔楚的主要原因，因为管蔡流言是周公居东

① 周书灿：《周公奔楚史事缕析》，《邢台师范高专学报》2001 年第 2 期。
② 杨宽：《西周时代的楚国》，《江汉论坛》1981 年第 5 期。
③ 张正明：《楚史》，武汉：湖北教育出版社，1995 年，第 29 页。
④ 杨伯峻：《春秋左传注》，第 1494—1495 页。

或东征的主要缘由。这样一来，使得后人误以为周公奔楚与周公居东或东征实际是同一件事的不同说法。有学者以为这主要来自王充《论衡》的史实混乱[①]。《论衡校释》引《师伏堂笔记二》曰："《鲁世家》载奔楚事，或本蒙恬。《论衡》载古文说，盖出卫、贾古文。西汉以前，无避居东都之说。《毛诗》虽古文，亦以居东为东征。"又，贾盼遂案："《论衡》列举金滕两说，而于后说斥为古文家，则前说决为今文家矣。《史记·鲁世家》记此事，亦两说并举。而前汉人多从今文家说。如伏生《大传》《白虎通》等。惟孔安国本《尚书》止载管、蔡流言一事，郑康成遵用之，后人遂以古文为定说矣。"[②]古文家以周公居东之"东"为奔楚，以致影响到后来学者以为周公奔楚与周公居东、东征为一事，显然是不妥当的。根据司马迁记载，周公居东与东征、东伐实为一事，而周公奔楚显然与周公居东、东征不同。我们以为司马迁两处记载周公奔楚史事，必有史料根据，不宜轻易否定。

既然周公奔楚在历史上是存在的事实，那么周公奔楚有何深刻的政治含义呢？古代注疏家大多以为是周公受到谗言，故周公主动避嫌、到楚地躲避。这种说法未免低估政治家周公了。

为了同管、蔡勾结武庚进行斗争，陈昌远先生认为，周公奔楚实为周公南征伐楚、征楚[③]。这样，周公奔楚又与周公南征联系起来。其实在《荀子·王制》篇中荀子盛赞周公说："故周公南征而北国怨，曰何独不来也！东征而西国怨，曰何独后我也。"[④]在未发现柞伯鼎之前，对周公南征的史事，学者们一般对荀子的话多持半信半疑的态度。如清人谯周认为周公奔楚说是一种误解："秦既燔书，时人欲言金滕之事，失其本末，乃云'成王少时病，周公祷河欲代王死，藏祝策于府。成王用事，人馋周公，周公奔楚。成王发府见策，乃迎周公。'"[⑤]

---

① 赵炳清：《楚人受封与"周公奔楚"关系之考辨》，《河南大学学报（社会科学版）》2014 年第 6 期。

② 黄晖撰：《论衡校释》，北京：中华书局，1990 年，第 788—789 页。

③ 陈昌远：《周公奔楚考》，《史学月刊》1985 年第 5 期。

④ 王先谦：《荀子集解》，第 173 页。

⑤ （汉）司马迁撰：《史记》，第 1620 页。

总之，根据传世文献对周公奔楚史事的记载，再结合青铜器铭文有关周公南征史事的记载，周公奔楚很可能就是周公南征的另一种说法。故以往否定周公奔楚史事的存在，将周公奔楚与周公东征或居东牵强附会，或许是不正确的。

附　录

清华简《金縢》与传世本比读研究

2010年《清华大学藏战国竹简(壹)》的出版,使学界得以目睹战国时期流传的《尚书·金縢》(原题《周武王有疾周公所自以代王之志》,以下简称清华简或简本《金縢》)。时隔五年,学界对清华简《金縢》的研究成果已经不少。其中,据本人目力所及见于报刊的主要有《清华简九篇综述》①、《清华简〈金縢〉补释》②、《清华简〈金縢〉校读》③、《从清华简〈金縢〉看传世本〈金縢〉的文本问题》④、《〈金縢〉初探》⑤、《清华〈金縢〉书文本性质考述》⑥、《从清华简〈金縢〉兼论相关问题》⑦、《从清华简〈金縢〉看《尚书》的传流及周公记载历史的演变》⑧、《〈尚书·金縢〉篇刍议》⑨、《清华简〈金

---

① 李学勤:《清华简九篇综述》,《文物》2010年第5期。

② 廖名春:《清华简〈金縢〉补释》,《清华大学学报》(哲学社会科学版)2011年第4期。

③ 黄怀信:《清华简〈金縢〉校读》,《古籍整理研究学刊》2011年第3期。

④ 刘国忠:《从清华简〈金縢〉看传世本的文本问题》,《清华大学学报(哲学社会科学版)》2011年第4期。

⑤ 李锐:《〈金縢〉初探》,《史学史研究》2011年第2期。

⑥ 冯时:《清华〈金縢〉书文本性质考述》,《清华简研究》第1辑,上海:中西书局,2012年。

⑦ 朱凤瀚:《从清华简〈金縢〉兼论相关问题》,《简帛·经典·古史》,上海古籍出版社,2013年。

⑧ 杨振红:《从清华简〈金縢〉看从清华简〈尚书〉的传流及周公记载历史的演变》,《中国史研究》2012年第3期。

⑨ 罗新慧:《〈尚书·金縢〉篇刍议》,《史学史研究》2014年第2期。

縢〉性质与成篇辨正》①等。这些文章从文字校释、文本内容、传流版本等方面都对简本与传世本《金縢》进行了非常有益的探讨。这里,我们将从古汉语语法学的角度对之进行比较研究,应该说也是一件十分有趣的工作。

今不揣谫陋,试就清华简《金縢》与传世本字词、句类句型及语用的对比分析,希望能于此两种文本的制作时代、性质、源流、版本等问题有新的认识。

清华简整理者在简本《金縢》题解"说明"中业已指出,一方面,全篇简文与传世本《尚书·金縢》大致相合;另一方面,本篇简文内容与传世本《金縢》篇也有一些重要的不同②。其中,学者多关注简本与传世本《金縢》武王克殷是三年还是二年、周公居东是三年还是二年以及简本缺失周公占卜内容的记载。从两种版本的用字、用词及句法等方面来看,简本与传世本确实存在不少异文之处,对其开展研究或许有助于进一步认识这两种版本的早晚、源流、性质诸问题。因此,笔者将分别从《金縢》简本与传世本的字词用法异同、句类句型的异同、语用分析等三个方面逐一考察分析。

一、简本与传世本《金縢》字词比较分析

不少学者通过研究简本与传世本《金縢》发现,两者在内容上既有许多相同之处,也有相异之点。在我们看来,除了要重视相同之处,也不能忽略这两种版本的文本用字、用词细微差异之处。在这一问题上,学术界已对此做了不少有意义的工作。字、词是构成古籍文本的基本语言单位。不同文本采用不同的字、词,反映了作者或抄手的生活时代的特点、不同地域的差别及其对历史文化理解水平。通过两种文本字、词使用的差异,

---

① 程浩:《清华简〈金縢〉性质与成篇辨正》,《上海交通大学学报(哲学社会科学版)》2013年第4期。

② 清华大学出土文献研究与保护中心编,李学勤主编:《清华大学藏战国竹简(壹)》,第157页。

从一定程度上能够反映此两种版本的时代特征及其文本性质。简本与传世本《金縢》主要古今字、异体字、通假字使用情况见下表1：

表1　简本与传世本古今字、通假字、异体字对比①

字类／文本	古今	通假	古今	通假	古今	通假	通假	古今	通假	通假	通假	通假	通假	异体	异体	通假	古今	异体
简本	廷	才	内	威	戚(今)	亲	又	章	巧	工	备	佞	遗	箸	羣	由	余	悳
传世本	庭	材	纳	畏	慽(古)	新	有	彰	考	功	丕	仁	贻	书	群	犹	予	德

（一）主要古今字、异体字、通假字使用分析

古今字是指在语言文字历史发展过程中字音、字义相同而字形不同的文字使用现象。异体字是指在古文中读音、意义相同但形体不同的文字现象。汉代经学大师郑玄最早提出“古今字”的概念②。通假字就是用读音相同或相近的字代替本字，属于古书常见用字现象之一。这里我们所说的通假字指狭义的通假字，而非广义的概念。因此，在部分内容论述中我们尽量严格区分异体字、古今字、通假字的概念③，以便更科学地研究文本的语言特征。

在表1中，简本“廷”与传世本“庭”为古今字，先有“廷”，后加义符为“庭”，廷同庭（见贾说170—171页）。

简本“才”与传世本“材”为古今字，先有才，后有材，“材”后加木字旁义符形成。但贾说：“材与才同音通假，通才，才能、才气、才华。”（见贾说253页）贾说指出材与才为通假，甚是。这和才与材为古今字并不矛盾。

① 本表古今字和通假字之区分主要根据贾延柱编著：《常用古今字通假字字典》（辽宁人民出版社1988年版），文中引用该书简称“贾说”。另本表对清华简与传世本《金縢》中出现古今字、异体字、通假字的统计系不完全统计，因为文本情况异常复杂，能力不及，仅择主要的字词进行分析对比，以抛砖引玉。

② 如郑玄在注《观礼》“伯父寔来，余一人嘉之”时说：“余、予，古今字。凡言古今字者，主谓同音，而古用彼今用此异字。若《礼经》古文用‘余一人’，《礼记》用‘予一人’。余、予本异字异义，非谓予、余本即一字也。”

③ 清华简整理小组在凡例中将古今字、异体字、通假字一概以括号标出，并未做明确区分。请参见清华简壹至伍辑整理报告释文及凡例说明。

简本“内”为古字,传世本“纳”为今字,内同纳(见贾说 125 页);简本“章”与简本“彰”为古今字,章同彰(贾说 217 页)。

简本“戚”是今字,传世本“慽”是古字,戚同慽(见贾说 132 页),是简本中出现用今字戚,传世本中用古字慽的特殊情况。出现这种现象的原因可能有两个:一是在传流过程中传写者未对此字加以改动,保留了原貌;一是贾说将戚与慽看作古今字有可能是错误的。经过分析,我们认为前者的推断较为合理。无论如何,简本这一用例值得重视。

简本“威”与传世本“畏”通假,威和畏上古同属影纽微部,同音通假(见贾说 412 页);简本“亲”与传世本“新”,亲通新,亲读为新,亲。上古属清纽真部,新,上古属心纽真部,二字为叠韵通假(见贾说 375 页);简本“又”同传世本“有”,同音通假(见贾说 452 页);简本“巧”与传世本“考”古字通,“《礼记・表记》‘辞欲考’,郑注:‘考,巧也。’是考、巧古通之证。”①

简本“由”与传世本“犹”通假,由和犹上古同属喻纽幽部,同音通假(见贾说 451 页);简本“遗”与传世本“贻”通假,同音通假,遗与贻都有“遗留”义。

简本“余”与传世本“予”为古今字,作为第一人称代词,“余”早在甲骨文中即出现,在西周金文中尤其多见;“予”最早见于战国时期古籍,作为人称代词晚于“余”,也就是说“余”字用法在前,“予”则在后,所以从时间早晚上来说,余属于古字,予属于今字。简本余字使用两次,予字不见;传世本见予字使用 4 例,却无余字用例。

另外,简本与传世本还出现了异体字,如书与箸、群与羣、德与悳等。从表 1 分析可知:第一,简本与传世本均存在古今字、异体字、通假字用例现象;第二,简本基本上使用古字较多,而传世本使用今字则较为常见,而较少用古字;第三,简本使用古字,传世本使用今字,说明了简本较多保留了古书的文本面貌,传世本在历史传流过程中不可避免地受到了人为改写,这正是简本《金縢》文本重要史料价值所在之处;第四,从简本与传世本的字词比对中,可以局部揭示两种书籍的文本和版本的性质、流传、

---

① 杨筠如:《尚书核诂》,第 229 页。

时代等问题。

（二）主要虚词用例分析

古文虚词包括辅词和助词两个部分，具体来说包括代词、副词、介词、连词、助词、叹词等，其中简本与传世本《金縢》出现的虚词主要有其、则、斯、乃、之、亦、焉、于、惟、以、所等十一种，其中“也”仅见于简本，不见于传世本。从两种版本中发现，绝大多数虚词均互见于文本中，只是其出现的频次有所不同，这大概由于版本流变、抄手改写及增删、时代不同等原因造成。但是“也”的有无，却是我们判断两者制作时代早晚的一个重要依据和参考。

我们结合表2可以看出，其中有的虚词如则、亦、焉出现频次相等，有的虚词如其、之、于、惟、以、所等出现频次基本相同，有的虚词如“乃”出现频次相差较大。这可能与简本的抄写者的语言使用习惯或时代、地域特征有关。

表2　简本与传世本中虚词助词出现频率比较

虚词／文本	其	能	是	则	斯	乃	也	之	亦	焉	于	惟	以	所
简　本	4	2	2	2	4	10	3	6(7)	2	1	8	3	6	2
传世本	6	4	3	2	2	15	0	8	2	1	10	4	8	1

根据上面统计表对简本与传世本主要词类的出现频率统计，我们可以清楚发现简本《金縢》中出现3次语气助词“也”，这种情况在传世本《金縢》中不曾看到。其他词如“其”“之”“亦”“焉”等在简本和传世本中以不同频率或相同频率出现。对于两种文本中均见的语料现象，可以不作具体研究，不必解释其出现频率为何不同，因为这对于分析两种文本的性质和制作早晚不具有典型意义。更值得注意的是，对于简本与传世本《金縢》来说，两者在产生或流传过程中究竟发生了哪些文本、思想内容的变化。《金縢》属于今古文《尚书》之《周书》重要篇目。当代学者钱宗武研究认为：“《今文尚书》没有‘也’，文言文中另外两个常见的句末语气助词

‘矣’和‘乎’使用频率也极低……金、甲文没有‘也’字,《诗经》开始出现‘也’字,《左传》《国语》《战国策》以及诸子散文中‘也’的使用频率不断增加。”①我们对传世本《金縢》的统计印证了钱宗武先生的说法,传世本《金縢》无“也”句末语气助词现象说明,这种文本或版本也许要产生的早一些或者较少经过后人的改动;简本《金縢》中出现“也”助词现象,则告诉我们它属于一种较晚的版本,且经过了后人的改动。基于此,我们判断简本《金縢》制作时间晚于传世本《金縢》的结论大致不误。当然,两者的早晚问题,还需要其他方面的语料加以证实,以产生更强的说服力。其实,清华简《金縢》中出现“也”字不是孤例,在清华简《系年》中也出现了不少这样的例子。如在清华简《系年》第九章有“君幼,未可奉承也”“乃命左行蔑与随会召襄公之弟雍也于秦”“焉将置此子也”②等等。“也”作为语气助词,其具有句读标识功能,“古人作文一般不标用句读。古书中有许多同义语言材料,往往早一点儿的典籍不用‘也’标识句末,易生歧解;晚一点的引用或译写则添加‘也’,以明句界,用如句读。”③

就清华简《金縢》来说,我们的理解是,简本并不是珍藏于地下的母本(原始本),它同样经过了文本的改动。它在埋入地下之前经过了抄写者的改动即写(抄)书、引书时的添加与删减,这种现象均可在两种文本的比对中看到。因此,“今文《尚书》没有‘者’、‘也’,证实《尚书》时代口语中没有‘者’、‘也’。‘者’、‘也’的产生是为了文言书面语的表达更加明白确切。”④“金、甲文无‘也’,《尚书》无‘也’,《诗经》里出现‘也’。向熹先生《诗经词典》统计用于句末的‘也’,《风》54 次,《雅》8 次。用于句中的‘也’,《风》21 次,《雅》4 次,《颂》1 次。《诗经》的成书年代大约在公元前 6 世纪。可知‘也’在春秋战国时期已经出现,并伴随《左传》《国语》《战国策》以及诸子散文的出现,渐次增多。到了汉代,诸如《史记》《汉书》这样大部头的著作已经问世,书面语的信息容量日益庞大,书面语的表达也日

---

① 钱宗武:《今文尚书语法研究》,北京:商务印书馆,2004 年,第 18 页。

② 清华大学出土文献研究与保护中心编,李学勤主编:《清华大学藏战国竹简(贰)》,第 158 页。

③ 钱宗武:《今文尚书语法研究》,第 18—19 页。

④ 钱宗武:《今文尚书语法研究》,第 20 页。

渐复杂，没有明显的句子标识，要读通那些长篇巨制亦绝非易事。句末'也'开始大量出现，其他句末语气词如'乎'也开始出现。有的是写书时加的，有的是抄书时加的。"①所见简本《金縢》"也"字 3 例："尔元孙发**也**，遘害虐疾，尔毋乃有备子之责在上，惟尔元孙发**也**，不若旦**也**。"上述句式连用三处"也"字，既有句中两例，也有句末一例。这种用法在阅读过程中甚为明显。根据清华简的年代下限为战国中期偏晚的科学测定，结合《诗经》出现"也"字用例情况，初步可以判断简本《金縢》抄写年代介于两者之间。我们推测很有可能系抄写这批竹简的人根据一种更早的本子进行了内容的稍微改动(如简本无周公占卜的内容)，以改写成便于时人阅读的样式。当然，简本相对传世本缺失的内容，可能是抄书者的粗心遗漏所致。总而言之，简本《金縢》与传世本总体上差别不大，但在一些细节上的差异必须引起足够的重视，唯其如此，才可能揭示简本和传世本在源流、制作年代及性质的上变化，以更好地认识不同时代下的《尚书》版本问题。

下面主要探讨虚词中否定副词的用例及特点。请参考表 3 简本与传世本中否定副词出现频率统计，我们知道，简本与传世本中否定副词是考察文本时代特征一个主要方面，两种文本中都出现了否定副词"勿"、"毋"、"弗"、"未"、不等用例，而否定副词"罔"、"无"只出现在传世本中。简本中为何不出现这两个字的用例？或者简本以何字代替了它们？这是一个值得说明的问题。

否定副词"罔""无"在传世文本中的具体用例是这样的：

四方之民，**罔**不祇畏。

体，王其**罔**害。

无坠天之降之宝命。

我**无**以告我先王

以上四则用例，正好都出现在简本缺少的周公占卜命龟的内容中，传世本在此比简本多出了 75 字(不包括简本记载的类似内容)。因此，两种文本中不同的否定副词用例也许不成为问题了，因为简本明显经过了抄写者

① 钱宗武：《〈尚书〉无"也"字说》，《古汉语研究》1994 年第 2 期。

的有意压缩、改写，黄怀信先生已指出了这一问题①。

从两种文本中，还可以发现简本有否定副词“毋”的用例，而在传世本中不见。简本中这一用例是以反问句式出现的：“尔毋乃有备子之责在上?”在传世本中的说法则是以假设的语气来表达的：“若尔三王，是有丕子之责于天，以旦代某之身。”可见，简本的抄写者在传抄中很可能进行了改写，不单在个别字、词上，而且在句式上，都做了不少的再创作。我们之所以使用“创作”这个词，因为这比改动或改窜等说法似乎更加符合当时的书籍传流的特点。生活于春秋末期的孔子是主张对文献“述而不作”的，然而主张归主张，他也不是严格按照这个原则执行的，实际上孔子不仅“述”，而且“作”，这在学术界已是共识。春秋时期正是这样一个“礼乐崩坏”大变革动荡的时代，当时的思想家、知识分子(士人)、门客等群体正是思想解放、活跃的主体，他们哪能身处变局对古代书籍不作一些个人思想的诠释，以应付变革的政治局势呢？因此，简本在春秋末期经过抄写者的一些改动也是一件再正常不过的事情了。我们今人也不可据此怀疑古人作伪书的不切历史实际的片面看法。

表 3　简本与传世本中否定副词出现频率统计

副词 文本	罔	无	勿	毋	弗	未	不
简本	0	0	2	1	1	3	3
传世本	2	2	2	0	3	2	5

（三）主要实词用例分析

虚词在分析研究书籍文本和版本工作上具有不少明显的优点和真实性，其重要性是不言而喻的，但是并不代表虚词具有这种优先性或唯一性。虚词和实词共同构成文本的整体。在一篇文章或一本书中，设想只用虚词或实词，来表达作者的思想和主旨，都是不可想象的。古书也同样

① 黄怀信《清华简〈金縢〉校读》，《古籍整理研究学刊》2011 年第 3 期。

如此。当然，虚词在研究古书文本上的作用似乎更为可行一些，因为虚词是一个封闭的系统，也就是说它的数量是有限的；而实词是一个开放性的系统，相对虚词来说，它的数量是巨大的、无限的。总之，我们在研究古书文本和版本时在重视虚词作用的同时，也不可忽略实词的作用。

下面主要结合表4"简本与传世本中人称代词出现频率统计"，对简本和传世本《金縢》进行分析。在表4中我们看到"我""尔""其"三个人称代词均存在用例。但是更重要的是人称代词"吾""余""予"三个词在简本或传世本中或存或无。

表4　简本与传世本中人称代词出现频率统计

代词 文本	我	吾	尔	余	予	朕	其
简　本	8	1	5	2	0	0	4
传世本	13	0	6	0	4	1	6

简本："未可以戚**吾**先王。"传世本："未可以戚**我**先王。"简本"吾"在传世本中对应"我"，这是两种文本的用词不同处。虽然"吾"、"我"在意思表达上没有区别，但这两个第一人称代词的用法习惯和时间早晚还是有差异的。这一点对于判断文本的早晚或其时代特征比较有意义。

瑞典汉学家高本汉采用统计学的方法对《论语》《孟子》《左传》的第一人称代词"吾"和"我"进行了较早的研究，他的某些看法可以为我们在思考这两个代词的区别和联系时提供一定参考。他发现，人称代词"吾"在《论语》中共出现113次，其中95次作主语，15次作所有格，3次作为宾语。在这三种情况下，"吾"都在动词前面，这个位置通常都是主语的位置。人称代词"我"出现46次，其中16次作主语，4次作为所有格，26次作为宾语。高本汉指出，"吾"字主要出现在主语和所有格的位置，而"我"字出现在主语和宾语的位置，很少出现在所有格位置。《孟子》中出现的"吾"做主语76次，作为所有格47次，未有做宾语的情况。"我"作为主语出现68次，作为所有格、宾格分别出现14、53次。《左传》中出现"吾"做主语369次，作为所有格223次，作为宾语仅4次。其中，"吾"在作宾语的 4 次中，都处于否定句动词前。“我”作为主语出现 231 次，作为所有格出现 126 次，作为宾语出现 257 次。通过对三种文本的统计分析，高本汉指出，“吾”字主要当作主语和所有格使用，而“我”在不同程度上已进入主语的领域。这就是高本汉的关于人称代词的变格区别理论。然而其理论在更早的先秦著作《尚书》和《诗经》中难于得到验证①。

对于“吾”“我”的区分，黄盛璋认为“我”有格位的限制，但没有数的限制；“余”自金文以后就没有格位的限制，但有数的限制，“朕”有格位限制，也只表示单数②。贾则复先生认为殷周时期，“余”主要用主语，“我”兼做主语、宾语和定语，“朕”只用做主语和定语，“吾”基本上不作宾语③。周法高先生指出，在列国时代“吾”常用于主位和宾位，“我”常用于宾位，这种分别在《论语》里非常显著④。据此，联系到我们的问题，简本中的“吾”显然是作为所有格出现的，这种用法倒与高本汉所依据的三种文本一致。同时，说明简本中这种用法不是孤例。可见先秦时期“吾”与“我”均已出现，但随着历史与时代的变化，乃至现代“我”完全取代了“吾”的使用。两种文本使用“我”代词较为普遍，简本用“吾”，传世本均用“我”，后来的抄书者有可能将“吾”改作“我”，以达到更符合他所生活的时代和地域的用法。由此可知，两者的语法功能和习惯确实是有差异的。

从表 4 中还可以发现，第一人称代词“余”“予”用法明显不同，简本中出现两次“余”的用例，传世本中则无；简本中无“予”用例，而在传世本中出现四例。正如有学者指出，“余”作为第一人称使用，在商代甲骨文中就已出现，周代“在一些青铜器铭文中，也还因袭了殷人的制度，周王仍然自称为‘余一人’或‘我一人’”⑤。“予”作为第一人称代词使用则稍晚，而且它往往在“予一人”中使用。“余一人”“予一人”“我一人”往往是商王或周

① 马悦然：《我的老师高本汉——一位学者的肖像》，长春：吉林出版集团有限公司，2009 年，第 218—219 页。

② 黄盛璋：《古汉语的人身代词研究》，《中国语文》1963 年第 6 期。

③ 贾则复：《对“朕”、“余(予)”、“吾”、“我”的初步研究(上、下)》，《陕西师范大学学报》1982 年第 1—2 期。

④ 周法高：《中国古代语法・称代编》，北京：中华书局，1990 年，第 72—73 页。

⑤ 胡厚宣：《重论“余一人”问题》，载《古文字研究》第 6 辑，北京：中华书局，1981 年，第15 页。

王专用的称号①,有的国王以“一人”自称。简本中的“余一人”与传世本中的“予一人”均为王者自称,两者意思相近,但用字的不同,反映出两种文本在流传中发生的细微变化,体现了抄书者对简本的改动,尤其反映了两种文本制作的时代性和地域性特点。

另外,简本没有“朕”的用法,而传世本中仅见一例:“惟朕小子其新逆,我国家礼亦宜之。”简本中为:“惟余冲人其亲逆公,我邦家礼亦宜之。”简本“余冲人”与传世本“朕小子”相对应,虽然两词均为成王谦称用语,但两者用词存在十分明显的差异。洪波先生研究“余”“我”“朕”认为,这三个人称代词具有谦敬功能的不同:“余(予)”是谦称形式,表示谦卑的意义;“朕”是尊称形式,表示尊称的意义;“我”是通称形式,不具备谦称尊崇的意义②。然李明晓先生据上博简指出,“朕”用作谦称的意义,“从语义或语用的角度去考察它们的区别,亦很困难”③。传世本中“朕小子”也显然是谦称用语,可为李明晓先生说法又一例证。简本中的“吾先王”“我邦家礼”在吾、我作所有格上用例也不同。再者,传世本中明显有避讳的用法,这可能反映了这种文本的制作时代。如传世本中“惟尔元孙**某**”“以旦代某之**身**”虽然是史官册祝之言,但“某”的使用还是暴露了其生活历史时代的秘密。在简本中周公并不避讳直称武王的名字“尔元孙发也”“惟尔元孙发也”。

表 5　简本与传世本中主要用字用词异同比较

词性 文本	代	名	动	形	动	名	动	名	名	形	动	名	名	形	副	连	副	名	动	名	名
简本	吾	发	害	祸	遗	邦	逆	匮	迟	陟	拔	雕鸮	皇天	亲	则	则	斯	殷	宅	弟	大有年
传世本	我	某	厉	罪	贻	国	迎	书	疾	丧	偃	鸱鸮	天	新	其	乃	尽	商	居	兄弟	大熟

① 胡厚宣:《释“余一人”》,《历史研究》1957 年第 1 期。

② 洪波:《上古汉语第一人称代词“余(予)”、“我”、“朕”的分别》,《语言研究》1996 年第 1 期。

③ 李明晓:《战国楚简语法研究》,武汉:武汉大学出版社,2010 年,第 19 页。

（四）异同及成因分析

简本与传世本《金縢》在虚词和实词（如表 5）使用上存有不少差异，从这些差异中可以窥见有关两种文本在流传过程中传抄改动的痕迹以及不少历史信息。简言之，两种文本异同之处可以归纳如下几个方面：

在虚词用法上，比较典型的是简本有助词“也”用例，而传世本则无。在实词用法上，值得注意的是简本存在第一人称代词“吾”用例，而传世本对应处则作“我”；又简本中王者自称一概用“余一人”，传世本则作“予一人”；再者简本直称武王“元孙发”，传世本则讳称“元孙某”等等颇耐人寻味。

两种文本存在以上差异的原因，一是两者制作时代的不同使然；二是简本在战国中期之前抄写，其中保留了不少这个时代以前的用词习惯；传世本的母本虽然也很早，但经过了秦汉时期乃至后人的解读或改动；三是传世本在长时间流传中，其中也有未经解读和改动的古字，如在古今字、异体字、通假字部分保留的“戚”这一古字。

二、《金縢》简本与传世本句类、句型异同分析

简本与传世本《金縢》在句式和句型上存在有不少的差异，这表现在构成句子的用字用词上，也表现在句式的长短上。为了更清楚地了解其情况，列举如下：

（一）简本与传世本主要句式比较

《金縢》简本与传世本句式长短、反映内涵多有差异。现将简本与传世本句式按如下表格列出，以便对照。

参照下页表 6 的排列比较，可以发现简本与传世本内容大都有相对应的句子，句子的长短详略并不完全相同，尤其是个别用字或用词对于解决传世本或简本遗留的历史难题（如文本的时代性和地域性），提供了重要的历史信息和线索。

表 6　简本与传世本主要句式比较

简　　本	传　世　本
武王既克殷三年	既克商二年
王不豫有迟	王有疾弗豫
二公告周公曰	二公曰
未可以戚吾先王	未可以戚我先王
周公乃为三坛同墠	公乃自以为功为三坛同墠
为一坛于南方	为坛于南方
周公立焉	北面周公立焉
秉璧植珪	植璧秉珪
史乃册祝先王曰	史乃册祝曰
尔元孙发也	惟尔元孙某
尔毋乃有备子之责在上	若尔三王是有丕子之责于天
惟尔元孙发也,不若旦也	乃元孙不若旦
是佞若巧能	予仁若考能
周公乃纳其所为功自以代王之说于金縢之匮	乃纳册于金縢之匮中
邦人□□□□弁,大夫緟,以启金縢之匮	王与大夫尽弁,以启金縢之书

（二）简本与传世本之文本逻辑分析

从简本与传世本文本结构和逻辑来看,文本的内容表述前后有无照应处,也能够给我们认识这两种文本的性质和特点提供一些新的认识。如简本:

前文:周公乃纳其所为功自以代王之说于金縢之匮,乃命执事人曰:“勿敢言。”

后文:王问执事人,曰:“信。噫,公命我勿敢言。”

按简本两见“勿敢言”，然传世本仅一见，且在后文。

简本：是岁也，秋大熟，未获。……岁大有年①，秋则大获。

传世本：秋，大熟，未获。……岁则大熟。

按简本明确指出时间“是岁”，说明周公宅东与成王迎接周公之事发生在当年。

传世本如下：

前：公曰：“体，王其罔害；予小子新命于三王，惟永终是图。兹攸俟，能念予一人。”

后：王翼日乃瘳。

传世本也有文本逻辑前后照应的句子，如其中有：

前：二公曰：“我其为王穆卜。”

后：王执书以泣，曰：“其勿穆卜。……”

传世本两见“穆卜”，一是二公之言，一是成王命令。而简本中在前文仅一见。又：

前：植璧秉珪，乃告太王、王季、文王。

后：“若尔三王”“予小子新命于三王”。

传世本中先有“太王、王季、文王”，后文简略成“三王”。在简本中只见“先王”用法，不见“三王”。

（三）简本与传世本之重复冗赘句分析

简本与传世本在语言表达上具有明显的特点，简本语言的表达，主要指其句子成分较为重复、甚至有冗赘之感，远不如传世本语言简洁顺畅。请看以下几例。

简本：**武王**既克殷三年，**王**不豫有迟。

① 清华简《金縢》：“岁大有年，秋则大获。”《谷梁传·宣公十六年》：“五谷大熟，为大有年。”

传世本：既克商二年，王有疾，弗豫。

简本表达句式似乎有些啰唆，“武王”在“既克殷三年”在西周原始文献中罕见。其中，改编痕迹较为明显。

简本：**周公**曰：“未可以戚吾先王。”**周公**乃为三坛同墠。

传世本：**周公**曰：“未可以戚我先王。”**公**乃自以为功。

按简本“周公”两见，本来句子主语明确，不需要再重复。传世本则较为简单明了。

简本：史乃册祝**告**先王曰

传世本：史乃册祝先王曰

简本比传世本多一“告”字，“祝”即有“告”意，重复字词较为明显，传世本较为简洁。简本与传世本语言使用的差异，可能与文本制作者的生活时代和地域性有关，当然也不能排除与抄书者的知识素养及文化水平有关。

（四）简本与传世本之句式表达分析

除了简本与传世本在句子长短及内容详略上存在不少差异外，句子的表达类型也有个别的不同，值得注意。

简本：尔元孙发也，遘害虐疾，尔毋乃有备子之责在上？惟尔元孙发也，不若旦也，是佞若巧能，多才多艺，能事鬼神。

传世本：惟尔元孙某，遘厉虐疾；若尔三王，是有丕子之责于天，以旦代某之身。予仁若考能，多材多艺，能事鬼神；乃元孙不若旦多材多艺，不能事鬼神。

简本的意思表达用一反问句，传世本则是假设句，两者句型不同。

简本：尔之许我，我则晋璧与珪。**尔不我许**，我乃以璧与珪归。

传世本：尔之许我，我其以璧与珪，归俟尔命，尔不许我，我乃屏璧与珪。

简本与传世本乍看似乎相同，但其具体又实则不同。简本“尔不我许”系倒装句式。

简本：秉璧植珪
传世本：植璧秉珪

两者均为动宾联合词组，但动词有颠倒。

简本：邦人□□□□弁，大夫綵，以启金縢之匮。
传世本：邦人大恐，王与大夫尽弁，以启金縢之书。

简本是启金縢之“匮”，而传世本是“书”，其中意味悠长。

简本：王得周公之所自以为功以代武王之说
传世本：乃得周公所自以为功代武王之说

简本比传世本多主语“周公”以及助词“之”“以”，稍显繁复。

简本与传世本句子表达方式及细微用字用词的不同，很难使人相信两者是出于同一种母本，其间可能经过了不断的传流、修改，属于不同的版本流传系统。

（五）简本与传世本内容之区别

简本与传世本不仅在句式方面有别，而且简本中有一些不见于传世本的内容，也有传世本中有的内容，而简本中则没有。两者进行对读理解，十分必要。其详如下：

简本有“成王犹幼在位”而传世本无；传世本有“四方之民，罔不祗畏。呜呼！无坠天之降宝命，我先王亦永有依归。今我即命于元龟”，简本无；传世本有“乃卜三龟，一习吉。启钥见书，乃并是吉。公曰：‘体，王其罔害；予小子新命于三王，惟永终是图。兹攸俟，能念予一人’”，简本无；传世本有“王翼日乃瘳”，简本无。

当然还有一些句式和内容简略不同，亦一并列举如下：

简本：王乃出逆公至郊
传世本：王出郊

简本：于后，周公乃遗王诗曰《雕鹗》，王亦未逆公。

传世本：于后，公乃为诗以贻王，名之曰："《鸱鸮》"；王亦未敢诮公。

简本：岁大有年，秋则大获。

传世本：岁则大熟。

简本：天疾风以雷，禾斯偃，大木斯拔。

传世本：天大雷电以风，禾尽偃，大木斯拔。

显而易见，简本对其参照内容有所扩写、改写、压缩。其中，既有句子长短的变化，也有句子中间个别字词的修改。

（六）简本与传世本句类、句型之比较

句类主要有陈述句、疑问句、反问句、祈使句、感叹句等几种，这在简本与传世本中都可以找到。其中两种文本中陈述句最多，其次祈使句、感叹句、疑问句均有所体现。由于上文句子对读中有不少陈述句的用例情况，下面主要分析两种文本中所见其他句类。

反问句：简本："尔毋乃有备子之责在上？"传世本则作假设句"若尔三王是有丕子之责于天。"

祈使句：简本有"勿敢言！"传世本有"其勿穆卜！"

感叹句：传世本有"信，噫！公命我勿敢言。"简本完全相同。

既是感叹句又是祈使句："呜呼！无坠天之降宝命，我先王亦永有依归。"简本在此未有载录。

句型主要有叙述句、描写句、判断句等，在简本和传世本均有体现。其中叙述句最多，我们在此主要分析描写句和判断句。

简本与传世本《金縢》虽属于书类性质档案文献，但许多重要历史内容和政治思想观念的表达通常是通过文学故事的形式来展现的。其中就不乏人物之间的对话以及对事物的描述和看法。因此，两种文本中的判断句（对人和事物的看法）是比较多的。然而，其中也有一些描写句，增强了故事情节的形象力和文学性。如在简本与传世本中关于天象情况的描述句：

简本：是岁也，秋大熟，未获。天疾风以雷，禾斯偃，大木斯拔。

传世本：秋，大熟，未获，天大雷电以风，禾尽偃，大木斯拔。

又，简本：王乃出逆公至郊。是夕，天反风，禾斯起，凡大木之所拔，二公命**邦**人尽复筑之。岁大有年，秋则大获。

传世本：王出郊，天乃雨，反风，禾则尽起。二公命邦人，凡大木所偃，尽起而筑之，岁则大熟。

以上描述句，简本和传世本均有不同呈现，对年岁、季节、庄稼收成、天象风雨雷电、禾苗、大树的描述可谓惟妙惟肖，反映了文本作者的娴熟写作技巧和功力，但在简本与传世本中，个别字词使用等细微不同则另当别论。另外，两种文本中还出现了被动句如：

传本：乃命于帝廷；今我即命于元龟；予小子新命于三王。

简本：命于帝廷。

很明显，以上出现的“命”均为“受命”之意，在此都表示被动的意义。因此，简本与传世本中描述句是非常吸引人眼球的。

至于判断句，我们亦可在其中发现，如传世本中“乃元孙不若旦多材多艺，不能事鬼神”“乃并是吉”“王翼日乃瘳”等。简本中没有后两个判断句，但有“惟尔元孙发也，不若旦也”类似传世本的说法。简本和传世本都有的典型判断句要数“公将不利于孺子”了。当然简本载录的“成王犹幼在位”不见传世本，是一个重要的异文，这就从出土文献直接证明成王在位，年龄确实不大的说法。

三、《金縢》简本与传世本语用比较分析

在《金縢》简本与传世本中，很多语用习惯和偏好值得我们重视。本节欲通过简本与传世本在时间词、联合短语、同位短语、连体短语等方面的比较，试图发掘传世本与简本的语用差异，从而进一步解释简本《金縢》的学术价值和历史价值所在。

（一）两者所涉时间词及主要短语类型分析

简本与传世本在使用时间词、方位词、序数词及计数短语上甚为明

显，也很重要。其详细情况请见表 6 及表 7 的统计结果。我们可以发现两种文本在使用这些词上，既有相同的内容，也不乏差异之处。两者相异的地方尤其值得我们进行具体分析。如在时间副词使用上，表示将来或过去事情的“将”与“昔”完全相同，但在另一些时间副词上则不同，或存在模糊与清楚、偏好与习惯之分别，如简本用“既克殷”，传世本用“既克商”，“殷”与“商”当存有细微差别；又如简本用“就后”，传世本对应处用“既”，简本用“于后”，传世本用“翼日”。在时间上确实有模糊与清楚之别。值得注意的是，简本用了两个非常清楚的时间副词，似乎解决了传世本在周公东征后是否在世的问题，在简本作者看来，是否迎接周公东征回归都城这一事件发生的时间是十分清楚的，不仅用了“是岁”，而且用了“是夕”，周公与成王叔侄之间的事迹或故事情节有明确的时间链。然而，这在传世本中，上述两个时间链条是缺失的，简本给我们研究相关历史问题提供了重要线索，这使我们进一步思考周公与成王之间由猜忌到释疑是否经过了传世本所讲的好几年的时间。简本给我们的信息，使我们对千年质疑的问题涣然冰释，这也是出土文献的发现带给我们的惊喜。

表 7　简本与传世本中时间副词使用异同比较

简本	既克殷	就后	今	于后	是岁	是夕	将	昔
传世本	既克商	既	今	翼日	/	/	将	昔

再来看表 8 对简本与传世本方位词和数量词的频率统计，我们发现数词一、二、三、四在两种文本中均有出现，但“二”在传世本中远多于简本的频率，是其两倍。另外，方位词“南”“东”在两种文本具见；传世本多用方位词“北”，简本不见；表示方向的“反”在两种文本中都是表示风的方向逆转之意。计数短语在两者中也可发现，如“溥有四方”之“四方”这是很常见的用法，又“既克殷三年”与“既克商二年”、“宅东三年”与“居东二年”，简本与传世本在记载上截然不同，这可以为我们研究周初历史悬案提供有价值的线索。同时，在简本与传世本中多次出现“二公”，学者多认为是指太公与召公，古籍中习称的三公当与此记载有关，二公加上周公即为周初三公，三公之称号当产生在简本与传世本流传之后，后来成为朝廷

的重要官僚，形成三公制度，这应是后来的事情了。

表 8 简本与传世本中数量词和方位词出现频率统计

词性/文本	数词				方位词			
	一	二	三	四	东	南	西	北
简本	1	3	3	1	1	1	0	0
传世本	2	6	4	1	1	1	0	1

最后对几种出现的常见短语进行分析，请看表 9 简本与传世本主要名词出现频率的统计结果。

表 9 简本与传世本中主要名词出现频率比较

名词/文本	武王	二公	周公	王	先王	成王	三王	邦	国	某	旦	发
简本	3	3	9	9	3	1	0	4	0	0	1	2
传世本	3	4	7	11	3	0	2	2	1	2	2	0

联合短语在两种文本中出现较多，比较典型的是周公自称“仁若(而)考”[“佞若(而)巧”]“多材多艺”“植璧秉珪”(“秉璧植珪”)。至于“连体短语”使用情况我们仅发现一例，即传世本中有一例：“植璧秉珪，乃告太王、王季、文王。”太王、王季、文王是按照时间早晚排列的，是有序的“连体短语”，不能改换位置。太王、王季、文王正是传世本中的“三王”，简本中的“先王”，简本在这一称呼上似乎未如传世本用法丰富。

传世本两见“邦人”，一是“邦人大恐”，二是“命邦人”；“国”字仅见“我国家礼”，与简本用例不同。简本“邦”字四见，除了传世本两“邦人”外，还有“流言于邦”“我邦家礼”两处。是简本无“国”字用例，传世本有一处“国”字用例，而简本与传世本“邦”字互见，只是使用频率及偏好不同。

经过以上分析可以看出，简本与传世本在语用上相似处甚多，但其中又有个别细微差别，这也许是暗示我们这两种文本是有一定联系的，但又不全像是彼此抄袭的。《金縢》的母本究竟是什么样子，已经很难以弄明白了，简本与传世本的互读也许对我们有所启发。

（二）两者所涉语序变异、话语重复、羡余成分、语义变化分析

下面逐一对简本与传世本的语序变异、话语重复、羡余成分、语义变化基本情况列举如下：

1. 语序变异

简本与传世本在语序变异上主要表现在以下三例：

（1）简本：尔毋乃有备子之责在上，惟尔元孙发也，不若旦也，是佞若巧能，多才多艺，能事鬼神。

传世本：若尔三王，是有丕子之责于天，以旦代某之身。予仁若考能，多材多艺，能事鬼神；乃元孙不若旦多材多艺，不能事鬼神。

仔细比对以上语句表达，传世本多出“以旦代某之身”，且两句均有“是”分别“佞若巧能”和“有丕子之责于天”，语序上，两者区别较大。简本较为简约，传世本较为杂沓，简本可能对传世本有所改编。

（2）简本：尔之许我，我则晋璧与珪。尔不我许，我乃以璧与珪归。

传世本：尔之许我，我其以璧与珪，归俟尔命，尔不许我，我乃屏璧与珪。

传世本多出“归俟尔命”，简本语序似较传世本简洁明快，尤其“尔不我许”和“尔不许我”用法差异明显，简本保留了母本的原貌，传世本语序或许经过后人所改。

（3）简本：周公乃纳其所为功自以代王之说于金縢之匮（简本篇题：周武王有疾周公所自以代王之志）。

传本：公归，乃纳册于金縢之匮中。

此例简本语序相较传世本烦冗，传世本进行了简化，尤其传世本“于金縢之匮中”之“中”必为后人所加，简本语序较为原始。传世本语序发生了变异。

2. 话语重复

兹现将简本话语重复句子与传世本对应句子分别罗列如下，以进行

重点分析。

简本：

(1) **武王**既克殷三年，**王**不豫有迟。

(2) 二公**告周公**曰："我其为王穆卜。"

(3) 史乃册**祝告**先王曰。

(4) 王得周公**之**所自以为功**以**代武王之说。

(5) 岁大有年，秋则大获。

传本：

(1) 既克商二年，王有疾，弗豫。

(2) 二公曰："我其为王穆卜。"

(3) 史乃册祝曰。

(4) 乃得周公所自以为功代武王之说。

(5) 岁则大熟。

仔细比对简本与传世本语句，可见简本重复话语较多。"既克殷三年"前有"武王"显然与后面"王不豫有迟"之"王"重复，似有不同。又如简本"岁大有年，秋则大获"，而传世本却以"岁则大熟"简括之。简本重复话语之多暗示此种版本并非《金縢》母本，而传世本则与之不同，似乎别有他本参照改写。

3. 羡余成分

"羡余"是指语言形式超过了索绪尔"线条型理论"的一种语形相对于语义有所剩余的语言现象①。羡余现象是语言的内部机制之一，在古籍中以单音词为主，虽然较少涉及羡余问题，但我们经过细致分析，依然可以对《金縢》简本和传世本的羡余现象做一些尝试性研究。在两种文本中，称谓词同义复用造成的羡余主要是单音词加双音词组合，如人称代词加称谓词的羡余。这种人称代词带有一定的指向性，并且复指其后称谓词，故称谓词对其前人称代词羡余。如在简本和传世本中主要有：

① 杨明义：《汉语连谓结构中的羡余现象初探》，《汉语学习》1998年第4期，第22—24页。

简本：吾先王；尔元孙发（2 次）；尔子孙；余冲人（2 次）；我邦家礼

传世本：我先王（2 次）；尔元孙某；尔三王；尔子孙；予小子；予一人；予冲人；朕小子；我国家礼

从以上几则句例来看，简本话语包括字词重复现象较为严重，而传本的语言表达则较为简洁凝练。传世本“既克商二年，王有疾，弗豫”前有“武王”作主语的句子，这在先秦古籍及金文中甚为罕见。这种多余成分显然与后面“王”重复，简文作者似乎在此画蛇添足。正是由于这个原因，有学者在校释该文时指出：“克殷者即‘王弗豫’之王，‘既克殷’前不必有‘武王’，今本长，简书‘武王’二字当是后人所增。”①

最后，我们在上文分析基础上，进行总结，重新申论关于简本与传世本《金縢》语法研究的几点认识：

1. 简本与传世本均存在古今字、异体字、通假字用例现象。简本基本上使用古字较多，而传世本使用今字则较为常见，少用古字；简本使用古字，传世本使用今字，说明了简本较多保留了古书的文本面貌，传世本在历史传流过程中不可避免地受到了人为改写。

2. 简本与传世本在语言表达各具特色。简本语言的表达，在句子成分上较为重复，甚至有冗赘之感。简本话语包括字词重复现象较为严重，而传本的语言表达则较为简洁凝练。在简本与传世本中多次出现“二公”，学者多认为是指太公与召公，古籍中习称的“三公”当与此记载有关，二公加上周公即为周初三公，三公之称号当产生在简本与传世本流传之后。简本并不是珍藏于地下的母本（原始本），它同样经过了文本的改动。它在埋入地下之前经过了抄写者的改动即写（抄）书、引书时的添加与删减。简本在实词和虚词用法上的诸多差异，说明简本《金縢》是流传于南方楚国地域的版本之一。

3. 简本《金縢》中出现 3 次语气助词“也”，而这种情况在传世本《金縢》中不曾看到。根据清华简的年代下限为战国中期偏晚的科学测定，结

---

① 黄怀信：《清华简〈金縢〉校读》，《古籍整理研究学刊》2011 年第 3 期。

合《诗经》出现“也”字用例情况，初步可以判断简本《金縢》抄写年代介于两者之间即春秋末期。诸多迹象表明，很有可能系抄写这批竹简的人（楚国书手）根据一种更早的本子进行了细致的句读和内容的稍微改动（如简本无周公占卜的内容），以改写成便于时人阅读的样式。

4. 传世本中明显有避讳的用法，可能反映了这种文本的制作时代。在简本中周公并不避讳直称武王的名字。楚国人抄写简文未顾忌避讳用法，反映当时尚无此种用法习惯。

5. 在虚词用法上，比较典型的是简本有助词“也”用例，而传世本则无。在实词用法上，值得注意的是简本存在第一人称代词“吾”用例，而传世本对应处则作“我”；又，简本一概用“余一人”王者自称，传世本则作“予一人”；简本直称武王“元孙发”，传世本则讳称“元孙某”。简本的制作年代当在春秋末期之前。

6. 简本与传世本内容大都有相对应的句子，句子的长短详略并不完全相同，尤其是个别用字或用词。除简本与传世本在句子长短上及内容详略上存在不少差异外，句子的表达类型也有个别的不同。可见，简本和传世本属于两种不同的文字写作风格，反映了不同地域的语言文化特点。

7. 简本中有一些不见于传世本的内容，也有传世本中有的内容，而简本中则没有。如果排除漏抄的可能，这一点反映了简本抄写者的思想观念取向与传世本的意旨有所不同。

8. 简本与传世本《金縢》虽属于书类性质档案文献，但许多重要历史内容和政治思想观念的表述通常是通过文学故事的形式来展现的。

9. 简本与传世本在语用上相似处甚多，但其中又有个别细微差别，这也许暗示我们这两种文本是有一定联系的，但又不全像是对传世本的抄写，而更像是改编。总之，简本的制作时代要晚于传世本。两者存在版本上的源流关系。只是语言风格和思想倾向有所变化。简本与传世本有并存于世的可能，如春秋时期至战国晚期这段时间，也有在不同地域分别流传的可能。这两种版本可能在不同的地域如鲁国、楚国分别流传。传世本的流传时间较长，期间经过不断变化。而简本随墓主人埋入地下，则从此仅传世本流行于世。

10. 两种文本存在以上差异的原因，一是两者制作时代的不同；二是两者的抄写者来自不同的文化地域；三是虽然简本抄写于战国中期之前的，但其中沿袭了不少这个时代之前的用词习惯，传世本的母本虽然也很早，但一直经过了秦汉时期乃至后人的不断解读或改动；四是传世本在长时间流传中，其中也有未经解读和改动的内容。

当然，本文对清华简《金縢》与传世本的语法研究由于个人精力及学力的原因，还是初步的。因此，其中论述可能有不少是粗浅的甚至谬误的。我们之所以开展简本与传世本《金縢》的对读研究，试图为今后深入对清华简《程寤》《皇门》等出土文献与传世本《尚书》或《逸周书》书类性质传世文献的比较研究奠定一个基础，以为学界高水平的研究成果涌现抛砖引玉。

结　语

以上若干章节分别对周文王、武王、周公的重要历史问题进行了具体的研究，形成了一些初步的看法和结论。

首先，本书对文王受命与称王问题进行了全面系统研究，针对文王受命分别从文王受命的历史真实性、渊源、标志、内涵、总年及文王受命的表述、文王受命称王与即位称王之理解、文王受命的实质与意义等方面进行了细致分析。

文王受命是周人天命理论中最核心的内容和命题，因此文王受命在周人天命理论中具有重要的意义和作用。传统上认为受命说是统治者解释政治更替和政权合法性的一种理论。以今天科学眼光来看，这根本就是欺骗民众的美丽的“政治权利谎言”，不足为信。然而，从当时人的思想信仰观念来看，却又是真实的历史。文王受命渊源可追溯到禹、汤受命，周人则是后稷受命。在殷周之际，文王受命说法最为典型，其后，武王受命、周公受命以致成王受命之说均由此而起。文王受命之标志在历史上有多种说法，当以文王断虞芮之质和文王占解太姒之梦较为可信。断虞芮之质实际上是一种文王德行风化说，相较太姒之梦又较为可信。文王受命总年有七年、九年、十年之说，其中文王受命七年说较为合乎历史事实。清华简《保训》《耆夜》等新材料对此有所揭示。文王受命之内涵是一个动态的历史演变过程，不可作固化、静态的理解。文王受命的表述形式在传世文献和出土文献中均有呈现。文王受命称王和即位称王并非严格对立甚至矛盾的说法，结合清华简《保训》《程寤》和传世典籍的记载，两者可作一致化理解，但其中个别差异亦值得重视。

关于文王称王问题，学界聚讼已久。本书分别从周原甲骨文、文王玉环、清华简等出土文献或实物方面进行证明文王在历史上确实称王。从文王的生称与谥称的角度也可说明文王称王的历史事实。文王当时仅是称“王”而非“文王”。在周人看来，“王瑞自太王兴”意谓从古公开始具有王者气象，不能以为古公此时称王。虽然王国维曾说诸侯境内称王与称公无异，但就周人政治势力的发展大小来说，一国或一族内称“王”与称“公”还是有所不同的。如两者果真相同，武王就不会追尊其先祖为“王”，这说明王的地位还是要远高于公的。

长期以来，人们认为文王受命与称王是等同的，受命即称王，称王即受命。这种看法影响了对文王、武王、周公等相关史事的进一步认识。文王受命和称王既存在相同点，也具有异同点。两者之间既有一定的联系，又有一定的区别。称王是受命得以产生的基础和前提，又是受命产生的原因和根源。受命是称王的发展和深化，并且使得称王（王权）更加具有正当性、合法性、神秘性，从而使受命和称王两者的存在趋于合理化。但是，称王没有受命更具号召力，两者相互联系，相得益彰。

关于周文王与《易经》的关系，本书分别从文王演《易》的渊源、文王演《易》之“演”的含义、《易象》所指、文王中道思想在传世文献与出土文献（清华简、上博简）中互证，进而说明了周文王与《易》存在着一定的关系。

其次，本书对武王伐纣克商、武王受命、武王即位称王、武王纪元以及文武受命的联系和内涵、武王戡黎史事、武王诰誓诗作进行了系统考证。武王克商是历史上重要的政治事件，近年出土的清华简等新材料也证明了武王伐纣史实。分别梳理传世文献和出土文献，可窥见更多武王伐商信息，对于丰富武王伐纣研究有所裨益。清华简可证传世《金縢》“乃命于帝庭”系指武王受命，而非三王受命。通过对武王受命的诸多文献梳理，可以得知武王也曾受命，典籍上习言“文武受命”亦可对武王受命提供证据。清华简《程寤》及《逸周书·程寤》逸文和清华简《祭公之顾命》明载文王、武王受命。由最初的“文王受命”，再到“武王受命”以致发展到“文武受命”并称的思想变化过程，说明了周人对政治天命观认识的创新和发展、深化。一般来说周之受命开始于文王，完成于武王。清华简《厚父》“王若曰”可证文王之后、周公摄政之前武王已经称王。周文王、武王在历史上的称王问题，可以从与他们具有非常密切关系的“玟”“珷”两字的使用情况进行证明。何尊中所见“玟”“珷”字与利簋铭文有所不同，“珷”为合文，代表武王，因此其后无“王”字。而在何尊中，出现“珷王”“玟王”用例。此亦可从某一方面证明当时不仅文王已经称王，而且武王在文王死后亦称王之史实。武王要延续文王受命，因此他不曾改元，继续采用文王受命纪年。

上博简《容成氏》载文王平“耆”主要依靠了道德感化即文治，使耆国归附；清华简《耆夜》武王戡黎主要通过了战争、武力平定了耆国，突出了武王的武功。故文王、武王都曾可能戡黎或耆。历史上文王、武王都曾经为西伯，在不同的时间都各伐过黎或耆，清华简和上博简两种材料所记不是对立的关系而是相互补充证明的关系。

关于周武王的诰誓和诗作，宋儒提出的武王分封康叔而作《康诰》等三篇的说法是站不住脚的，从而武王也不可能是《康诰》《酒诰》《梓材》的作者。清华简《耆夜》简文载有武王《乐乐旨酒》和《輶乘》两首诗，有可能是武王的佚诗。有学者认为清华简《耆夜》的几首诗属于“托古拟作”“后人拟撰附会”等，值得商榷。在我们看来，对于清华简中出现的武王和周公的几首诗，如果均不见于传世文献中，尚可以对其真实性加以怀疑。但清华简中部分诗篇的文句、内容、思想主旨多与传世《诗经》基本相同，且能进行对读研究。因此，从清华简诗篇的系统角度来说，只要其中有一两篇在传世本中能找到相似本，便不宜否定其他未见的诗作。因此，清华简这些未见于传世文献中的诗篇一个最大的可能就是在长期的历史流传中佚失或被编辑整理文献的史官有意删除了，从而使得我们在现在的传世文献中如今本《诗经》中看不到这些诗篇。因此，将这些未在传世本中记录的诗篇视作佚诗也是合情合理的。

《大武》诗、乐、舞组诗的作者可能主要是由周公亲自负责完成的，但也得到了武王的允许，故此诗在一定意义上也可以说成是“武王作”，实际是“武王命令周公作”。周公可能是《大武》乐诗的实际作者，武王只是冠名而已。

再次，本书对周公受命与摄政、诗作、周公居东、东征、奔楚以及南征等历史难题进行了系统考察。周公受命与周公摄政问题紧密相关。周公摄政乃是周初武王采取的一种不得已的古代政体形式，源于商代伊尹摄政。周公受命与文王、武王受命有所不同，周公受命是指受到在天三王之灵的命令，而文王受命或武王受命是指受到皇天、上帝的命令。三者受命相同点在于都是维护周家王朝的永久统治，威慑殷人的反抗和叛乱。

学者多以为文王受命、武王受命与称王基本同时，属于同一个概念，受命即意味着称王。然而周公受命却是一种特例，其受命的来源不是上帝或上天之命，而是太王、王季、文王三王的命令，受命的权威性则略显不足。

从一定意义上来说，周公不按武王意愿继承王位，是为了减少周人统治内部的王权纷争。周公摄政是奉先王、武王的命令。这是周公摄政合法性和正当性所在。周王受命分为直接受命与间接受命，周公摄政属于间接受命，通过占卜接受的是三王之命，是一种“新命”。在武王晚年、成王即位初年，周公受命未称王。周公摄政是想以不继承王位的形式来达到稳固周初统治的目的。

清华简《系年》第三章仅记载成王伐商邑，杀录子耿，不见周公名字，可知周公至多是辅佐成王伐商邑、商奄，也可证其不可能称王，更不可能成为周人之天子。这与周初青铜器铭文单独记载成王伐奄史事多相契合。清华简《系年》周成王、周公并称在同一支简上出现，至少说明在清华简的作者、抄写者或当时史官看来，周公并未有称王之事。清华简(叁)《良臣》:“武王有君奭，有君陈，有君牙，有周公旦，有召公，遂佐成王。”亦赫然可见周公、召公在简文中被视作良臣身份，而绝无周公称王之历史迹象。

关于周公摄政未称王的记载还可以得见于史墙盘、逨盘、何簋、柞伯鼎等青铜器实物，与战国竹简的记载相互印证，强化了学术界关于周公摄政但未称王的观点的可靠性和真实性。何簋铭文“公陕殷年”之公，可推断非周公莫属。“公陕殷年”之纪年方式,足证时人仍尊称周公为公,周公不曾称王。柞伯鼎铭文云“在乃圣祖周公繇又共于周邦”,柞伯为周公后人,亦只言“圣祖周公”,不以王号追称。柞伯鼎以及何簋的发现当可进一步证明周公未曾称王之说。简本与传世本《皇门》也共同印证了周公在摄政时期未曾称王的史实。

传世文献如《国语》《左传》等亦不见周公直接称王的记载。这些传世文献与青铜器铭文等出土文献相互印证、相互发明。尤其是这些传世文献所记周公摄政,行政当国之年均包括在成王纪年中。传世文献所见周初之王系全以“文、武、成、康”排列,不见周公之名。

清华简《系年》记载共伯和当政,直到宣王即位,他归还政权于宣王,与周公当政、还政之行事相类,然共伯和在历史上从无称王之争论。

周公称王为天子说,首先发端于战国儒学大师荀子。荀子在《儒效》中之所以大肆宣扬周公的大儒形象,是为给他心目中的大儒形象极力张本,未免夸大历史事实,甚至不惜曲解周初周公与成王之间的关系,试图将周公塑造成他心目中所企及的理想的“圣王”形象。不料,一些学者将荀子宣扬的周公称王甚至做天子的不尽合乎历史实际的夸饰话说法信以为真,不明荀子真实意图而陷入歧途,诚为遗憾。说周公相成王与周公摄政并不矛盾,周公相成王是从周初周公与成王的政治地位及其间政治身份地位关系来看待的,而周公摄政是从周公行使政治权力的运作模式加以总结概括的。

清华简《周公之琴舞》组诗中有一篇成王所作之诗《敬之》可与今本《周颂·敬之》进行比读研究。按注家所说“嗣王”是成王而非周公意见比较一致,此亦可说明武王去世后,成王继承武王之位,由周公摄政辅佐之,大体符合周初基本历史事实。

对于清华简《耆夜》中再现的武王和周公的五首诗,学术界对周公所作之诗尤其《蟋蟀》提出了不少质疑。我们提出以“古诗共时系统”理论和方法来看待这些诗歌的作者问题。

“古诗共时系统”说是根据考古学上的地层学理论和方法中一种“共时”关系来确定出土文献中所出现的系列古诗的时代和作者问题。也就是说，清华简《耆夜》《周公之琴舞》中的一系列古诗或组诗，应该视作同一时代的作品，其作者归属应该根据出土文献原来记载并结合传世文献相互印证。如果出土文献中出现的某首诗，可在传世文献上发现，那么，即使其余诗歌未在传世文献中保留，也可判断其属于佚诗，是真实的古代诗歌作品。对于古诗的作者问题，亦同样适用。

对于周公的两首诗，如没有充分过硬的证据，不好贸然否定周公是这些诗歌作品的作者的。简本《蟋蟀》见之于今本，不仅证明周公作《蟋蟀》的可靠性，而且进一步证明周公作其他诗的可能性。虽然周公其他两首诗歌属于逸诗，未得见于传世文献，如简单否定之，可能失之于武断。

我们需要明确的是，清华简《蟋蟀》《周公之琴舞》诗基本都是全文引用，与春秋时期"赋诗断章"只摘引部分诗句是不同的。因此这种以后来时代眼光进行勉强比附是不可取的。

传世《诗经·周颂》的《大武》组诗，文献上记载系周武王、周公合作说，还有武王所作、周公所作说等诸说，细绎其意，这些说法并不矛盾，它从一定程度上揭示了武王与周公之间的关系及地位的特殊性。基于此，《周公之琴舞》也当如是理解。《周公之琴舞》应该是《诗经》的早期形态，其中保留序文即诗序，这说明《诗经》原本在战国中期就有诗序了。《周公之琴舞》创作于西周初年并且在宫廷中进行演奏。笔者赞同学者提出的《周公之琴舞》组诗成王、周公合作说。

关于周公居东、东征、奔楚及南征，本书认为周公居东即是周公东征，传世典籍与清华简中武王克殷在位年数和周公居东年数记载的差异，主要由于史官的地域以及纪年方式的习惯不同，两者记载表面上有异而实际上都不算错，因为武王克殷在位年数是两年多，并不是恰好两年或三年；周公居东（东征）也不是正好两年或三年，所以文献记载出现周公居东二年或三年之别。周公奔楚于史有征，且近年逐渐成为学界主流看法。周公奔楚是成王亲政后伐楚、征楚，不是古代学者所说的避嫌或避居；周公奔楚实际是周公南征，这个历史事实先有《荀子·王制》篇揭示，后由近年《柞伯鼎》铭文记载的周公"广伐南国"得到有力证明。关于周公东征和成王东征，本书认为两者不可相互混淆；在周公摄政时期，出现记载王与周公东征史事的铭文可以理解为在成王时期，由周公领导的东征，由于成王一直在位，故周公东征常冠名于成王；待成王亲政后，才是严格意义上的成王东征。

最后，本书对清华简《金縢》与《尚书·金縢》进行了文本和语法的对读研究，揭示了两种版本的源流和早晚关系，并指出了简本的制作时代实际要晚于传世本。两种文本是有一定联系的，但又不全像是对传世本的抄写，而更像是改编。总之，清华简《金縢》记载的内容大都是真实可靠的。

参 考 文 献

一、古籍文献

(汉) 司马迁撰:《史记》,北京: 中华书局,1982 年。

(汉) 刘向集录:《战国策》,上海: 上海古籍出版社,1985 年。

(汉) 刘向撰,向宗鲁校证:《说苑校证》,北京: 中华书局,1987 年。

(汉) 伏胜:《尚书大传》,《四部丛刊》上海涵芬楼本,1929 年。

(汉) 孔安国传,(唐) 孔颖达正义,黄怀信整理:《十三经注疏 · 尚书正义》,上海: 上海古籍出版社,2008 年。

(汉) 班固撰:《汉书》,北京: 中华书局,1962 年。

(汉) 袁康、吴平辑录:《越绝书》,上海: 上海古籍出版社,1985 年。

(汉) 许慎:《说文解字》,北京: 中华书局,1963 年。

(晋) 杜预注:《春秋左传集解》,上海: 上海人民出版社,1977 年。

(南朝宋) 范晔撰:《后汉书》,北京: 中华书局,1965 年。

(唐) 李吉甫:《元和郡县图志》,北京: 中华书局,1983 年。

(唐) 欧阳询撰:《艺文类聚》(全二册),上海: 上海古籍出版社,1982 年。

(唐) 杜佑撰:《通典》,北京: 中华书局,1984 年。

(宋) 欧阳修:《欧阳修全集》,北京: 中华书局,2001 年。

(宋) 苏轼著,孔凡礼点校:《苏轼文集》(全六册),北京: 中华书局,1986 年。

(宋) 乐史:《太平寰宇记》,北京: 中华书局,2007 年。
(宋) 洪兴祖:《楚辞补注》,北京: 中华书局,1983 年。
(宋) 朱熹集注:《诗集传》,北京: 中华书局,1958 年。
(宋) 朱熹撰:《四书章句集注》,北京: 中华书局,1983 年。
(宋) 蔡沈注:《书经集传》,上海: 上海古籍出版社,1987 年。
(宋) 程颢、程颐:《二程集》,北京: 中华书局,1981 年。
(宋) 程颢、程颐:《二程遗书》,上海: 上海古籍出版社,2000 年。
(宋) 林之奇:《尚书全解》,《景印文渊阁四库全书》第 55 册,台北: 台湾商务印书馆,1986 年。
(宋) 朱熹撰:《朱子全书》,上海: 上海古籍出版社,2002 年。
(宋) 黎靖德编:《朱子语类》,北京: 中华书局,1986 年。
(宋) 王应麟:《困学纪闻》,上海: 上海古籍出版社,2008 年。
(宋) 吕祖谦撰:《东莱博议》,北京: 北京市中国书店,1986 年。
(元) 吴澄:《书纂言》,《景印文渊阁四库全书》第 61 册,台北: 台湾商务印书馆,1986 年。
(明) 梅鷟:《尚书考异》,北京: 中华书局,1985 年。
(明) 马明衡:《尚书疑义》,《景印文渊阁四库全书》第 64 册,台北: 台湾商务印书馆,1986 年。
(清) 庄存与:《尚书既见》,《续修四库全书》第 44 册,上海: 上海古籍出版社,2002 年。
(清) 段玉裁:《说文解字注》,杭州: 浙江古籍出版社,1998 年。
(清) 孙星衍撰:《尚书今古文注疏》,北京: 中华书局,1986 年。
(清) 孙诒让撰:《周礼正义》,北京: 中华书局,1987 年。
(清) 浦起龙:《史通通释》,上海: 上海书店出版社,1988 年。
(清) 王念孙:《读书杂志》,南京: 江苏古籍出版社,1985 年。
(清) 马骕撰:《绎史》,北京: 中华书局,2002 年。
(清) 阎若璩撰:《尚书古文疏证》,上海: 上海古籍出版社,1987 年。
(清) 姚际恒:《诗经通论》,北京: 中华书局,1985 年。
(清) 皮锡瑞撰:《今文尚书考证》,北京: 中华书局,1989 年。

(清) 黄汝成集释:《日知录集释》,上海: 上海古籍出版社,2006 年。
(清) 方玉润:《诗经原始》,北京: 中华书局,1986 年。
(清) 王先谦撰:《荀子集解》,北京: 中华书局,1988 年。
(清) 王先谦撰:《诗三家义集疏》,北京: 中华书局,1987 年。
(清) 郭庆藩撰:《庄子集释》,北京: 中华书局,1961 年。
(清) 孙诒让撰:《墨子间诂》,北京: 中华书局,2001 年。
(清) 王先慎撰:《韩非子集解》,北京: 中华书局,2003 年。
(清) 程树德撰:《论语集释》,北京: 中华书局,1990 年。
(清) 梁玉绳撰:《史记志疑》,北京: 中华书局,1981 年。
(清) 崔适撰:《史记探源》,北京: 中华书局,1986 年。
(清) 方苞,刘季高校点:《方苞集》,上海: 上海古籍出版社,1983 年。
(清) 黎翔凤撰:《管子校注》,北京: 中华书局,2004 年。
(清) 马瑞辰:《毛诗传笺通释》,北京: 中华书局,1989 年。
(清) 徐元诰撰:《国语集解》,北京: 中华书局,2002 年。
(清) 朱右曾撰:《逸周书集训校释》,台北: 世界书局,2009 年。
(清) 苏舆撰:《春秋繁露义证》,北京: 中华书局,1992 年。
(清) 阮元校刻:《十三经注疏》(附校勘记),北京: 中华书局,1980 年。
(清) 汪中,田汉云校注:《新编汪中集》,扬州: 广陵书社,2005 年。
许维遹撰:《吕氏春秋集释》,北京: 中华书局,2009 年。
许维遹校释:《韩诗外传集释》,北京: 中华书局,1980 年。
杨伯峻:《春秋左传注(修订本)》(全四册),北京: 中华书局,1990 年。
杨伯峻:《列子集释》,北京: 中华书局,1979 年。
杨伯峻:《论语译注》,北京: 中华书局,1980 年。
杨伯峻:《孟子译注》,北京: 中华书局,1962 年。

二、专著

[美] 艾兰、邢文主编:《新出简帛研究: 新出简帛国际学术研讨会文

集》,北京：文物出版社,2004 年。

[日] 白川静著,温天河、蔡哲茂译:《金文的世界：殷周社会史》,台北：联经出版社,1989 年。

[日] 白川静著,袁林译,徐喜辰校:《西周史略》,西安：三秦出版社,1992 年。

白寿彝主编:《中国通史》第三卷《上古时代》(上下册),上海：上海人民出版社,1999 年。

白于蓝编著:《简牍帛书通假字字典》,福州：福建人民出版社,2008 年。

北京大学古代文明研究中心编著:《吉金铸国史：周原出土西周青铜器精粹》,北京：文物出版社,2002 年。

北京师范大学国学研究所主编:《武王克商之年研究》,北京：北京师范大学出版社,1997 年。

蔡先金、张兵主编:《出土文献与中国文学研究——第三届出土文献与中国文学研究研讨会(国际)论文集》,济南：齐鲁书社,2013 年。

晁福林:《天命与彝伦：先秦社会思想探研》,北京：北京师范大学出版社,2012 年。

晁福林:《夏商西周的社会变迁》,北京：北京师范大学出版社,1996 年。

陈汉平:《西周册命制度研究》,北京：学林出版社,1986 年。

陈来:《古代思想文化的世界：春秋时代的宗教、伦理与社会思想》,北京：生活·读书·新知三联书店,2002 年。

陈来:《古代宗教与伦理：儒家思想的根源》,北京：生活·读书·新知三联书店,1996 年。

陈梦家:《尚书通论》,北京：中华书局,1985 年。

陈梦家:《西周年代考·六国纪年》,北京：商务印书馆,1955 年。

陈梦家:《西周铜器断代》(上下册),北京：中华书局,2004 年。

陈梦家:《殷虚卜辞综述》,北京：中华书局,1988 年。

陈奇猷:《吕氏春秋新校释》,上海：上海古籍出版社,2002 年。

陈全方:《周原与周文化》,上海: 上海人民出版社,1988 年。

陈戍国:《先秦礼制研究》,长沙: 湖南教育出版社,1991 年。

陈垣:《史讳举例》,上海: 上海书店出版社,1997 年。

陈直:《读金日札》,西安: 西北大学出版社,2000 年。

陈直:《史记新证》,北京: 中华书局,2006 年。

陈致:《诗书礼乐中的传统——陈致自选集》,上海: 上海人民出版社,2012 年。

陈致主编:《简帛 · 经典 · 古史》,上海: 上海古籍出版社,2013 年。

程俊英:《诗经译注》,上海: 上海古籍出版社,1985 年。

程平山:《竹书纪年与出土文献研究之一: 竹书纪年考》,北京: 中华书局,2013 年。

[日] 池田知久:《池田知久简帛研究论集》,北京: 中华书局,2006 年。

丁山:《商周史料考证》,北京: 中华书局,1988 年。

丁山:《文武周公疑年》,《责善》半月刊二卷第 1、2 期合刊,1941 年 4 月。

董楚平:《楚辞译注》,上海: 上海古籍出版社,1986 年。

杜勇:《清华简与古史探赜》,北京: 科学出版社,2018 年。

杜勇:《〈尚书〉周初八诰研究》,北京: 中国社会科学出版社,1998 年。

杜勇、沈长云:《金文断代方法探微》,北京: 人民出版社,2002 年。

杜勇主编:《叩问三代文明: 中国出土文献与上古史国际学术研讨会论文集》,北京: 中国社会科学出版社,2014 年。

杜正胜:《周代城邦》,台北: 联经出版事业公司,1979 年。

范祥雍编:《古本竹书纪年辑校订补》,上海: 上海人民出版社,1957 年。

方诗铭、王修龄:《古本竹书纪年辑证》,上海: 上海古籍出版社,2005 年。

方向东:《大戴礼记汇校集解》,北京: 中华书局,2008 年。

复旦大学出土文献与古文字研究中心编:《出土文献与古文字研究》第2—6辑,上海:上海古籍出版社,2008—2015年。

傅斯年:《傅斯年全集》,台北:联经出版事业公司,1980年。

高亨:《诗经今注》,上海:上海古籍出版社,1980年。

葛志毅:《周代分封制度研究》,哈尔滨:黑龙江人民出版社,2004年。

辜堪生、李学林:《周公评传》,成都:四川大学出版社,2005年。

顾德融、朱顺龙:《春秋史》,上海:上海人民出版社,2001年。

顾颉刚编订:《崔东壁遗书》,上海:上海古籍出版社,1983年。

顾颉刚等编著:《古史辨》,上海:上海古籍出版社,1982年。

顾颉刚:《顾颉刚全集》,北京:中华书局,2001年。

顾颉刚、刘起釪:《尚书校释译论》(全4册),北京:中华书局,2005年。

[俄]郭静云:《夏商周:从神话到史实》,上海:上海古籍出版社,2013年。

郭沫若:《郭沫若全集》,北京:科学出版社,1982年。

郭沫若:《金文丛考》,北京:人民出版社,1954年。

郭沫若:《青铜时代》,北京:科学出版社,1957年。

国学整理社编:《诸子集成》(1—8册),北京:中华书局,2002年。

过常宝:《制礼作乐与西周文献的生成》,北京:中国社会科学出版社,2015年。

何琳仪:《战国古文字典》,北京:中华书局,1998年。

何宁:《淮南子集释》,北京:中华书局,1998年。

河南省文物考古研究所、平顶山市文物管理局:《平顶山应国墓地》,郑州:大象出版社,2012年。

洪业:《洪业论学集》,北京:中华书局,1981年。

侯文学、李明丽:《清华简〈系年〉与〈左传〉叙事比较》,上海:中西书局,2015年。

胡长春:《新出殷周青铜器铭文整理与研究》(上下篇),北京:线装书局,2008年。

黄怀信等:《大戴礼记汇校集注》,西安:三秦出版社,2005年。

黄怀信等:《逸周书汇校集注(修订本)》,上海:上海古籍出版社,2007年。

黄怀信:《逸周书校补注译(修订本)》,西安:三秦出版社,2006年。

黄晖撰:《论衡校释》,北京:中华书局,1990年。

姜广辉主编:《中国经学思想史》(第一卷),北京:中国社会科学出版社,2003年。

蒋善国:《尚书综述》,上海:上海古籍出版社,1988年。

金景芳:《知止老人论学》,长春:东北师范大学出版社,1998年。

金景芳:《中国奴隶社会史》,上海:上海人民出版社,1983年。

[美]李峰著,吴敏娜等译:《西周的政体:中国早期的官僚制度和国家》,北京:生活·读书·新知三联书店,2010年。

李衡眉:《先秦史论集》,济南:齐鲁书社,1999年。

李衡眉:《先秦史论集(续)》,济南:齐鲁书社,2002年。

李零:《简帛古书与学术源流》,北京:三联书店,2004年。

李零:《上博楚简三篇校读记》,北京:中国人民大学出版社,2007年。

李民、王健:《尚书译注》,上海:上海古籍出版社,2004年。

李守奎:《古文字与古史考——清华简整理研究》,上海:中西书局,2015年。

李守奎:《清华简〈系年〉与古史新探》,上海:中西书局,2017年。

李松儒:《清华简〈系年〉集释》,上海:中西书局,2015年。

李学勤:《初识清华简》,北京:中华书局,2013年。

李学勤:《东周与秦代文明》,上海:上海人民出版社,2007年。

李学勤:《简帛佚籍与学术史》,南昌:江西教育出版社,2001年。

李学勤:《李学勤集》,哈尔滨:黑龙江教育出版社,1989年。

李学勤:《夏商周年代学札记》,沈阳:辽宁大学出版社,1999年。

李学勤:《中国古代文明十讲》,上海:复旦大学出版社,2003年。

李学勤:《中国古代文明研究》,上海:华东师范大学出版社,2004年。

李学勤:《周易溯源》,成都:巴蜀书社,2006年。

李学勤主编:《出土文献》第1—10辑,2010—2018年。

李学勤主编:《中国古代文明与国家形成研究》,北京:中国社会科学出版社,2007年。

李学勤:《走出疑古时代》,沈阳:辽宁大学出版社,1994年。

李玉洁:《楚国史》,开封:河南大学出版社,2001年。

李宗焜主编:《古文字与古代史》第3辑,台北:中研院历史语言研究所,2012年。

梁启超:《古书真伪及其年代》,上海:中华书局,1936年。

廖名春:《帛书〈周易〉论集》,上海:上海古籍出版社,2008年。

廖名春:《出土简帛丛考》,武汉:湖北教育出版社,2003年。

林庆彰主编:《诗经研究论集(二)》,台北:学生书局,1987年。

林沄:《林沄学术论集》,北京:中国大百科全书出版社,1998年。

刘成群:《清华简与古史甄微》,上海:上海古籍出版社,2016年。

刘光胜:《〈清华大学藏战国竹简(壹)〉整理研究》,上海:上海古籍出版社,2016年。

刘光胜:《清华简〈系年〉与〈竹书纪年〉比较研究》,上海:中西书局,2015年。

刘国忠:《走近清华简》,北京:高等教育出版社,2011年。

刘桓:《甲骨集史》,北京:中华书局,2008年。

刘家和:《古代中国与世界——一个古代研究者的思考》,武汉:武汉出版社,1995年。

刘家和:《史学、经学与思想:在世界史背景下对于中国古代历史文化的思考》,北京:北京师范大学出版社,2005年。

刘建国:《先秦伪书辨正》,西安:陕西人民出版社,2004年。

刘起釪:《古史续辨》,北京:中国社会科学出版社,1991年。

刘起釪:《尚书学史》,北京:中华书局,1989年。

刘雨、卢岩:《近出殷周金文集成录》,北京:中华书局,2002 年。

刘雨、王涛撰:《流散欧美殷周有铭青铜器集录》,上海:上海辞书出版社,2007 年。

刘雨、严志斌:《近出殷周金文集成二编》,北京:中华书局,2010 年。

刘毓庆、郭万金:《从文学到经学——先秦两汉诗经学史论》,上海:华东师范大学出版社,2009 年。

刘泽华:《先秦政治思想史》,天津:南开大学出版社,1984 年。

[日] 泷川资言:《史记会注考证》,北京:文学古籍刊行社,1955 年。

吕思勉:《先秦史》,上海:上海古籍出版社,1982 年。

吕文郁:《周代的采邑制度(增订本)》,北京:社会科学文献出版社,2006 年。

罗根泽:《罗根泽说诸子》,上海:上海古籍出版社,2001 年。

罗家湘:《〈逸周书〉研究》,上海:上海古籍出版社,2005 年。

罗运环:《出土文献与楚史研究》,北京:商务印书馆,2011 年。

罗运环:《楚国八百年》,武汉:武汉大学出版社,1992 年。

马承源主编:《上海博物馆藏战国楚竹书》(一至九册),上海:上海古籍出版社,2001—2012 年。

马楠:《清华简〈系年〉辑证》,上海:中西书局,2015 年。

马士远:《周秦尚书学研究》,北京:中华书局,2008 年。

蒙文通:《蒙文通文集》,成都:巴蜀书社,1987 年。

欧阳哲生主编:《傅斯年全集》(第二、三卷),长沙:湖南教育出版社,2003 年。

彭林:《中国古代礼仪文明》,北京:中华书局,2004 年。

彭林主编:《中国经学》第 4 辑,桂林:广西师范大学出版社,2009 年。

彭裕商:《西周青铜器综合年代研究》,成都:巴蜀书社,2003 年。

钱宗武:《今文尚书语法研究》,北京:商务印书馆,2004 年。

钱宗武:《今文尚书语言研究》,长沙:岳麓书社,1996 年。

清华大学出土文献研究与保护中心编,李学勤主编:《清华大学藏战国竹简》(壹一伍),上海：中西书局,2010—2015年。

清华大学出土文献研究与保护中心编:《清华简研究》第2辑《“清华简与诗经研究”国际学术研讨会论文集》,上海：中西书局,2015年。

清华大学出土文献研究与保护中心编:《清华简研究》第1辑《〈清华大学藏战国竹简(壹)〉国际学术研讨会论文集》,上海：中西书局,2012年。

裘锡圭:《古代文史研究新探》,南京：江苏古籍出版社,1992年。

裘锡圭:《古文字论集》,北京：中华书局,1992年。

裘锡圭:《裘锡圭自选集》,郑州：大象出版社,1994年。

裘锡圭:《中国出土古文献十讲》,上海：复旦大学出版社,2004年。

屈守元:《韩诗外传笺疏》,成都：巴蜀书社,1996年。

屈万里:《先秦文史资料考辨》,台北：联经出版事业公司,1983年。

饶宗颐:《饶宗颐二十世纪学术文集卷三简帛学》,北京：中国人民大学出版社,2009年。

饶宗颐:《饶宗颐新出土文献论证》,上海：上海古籍出版社,2005年。

人文杂志编辑部编:《西周史研究》,《人文杂志丛刊》第2辑,1984年。

任伟:《西周封国考疑》,北京：社会科学文献出版社,2004年。

陕西历史博物馆编:《西周史论文集(上下)》,西安：陕西人民教育出版社,1993年。

上海师范大学古籍整理组校点:《国语》(全二册),上海：上海古籍出版社,1978年。

尚秉和:《周易尚氏学》,北京：中央编译出版社,2012年。

邵东方编:《竹书纪年研究》,桂林：广西师范大学出版社,2015年。

沈长云:《上古史探研》,北京：中华书局,2002年。

斯维至:《陕西通史·西周卷》,西安：陕西师范大学出版社,1997年。

苏建洲、吴雯雯、赖怡璇:《清华二〈系年〉集解》,台北：万卷楼图书股份有限公司,2013 年。

孙飞燕:《清华简〈系年〉初探》,上海:中西书局,2015 年。

唐兰:《唐兰先生金文论集》,北京:紫禁城出版社,1995 年。

唐兰:《西周青铜器铭文分代史征》,北京:中华书局,1996 年。

童书业:《春秋史》,上海:上海古籍出版社,2003 年。

童书业:《春秋左传研究》,上海:上海人民出版社,1980 年。

童书业:《童书业著作集》(1—7 卷),北京:中华书局,2008 年。

涂又光:《楚国哲学史》,武汉:湖北教育出版社,1995 年。

汪受宽:《谥法研究》,上海:上海古籍出版社,1995 年。

王国维:《古史新证——王国维最后的讲义》,北京:清华大学出版社,1994 年。

王国维:《观堂集林》,北京:中华书局,1984 年。

王国维:《观堂集林》(外二种),石家庄:河北教育出版社,2001 年。

王国维:《王国维遗书》,上海:上海古籍出版社,1983 年。

王辉编著:《古文字通假字典》,北京:中华书局,2008 年。

王利器:《风俗通义校注》,北京:中华书局,1981 年。

王连龙:《〈逸周书〉研究》,北京:社会科学文献出版社,2010 年。

王慎行:《古文字与殷周文明》,西安:陕西人民教育出版社,1992 年。

王世民等:《西周青铜器分期断代研究》,北京:文物出版社,1999 年。

王新华:《避讳研究》,济南:齐鲁书社,2007 年。

王宇信:《西周甲骨探论》,北京:中国社会科学出版社,1984 年。

王玉哲:《古史集林》,北京:中华书局,2002 年。

王玉哲:《中华远古史》,上海:上海人民出版社,2003 年。

王泽强:《简帛文献与先秦两汉文学研究》,北京:中国社会科学出版社,2010 年。

王震中:《中国古代文明的探索》,昆明:云南人民出版社,2005 年。

王中江:《简帛文明与古代思想世界》,北京:北京大学出版社,

2011 年。

《文史》编辑部编：《文史》第 27 辑，北京：中华书局，1986 年。

《文史》编辑部编：《文史》第 29 辑，北京：中华书局，1988 年。

武汉大学简帛研究中心主办：《简帛》第 8 辑，上海：上海古籍出版社，2013 年。

武汉大学中国文化研究院编：《郭店楚简国际学术研讨会论文集》，武汉：湖北人民出版社，2000 年。

夏传才：《诗经研究史概要》，郑州：郑州书画社，1982 年。

夏传才：《思无邪斋诗经论稿》，北京：学苑出版社，2000 年。

[美] 夏含夷：《古史异观》，上海：上海古籍出版社，2005 年。

夏商周断代工程专家组：《夏商周断代工程 1996—2000 年阶段成果报告(简本)》，北京：世界图书出版社，2000 年。

谢维扬、赵争主编：《出土文献与古书成书问题研究——“古史史料学研究的新视野”研讨会论文集》，上海：中西书局，2015 年。

谢维扬、朱渊清主编：《新出土文献与古代文明研究》，上海：上海大学出版社，2004 年。

徐复观：《两汉思想史》(第一卷)，上海：华东师范大学出版社，2001 年。

徐锡台：《周原甲骨文综述》，西安：三秦出版社，1987 年。

徐中舒：《川大史学：徐中舒卷》，成都：四川大学出版社，2005 年。

徐中舒：《徐中舒历史论文选辑》，北京：中华书局，1998 年。

徐宗元辑：《帝王世纪辑存》，北京：中华书局，1964 年。

[美] 许倬云：《西周史》，北京：生活·读书·新知三联书店，1993 年。

杨朝明：《周公事迹研究》，郑州：中州古籍出版社，2002 年。

杨筠如：《尚书覈诂》，西安：陕西人民出版社，2005 年。

杨宽：《西周史》，上海：上海人民出版社，2003 年。

杨树达：《积微居读书记》，上海：上海古籍出版社，2007 年。

杨树达：《积微居甲文说》，上海：上海古籍出版社，2005 年。

杨树达：《积微居小学金石论丛》，北京：商务印书馆，2011 年。

杨向奎:《绎史斋学术文集》,上海: 上海人民出版社,1983 年。

杨向奎:《宗周社会与礼乐文明》,北京: 人民出版社,1992 年。

姚小鸥主编:《清华简与先秦经学文献研究》,北京: 生活·读书·新知三联书店,2016 年。

尹盛平:《周原文化与西周文明》,南京: 凤凰出版社,2004 年。

于省吾:《双剑誃尚书新证》,北京: 中华书局,2009 年。

《远望集——陕西省考古研究所华诞四十周年纪念文集》,西安: 陕西人民美术出版社,1998 年。

曾运乾:《尚书正读》,上海: 华东师范大学出版社,2011 年。

张光裕、黄德宽主编:《古文字学论稿》,合肥: 安徽大学出版社,2008 年。

[美] 张光直:《中国青铜时代》,北京: 生活·读书·新知三联书店,1983 年。

[美] 张光直:《中国青铜时代(二集)》,北京: 生活·读书·新知三联书店,1990 年。

[美] 张光直著,郭净译:《美术、神话与祭祀》,沈阳: 辽宁教育出版社,2002 年。

张西堂:《尚书引论》,西安: 陕西人民出版社,1959 年。

张显成:《简帛文献论集》,成都: 巴蜀书社,2007 年。

张亚初:《殷周金文集成引得》,北京: 中华书局,2001 年。

张正明:《楚史》,武汉: 湖北教育出版社,1995 年。

张正明:《楚文化史》,上海: 上海人民出版社,1987 年。

张政烺:《古史讲义》,北京: 中华书局,2012 年。

张之恒、周裕兴:《夏商周考古》,南京: 南京大学出版社,1995 年。

赵光贤:《古史考辨》,北京: 北京师范大学出版社,1986 年。

赵光贤:《亡尤室文存》,北京: 北京师范大学出版社,2001 年。

赵光贤:《周代社会辨析》,北京: 人民出版社,1981 年。

赵平安:《新出简帛与古文字古文献研究》,北京: 商务印书馆,2009 年。

中国社会科学院考古研究所编:《殷周金文集成》(1—8 册),北京:中华书局,2007 年。

中国社会科学院考古研究所编:《殷周金文集成释文》,香港:香港中文大学出版社,2001 年。

中国诗经学会编:《第二届诗经国际学术研讨会论文集》,北京:语文出版社,1996 年。

中国文化遗产研究院编:《出土文献研究》第 9 辑,北京:中华书局,2010 年。

周宝宏:《近出西周金文集释》,天津:天津古籍出版社,2005 年。

周玉秀:《〈逸周书〉的语言特点及其文献学价值》,北京:中华书局,2005 年。

周振甫:《诗经译注》,北京:中华书局,2002 年。

周振甫:《文心雕龙注释》,北京:人民文学出版社,1981 年。

朱凤瀚:《商周家族形态研究》(增订版),天津:天津古籍出版社,2003 年。

朱凤瀚、张荣明编:《西周诸王年代研究》,贵阳:贵州人民出版社,1998 年。

朱凤瀚主编:《新出金文与西周历史》,上海:上海古籍出版社,2011 年。

朱歧祥:《周原甲骨研究》,台北:台湾学生书局,1997 年。

朱廷献:《尚书研究》,台北:台湾商务印书馆,1987 年。

朱渊清:《再现的文明:中国出土文献与传统学术》,上海:华东师范大学出版社,2001 年。

邹衡:《夏商周考古学论文集》,北京:文物出版社,1980 年。

邹衡:《夏商周考古学论文集(续集)》,北京:科学出版社,1998 年。

邹衡:《夏商周考古学论文集(再续集)》,北京:科学出版社,2011 年。

三、期刊报纸论文、析出文献

曹峰:《〈保训〉的“中”即“公平公正”之理念说——兼论“三降之

德”》,《清华简研究》第1辑,上海:中西书局,2012年。

曹建国:《论清华简中的〈蟋蟀〉》,《江汉考古》2011年第2期。

曹玮:《周原出土甲骨文》,《收藏》2010年第6期。

陈伟:《〈保训〉字句试读》,《出土文献》第1辑,上海:中西书局,2010年。

陈致:《清华简所见古饮至礼及〈郘夜〉中古佚诗试解》,《出土文献》第1辑,上海:中西书局,2010年。

程浩:《清华简〈耆夜〉篇礼制问题释惑——兼谈如何阅读出土文献》,《社会科学论坛》2012年第3期。

陈颖飞:《清华简〈程寤〉与文王受命》,《清华大学学报(哲学社会科学版)》2013年第2期。

笪浩波:《从近年出土文献看早期楚国中心区域》,《江汉考古》2011年第2期。

丁山:《文武周公疑年》,《责善》半月刊二卷第1、2期合刊,1941年4月。

丁邦杰:《台湾史学会理事长怒指“清华简”学风问题》,《金陵晚报》2012年2月14日第A10版。

丁进:《清华简〈保训〉献疑》,《中国哲学史》2010年第3期。

丁进:《清华简〈耆夜〉篇礼制问题述惑》,《学术月刊》2011年第6期。

董珊:《释西周金文的“沈子”和〈逸周书·皇门〉的“沈人”》,《清华简研究》第1辑,上海:中西书局,2012年。

杜勇:《关于清华简〈保训〉的著作年代问题》,《天津师范大学学报(社会科学版)》2010年第4期。

杜勇:《从清华简〈耆夜〉看古书的形成》,《中原文化研究》2013年第6期。

杜勇:《清华简〈皇门〉的制作年代及相关史事问题》,《中国史研究》2015年第3期。

房德邻:《清华简〈周武王有疾周公所自以代王之志(金縢)是伪作〉》,《故宫博物院院刊》2013年第6期。

房德邻：《决不能将伪简当作“中华文明的根脉”》，《湖南大学学报》2014 年第 3 期。

房德邻：《继承阎若璩遗产，清除伪竹简雾霾——纪念阎若璩逝世 310 周年》，《明清论丛》2014 年第 2 期。

房振三：《清华简〈保训〉篇“咸顺不成”解》，《古文字研究》第 28 辑，北京：中华书局，2010 年。

丰捷：《一批珍贵战国竹简入藏清华大学，专家鉴定后赞叹——“这次挖到了一个历史学家”》，《光明日报》2008 年 10 月 23 日第 02 版。

丰捷：《清华简：“让人读起来太激动”》，《光明日报》2009 年 4 月 28 日第 05 版。

冯胜君：《试论清华简〈保训〉篇书法风格与三体石经的关系》，《清华简研究》第 1 辑，上海：中西书局，2012 年。

冯时：《清华〈金縢〉书文本性质考述》，《清华简研究》第 1 辑，上海：中西书局，2012 年。

伏俊琏、冷江山：《清华简〈鄙夜〉与西周时期的“饮至”典礼》，《西北师大学报(社会科学版)》2011 年第 1 期。

付林鹏：《由清华简〈(耆)夜・乐诗〉看周公的巫祝身份》，《中国文物报》2010 年 8 月 20 日。

甘风、王进锋、余佳：《“中”是什么?》，《光明日报》2010 年 7 月 12 日。

郭沫若：《保卣铭释文》，《考古学报》1958 年第 1 期。

郭伟川：《〈保训〉主旨与“中”字释读》，《光明日报》2010 年 12 月 6 日。

郭伟川：《武王遵遗训伐纣取中土——再论清华简〈保训〉》，《光明日报》2011 年 4 月 25 日。

黄德宽：《清华简〈赤鹄之集汤之屋〉与先秦“小说”——略说清华简对先秦文学研究的价值》，《复旦学报》2013 年第 4 期。

黄怀信：《清华简〈金縢〉校读》，《古籍整理研究学刊》2011 年第 3 期。

黄怀信：《清华简〈程寤〉解读》，《鲁东大学学报(哲学社会科学版)》2011 年第 4 期。

黄怀信:《由清华简〈尹诰〉看〈古文尚书〉》,《鲁东大学学报(哲学社会科学版)》2012 年第 6 期。

黄盛璋:《保卣铭的时代与史实》,《考古学报》1957 年第 3 期。

黄济:《从〈保训〉看"中和"》,《博览群书》2010 年第 3 期。

黄人二:《清华大学藏战国竹简〈宝训〉校读》,《考古与文物》2009 年第 6 期。

黄人二:《战国简〈保训〉通解——兼谈其在中国经学史上"道统说"建立之重要性》,《中国哲学史》2010 年第 3 期。

贾洪波:《对周公摄政称王问题相关几件铜器铭文的解疑》,载张国刚主编:《中国社会历史评论》第 4 辑,北京:商务印书馆,2002 年。

姜广辉:《〈保训〉"十疑"》,《光明日报》2009 年 5 月 4 日。

姜广辉:《"清华简"鉴定可能要经历一个长期过程——再谈对〈保训〉篇的疑问》,《光明日报》2009 年 6 月 8 日。

姜广辉:《"耆夜"疑为"耆卒"之误写》,《光明日报》2010 年 7 月 12 日。

姜广辉:《〈保训〉疑伪新证五则》,《中国哲学史》2010 年第 3 期。

江林昌:《清华〈保训〉篇"中"的观念》,《光明日报》2009 年 8 月 3 日。

江林昌:《浅议清华简〈保训〉篇"中"的观念》,《出土文献》第 1 辑,上海:中西书局,2010 年。

李存山:《试评清华简〈保训〉篇中的"阴阳"》,《中国哲学史》2010 年第 3 期。

李均明:《周文王遗嘱之中道观》,《光明日报》2009 年 4 月 20 日。

李均明:《〈保训〉与周文王的治国理念》,《中国史研究》2009 年第 3 期。

李均明:《清华简〈耆夜〉所见辛公甲与作册逸》,《光明日报》2009 年 8 月 17 日。

李均明:《清华简〈皇门〉之君臣观》,《中国史研究》2011 年第 1 期。

李零:《重读史墙盘》,北京大学古代文明研究中心编著:《吉金铸国史:周原出土西周青铜器精粹》,北京:文物出版社,2002 年。

李零:《说清华楚简〈保训〉篇的“中”字》,《中国文物报》2009 年 5 月 20 日。

李零:《读清华简〈保训〉释文》,《中国文物报》2009 年 8 月 21 日第 007 版。

李零:《文王称王、昭王伐楚及其他——关于史墙盘铭中若干西周史实与文字辞例的考证》,田昌五主编:《华夏文明》第二集,北京大学出版社,1990 年。

李锐:《清华简〈保训〉与中国古代“中”的思想》,《孔子研究》2011 年第 2 期。

李锐:《〈金縢〉初探》,《史学史研究》2011 年第 2 期。

李锐:《清华简〈耆夜〉续探》,《中原文化研究》2014 年第 2 期。

李守奎:《〈保训〉二题》,《出土文献》第 1 辑,上海:中西书局,2010 年。

李学勤:《初识清华简》,《光明日报》2008 年 12 月 1 日。

李学勤:《清华简〈保训〉释读补正》,《中国史研究》2009 年第 3 期。

李学勤:《论清华简〈保训〉的几个问题》,《文物》2009 年第 6 期。

李学勤:《清华简〈耆夜〉》,《光明日报》2009 年 8 月 3 日。

李学勤:《清华简九篇综述》,《文物》2010 年第 5 期。

李学勤:《论清华简〈耆夜〉的〈蟋蟀〉诗》,《中国文化》2011 年第 1 期。

李学勤:《清华简与〈尚书〉、〈逸周书〉的研究》,《史学史研究》2011 年第 2 期。

李学勤:《从〈系年〉看〈纪年〉》,《光明日报》2012 年 2 月 27 日第 15 版。

李学勤:《新整理清华简六种概述》,《文物》2012 年第 8 期。

李学勤:《由清华简〈系年〉论〈纪年〉的体例》,《深圳大学学报》2012 年第 3 期。

李学勤:《清华简〈系年〉及有关古史问题》,《文物》2011 年第 3 期。

连劭名:《战国竹简〈保训〉与古代思想》,《中国哲学史》2010 年第 3 期。

梁立勇:《〈保训〉的“中”与“中庸”》,《中国哲学史》2010 年第 3 期。

梁涛:《清华简〈保训〉与儒家道统说——兼论荀子在道统中的地位问题》,《邯郸学院学报》2013 年第 1 期。

廖名春:《清华大学藏战国竹简〈保训〉释文初读》,《出土文献》第 1 辑,上海:中西书局,2010 年。

廖名春:《清华简与〈保训〉研究》,《文史哲》2010 年第 6 期。

廖名春:《清华简〈保训〉篇“中”字释义及其他》,《中国哲学史》2011 年第 2 期。

廖名春:《清华简〈金縢〉篇补释》,《清华大学学报(哲学社会科学版)》2011 年第 4 期。

廖名春、陈慧:《清华简〈保训〉篇解读》,《中国哲学史》2010 年第 3 期。

廖名春:《清华简〈系年〉管窥》,《深圳大学学报》2012 年第 3 期。

刘冬颖:《出土文献与先秦时期的楚地儒家传〈诗〉》,《文学遗产》2009 年第 2 期。

刘成群:《清华简〈乐诗〉与“西伯戡黎”再探讨》,《史林》2009 年第 4 期。

刘成群:《清华简〈鄐夜〉〈蟋蟀〉诗献疑》,《学术论坛》2010 年第 6 期。

刘成群:《清华简〈鄐夜〉与尊隆文、武、周公——兼论战国楚地之〈诗〉学》,《东岳论丛》2010 年第 6 期。

刘国忠:《〈保训〉与周文王称王》,《光明日报》2009 年 4 月 27 日。

刘国忠:《周文王称王史事辨》,《中国史研究》2009 年第 3 期。

刘国忠:《清华简〈保训〉与周文王事商》,《清华大学学报(哲学社会科学版)》2009 年第 5 期。

刘国忠:《清华简〈金縢〉与周公居东的真相》,《出土文献》第 1 辑,上海:中西书局,2010 年。

刘国忠:《〈尚书·酒诰〉“惟天降命肇我民惟元祀”解》,《中国史研究》2011 年第 1 期。

刘国忠:《从清华简〈金縢〉看传世本〈金縢〉的文本问题》,《清华大学学报(哲学社会科学版)》2011 年第 4 期。

刘国忠、陈颖飞:《清华简〈保训〉座谈会纪要》,《光明日报》2009 年 6 月 29 日。

刘光胜:《清华简〈耆夜〉考论》,《中州学刊》2011 年第 1 期。

刘光胜:《清华简与先秦〈书〉经流传》,《史学集刊》2012 年第 1 期。

刘光胜:《礼与刑:〈保训〉文王传“中”的两个维度》,《江汉论坛》2013 年第 1 期。

刘全志:《论清华简〈系年〉的性质》,《中原文物》2013 年第 6 期。

刘立志:《周公作诗传说的文化分析》,《南京师范大学学报》2010 年第 2 期。

刘怀君、辛怡华、刘栋:《四十二年、四十三年逨鼎铭文试释》,《文物》2003 年第 6 期。

琉璃河考古队:《北京琉璃河 1193 号大墓发掘简报》,《考古》1990 年第 1 期。

罗运环:《清华简〈系年〉体裁及相关问题新探》,《湖北社会科学》2015 年第 3 期。

罗琨:《〈保训〉“追中于河”解》,《出土文献》第 1 辑,上海:中西书局,2010 年。

马芳:《从清华简〈周公之琴舞〉、〈芮良夫毖〉看“毖”诗的两种范式及其演变轨迹》,《学术研究》2015 年第 2 期。

马楠:《清华简〈耆夜〉礼制小札》,《清华大学学报(哲学社会科学版)》2009 年第 5 期。

马楠:《清华简第一册补释》,《中国史研究》2011 年第 1 期。

[日]平势隆朗:《历与称元法》,[日]左竹靖彦:《殷周秦汉史学的基本问题》,中华书局 2008 年。

清华大学出土文献研究与保护中心:《清华大学藏战国竹简〈保训〉释文》,《文物》2009 年第 6 期。

彭裕商:《〈尚书〉金縢新研》,《历史研究》2012 年第 6 期。

裘锡圭:《说“夜爵”》,《出土文献》第 2 辑,上海:中西书局,2011 年。

孙飞燕:《〈蟋蟀〉试读》,《清华大学学报(哲学社会科学版)》2011 年第 2 期。

孙飞燕:《〈保训〉释文两则》,《社会科学报》2010 年 3 月 11 日。

沈建华:《〈保训〉所见王亥史迹传说》,《光明日报》2009 年 4 月 20 日。

沈建华:《释〈保训〉简“测阴阳之物”》,《中国史研究》2009 年第 3 期。

沈建华:《“武王八年伐耆”刍议》,《光明日报》2009 年 8 月 24 日。

沈建华:《清华楚简“武王八年伐耆”刍议》,《考古与文物》2010 年第 2 期。

沈建华:《清华战国楚简〈保训〉所见商代先祖史迹传说》,《古文字研究》第 28 辑,北京:中华书局,2010 年。

沈建华:《清华楚简〈祭公之顾命〉中的三公与西周世卿制度》,《中华文史论丛》2010 年第 4 期。

沈培:《清华简〈保训〉释字一则》,《出土文献》第 1 辑,上海:中西书局,2010 年。

王辉:《清华楚简〈保训〉“惟王五十年”解》,《考古与文物》2009 年第 6 期。

王辉:《也说清华楚简〈保训〉的“中”字》,《古文字研究》第 28 辑,北京:中华书局,2010 年。

王晖:《清华简〈保训〉“中”字释义及其主题思想》,《清华简研究》第 1 辑,上海:中西书局,2012 年。

王晖:《周文王受命称王考》,《陕西师范大学学报》(哲学社会科学版)2002 年第 4 期。

王晖:《周武王东都选址考辨》,《中国史研究》1998 年第 1 期。

王连龙:《对〈《保训》“十疑”〉一文的几点释疑》,《光明日报》2009 年 5 月 25 日第 12 版。

王连龙:《谈清华简〈保训〉篇的“中”》,《古籍整理研究学刊》2010 年第 2 期。

王连龙:《清华简〈保训〉篇真伪讨论中的文献辨伪方法论问题——

以姜广辉先生〈《保训》疑伪新证五则〉为例》,《古代文明》2011 年第 2 期。

王连龙:《清华简〈皇门〉篇“惟正[月]庚午,公署(格)才(在)耆门”刍议——兼谈周公训诰的时间及场所问题》,《孔子研究》2011 年第 3 期。

王清珍:《〈左传〉中的楚人引〈诗〉》,《文学遗产》2003 年第 2 期。

王洲明:《关于〈毛诗序〉作期和作者的若干思考》,《文学遗产》2007 年第 2 期。

王鹏程:《“清华简”武王所戡之“黎”应为“黎阳”》,《史林》2009 年第 4 期。

王鹏程:《“清华简”〈耆夜 · 乐诗〉管窥》,《中国文物报》2010 年 4 月 30 日。

王瑞雪:《清华简“保训”之“中”的思想含义与价值取向论析》,《西南农业大学学报(社会科学版)》2011 年第 4 期。

王志平:《清华简〈保训〉“假中”臆解》,《孔子研究》2011 年第 2 期。

吴锐:《看“清华简”如何宣传造假——妄称“颠覆历史、改写上古史”纯属无稽之谈》,《金陵晚报》2012 年 2 月 12 日第 A23 版。

吴锐:《清华简研究中的虚骄之气和隐讳作风》,《中国社会科学报》2012 年 2 月 13 日第 A07 版。

邢文:《〈保训〉之“中”与天数“五”》,《清华大学学报(哲学社会科学版)》2011 年第 2 期。

夏传才:《再谈〈毛诗序〉和关于〈毛诗序〉的争论》,《河北师范学院学报》1995 年第 3 期。

夏传才:《诗经学四大公案的现代进展》,《河北学刊》1998 年第 1 期。

[美] 夏德安:《饮酒与古代中国游戏文化——从社会学的角度读清华大学藏战国竹简〈耆(黎)舍〉》,《清华简研究》第 1 辑,上海:中西书局,2012 年。

[美] 夏含夷:《先秦时代“书”之传授——以清华简〈祭公之顾命〉为例》,《清华简研究》第 1 辑,上海:中西书局,2012 年。

徐义华:《清华简〈保训〉“假中于河”解》,《古文字研究》第 29 辑,北京:中华书局,2010 年。

徐正英、马芳:《清华简〈周公之琴舞〉组诗的身份确认及其诗学史意义》,《复旦学报》2014年第1期。

徐中舒:《〈豳风〉说——兼论诗经为鲁国师工歌诗之底本》,中华书局编辑部编:《中研院历史语言研究所集刊论文类编·历史编·先秦卷(一)》,北京:中华书局,2009年。

许兆昌、齐丹丹:《试论清华简〈系年〉的编纂特点》,《古代文明》2012年第2期。

杨朝明:《〈今本竹书纪年〉并非伪书说》,《齐鲁学刊》1997年第6期。

杨振红:《从清华简〈金縢〉看〈尚书〉的传流及周公历史记载的演变》,《中国史研究》2012年第3期。

姚小鸥:《"保训"释疑》,《中州学刊》2010年第5期。

姚小鸥、孟祥笑:《试论清华简〈周公之琴舞〉的文本性质》,《文艺研究》2014年第6期。

于振波、车今花:《关于周文王的即位与称王——读清华简〈保训〉札记》,《湖南大学学报(社会科学版)》2011年第2期。

张崇礼:《清华简〈保训〉解诂(四则)》,《山东教育学院学报》2010年第5期。

张卉:《清华简〈保训〉"中"字浅析》,《史学月刊》2010年第12期。

张富祥:《今本〈竹书纪年〉纂辑考》,《文史哲》2007年第6期。

张政烺:《试释周初青铜器铭文中的易卦》,《考古学报》1980年第4期。

子居:《清华简〈耆夜〉解析》,《学灯》2014年第29期。

赵俪生:《说〈鸱鸮〉兼及〈金縢〉》,《齐鲁学刊》1992年第2期。

赵平安:《〈保训〉的性质与结构》,《光明日报》2009年4月13日。

赵平安:《关于〈保训〉"中"的几点意见》,《中国史研究》2009年第3期。

周同科:《清华简〈保训〉之"中"关与婚事说》,《南京大学学报(哲学人文社科版)》2010年第6期。

朱凤瀚:《读清华楚简〈皇门〉》,《清华简研究》第1辑,上海:中西书局,2012 年。

朱凤瀚:《柞伯鼎与周公南征》,《文物》2006 年第 5 期。

朱凤瀚:《清华简〈系年〉所记西周史事考》,台北:第四届国际汉学会议,2012 年 6 月 20—22 日。

后　　记

书稿杀青之际，心中荡起无限思绪。从 2014 年“清华简与文、武、周公史事研究”国家社科基金项目获准立项以来，时至今日，已历经五年多时光。目前看到的项目成果，凝聚着我和课题组成员的心血，离不开多位师长、同门、朋友的热心帮助。我想借此对他们表示衷心的感谢！

首先要感谢的是我在南开大学攻读博士学位的导师陈启云先生。十多年前亲炙于陈师门下，深受其学术涵养和道德人格的影响。陈先生不远万里，从美国受聘为南开大学“陈省身讲席教授”，跨越文明，寻道求真。先生为人一向平易、慈祥、谦和。作为当今著名学术大家，陈先生没有一点儿名人架子和派头，对我的博士论文选题给予了充分的尊重和宽容。我最初报考专业方向属于中国政治思想史领域，由于在一所地方高校工作，所以最初的打算是准备从事赵国历史文化方面研究，以之作为博士论文的选题方向。陈先生知道了我的想法后表示同意。但后来考虑到研究的狭隘性，我放弃了从事赵文化研究而欲对周公历史思想展开研究，并决定作为博士论文选题。我将这个想法告诉了陈先生，心中不免忐忑。但出乎我的意料之外，陈先生平和地答应了我的要求。随后，他给我推荐了顾颉刚先生的《古史辨》等著作，叮咛我一定要认真学习、领悟。如今，我越发能领悟先生的苦心，他对我学术兴趣的不断变化，给予了充分的包容和尊重，至今想来，心中仍充满无限敬意和感激。跟陈先生问学的第二件难忘的事情，是在博士毕业前后，他对我重新择业和学术发展的关心和帮助。博士毕业前，陈先生曾向中国人民大学国学院推荐，博士毕业后还向清华大学李学勤先生举荐我读博士后，又曾向上海大学古典文明中心联系工作事宜等。尤其，先生向清华大学的推荐，使我有幸“走近清华简”，也才有了今日研究清华简的机缘。也许这是命中注定吧。前段时间，惊闻先生在美国仙逝，享年 88 岁。此前，由于工作繁忙，一直没有与先生联系，更多是不愿意打扰先生。如今，再也难见先生了。虽然新冠疫情的肆虐阻止了我赴美亲自为先生送行，但是先生的伟大人格和治学精神将会永远鼓舞我在学术道路上勇往直前，以不辜负他的谆谆教诲和殷切期望。

其次要感谢的是我的博士论文审阅专家和答辩委员会主席杜勇先生。杜勇先生可谓我的良师益友。我与杜勇先生的认识，是在博士即将毕业的那个学期。此前，在攻读博士期间，已久仰杜先生大名。因为在论文写作期间，我参考和拜读了杜勇先生《尚书周初八诰研究》等重要论著，每每被他睿智的思维和简雅的语言风格所折服。在未面见杜先生之前，我与他多是通过论文和著作来实现学术和心灵的对话。记得博士阶段的最后一个学期，我和同门师姐王伟相约一起拜访杜勇先生，向他请教西周史研究的难题。那一个晚上，我们对西周史、《尚书》、周公等问题的讨论，异常兴奋热烈。通过这次交流，我与杜勇先生一见如故，似有相见恨晚之意。我们在诸多学术问题看法上，也多有契合之处。博士毕业后，回到工作单位，我们一直保持着联系。尤其在讨论“清华简与文武周公”课题研究时，曾向杜勇先生请教。当国家社科基金项目评审结果公示时，他第一个向我报喜祝贺。说实话，项目能够获准立项，是我始料不及的。此外，杜勇先生还参加了我的项目开题论证会，提供了许多宝贵的建议，这些一连串感动人心的学术往事是我终生难以忘怀的。参加本项目开题论证会的专家学者还有朱凤瀚、沈长云、宫长为、张荣明、晁天义等先生。项目能够顺利完成，与他们的热心支持和帮助是分不开的。

项目在研期间，我也曾向清华大学李学勤、李守奎、赵平安、廖名春、刘国忠以及北京师范大学晁福林，复旦大学刘钊诸位先生请教，受益匪浅。感谢《历史教学问题》主编王斯德先生向我约稿，有幸走近李学勤先生，与李先生进行了难得的一次学术合作。这次合作是与李先生共同做一期有关出土文献研究专题的学术对话。承蒙先生不弃，欣然应允，亲自审阅我的稿件。此事至今记忆犹新,令后学备受感动和鼓舞。如今李先生驾鹤西去,每念及此事,不禁潸然。

另,李守奎教授曾对本项目的写作提出了启迪性意见并给予热情鼓励,从而加快了课题的研究进度。在此,我代表课题组对以上专家给予的宝贵建议、指导意见与诚恳帮助一并表示深深的谢意!

值得提及的是我所在工作单位的康香阁教授,是一位在地方院校工作中非常具有学术眼光和办刊特色经验的学报主编。作为课题负责人,今日之所以能够成功申请到国家社科基金项目,从事清华简以及荀子研究,这与他多年的引领、鼓励、提携、帮助有莫大关系。同时,我也代表课题组对他在学报上极力推介课题组清华简研究成果,表示最诚挚的谢忱。

最后,感谢上海古籍出版社的厚爱,小书能有幸在贵社出版,熠熠生辉。项目结项以后,贾利民先生即约请拙稿在贵社出版,并多方周旋,给予帮助和支持。拙著同时得到了编辑余念姿宝贵的修改建议。小书能够顺利面世,与他们的热心、敬业精神是难以分开的。上海古籍出版社严谨的学术精神保证了拙著的出版质量,感激心情难以言表。

总之,读者所看到的小书,不单属于我一个人的研究成果,而是诸多专家学者和朋友以及课题组成员共同艰辛劳动的集体结晶。该项目虽然已经顺利完成,但关于"文、武、周公"历史这一儒家道统关键环节的研究并不是终点,从某种意义上来说,这仅是我们研究中一个阶段性成果和收获而已。对于周初历史思想的研究,尚有待于我们继续深入拓展研究,未来工作任务仍然任重道远。因此,今后我们将在周史研究领域继续辛勤耕耘,不忘初心,砥砺前行,为弘扬中华优秀传统文化与传承中国古代文明竭尽全力。

2021 年 3 月 16 日

于古都邯郸

图书在版编目(CIP)数据

清华简与文武周公史事研究 / 吕庙军著. —上海：上海古籍出版社，2021.8
ISBN 978-7-5732-0021-1

Ⅰ.①清… Ⅱ.①吕… Ⅲ.①简(考古)–研究–中国–战国时代②中国历史–研究–西周时代 Ⅳ.①K877.54②K224.07

中国版本图书馆 CIP 数据核字(2021)第 138073 号

清华简与文武周公史事研究

吕庙军 著

上海古籍出版社出版发行

（上海瑞金二路 272 号 邮政编码 200020）

（1）网址：www.guji.com.cn

（2）E-mail：guji1@guji.com.cn

（3）易文网网址：www.ewen.co

上海天地海设计印刷有限公司

开本 700×1000 1/16 印张 21.25 插页 2 字数 306,000

2021 年 8 月第 1 版 2021 年 8 月第 1 次印刷

印数：1—1,500

ISBN 978-7-5732-0021-1

K·3019 定价：88.00 元

如有质量问题，请与承印公司联系